Theo-Ars

# 테오-아르스

〈재현 신학과 현시 신학〉

신학과

예술의

만남

Theo-Ars

# 테오-아르스

〈재현 신학과 현시 신학〉

신학과

예술의

만남

최병학
지음

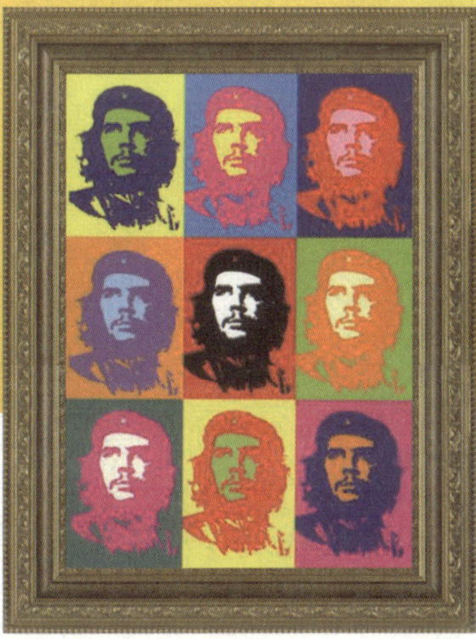

인간사랑

"이 저서는 2011년도 정부(교육과학기술부)의 재원으로 한국연구재단의 지원을 받아 연구되었음(NRF-2011-812-A00088)"

머리말

# 현대예술로 읽는 신화

예술을 뜻하는 아트(art)는 라틴어 아르스(ars)에서 유래했으며, 이는 헬라어 테크네(techne)에서 유래한다. 이러한 테크네를 활용하는 것을 포이에시스(poiesis)[1]라고 하는데, 고대 그리스에서 이성적인 규칙을 기반으로 이루어지는 모든 활동을 포이에시스라고 한다. 여러 도구를 만드는 일은 물론이고, 학문이나 웅변술, 군사술 등과 회화와 조각, 건축까지 포이에시스에 속한 것으로 본다.

반면 고대 그리스의 뮤지케(musike)는 뮤즈(muse)여신[2]의 영감을 받아 이루어지는 활동으로, 인간은 그 규칙을 알 수 없으며, 접신한 상태에서 신의 영감을 뿜어내는 것으로서, 뮤지케는 테크네로 인정되지 않았다. 그 이유는 물질적인 의미에서 제작이 아니며, 법칙의 지배를 받지 않고, 로고스보다는 인간 개인적인 생각의 소산, 틀에 박힌 것이 아니라 창조력의 소산, 기술이 아니라 영감의 소산이기 때문이다.

이것은 오늘날의 시와 음악, 춤으로 음악(Music)[3]의 어원이 된다. 따라서 고대 그리스에서 테크네는 이성적인 것, 뮤지케는 비이성적인 광기나 정열 또는 영감이 낳는 것으로 이해해, 니체식의 아폴론과 디오니소스 예술의 차이, 곧 회화 예술(또는 조각과 조형)과 음악 예술의 차이로 오늘날 이해되고 있다.

그러나 음악을 통해 영혼을 정화하고자 한 피타고라스의 영향으로[4] 플라톤은 음악을 회화나 조각보다 높은 것으로 취급, 음악이 인간의 영혼을 움직인다고 생각했는데, 오늘날에는 대체로 시, 회화, 음악, 조각, 무용뿐만 아니라 사진, 연극, 영화, 건축 등도 예술 장르에 포함시키게 된다.[5]

현대예술(modern art), 회화 측면에서 한번 살펴보자. 화장실 벽에 붙어 있는 커피 잔, 미술관 바닥에 뿌려진 모래, 미술관에 들어온 소변기, 벽돌, 예술가가 꼼짝 않고 바닥에 누워있으면서 이를 '예술'이라 말한다. 이제는 전혀 낯설지 않은 이러한 예술, 미술관에 전시되는 그림은 형태를 알 수 없고, 그림 아닌 그림들이 미술관을 장식하고, 아예 그 전시관이 미술품이 된다. 음악회에서는 연주자가 연주를 하지 않고, 연주를 해도 불협화음, 혹은 전통적인 악기의 개념을 깨뜨린 음악, 한편 심오하고 진지해 보이나, 어떻게 보면 모두가 장난 같고, 사람을 우롱하는 것 같아 보인다.

이러한 현대예술은 정통(orthodox)의 전복과 해체, 전통(tradition)을 거부하고 파괴하는 측면으로 보이나, 자세히 살펴보면 재현(representation)[6]과 표현(현시, presentation)의 반복적인 변증법, 형상과 형상 파괴의 순환, 숭고(sublime)와 시뮬라크르(simulacre)의 영겁회귀이다.

이러한 현대예술은 오이디푸스의 '부친 살해의 욕망'을 안고 있으며, 오늘날에도 그 발전을 계속해 오고 있다. 그러나 이전에는 그 살해의 욕망에서 아들의 갈등이 시간적으로 길었다면 현대에 올수록 그 갈등은 잠시이고, 살해는 더욱 처참하게 이루어진다. 이순재라는 배우의 변화된 캐릭터를 살펴보면, 우리 문화 속에 어떻게 이 살해의 욕망이 실현되었는지를 알 수 있다. 40대 이상에는 '대발이 아빠'(《사랑이 뭐길래》)라는 캐릭터로 가부장적인 아버지의 모습으로 기억되는 그가 이제 20대 이하에서는 '야동 순재'(《거침없이 하이킥》), '애로 순재, 빵꾸 순재'(《지붕뚫고 하이킥》)로 불려진다. 이러한 권위 해체 이후 남은 것은 무엇인가? 살해의 욕망 그 자체가 아닌가? 예술사에서 이러한 욕망의 실현은 의미 없는 기표(signifier)의 남발로 쉽게 역사의 지평에서 사라진다. 가령 옵 아트(Optical Art)의 경우는 3년 만에 그 욕망이 다 끝나 버렸다.

현대 회화는 쉽게 정리할 수 없는 다양성으로 오늘날 우리에게 다가온다. 또한 과거의 회화가 재현 중심이었다면(중세 기독교 미술과 르네상스 예술이 이를 대표한다), 현대 회화의 핵심은 그 재현 이념을 파기하려는 데에 있다. 여기에 존재론적인 물음이 등장한다. 재현이란 과연 무엇인가? 또한 재현이 아니라, 실재가 그대로 드러나는 현시란 무엇인가? 예술은 그것을 인식할 수 있는가? 그리고 그것의 미학적 가치는 무엇인가?[7] 더 나아가 신학적 의미는 무엇인가?

이 책은 이러한 신학과 예술의 만남을 위해 '테오-아르스'(Theo-ars)라는 신조어를 통해 재현 신학과 현시 신학의 관점에서 현대 회화 및 화가의 작품을 살펴보려는 것이다. 이를 위해 먼저 2011년 2학기 부산대학교 윤리교육과 전공과목인 '예술과 윤리' 수업을 통해 학생들과 함께 현대 화가들을 살펴보았고, 그들의 작품을 철학적, 미학적으로 분석했으며 이를 다시 저자가 신학적 작업으로 대화를 시도했다. 목차의 〈Theo-Ars, 재현 신학〉, 〈Ars-Theology, 현시 신학〉은 새한철학회 논문집인 『철학논총』 제63집 제1권(2011)에 실린 저자의 논문(「'재현/현시 해체'와 '2차적 실재'의 귀환: 영화적 상상력을 넘어서」)을 수정 보완한 것이며 '마티스와 죄론: 죄의 사회성과 원죄의 숙고'는 금융공학과 김여진 학생, '피카소와 역사적 예수, 케리그마의 그리스도: '다양한 시선'이라는 겸손'은 윤리교육과 이영민, '달리의 초현실주의: 무의식과 기적의 만남'은 경제학과 이주희 학생, '세잔과 성령, 하나 되

게 하는 힘: 몰트만의 성령론을 중심으로'는 영어영문학과 이혜윤 학생, '바넷 뉴먼과 신론: 포스트모던 숭고미와 야기 세이이찌의 장(場)의 신학'은 회계학과 김선구 학생, '존재 물음과 열린 종말론, 안셀름 키퍼의 회화에서 발견하다'는 신문방송학과 임가영 학생, '고흐와 민중신학: '벌거벗은 생명'에서 만나다'는 법학과 조창현 학생, '마그리트와 종교 간의 대화'는 경영학과 문지윤 학생, '옵 아트와 해체주의 신학: 흔적과 방황'은 무역학과 박성민 학생, '앤디 워홀과 사이버스페이스 시대의 신학: 제국과 다중, 기쁨의 혁명을 위하여'는 국어교육과 정효진 학생, '백남준과 뉴미디어의 신학: 황제의 급식과 무주행(無住行) 예수'는 전북대학교 신문방송학과 김꽃비 학생, '리히터와 포스트모던 신학'은 경영학부 정재호 학생, '뒤샹과 신학의 과제: 반(反)예술로서의 예술'은 국어국문학과 서아정 학생의 도움을 받았다. 그들에게 감사를 드린다. 화가들의 철학적 분석은 저자의 강의를 통한 목차 선정의 도움을 받기는 했지만, 내용의 일정 부분은 전적으로 그들의 노력이었다. 또한 한국연구재단의 도움에도 감사드린다. 그리고 이 책의 출판을 허락해 주신 인간사랑의 이국재 부장님께도 감사드린다. 필자가 처음 쓴 책(『영상시대의 종교와 윤리: 타락을 통한 구원받기』)을 출판해 주었으며 이제 이 책도 함께 할 수 있어 감사한 마음이다.

마지막으로 영화와 신학의 대화를, 대중문화와 철학의 대화를, 이제 회화와 철학과 신학의 대화를 시도한 필자에게 또 다른 과제로 사진과 철학, 신학의 대화가 남아 있다. 사진–신학(Photheology)을 저술하고 있는 지금 좋은 결과가 이어져 저자의 바램인 문화신학의 큰 그림을 그릴 수 있다면 더 바랄 것이 없겠다.

창밖으로 가족들의 얼굴이 떠오른다. 희경, 희주, 희진, 희은…

## 주석

1 테크네를 활용해 물건을 제작하는 것을 고대 그리스 사람들은 포이에시스(poiēsis)라고 했고, 이것이 라틴어 포에시스(poesis)로 번역된 뒤, 영어로 포이트리(poetry), 곧 시 또는 시작(詩作)으로 번역되었다.

2 뮤즈는 제우스가 티타노마케이아(Titanomacheia, 티탄과의 대전쟁)의 승리를 기념하기 위해 기억의 여신 므네모시네(mnemosyne)와 결합하여, 태어난 아홉 딸들을 일컫는데, 주로 산 속의 샘물이 흐르는 곳에 살면서 인간을 유혹한다.

3 그러나 에라스무스가 그의 격언 "나랏일은 교양 교육과 어울리지 않는다"(Respublica nihil ad musicum)에서 말했듯이 교양 교육을 뜻하는 '무시쿰'(musicum) 역시 뮤즈에서 나온 것으로, 고대 그리스에서는 시와 노래를 통해 교육을 실시했다. 시와 노래야말로 타인의 고통을 나의 고통으로 느끼게 하는 것이기 때문이리라.

4 피타고라스는 온 우주가 수적인 질서와 배열로 되어 있으며, 그때문에 온 우주가 운행하면서 아주 조화로운 소리를 낸다고 생각했다. 그리고 그 우주의 음악을 들으면 영혼이 순화되어 세속의 욕망에서 벗어날 수 있다고 믿었다. 플라톤은 이러한 사상을 이어받아, 시에는 그렇지 않았지만, 음악에는 대단히 호의적이었다. 그래서 그가 만든 세계 최초의 대학 아카데미아 입구에는 "기하학과 음악을 모르는 자는 출입을 금한다"고 쓰여 있었다.

5 전통적으로 앞의 다섯 장르를 '정통 순수예술'로 보게 된다. 이러한 구분은 18세기 중엽의 프랑스 미학자인 아베 샤를 바퇴(A. S. Batteux)가『하나의 원리로 통일된 여러 미술』(1746)에서 이상의 다섯 예술 장르를 '보자르'(beaux—arts), 곧 '아름다운 기술'에 속하는 것이라 명명한 이후부터이다. 이 말이 영어로 '파인 아트'(fine arts), 오늘날 우리가 예술, 또는 미술이라 번역하는 것이다.

6 미학에서 재현적(Representational)이라는 개념은 두 가지 의미를 갖는다. 첫째, 모사(copy)라는 개념과 대비되기도 하고, 둘째, 형식적(formal)이란 개념과 대비된다.

7 재현과 현시 논쟁은 잘 알듯이 미술사가 샤피로(M. Schapiro)의 '실재의 재현'과 '존재의 현시'를 언급한 하이데거(M. Heidegger)와의 논쟁이다(폰 헤르만, 이기상·강태성 역, 하이데거의 「예술작품의 근원」,『하이데거의 예술철학』(서울: 문예출판사, 1997 참조). 이러한 '재현/현시'의 논쟁은 대상(혹은 실재)에 대한 이해로 대상이 실재(real)를 재현하

는가? 혹은 실재인 존재(Sein)를 드러내는가의 차이이다. 나아가 해체주의자 데리다(J. Derrida)는 이러한 '재현의 불가능성'과 '현시의 의미 없음'을 그 소재로 삼고 있다. 그러나 '재현/현시'가 해체되었을 때 우리는 또 다른 지평이 다가오고 있음을 깨닫게 된다. 그것은 재현과 현시에 대한 논의 자체가 우리의 인식을 드러내는 것이며 나아가 이러한 인식하에 우리의 존재가 투명하게 그 정체성을 미학적 기표로 드러내는 것이다. 따라서 현대예술이 재현과 현시의 반복적인 변증법, 나아가 그것의 해체로 이어질지라도 그 자체가 그럼에도 불구하고, 다양한 존재론적·인식론적·미학적 사유들을 함축하고 있다.

# 제1부

# 〈Theo-Ars, 재현 신학〉

1839년에 발명된 사진술은 예술(미술)에게서 모방의 힘을, 곧 재현의 능력을 박탈했다.[1] "이제 회화는 죽었다", 이는 곧 '모방으로서의 회화'의 죽음이다. 그러나 이후의 예술은 모방하지 않음으로 자신의 정체성을 가진다. 곧 재현 욕망의 포기를 통해 하나의 예술 작품이 독자적이면서도 충만한 자기 세계를 구축할 수 있다는 것이다. 모더니즘(현대예술)의 등장은 바로 이러한 문제의식에서 시작된다. 따라서 모더니즘의 등장으로 인하여 이제는 예술이 무엇을 모방하는지 알 수 없을뿐더러 심지어 작품이 무엇을 의미하는지조차 알 수 없게 되었다.

게다가 현대 회화는 모방성 대신 자신의 정체성을 '평면성 추구'(C. Greenberg)에서 찾는다고 하는데, 2차원 평면에서 재현이란 어떤 인식론적·존재론적·미학적 가치를 보여주는가? 아니, 현대회화는 정말 '재현의 욕망'을 완전히 벗어난 것인가? 동시에 현대회화가 재현 파괴를 통하여 외면(외형, 형태)의 추구를 버리고, 스스로가 확언하듯 인간의 내면을 표현한다고 하면 그 '내면'이란 또 무엇인가?

인상주의의 선구자 마네(E. Manet)는 당시 고전주의가 신화적인 여성과 이상화된 여성을 그리는 것에 반해, 여인의 나체를 그림으로 회화에서 세속적인 성격을 보여주었다. 특히 고전주의 회화가 실내에서 그림을 그려 명암을 통한 볼륨감을 강조했다면, 마네는 야외에서 그림을 그려 볼륨감이 없는 평면적인 여성을 보이는 대로 그렸다. 사물보다는 내가 보는, 그 지각성에 초점을 둔 것이다.

이러한 인상주의는 현대예술에 자기 지시성과 3차원에서 2차원으로 전환되는 것, 회화가 자신을 그리는 것에 영향을 주게 된다. 특히 제재의 무차별성과 미적인 것의 해체를 통해 뒤샹과 워홀을 예비하기도 한다. 이처럼 과거 예술은 대상의 아름다움을 모방했으나, 현대예술은 형과 색의 자유로운 유희, 놀이로 바뀐다. 따라서 형과 색의 구성의 아름다움을 색과 색의 배열, 형과 형의 배열을 통해 보여주려 한다. 즉, 고전 회화가 유사성(ressemblance)를 보여준다면, 현대의 복제 회화는 상사성(similitude)을 보여주는 것이다.[2]

모네(C. Monet)의 〈루앵 대성당〉은 상사성의 관계인 차이의 놀이를 잘 보여준다. 들뢰즈(G. Deleuze)의 차이와 반복을, 데리다(J. Derrida)의 현전의 형이상학(metaphysics of presence) 해체를 그림으로 보여주는 것이다. 아침 안개 때와 정오와 흐린 날의 대성당의 모습을 통해 원본과 일치하는 것이 없는 위계질서와 차이의 놀이 속에 조금씩 달라지며 이어지는 무한한 계열 속에서 드러나는 시뮬라크르(simulacre)의 놀이 속에 현실을 사라지게 만든다.

동시에 현대회화의 아버지라 불리는 세잔(P. Cezanne)의 경우, 원근법을 해체하고, 다중 초점을 보여줌으로(《과일정물》) 큐비즘(cubism)의 효시가 되기도 하고, 더 나아가 사물을 보며 화가 자신이 사물과 포함된 전체적 통일체를 그리려 한다. 곧 풍경이 화가 속에서 화가를 생각하고, 화가는 풍경의 의식이 된다. 이것은 〈대수욕도〉와 같이 색의 혼합을 통해 사물(사람)이 다른 사물(사람)을 반영하는 것으로 나아간다.

그러나 세잔의 다중 초점을 이어 받은 입체파 화가 피카소(P. R. Picasso)는 다중 시선을 활용하여 사물 전체를 포착하려고 한다. 곧 여러 단면들을 동시에 표현하여 자연적 풍경 없이 대상을 재구성한 그림을 그린 것이다. 큐비즘의 효시가 된 〈아비뇽의 아가씨들〉이 바로 이것을 잘 보여준다.

나아가 다른 차원의 시선으로 마그리트(R. Magritte)의 작품은 라캉(J. Lacan)의 정신분석학적 해석이 가능한데, 곧 의식 상태와 무의식 상태의 구분을 잘 드러낸다. 〈망원경〉은 시간관계를 통한 해석이 가능한데, 유리창인 동시에 유리창이 아닌 그림, 곧 '회화는 바깥 풍경을 보여주는 창'이라는 회화의 창 이론을 완전히 뒤집어 버린다. 일상적인 사물에 대한 개념을 탈피하고, 과거 재현이론에 대한 공격이 나타나는 것이다.

서구 회화의 역사를 '미의 관념'과 '숭고의 열망' 사이의 투쟁으로 요약한 버넷 뉴먼(B. Newman)은 색면 추상(Color–Field Abstract)을 통해 화폭을 지우고, 숭고를 실천하려고 했다. 1950~51년에 자신의 그림에 〈숭고한 영웅 Vir heroicus sublimis〉이란 제목을 붙이고, 60년대 초, 최초의 조각품 세 점에 〈여기 I〉, 〈여기 II〉, 〈여기 III〉이란 제목을 붙였다. 그리고 그림들에는 〈저기가 아니라 여기Not over there, here〉, 〈지금Now〉, 〈존재Be〉라고 붙였는데, 이러한 숭고의 열망은 1948년 12월에 쓴 에세이 '숭고한 것은 지금이다'(The Sublime is Now)[3]에 선취되었다.

고전 회화가 작품을 감상하기 위한 미적 거리가 필요했다면, 뉴먼에게 와서는 이제 작품의 '아우라'(Aura)에 참여하는 것으로 바뀌는 것이다. 더 나아가 이것은 형식미를 말하는 추상에서 숭고의 체험을 이야기하는 내용을 위한 추상으로 바뀌게 된다. 그가 유대교의 성소(聖所)를 의미하는 마콤(Makom)의 체험을 이야기하는 것이나, 수직선을 상징하는 작품을 만드는 것은 무(巫) 자와 같은 하늘과 땅을 연결하는 영매의 체험, 곧 숭고의 체험에 다름 아니다.

나아가 미국인들이 즐겨 말하듯, 미국 미술이 곧 잭슨 폴록(P. J. Pollock)의 작품이라 여기는 폴록의 작품은 피에트 몬드리안(P. Mondrian)의 '차가운 추상'과 달리 '뜨거운 추상'으로 불린다. 그의 올 오버 페인팅(all–over painting)과 액션 페인팅(Action painting)은 추상회화의 극단을 보여주는데, 그림을 보면, 무언가를 그린다는 인식이 없고, 나아가 전체와 부분의 구분이 없으며, 동시에 넘쳐나는 무언가가 있다. 곧, 역동적인 힘을 지닌 채 그림 전체가 요동하고 있는 것이다. 가령 〈다섯 길의 깊이〉(1947)를 보면, 오브제(objet)들을 덧붙이고, 우발성에 의한 드로잉, 나아가 흩뿌리기의 시작을 엿볼 수 있다. 폴록은 이 그림부터 캔버스를 이젤 위에 놓지 않고, 바닥에 놓고 작업했으며, 나아가 그의 작품에서 배경과 모양이 해체되기 시작한다.

가령 요소 심리학(element psychology)[4]에 대한 반발로 등장한 게슈탈트 심리학(Gestalt psychology)[5]의 관점에서, 본다는 것은 눈이 보는 것을 넘어서는 것이다. 곧, 마음은 눈만 가지고는 볼 수 없는 대상들을 본다는 것이다. 따라서 곧 형태란 배경(background)과 모양(figure)의 결합이다. 폴록은 그의 작품에서 곡선적, 유동적, 다채로움을 통해 배경과 모양을 결합하여 신화적 비밀을 드러내고 있다. 이것은 헤롤드 로젠버그(H. Rosenberg)가 일찍이 '행동'으로 예술을 정의하고, 예술의 사회적·문화적인 의미와 능동적인 역할에 주목했던 것과 같이[6] 폴록의 액션 페인팅은 이러한 맥락에서 현대 행위 예술의 선취가 된 것이다.

이처럼 색면 추상에서 형과 색을 최소화하게 되면 미니멀리즘(minimalism)이 등장하게 된다. 마르셀 뒤샹(M. Duchamp)이 소변기를 미술관에 들고 들어옴으로써, 현실의 사물들이 미적 가상의 세계와 액자 안으로 들어오게 되었다. 곧, 현실과 가상의 경계가 해체된 것이다. 나아가 작가의 예술적 개입을 배제하고, 공장에서 제작된 기성 재료를 사용하며, 전체성과 반복성, 상사성의 형식을 특징으로 하고, 환영보다는 오브제, 형태보다는 공간을 중시하고 작가보다는 수용자를 중시하는 예술이 된다.

비판자들이 미니멀리즘은 '너무 연극적'이라 말하며 연극의 '배우–무대–관객'의 틀로 미니멀리즘은 '오브제–공간–수용자'의 틀로 보게 되는데, 이것이야말로 미니멀리즘의 본질이 된다. 가령, 칼 안드레(C. Andre)의 120개의 벽돌로 이루어진 〈동등Equivalent Ⅷ〉(1966)이라는 작품은 데이비드 배츨러(D. Batchelor)에 따르면, 1960년대에 제작된 가장 흥미롭고 상상력이 풍부한 작품이라는 것이다.[7]

뒤샹이 소변기를 이용하여 1917년 만든 〈샘Fountain〉이라는 작품은 이후의 개념예술(Conceptual art)의 시초가 된다. 일반적인 소변기에 작가의 필명인 'R. Mutt'라는 서명을 한 것이 전부인데, 이 작품은 뉴욕에서 열린 독립예술가 협회의 전시에 출품되었으나 거절당했다. 이제 회화는 그 재료의 한계를 벗어났으며, 더 나아가 물질성을 벗어나, 생각(idea)이 작품을 만드는 도구가 되고, 회화는 문학이 되었다.

곧, 작품은 출품이 아니라 출판되는 것이다. 회화가 물감, 화폭을 떠나 다른 매체가 됨으로, '행위를 지시하는 악보', '언어를 재료로 하는 문학'으로, 이제 예술의 육신은 죽고, 영혼만 남게 되었다. 솔 르윗(Sol LeWitt)의 수많은 작품들의 경우, 어느 누구라도 정해진 절차에 의해서 단순히 배치만 하더라도 재현할 수 있게 되어 있으며,[8] 이런 방법이 가장 전형적인 개념예술의 형태이다. 이렇듯 비물질성(immateriality)에 도달한 영혼은 파괴될 수 없는 불멸성(immortality)에 도달할 것인가?[9]

그러나 앤디 워홀(A. Warhol)의 등장은 전후 '2차 모던'[10]의 종언과 '포스트모던'의 개막을 알리는 하나의 사건이었다. 워홀은 후기 산업사회를 구성하는 사물의 세계와 인간이 보는 이미지의 세계를 반복을 통해 증언했는데, 애매모호함 속에서 포스트모더니즘을 극대화한 워홀의 작품은 20세기를 자신의 시대로 만들었고, 21세기를 그의 팝아트(Pop Art)의 또 다른 모습으로 변형하고 있다. 이러한 워홀의 팝아트는 한마디로 "왜 브릴로 박스는 슈퍼마켓과 미술관에서 다른 취급을 받는가?"라는 질문으로 시작된다. 이것은 먼저, 회화(원작)로 사진(복제)을 모방하는 것인데, 보드리야르의 하이퍼리얼리즘(hyper-realism)의 선구라 볼 수 있으며, 들뢰즈의 "시뮬라크르로 하여금 기어오르게 하라"는 '시뮬라크르의 전략'의 회화적 선취이다.

따라서 워홀의 작품에서 '마릴린 먼로'와 '체 게바라'의 이미지는 먼로와 체 게바라 자신의 정체성이 아니라, 사진, 즉 복제를 베낀 것으로, 대중들은 이제 실재가 복제를 복제하는 시대에 접어들었음을 깨닫게 된다. 가령, 개그맨 김영철은 하춘화 흉내를 잘 낸다. 처음에 이를 싫어했던 하춘화가 나중에는 오히려 재미로 자신을 복제하는 김영철을 따라하며 시청자들을 웃겨준 바 있다. 원본이 복제를 복제하는 것이다. 원본 없는 복제, 원본보다 더 실재적인 복제가 등장한 것이다. 따라서 과거에는 "무엇이 예술작품인가?"라는 예술의 본질에 대해 물었다면, 이제는 "언제 예술작품이 되는가?"라는 조건을 묻게 된다.

미술과 문학의 경계를 다룬 고전인 레싱(G. E. Lessing)의 『라오콘』은 근대 미학 담론의 시작이자 문학비평의 고전이다. 레싱은 트로이의 왕자 라오콘과 그 아들을 소재로 한 고대 조각상을 통해 미술과 문학의 경계에 대해 논했는데, 라오콘은 역동적이고 극적인 헬레니즘 시대의 예술을 대표하는 조각을 말한다. 독일 고전주의의 아버지라 불리는 미학자 빙켈만(J. J. Winckelmann)이 자신의 저서에서 이 라오콘 조각상을 칭찬하여 '예술이 그리스에서 완성되었다'고 강조하며, 미의 개념을 '물질에서 증류해낸 정신'[11]으로 서술하고, 사람들에게 그리스 미술을 모방하라고 권했고, 특히 라오콘에서 그리스 예술의 본질적인 특징을 찾았다.

이러한 내용주의 미학으로 인해 당시 유럽사회에서는 고대 미술에 대한 관심이 고조되었는데, 레싱은 이러한 전통을 타파하기 위해, 미술과 문학의 본질을 규명하고 차이를 밝힘으로써 문학을 미술의 지배로부터 해방시키고자 했으며, 나아가 문학이 미술보다 상위의 예술임을 논증하고자 했다. 미술과 달리 연속되는 행위를 대상으로 하는 문학에는 시공간의 제한이 없고, 감정과 상상력을 불러일으키는 능력도 미술보다 앞선다고 주장한다.[12]

그러나 그린버그(C. Greenberg)는 모더니즘을 순수하게 시각적 경험과 관련된 지속적이며 자기 비평적 전통으로 인식하며 마네를 최초의 모더니스트로 보았다.[13] 파리와 뉴욕을 제외한 곳에서 제작된 미술 작품을 무시했던 그린버그는 레싱의 라오콘을 넘어선 '새로운 라오콘'[14]을 통해 회화 매체의 고유성인 캔버스의 사각형, 화면의 평면성을 탐구하며 '평면성의 원리'와 '자기 지시의 원리'로서 20세기 모더니즘의 본질을 정초 짓는다. 칸트의 형식미학이 부활한 것이다.

따라서 20세기 예술 비평가들이 헤겔식의 내용주의 미학이 무너진 후, 칸트의 형식미학에 의지하여 비평을 시도하는 것은 바로 이러한 맥락이다. 칸트는 『판단력 비판』에서 '목적 없는 합목적성의 형식'을 통해 내용과 대상보다, 형과 형의 배열을 중시하게 되는데, '새로운 라오콘'을 이야기하는 20세기 모더니즘의 본질[15]은 바로 이러한 칸트의 미학적 맥락에 닿아 있다. 곧 형식주의의 새로운 발견으로 회화가 대상을 재현한다는 환영을 포기하고 회화의 본질인 평면성의 원리, 곧 2차원 회화로 자기 지시성으로 나아가게 되는 것이다. 이전에는 회화가 그림 밖에 관심이 있었다면, 곧 대상의 아름다움을 모방하려했다면, 이제 회화는 자기 자신에 관심을 두게 되는 것이다.[16]

따라서 현대 회화는 형과 색의 자유로운 유희, 기표의 유희가 되어버린 것이다. 이것은 아름다움을 포기하고 숭고의 미학으로 진행이 된다. '재현/현시'의 문제에서 자신의 정체성으로 돌아온 것이다. 곧 재현/현시를 해체한 후, 대상에서 실재로 회귀하는 '1차적 실재의 귀환'이 이루어진 것이다.

그러나 그린버그의 모더니즘은 '해프닝'을 통해 해체되며, 퍼포먼스의 연극성을 통해 새로운 라오콘 역시 무너져 버린다. 현대예술에서 예술가는 하늘과 땅을 잇는 영매가 되고 예술행위는 사건이 되고, 나아가 이러한 예술의 사건성에서 예술은 종교적 체험이 된다. 뉴먼의 마콘 체험과 존 케이지(J. Cage)가 선불교의 영향으로 무(無)를 체험하는 것, 요셉 보이스(J. Beuys)의 예술가의 샤먼적 영매는 바로 그린버그의 라오콘이 무너졌음을 잘 보여준다.

나아가 워홀의 등장과 더불어 새로운 변화가 생긴다. 한때 추상에 밀려 사라졌던 구상이 1960년대 이후 현대미술에 복귀한 것이다. 미국의 평론가 할 포스터(H. Poster)는 이를 가리켜 '실재적인 것의 귀환'(return of the real)이라 불렀다. 그러나 다시 돌아온, 곧 회화 속으로 돌아온 실재는 더 이상 '원본'이 아니었다. 워홀의 작품에서 우리가 보는 것은 끝없이 반복되는 복제의 이미지였으며, 지금 우리가 주위에서 보는 것은 하나의 원형(prototype)을 복제해 찍어낸 복제(stereotypes)들이 바로 그 증거이다. 소비자는 원형을 보지 못한다. 그들이 보는 것은 오직 복제들뿐, 그러나 지루하기 짝이 없어 보이는 이미지들의 반복을 통해 앤디 워홀은 후기 산업사회를 구성하는 사물의 세계와, 그 속에서 인간이 보는 이미지의 세계를 증언한다. 따라서 '더 이상 원작이 없는 세계의 증인'인 워홀의 "서른 개가 한 개보다 낫다."라는 말에서 우리는 벤야민의 '아우라(Aura)의 파괴'를 엿보게 된다.[17]

이렇듯 현대예술은 새로운 것을 추구하고, 전통을 해체하며 박물관인 예술적 전범을 파괴시켜 나가고 있다. 따라서 그들의 강령은 전통으로 돌아가면 안 되고, '내 것이 새롭다'는 독단에 빠지게 된다. 그러나 이후 등장하는 포스트모던 예술은 모던이 결과적 다양성이라면, 애초부터 다양성을 기초로 시작하게 된다. 목표 설정이 없으며, 모던의 독단을 해체하여 역으로 예술사의 전통도 추구하는 모습으로 나아간다. '모든 것이 가능한'(Anything goes) 예술이 된 것이다. 게르하르트 리히터(G. Richter)는 1962년에 신문이나 잡지에서 가져온 사진을 소재로 흐릿하고 형태가 분명히 드러나지 않는 일련의 추상회화 작품을 제작했다.

그는 사진이 갖는 리얼리즘적 요소와 여기에 붓질을 가해 얻어지는 추상적 요소를 합친 새로운 회화 양식을 선보였다. 이후 1965년부터는 일상적이고 통속적인 사진 이미지를 단색조로 옮겨 그리며 변화를 모색했고, 1960년대 말에는 극사실주의적인 풍경사진화와 기하학적인 색채 차트 그림을 그렸고, 1971년과 1972년 사이에는 유명 인물사진화를, 1970년대 중반 이후에는 다채로운 색채의 추상회화를 제작했다. 1980년대에는 정치 문제를 다루기도 했으며 1990년대에는 더욱 완숙한 추상의 세계를 보여주었는데, 그의 작품은 당대에 유행했던 팝아트와 모노크롬 회화, 추상표현주의와 포토리얼리즘 등과 연결되면서도 이와 상반된 리히터 자신만의 양식을 표현해 내고 있다.

따라서 1960년대 이후 미술계는 회화의 종말을 예견했지만 리히터는 당대의 일반적인 목소리를 뒤로 하고 회화를 고집하면서 다양한 양식을 통해 회화라는 매체를 재해석하고 현시대에 회화가 가지는 본질과 가치에 대한 질문을 끊임없이 하고 그 답을 찾아 나섰다. 그리하여 회화는 더 큰 영역으로 확장될 수 있었으며 그 가능성을 보여주었다. 어떤 목표도, 어떤 체계도, 경향도 추구하지 않았으며 어떤 강령도, 양식도, 방향도 갖지 않고, 일관성도 없으며, 무규정적이고 무제약적인 그의 회화야말로 포스트모던적인 것이다.[18]

이 책은 현대예술을 신학적으로 '읽고', 신학적 사고로 현대예술을 '보려는' 시도이다. 읽고 봄으로 현대예술의 지평을 신학적 지평으로 확장하거나(재현 신학), 신학적 사유를 예술적 지평으로 넓혀보려는 것(현시 신학)이다. 곧 20세기 회화의 다양한 존재론적, 인식론적, 미학적 사유들을, 신학적으로 읽고(재현 신학), 신학적 사고로 현대예술을 보려는 것이다.

이러한 목적이 가능한 이론적인 근거는 첫째, 존재론적으로 형상은 육체를 통해 화육되었기에, 형태와 색체의 예술은 신의 신비에 대한 놀라운 표현이 된다. 가령, 다마스케노스(Damascene)가 언급한 바, "우리에게 결코 하나님의 형상을 만드는 타락은 없다. 이 형상은 이 땅의 육체 속에 화육되어 나타났고, 그의 말로 표현할 수 없는 선하심으로 인간들과 혼합되었으며, 육체의 본성과 특징과 형태와 색채를 수용했다."[19]라는 말은 현시에 대한 신학적 보증이다. 곧 예술은 신의 신비를 드러낸다(하이데거는 신의 신비 대신 존재의 신비를 말하지만). 물론 여기에는 재현(형상 파괴 논쟁을 포함하여)과 현시에 대한 교회사적인 변하지 않는 정체성이 있는데, 그것은 성서에 충실한 기독교는 신성하게 되려는 미술의 모든 주장에 대해 본질상 저항적이라는 것이다. 모든 인간의 작품은 인간적이며, 또 언제나 인간적일 뿐이라는 것이다.

사진의 등장으로 현대 미술이 자신의 고유한 정체성인 형과 색, 평면으로 돌아간 이유 역시 이러한 신학적 사유와 동일하다. 재현 불가능성의 재현이라는 현대예술이 위치하는 종교적이고 신학적인 측면도 이 지점이다. 이러한 측면에서 Theo-Ars,[20] 곧 재현 신학의 측면에서 모네와 마티스, 피카소와 달리, 세잔과 바넷 뉴먼, 안셀름 키퍼의 작품을 기독교 신학의 성서 해석학과 죄론, 기독론과 기적 이해, 성령론과 신론, 그리고 종말론 등을 연결하여 살펴보고자 한다.

둘째, 인식론적으로 예술품에 재현된 이미지는 신의 현시로 이끄는(religare, 라틴어로 '묶다'라는 religo의 부정사형)[21] 역할을 수행한다. "아이콘은 닮음, 모델, 모형 표현이다(…). 아이콘은 영에 의해 파악되며, 감춰진 것을 드러내어 보이고, 알게 하는 데로 이끈다."[22] 플라톤(Platon)과 플로티노스

(Plotinos)의 에로스(Eros) 이해가 이러한 측면을 잘 보여주는데, 플라톤은 에로스를 그리스 신화처럼 '성적 욕구를 일으키는 신'으로 본 것이 아니라, 바로 초월적 존재의 세계를 향하도록 욕구를 일으키는 '신적인 힘'으로 이해한다.[23] 나아가 그는 에로스를 철학자와 철학적 사유를 위한 상징으로 본다.

또한 에로스는 '중간적인 것'으로 지혜로운 사람과 무지한 사람 중간에 위치하여 신에게서 인간들에게로 왕래하기도 하고, 인간들에게서 신에게로 도달하기도 한다. 그러나 신에게 도달한 후 다시 흘러가버리는 라캉(J. Lacan) 식의 욕망의 결핍을 보여주기도 한다(프랑스의 후기 구조주의자들의 사유는 이러한 플라톤 철학의 에로스적 지평에서 이해될 것이다). 따라서 이 '중간적 존재'는 플라톤 철학개념과 기독교 신학, 현대 포스트모던 철학과, 예술을 연결하는데 하나의 중요한 열쇠가 된다. 게다가 에로스는 가시적인 것(the mortal)이면서도, 불가시적인 것(the immortal)이다. 즉 가시적인 것과 불가시적인 것 사이에 존재하는 것이다. 현대예술(기호학, 언어학, 철학)의 '기표의 유희'는 에로스의 불가시적인 측면을 말해준다.

플로티노스 역시 "에로스는 항상 (자신과는) 다른 아름다운 것을 향해 질서 지워져 있으며, 마치 그리워하는 자와 그리운 이 사이에 자리 하는 '중재자'와 같은 위치에 있다. 그래서 그리워하는 자의 눈(眼)이 사랑을 통해 그 자체의 힘으로 그리운 이를 보게 된다."[24]고 말한다. 또한 "모든 것은 (자신을) 낳은 존재를 그리워하며 사랑한다. 또한 (그 같은 사랑은) 낳은 존재와 낳아진 존재가 유일하다면 그만큼 가장 크다 하겠다. 더욱이 낳은 존재가 이른바 최상의 존재라고 한다면, (달리 추구할 대상이 없으니) 반드시 그와 함께 존재하려 할 것이다. 다만 그와 다르다는 것으로써만 구별될 뿐이다"[25]라고 한다. 예술을 기독론적인 인식론으로, 더 나아가 신학적으로 읽어 낼 수 있는 전제가 되는 것이다. 왜냐하면 예수(와 '예수—ㄹ')는 존재론적으로 신성과 인성을 함께 소유한 존재이자, 신으로 인도하는 중간자이며, 인식론적으로 삼위일체(三位一體)는 위격(位格)에서는 다르지만, 일체가 되기 때문이다. 그리고 이것은 이성적·감성적인 차원보다 미학적으로 더 잘 이해된다.

셋째, 미학적으로 우리는 이미지(형과 색, 혹은 더 나아가 레디 메이디와 퍼포먼스, 개념 예술 속에서도)에 드러난 신의 현시를 보기 때문에 예술은 가치를 지니고, 미학은 포스트모던 사회에서도 그 다양함과 기괴함 속에서 가치를 지니는 것이다. "그러므로 우리는 아이콘들을 경배한다. 우리는 물질을 경배하는 것이 아니라 그 물질을 통해서 그 안에 표현된 이들을 경배한다. 왜냐하면 거룩한 바실리우스가 말하듯이 아이콘의 숭상은 원형에게 전달되기 때문이다."[26] 일찍이 폴 틸리히(P. Tillich)는 기호와 상징을 구분하며 성례전적인 실재 이해, 곧 '유한은 무한을 품을 수 있다(finitum capax infiniti)' 라고 한 적이 있다. 이것이 바로 기독교 예전으로써 미술, 음악, 나아가 전체적인 예술의 중요성이 부각되는 지점이며 이 저술의 목적인 예술과 신학의 대화가 철학적, 예술적으로, 나아가 신학적으로 타당한 이유이다.

## 주석

1 벤야민(W. Benjamin)은 사진이 갖는 철학적 함의를 선구적으로 포착했다. 사진이라는 놀라운 복제 기술에 의해 예술작품은 고유하고도 유일한 것의 성격(Aura)을 잃어버렸고, 더불어 예술의 사회적 기능 또한 극적으로 변화하는데, 이는 예술의 대중화와 민주화에 기여한다(Benjamin, Das Kunstwerk im Zeitalter seiner technischen Reproduzi-erbar—keit, 1936: 53). 반면 손탁(S. Sontag)은 사진 이미지의 효과를 탈플라톤화(de—Platonizing)라 이름하고, 진상/가상(眞相/假相)의 이분법이 허물어져 버리는 것을 지적한다. 그리고 여기서 이미지는 고대에 가졌던 주술성을 다시 회복한다(S. Sontag, "A Brief Anthology of Quotations", In *On Photography* (New York: Rosetta Books1, 1973), 169).

2 이스라엘 민족의 족보에서 아브라함과 야곱은 유사성의 관계이나, 야곱의 아들들인 르우벤과 유다, 요셉, 벤야민 등과의 관계는 상사성의 관계이다.

3 B. Newman, *The Sublime Is Now: The Early Work of Barnett Newman* (New York: PaceWildenstein, NY, 1994) 참조.

4 18—19세기 전반에 등장한 심리학으로 물리학이나 화학과 같은 자연 과학의 방법을 따른 심리학이다. 가령 대표자인 분트(W. Wundt)에 따르면, 심리학이 해야 할 것은 첫째, 의식 현상을 요소로 분석하며, 둘째, 이들 요소의 상호 결합의 양상을 탐지해야 하며, 셋째, 결합의 법칙을 밝혀야 한다는 것이다. 조명한, 「W. Wundt의 생애와 언어심리학」, 『한국심리학회지』 2권 4호, 1979 참조.

5 형태 심리학으로 번역되며, 전체를 가능한 한 개별요소들로 연구해온 이전의 원자론적인 경향(요소 심리학)에 대한 반발로 형성되었다. 베르트하이머(M. Wertheimer), 쾰러(W. Köhler), 코프카(K. Koffka) 등이 대표자이며, 이들은 '전체는 그 부분들 이상'이라는 점을 강조했는데, 부분을 고립 상태에서 따로 분석하는 것만으로는 전체의 속성을 추론할 수 없다는 것이다. 근대 독일어에서 'Gestalt'라는 낱말은 사물이 '형성된' 방법, 즉 어떤 자리에 '놓이거나', '조립된' 방식을 뜻할 때 쓰인다. 영어에는 이 낱말과 똑같은 뜻을 가진 동의어가 없기 때문에 게슈탈트를 영어로 번역할 때는 대개 'form'이나 'shape'라는 낱말을 쓴다. 심리학에서는 이 낱말을 'pattern'이나 'configuration'으로 번역한다.

6 김희영, 『해롤드 로젠버그의 모더니즘 비평』(서울: 한국학술정보, 2009)은 로젠버그가 제시한 예술에 대한 혁신적인 개념을 심층적으로 고찰한 연구서이다. 예술의 미적 가치를 획일적으로 평가했던 비평의 담론 아래 간과된 로젠버그의 비평적 시각이 가지는 저항적인 의미를 재평가하고 있으며 예술가의 창의적인 작업을 가능하게 하는 감각, 감성, 경험에서 아방가르드의 근원을 찾고자 했던 로젠버그가 제시한 '행동' 개념이 궁극적으로는 예술의 영역을 문화의 영역에까지 확장시킬 수 있는 가능성을 열어 놓았다고 이야기 하고 있다.

7 데이비드 배츨러, 정무정 역, 『미니멀리즘』 (서울: 열화당, 2003)은 칼 안드레, 댄 플래빈, 도널드 저드, 솔 르윗, 로버트 모리스 등의 작품을 살펴보며, 미니멀리즘에 대해 가해진 비평과 해석을 다루고 있는 책이다.

8 Giorgio Maffei, Didi Bozzini, Emanuele De Donno, *Sol Lewitt: Artist's Books* Camb (New York City: Parasol Press, 1973) 참조.

9 이러한 개념 예술은 60년대 말에 등장하여 70년대 말에 자취를 감추었다. 당시 60년대 말, 기호학이 등장하여 사진과 이미지 속에 숨은 이데올로기를 드러내며 형상을 거부하고, 언어를 재료로 하는 미술로써 탄생하게 된 것이다. 그러나 오늘날 컴퓨터와 인터넷의 새로운 미디어 환경은 삶으로 실현된 개념 미술이라 할 수 있다. 곧 개념 미술이 꿈꾸던 유토피아가 새롭게 부활한 것이다.

10 그린버그가 자신의 모더니즘을 대문자 모더니즘(Modernism)으로 명명하여 이전의 모더니즘(modernism)과 구별하는데, 이를 2차 모던이라 한다.

11 J. J. Winckelmann, *Geschichte der Kunst des Altertums* (Dresden, 1764), p. 56.

12 G. E. Lessing, *Laokoon: Uber die Grenzen der Malerei und Poesie*, 윤도중 역, 『라오콘—미술과 문학의 경계에 관하여』 (서울: 나남, 2008) 참조.

13 그린버그의 대문자 모더니즘으로써, 예술의 종언을 외쳤던 단토는 고갱과 반 고흐를 최초의 모더니스트로 본다. 단토는 미술이 1960년대에 종말을 고했다고 선언했다. 『예술의 종말 이후』는 그의 원래 생각을 완전히 재공식화하고 있으며, 과거에 미술을 정의했던 내러티브적 역사 경로로부터 미술이 어떻게 일탈했는가를 보여준다. 단토는 미술비평의 철학에 초점을 맞추어 컨템퍼러리 미술의 가장 곤혹스러운 특징, 즉 창작에서 모든 것이 가능하다는 점을 집중적으로 다루고 있다. Arthur C. Danto, 이성훈·김광우 역, 『예술의 종말 이후— 컨템퍼러리 아트와 역사의 울타리 동시대 미학』 (서울: 미술문화, 2004) 참조.

14 C. Greenberg, 'Towards a Newer Laocoon', *Art in Theory 1900-2000* (Oxford, Victoria: Blackwell Publishing Co., MA, 2003).

15 C. Greenberg, 'Modernist Painting', *Forum Lectures,* Voice of America (Washington, D. C., 1960); (http://www.sharecom.ca/greenberg/modernism.html 참조).

16 이는 칸트의 철학에서 『판단력비판』의 내용과 대상보다는 형과 형의 배열을 중시하는 측면에서 『순수이성비판』의 이성으로 이성의 한계를 탐구한 측면과 연결된다.

17 "나는 섹시한 것을 자꾸 반복하기를 좋아한다."는 워홀의 말에서 우리는 사물의 질서와 지각의 영역에서 일어나는 변화가 인간의 정신적 태도에 영향을 끼친다는 것을 알 수 있게 된다. 워홀의 작업방식에서 우리는 어렵지 않게 프랑스의 철학자 질 들뢰즈가 말하는 '차이와 반복'의 원리를 읽을 수 있다. "내가 같은 이미지를 반복하기 시작한 것은, 반복이 같은 이미지를 변화시키는 방식을 좋아하기 때문" 이라는 워홀의 말은 반복을 통해 차이를 생성한다는, 후기 구조주의자들의 '반복가능성(iterability)' 개념과 일치한다. 앤디 워홀에 관하여는 이자벨 쿨, 정연진 역, 『앤디워홀— ART SPECIAL』(서울: 예경, 2008); 클라우스 호네프, 최성욱 역, 『앤디 워홀』(서울: 마로니에북스, 2006); 강홍구, 『앤디워홀: 거울을 가진 마술사의 신화(재원 미술 작가론 2)』(서울: 재원, 1995); 김광우, 『비디오아트의 마에스트로 백남준 VS 팝아트의 마이더스 앤디 워홀』 (서울: 숨비소리, 2006) 등을 참조.

18 편집부 엮음, 『게르하르트 리히터: 독일 현대미술의 거장』(서울: 컬처북스, 2008) 참조.

19 Discours sur les images, éd et trad. E. Ponsoye, *Institut orthodoxe de théologie français* (Paris, 1966), Ⅲ, 2.

20 제목에 나타나는 Theo—Ars〔신(에 대한) 예술〕는 재현의 측면으로 예술에 강조점을 두고, Ars—Theology〔예술(의) 신학〕는 현시의 측면으로 신학에 강조점을 둔다.

21 종교(religion)라는 용어는 어원적으로 두 가지 의미를 드러낸다. 곧 사람들을 타인과 묶는, 그리고 존재 및 사물의 신비와 '묶는 것'(relegare)과 '다시 읽는다'(relegere)의 의미를 지칭한다.

22 Damascene, Damascene, 1966: Ⅲ, p. 16.

23 디오티마 부인과 소크라테스의 대화 과정 속에서 에로스가 설명된다. "소크라테스: 그렇다면 에로스는 무엇입니까? 세상에 있는 것과 같은 무언가 입니까? 디오티마 부인: 확실히 그렇지는 않습니다. 소크라테스: 그렇다면 그것은 무엇입니까? 디오티마 부인: 그는(에로스) 전에 우리가 언급했던 것과 같습니다. 그는 세상의 눈에 보이는 것

과 보이지 않는 영원한 것 사이 있는 중간자와 같습니다. 소크라테스: 그게 무슨 뜻입니까? 디오티마 부인: 그는 위대한 영입니다. 영적인 모든 것은 신과 세상의 눈에 보이는 것 중간에 위치해 있습니다."(『향연』, 202. d—e).

24 Plotinus, *The Enneads*, trans. Stephen Mackenna (Oxford: Great Britan at the University Press, 1969), Ⅲ 5, 2. 이하 Enn과 장, 절로 약호함.

25 Enn. Ⅴ 1, 6.

26 Damascene, Op. cit., Ⅲ, p. 41.

# Chapter 1.
# 모네와 성서해석학

## I. 성서해석학의 회화적 모티브

성서의 필요성에 관해 김균진은 그의 『조직신학』에서 다음과 같이 5가지로 이야기 한다. 첫째, 무엇보다 먼저 성서는 하나님의 '계시의 책'이기 때문에 기독교 신앙과 신학에 없어서는 안 된다. 둘째, 성서의 역사서는 과거에 일어난 하나님의 행위와 역사를 증언하며 역사의 방향과 목적을 제시하는 동시에, 오늘 우리를 향한 하나님의 말씀을 증언한다. 셋째, 성서는 언제나 다시금 하나님의 새로운 약속들을 이야기하며, 이 약속을 향해 우리를 부른다. 성서는 하나님의 약속과 약속한 바에 대한 기다림의 정신으로 가득하다. 넷째, 인간의 생명이 인간에 의해 억압과 착취와 죽임을 당하며, 자연의 생명들이 멸종의 위기에 처한 오늘의 시대적 상황 속에서, 성서는 모든 생명이 하나님의 피조물이요 하나님의 것이라고 주장한다. 다섯째, 신학과 교리는 성서에 근거해야 한다. 하나님에 관한 인식도 성서에 기초해야 한다. 성서가 기독교 신학과 교리의 기초이며 규범이다. 또한 성서는 그리스도인들과 교회의 삶과 실천에 대한 윤리적 규범이다.[1]

기독교 신학의 규범이자 기초인 성서는 그리스도인과 교회의 삶과 실천 규범이 된다. 그러나 이러한 성서해석의 역사는 지난한 해석의 역사를 지닌다. 회화를 대상의 모방을 넘어 해석의 대상으로 생각한 인상주의는 대상을 지각한 화가의 인상(해석)을 그린다. 게다가 대상의 인상은 주체의 지각 상황뿐만 아니라, 대상의 시간적 차이에도 영향을 받는다. 따라서 인상주의 화가 모네는 성서해석학의 회화적 모티브가 될 것이다.

모네(Claude Monet, 1840~1926)는 처음에는 마네(Édouard Manet, 1832~1883)의 영향을 받아 인물화를 그렸으나 점차 풍경화를 그리게 되었다. 파리 근교에 살면서 센 강변의 밝은 풍경을 통해 인상파 양식을 개척했는데, 1874년 〈인상-일출〉을 선보인 후 모네를 중심으로 한 화가들이 인상파란 이름으로 불렸다. 이후 8회 동안 계속된 인상파전시회에 많은 작품을 출품하며 인상주의의 대표적 지도자로서 위치를 가지게 된다.

## II. 성서비평학과 성서해석학으로

### 1. 인상주의: 차이의 놀이와 성서해석학

모네는 루앙 대성당을 그렸다. 아침, 점심, 저녁의 성당을 그리기도 했고, 맑은 날과 흐린 날의 성당의 모습도 그렸다. 사실 인상주의의 표어는 '색은 반사된 빛'이다. 그리고 빛은 고정된 것이 아니라 시시각각 달라진다. 따라서 루앙 성당을 그리기 위해서는(성당의 색을 표현하기 위해서는) 시시각각 달라지는 빛을 좇아 여러 번 그릴 수밖에 없을 것이다.

이같이 '보이는 대로' 대상을 그려야 한다는 모네의 생각은 같은 장소에

〈루앙 대성당의 아침 안개(1893), 정오(1894), 흐린 날(1892)〉

서 같은 대상을 바라보며 시시각각 변화하는 빛과 대기의 상태에 반응하며 작품을 그리게 한 것이다. 세잔이 언급했듯이 모네는 '위대한 눈을 가진 사람'인 것이다.

따라서 루앙 대성당의 다양한 차이는 신학적으로 성서 해석의 지평을 넓혀준다. 보편적 캐논이 상황에 따라 다양성을 지니는 것이다. 곧, '말씀'이 '말(logos)'의 '씀'이 될 때 그 '씀'의 장소, 상황, 역사, 문화가 고려되는 것이다. 이제 말씀의 산종(Dissemination)[2]이 역사의 지평에 그 성육신을 만들어 간다. 따라서 성서 해석학의 역사는 인상주의 차이의 놀이에 다름 아니다.

오리게네스(Origenes)는 원리론(De principiis)에서 성서의 의미를 세 가지로 나눈다. 곧 물질적 의미(문법적으로나 주석적으로 단어상의 의미), 정신적 의미(도덕적인 의미), 영적 의미(우의적인 의미)이다.[3] 그러나 어거스틴은 네 가지로 나눈다. 곧, 역사적 의미(secundum historian), 인과적 의미(aetiologiam), 유비적 의미(anlogiam), 우의적 의미(allegoriam)가 바로 그것이다. 그러나 우의적 성서 이해에 맞서 문자적 의미를 옹호한 루터는 '성서만이 유일한 여왕'(solam scripturam regnare)이며 '그 자체로 탁월하게 신빙성을 갖춘 분명한 것이며, 그 자신의 해석자'이다.[4] 따라서 루터에게 있어서 성서만이 교리의 심판자, 기준, 규범, 시금석이 된다.

구정통주의는 성서를 성서 자체가 인간에게 성서에 동의하도록 하는 권능인 '유인적 권능성(auctoritas)'과, 성서가 구원을 위해 알 필요가 있는 것은 완전하게 그리고 충분하게 담고 있다는 의미로 '완전성(perfectio)', 성서는 적어도 구원에 필요한 것에 대해서는 뚜렷이 밝히고 있다는 '명증성(perspicuitas) 및 명료성(claritas)'과 마지막으로 성서는 구원의 효력을 가지고 있으며, 성서는 구원의 수단이 된다는 '유효성(efficacia)'을 특성으로 한다. 그리고 구정통주의자들은 성서에 대한 인격적 영감이나 사실적 영감, 나아가 축자적 영감을 믿는다. 그러나 신정통주의의 입장은 구정통주의의 입장과 다르다. 신정통주의자들은 성서를 역사적인 책으로 다루고, 여기에 역사적인 해석을 시도하고 있다. 곧, 정통주의의 성서적 가현설(Doketsmus)을 부정하고 '사람의 책'으로서 성서를 인식하는 것이다.[5] 따라서 그리스도가 그리스도교의 본래적 말씀이라는 사실은 간과된다.

근대에 들어 성서해석학의 새로운 장을 개척한 슐라이에르마허는 어떤 본문을 이해한다는 것을 외과의사의 수술이나 논리학자의 논리적 분석과 다르다는 것을 전제하고, 해석자가 본문의 저자와 함께 느끼고, 함께 체험하는, 곧 저자와 해석자 사이의 심리적 동시성이 경험되는 생동적 과정으로 해석학을 자리매김한다. 곧 성서 본문은 형식적이고 논리적인 분석, 문체의 분석을 통해 객관적으로 분석되지 않으며 무전제성, 객관성, 냉정함을 요구하는 것이 아니라, 심리학적 해석의 필요성이 존재하는 것이다. 저자가 말하는 것을 '뒤따라 형성(재구성Nachbilden)'하고 '뒤따라 구성함(Nachkonstruieren)'을 통해 이해되는 것이다. 따라서 해석자는 문법적 해석을 넘어 저자의 내적 심리상태에 대한 직관적 감정이입을 통해 그의 의도를 파악하는 기술적이고 심리적인 해석이 필요한 것이다.[6]

불트만은 슐라이에르마허의 입장을 수용하며, 본문의 저자와 해석자는 '동일한 삶의 관계' 속에 있음을 강조하고, 해석자는 과거의 본문이 말하는

'내용에 대한 전이해'를 가진다고 생각한다. 따라서 이러한 전이해를 통해 해석자는 본문을 이해할 수 있는 것이다. 곧, 인간의 삶의 가치와 의미, 본래성과 행복, 세계의 의미와 목적에 대한 나름대로의 이해 속에서 하나님에 관한 전이해를 가지고 있기 때문에 해석자는 과거에 기록된 성서의 본문을 이해할 수 있는 것이다.[7]

칼 바르트는 삼위일체적 기본 화음에 맞추어(하나님의 삼위일체성과 비슷하게) 성서론을 삼중 형태로 제시한다. '계시된 하나님의 말씀–기록된 하나님의 말씀–선포된 하나님의 말씀(K.D., I, 124f)'이 바로 그것이다. 바르트는 과거에 기록된 성서 본문을 오늘 우리가 이해할 수 있는 것은 과거의 저자와 오늘의 해석자 사이에 주어진 어떤 '보편적 연속성' 내지 결합성과 이에 근거한 전이해에 있지 않고 우리를 선택한 하나님이 성서를 통해 말씀하시고, 우리를 사로잡기 때문이라고 생각한다.[8]

## 2. 비문자화와 인상주의: 복음 진리의 현대적 해석과 도시적 속도 구현

바르트가 교회를 위한 신학자로, 신학의 목적이 교회에 봉사하는 것이었다면, 틸리히는 지성인을 위한 사도이다. 현대의 지성인들과 세속사회를 위하여 틸리히는 기독교의 복음을, 복음의 진리를 간직한 우리 시대의 언어로 재해석하려 했다.[9]

무엇보다 틸리히는 먼저 기독교를 포함한 모든 종교적 언어는 상징이라고 생각했다. 틸리히 신학의 상징(symbol)의 방법론은 전통적인 신학 연구의 범주는 아니다. 그러나 신학의 역사를 보면 다양한 형태로 상징에 대한 논의가 전개되었으며 지금도 그 논쟁은 지속되고 있다. 따라서 종교적 언어–상징의 재해석이란 우리 시대에 그 의미가 상실했거나, 문자적 직역주의로

〈수련〉 (1919)

왜곡되어 우상화된 상징을, 원래의 초월적 의미를 간직한 우리시대의 동시대적 언어로 재해석하려는 것이다. 특히 틸리히는 상징을 자신의 신학의 주요 방법론으로 내세우고 질문에 대한 대답으로 삼고 있는 그리스도교 메시지 곧 성경의 내용에 대한 해석방법으로 삼고 있다.

따라서 틸리히는 상징의 본질을 밝히기 위해 상징을 '표식(sign)'과 '기호(signal)'와 비교하여 설명한다.[10] 상징과 기호는 결정적으로 한 가지 점에서 본질적으로 같은데 그것은 모두 자기 자신들을 넘어서 무엇인가를 지시하는 것이다. 그러나 결정적인 차이가 있다. 표식과 기호는 그것이 가리키고 있는 실재와 그 실재의 힘에 참여하고 있지 않으나, 상징은, 비록 상징이 상징하고 있는 실재와 동일하지 않지만, 상징하고 있는 실재의 힘과 의미에 참여한다.

틸리히에 의하면 그리스도교 신학은 그 신앙의 내용에 대한 체계적 해석인데, 그것은 단순한 반복이나 재현이 아닌, 창조적 재진술을 의미하기에 '의미의 재수집'인 것이다. 곧 해석을 통해 상황의 변화에 따라 야기된 고백의 의미와 고백된 형식 사이의 갈등이 존재한다. 따라서 해석은 반드시 영원한 진리(고백된 의미)와 시대적 상황(고백의 형식)이라는 양극의 긴장 속에서 이루어져야 한다. 왜냐하면 신학은 그리스도교 진리의 영원한 메시지의 궁극성과 상황의 구체성이 상응하는 구조를 발견하고 해석함으로써 의미와 힘을 재생해야 하기 때문이다.

그러나 자유주의의 경우, 상황에서 영원한 진리의 요소와 성격을 찾아내려 했기에 진리의 능력에서 소외되었고, 정통주의 신학은 상황을 초월하는 진리의 영원성을 추구했지만 결국 특정 시대의 진리에 영원성을 부여하여 영원한 진리의 의미를 상실한 채 복음의 의미를 왜곡하는 우상화에 빠졌다. 이 때문에 틸리히는 신학의 바람직한 회복을 위해 종교적 상징의 개념을 도입하게 된다. 틸리히에 따르면 종교란 궁극적 관심에 사로잡힌 상태 또는 무조건적 의미를 향한 영의 방향성이며, 문화란 유한한 형태를 향한 영의 방향성이라고 말한다.[11]

종교와 문화의 결합이 종교에서는 상징으로 표현되는데, 그때문에 인간의 궁극적 관심은 상징으로 표현되어야 하며 동시에 상징적 언어만이 궁극자(The Ultimate)를 표현할 수 있다. 이처럼 틸리히는 자신이 전개하고자 하는 신학적 개념을 위해 필수적으로 상징의 개념을 도입하며 그것은 결국 그의 신학의 내용을 결정하는 중요한 역할을 하게 된다.

이러한 틸리히의 작업은 상징적 언어를 버리자는 것이 아니라, 현대적 해석학의 도움으로 재해석하자는 것이다. 이러한 틸리히의 신학적 해석학을 불트만의 '비신화화(demythologization)'와 구별하여 '비문자화(deliteralization)'라고 부른다. 틸리히는 1909년 목사 후보생으로 실습을 할 때, 그리고 1913년 보조목사로 시무할 때 교인들이 기독교적 상징적 언어를 반복할 뿐 이해하지 못함을 보았다. 그래서 자신의 신학적 목표를 제1차 세계대전 이후 회의적인 지성인들과 세속인들이 이해할 수 있고, 감동할 수 있는 '종교적 상징을 재해석하는 것'으로 생각했다.[12] 그리고 이러한 방법론이 바로 '상관관계의 방법(Method of Correlation)'이다.

현대인에게 성령과 성례전이라는 것이 기이하고 이해할 수 없는 것으로 보는[13] 불트만의 비신화화와 틸리히의 비문자화의 관계에 관해 좀 더 살펴보자.[14] 이들의 공통점은 첫째로 성서 언어의 전통적 해석을 문자적 직역주의로 보며, 성서 해석의 현대적 필요성을 강조하는 것이다. 두 번째는 불트만은 성서를 케리그마가 담겨있는 신화로 이해하고, 신화 속에 내재하는 케리그마를 드러내기 위해 신화를 해석하고, 설명하고, 이해해야 한다고 보지만,[15] 틸리히는 성서의 언어를 궁극적 관심을 표현하는 상징이라고 이해한다. 물론 이러한 입장은 바르트의 경우처럼 하나님의 말씀에 대한 경청이나 순종, 또는 본문 속에서 말씀하시는 그리스도의 영의 말씀을 듣고자 하는 신학은 아니라 할 수 있다.

셋째는 성서의 재해석의 출발점을 '하나님이 말씀하셨다'에서 시작하는 것이 아니라, 인간의 역사내적 실존의 분석에서 시작한다. 틸리히는 세계종교의 경전들, 인류의 모든 역사, 종교사, 문학, 미술, 음악, 분석 심리학, 신학, 철학 등의 실존적 분석을 통하여 인간의 실존적 고뇌, 곤경과 그것에 관한 질문이 인류의 역사를 통하여 모든 시대에 나타나 있다고 보며 신화에는 이러한 실존주의적 요소가 가득 차 있다고 한다. 곧 신화에는 인간의 곤경이 인간의 참상, 죄, 죽음의 형식으로 표현되어 있는 것이다.[16] 반면 불트만은 모든 이해는 전이해를 전제하며 그 대답은 일정한 방향을 통해 결정되고 본래적 실존적 이해는 실존론적 물음에서 기인되므로 이러한 이해가 표현될 수 있는 적절한 표상을 발견해야 한다고 생각한다. 그리고 이러한 인간실존의 이해에 적절한 관계와 표상은 하이데거의 실존분석을 통해 도달할 수 있다고 보는 것이다.[17]

넷째는 틸리히와 불트만 두 사람 모두 제2차 세계대전 이후의 회의하는 현대의 지성인들에게 그리스도의 복음을 동시대적인 언어로 해석한 것이다.

사실 과거의 화가들은 있는 그대로 사물을 그리려고 했다. 그러나 인상주의 화가들은 자신에게 보이는 대로 그림을 그렸다. 이는 객관과 주관의 차이이다. 과거의 화가들이 객관을 지향하여 대상을 그렸으나, 인상주의 화가들은 주관을 지향하여 현대인의 시각을 그린 것이다.

따라서 모네가 그토록이나 열중하며 다작했던 수련 그림은 실제 수련을 그린 것이 아니라, 현대인들의 지각을 그린 것이다. 그리고 그러한 지각의 변화를 포착한 인상주의의 탄생에 관하여 진중권은 이렇게 말한다.

> "과거의 화가들은 달리는 마차 바퀴의 살을 또렷이 그려 넣었다. 이 때문에 달리는 마차도 그 자리에 멈춰선 것처럼 보인다. 하지만 달리는 마차 바퀴살은 우리 눈에 보이지 않는다. 돌아가는 자전거 바퀴살이 어디 눈에 보이던가? 인상주의 화가라면 마차의 바퀴살을 일일이 그려 넣지 않고, 그 부분을 슬쩍 흐릴 게다. 그럼 마차는 실제로 달리는 양 속도감을 갖게 된다. 인상주의는 이런 도시적 속도의 구현이다."[18]

따라서 성서해석학에 있어서 틸리히의 비문자화가 복음 진리의 현대적 해석인 것처럼 인상주의의 인식은 과거와 다른 도시적 속도의 구현이 되는 것이다. 해석은 이처럼 시대의 변화를 그 자양분으로 삼아야 한다.

## 3. 추상의 오류, 혹은 진리의 추상

모네의 화폭에서는 대상이 빛이 되어 사라진다. "(모네에 의해) 미술의 추상성에 대해 눈을 뜨게 되었다."[19]라고 칸딘스키도 말했듯이 모네의 그림에서 대상은 추상화되어 가는 것이다. 〈노적가리〉를 통해 우리는 칸딘스키와 마찬가지로 대상의 인상을 넘어 추상의 길을 엿볼 수 있다. 구상에도 인

〈노적가리〉(1891)

식의 오류가 있는 것처럼(인식론적 배제가 전제되기에) 추상에도 인식의 오류가 있는 것 아닐까(존재론적 배제가 전제되기에)? 따라서 (성서) 진리의 추상(적 해석)은 역사성을 배제하여 또 다시 관념의 추상 속에 머물게 된다. 따라서 김균진은 성서해석학의 몇 가지 원칙을 제시한다.[20]

1. 성서의 저자와 해석자는 인간이란 점에서 동일하며, 동일한 인간적 본성과 삶의 연관성을 가진다는 것은 부인할 수 없는 사실이다. 2. 성서해석은 두 가지 출발점을 가질 수 있다. 성서로부터 출발할 수도 있고, 피조물의 삶의 문제로부터 출발할 수도 있다. 이른바 텍스트에서 출발할 수도 있고, 상황에서 출발할 수도 있다. 3. 성서해석학의 과제는 단지 성서 본문들의 내용을 반복하여 설명하거나 내적 연관성을 해명하는 데 있지 않다. 그것은 이 시대의 인간과 세계의 상황에 대한 하나님의 말씀이 무엇인가를 해명하는 창조적 과제를 수행해야 한다. 이 과제는 개인과 교회와 사회와 세계의 차원에서 수행될 수 있다. 4. 성서는 하나님의 계시의 책이요 위대한 가르침의 책이다. 중요한 것은 하나님은 본질적으로 어떤 분이며, 그의 말씀의 핵심은 무엇인가의 문제이다. 따라서 성서해석학은 하나님의 가장 중심적 특성과 그의 말씀의 핵심에 기초해야 하며 이 중심으로부터 성서의

본문들을 해석해야 한다. 5. 성서해석학에 있어 성서의 역사적-비평적 연구[21]는 매우 중요하다. 역사비평학은 위험성을 가진 동시에 새로운 가능성을 제공하는 성서해석학의 필수적 동반자이다. 그러나 역사비평은 그 자체가 목적이 아니라, 성서해석학의 본래 목적을 위한 수단이요 준비에 불과하다는 것을 유의해야 할 것이다. 추상의 오류에서 보듯이, 성서해석학이 진리의 추상에서 오류가 있음을 인정해야 하는 것이다.

## Ⅲ. 인상의 변화와 보편사

몰트만은 다음과 같이 말하며 성서해석학의 새로운 지평을 제공한다. "만일 해석학이 단지 과거를 돌아보면서 현재의 조건 하에서 과거의 이해에 대해서만 질문한다면, 그것은 형식주의의 위험에 빠질 것이다. 그러나 하나의 내용적 해석학은 현재의 조건들의 변화를 추구해야 할 것이다."[22] 즉 성서의 중심 문제는 불의한 세계 속에서 하나님의 정의와 신정(神正)에 대한 질문에 있다는 것이다. 그리고 이러한 문제는 피조물의 문제이고, 오늘 우리의 문제이기도 하다. 따라서 성서해석학은 과거에 기록된 성서의 본문을 오늘 우리의 삶 속에서 어떻게 해석할 수 있는가의 문제만을 다룰 것이 아니라, 하나님 없는 불의한 세계 속에서 하나님의 정의로운 통치와 세계의 변화의 문제를 다루어야 하는 것이다.

사실 몰트만은 "해석학은 '글자로 고정되어 있는 삶의 표현들을 이해하는 기술학'일 뿐 아니라, 정치적 문맥 속에서 모든 역사적 삶의 표현들을 이해하는 기술학을 뜻한다."[23]라고 말하며 성서해석학이야말로 불의한 세계 속에서 하나님의 나라의 선취와 이로 인한 세계의 해방과 하나님의 통치를 중요한 문제로 삼아야 한다는 것이다. 그리고 인간의 본래성의 문제는 역사에 있어 하나님의 정의로운 통치의 문제와 관련하여 다루어야 하는 것이다.

반면 판넨베르크는 과거의 본문에 관한 이해의 근거를 '보편사'의 개념에서 찾아낸다. 곧, 하나님은 세계의 '모든 것을 규정하는 힘'이기 때문에 세계의 모든 사건들은 내적 연관성과 통일성을 가진다. 그리고 이를 통해 보편사, 곧 내적 연관성을 가진 전체로서의 역사가 형성되는 것이다. 과거의 저자와 오늘의 해석자는 보편사 속에 있기 때문에, 과거의 본문에 대한 오늘의 이해가 가능하다는 것이다. 왜냐하면 보편사 속에 모든 것이 결합되어 있기 때문이다.[24]

인상주의가 회화의 보편사에 있어서 대상과 화가의 문제라면 성서해석은 신과 인간의 문제이다. 대상에 대한 인상이 변화되는 것처럼, 신에 대한 (혹은 성서해석에 대한) 해석이 변할지라도 인간의 상황, 하나님의 정의로운 통치와 세계의 모든 것을 규정하는 힘으로서 신의 지평은 인상주의의 차이를 넘어 회화 자체로 회화가 의미 있는 것처럼 오늘 우리에게 성서해석의 차이를 넘어 캐논으로서 성서는 여전히 살아 있는 말씀이 된다.

## 주석

1 김균진, 『기독교신학 I』(서울: 연세대출판부, 2010), pp. 239–242.

2 라이히는 텍스트의 산종에 대해 다음과 같이 말한다. "텍스트는 모두 이전 텍스트들로부터 침투당해 있다.… 이전 텍스트들이 현재의 텍스트들의 기표들 속에 거주하기 때문에 어떠한 텍스트도 그 자체로 완전히 자기 현존적이거나, 독립적이거나, 자족적이지 않다.… 주의 깊은 해석을 통해 발견되거나 재구축될 수 있는 통일성이나 의미를 텍스트는 숨기거나 감추고 있지 않다.… 간텍스트성으로 텍스트성이 주는 교훈은 문학의 진리가 미망이라는 것—언제나 무수한 차이들의 파괴적 놀이만이 있을 뿐이다. 무한한 의미가 텍스트의 표면을 가로질러 퍼져 나간다. 해체이론에서는 이러한 산종(散種)이 진리에 대신한다." Vincent B. Leitch, *Deconstructive criticism: A Advanced Introduction,* 권택영 역, 『해체비평이란 무엇인가』(서울: 문예출판사, 1993), pp. 139–141 참조. 데리다(J. Derrida)는 *La Dissemination* (Paris: Seuil, 1972), 특히 p. 13, pp. 31–33, p. 50, p. 245, p. 294, pp. 299–300에서 산종이론을 발전시키고 있다. 반면 줄리아 크리스테바(Julia Kristeva)의 산종 개념은 "주체의 해체"라는 현상에 수반되고 있다. 즉 어떤 텍스트를 가로질러 발생하는 의미의 폭발이 독자의 자아의 와해, 또는 상실과 결합하는 것이다. Julia Kristeva, *Semeiotiké: Recherches pour une sémanalyse* (Paris: Seuil, 1969)의 의미(signifiance) 개념 참조. 신학적으로는 말씀의 성육신이 문화와 상황에 따라 다양한 예수상으로 고백되는 것으로 볼 수 있다.

3 Origenes, *De principiis* Ⅳ. (http://www.earlychristianwritings.com/text/origen122.html).

4 H. G. 푈만, 이신건 역, 『교의학(*Abriss der Dogmatik*)』(서울: 신앙과지성사, 2012), p. 70.

5 슐라이에르마허는 "성서의 명성이 그리스도에 대한 신앙을 기초할 수는 없다. 오히려 성서에게 특별한 명성을 허용하기 위해서는, 그 신앙이 이미 전제되어야 한다"고 말하며, 신앙이란 '그리스도인의 경건한 심정의 상태를 파악하는 것'으로 여긴다. 〔F. Scleiermacher, *Der christliche Glaube: Nach den Grundsätzen der evangelischen Kirche im Zusammenhange dargestellt* (Nabu Press, 2010), S. 128 참조〕 하르낙의 경우 그리스도교를 다음과 같은 몇 가지 핵심 가치로 축소시킨다. '하나님 아버지, 섭리, 자녀됨, 인

간 영혼의 무한한 가치' A. Harnack, *Wesen des Christentums* (Berlin, 1950), S. 42 참조.

6 손호현, 「문화신학의 해석학적 모델을 찾아서: 슐라이에르마허, 틸리히, 피오렌자」, 『문화와 신학』 한국문화신학회 통권 제11집, 한국문화신학회, 2008, pp. 142-149 참조.

7 R. Bultmann, *Glauben und Verstehen* Ⅱ, 5. Aufl. (Tübingen, 1968), S. 216f.

8 김균진, 『20세기 신학사상 Ⅰ』(서울: 연세대출판부, 2003), p. 44f 참조..

9 이러한 맥락에서 틸리히의 신학은 변증신학이다. 물론 철학적 신학, 또는 신학적 철학, 중재의 신학, 문화의 신학, 대화의 신학으로도 불린다. 이렇게 틸리히의 신학이 다양하게 불리는 까닭은 그의 신학적 사상의 배경이 다양하기 때문이다. 보통 그 배경을 첫째 낭만주의, 둘째 셸링의 철학, 셋째 실존주의, 넷째 마틴 켈러의 조정신학으로 들고 있다.

10 Paul Tillich, "The Nature of Religious Language", *Theology of Culture* (New York: Oxford University Press, 1959), pp. 54-55(이하 *TC*로 약호).

11 Paul Tillich, *What Is Religion* (New York: Harper & Row, 1969), p. 72.

12 Wilhelm Pauck & Marion Pauck, *Paul Tillich: His Life and Theology, vol. 1. Life* (New York: Harper & Row, 1976), pp. 33-34, p. 37 참조.

13 불트만, 허혁 역, 『성서의 실존론적 세계』 (서울: 대한기독교서회, 1990), p. 15.

14 임영금, 「폴 틸리히의 신학적 해석학」, 『한국조직신학논총』 2권, 한국조직신학회, 1996, pp. 144-145 참조.

15 발터 슈미탈스, 변선환 역, 『불트만의 실존론적 신학』 (서울: 대한기독교출판사, 1983), p. 256, p. 267.

16 폴 틸리히, 이계준 역, 『문화와 종교』 (서울: 전망사, 1984), p. 99.

17 발터 슈미탈스, Op. cit., pp. 248-249.

18 진중권, 「사라짐의 미학」, 『미학 오디세이 3』(서울: 휴머니스트, 2004), p. 35.

19 니나 칸딘스키, 「칸딘스키 저서의 배경」, 권영필 역, 『예술에서 정신적인 것에 관하여』 (서울: 미진사, 2000), pp. 152-164.

20 김균진, Op. cit., pp. 274-279 참조.

21 역사적-비평적 연구는 1. 성서 본문의 원래 의미는 무엇인가를 묻는 '본문 비평', 2. 본문의 저자 내지 작업자는 누구인가? 본문은 어떤 자료의 층들로 구성되어 있는가?

본문의 통일성은 어디에 있는가를 묻는 '문학비평', 3. 본문의 언어의 목적과 지평과 의미는 무엇인지를 묻는 '언어 비평', 4. 본문은 어떤 문학적 양식 내지 종류에 속하는가를 묻는 '양식 비평', 5. 본문은 어떤 역사적 배경과 삶의 자리에서 생성되었는가를 묻는 '역사 비평', 6. 본문은 어떤 동기와 전통을 담고 있는가를 묻는 '동기와 전통 비평', 7. 과거의 어떤 전승들이 본문 속에 들어와 있는가를 묻는 '전승 비평', 8. 다양한 본문의 층들이 어떻게 구성되었고 편집되어 있는가를 묻는 '편집 비평', 본문은 어떤 사회적, 공동체적 배경을 가지며, 사회와 공동체의 어떤 문제들과 관심들을 전제하는가를 묻는 '사회학적 비평'으로 나눌 수 있다. 물론 근본주의 계열의 신학자들은 성서의 역사적–비평적 연구를 거부한다. 하나님의 거룩한 말씀의 권위가 훼손된다고 생각하기 때문이다. 그러나 이러한 연구는 불가피하다. 성서 본문이 인간의 언어로 기록되었으며, 한 사람에 의해 단 한 번에 기록된 것이 아니라 수천 년에 달하는 다양한 역사적, 사회적 배경 속에서 특수한 사건들과 연관하여 특수한 사람들에 의해 생성되었기 때문이다. 이러한 과정에서 고대인들의 자연과학적 지식, 주변 세계의 사상과 표상들, 민속 설화들과 전설들이 수용되기도 하고, 기존의 본문에 다른 본문이 아무 연관성 없이 첨가되기도 한다. 따라서 역사적–비평적 연구는 문제점에도 불구하고, 성서 본문을 바르게 이해하는 데 많은 도움을 제공하는 것이다. 김균진, Ibid., pp. 276–277 참조.

22 J. Moltmann, *Perspektiven der Theologie. Gesammelte Aufsätze* (München; Mainz, Matthias–Grünewald–Verlag, 1968), S. 139.

23 Ibid., p. 142.

24 W. Pannenberg, *Grondfragen Systematischer Theologie I.* (Göttingen: Vandenhoeck & Ruprecht, 1967), S. 102f.

Chapter 2.

# 마티스와 죄론:
# 죄의 사회성과 원죄의 숙고

## Ⅰ. 비인간화의 실체인 죄와 재현의 의무 탈피

그리스도교의 인간 이해의 핵심은 두 가지이다. 첫째는 '하나님 앞에 선 인간'으로 피조물성을 뜻하며, 둘째는 '죄인인 인간'으로 죄에 대한 고백이다. 그렇다면 죄란 무엇인가? 기본적으로 죄에 대한 가장 기본적인 이해는 '법을 어기는 것'이다. 그리고 성서에 의하면 이 법의 기본정신은 '약자보호'에 있다. 억눌리고 짓밟히고 밀려난 이른바 소외된 이들을 보호하는 것이 법의 기본 정신이다. 따라서 진정한 죄란 사람을 비인간화하는 온갖 실체를 뜻한다고 할 수 있다.[1]

그러나 그리스도교의 죄는 도덕이나 윤리적인 차원을 넘어서 더 근원적인 측면이 있다. 곧, 윤리, 도덕적인 죄를 낳게 한 그 밑바닥, 한마디로 사람을 비인간화하는 온갖 실체의 근거를 묻는 것이다. 이것은 하나님 앞에서 인간의 죄를 묻는 것이며 사람의 삶 전체의 차원에서 사람의 존재 근거를 하나님 앞에서 묻는 것이다. 중요한 것은 이러한 죄를 묻는 의미는 '인간의 구원'에 있다.

현대인의 끝없는 욕망과 한 치 앞을 내다보지 못하는 어리석음을 상징하는 인물로 이카루스(Icarus)가 있다. 그리스신화에 나오는 이카루스는 장인이었던 다이달로스의 아들로, 그의 어머니는 미노스 왕의 여종 나우크라테이다. 다이달로스는 미노스 왕의 미움을 사게 되어 자신이 만든 미궁에 이카루스와 함께 갇히게 되자 새의 깃털을 모아 만든 밀랍으로 붙인 날개로 미궁의 탈출을 시도한다. 이때, 다이달로스는 너무 높이 날면 태양에 가까워져 태양의 뜨거운 열이 밀랍을 녹여 날개를 잃고 떨어질지 모른다고 경고했지만, 하늘을 나는 기분을 만끽했던 이카루스는 태양에 가까이 더 높이 날아올랐고, 결국 밀랍 날개가 녹아 떨어져 죽고 만다.

인간의 매순간의 삶은 끊임없이 자신과의 싸움으로 점철되어 있다. 동서양을 막론하고 성인들은 인간의 쓸데없는 욕망을 억제하고 무(無)의 경지, 혹은 욕망을 비워야 한다고 말한다. 그러나 인간의 무궁무진한 욕망과 호기심이 없었더라면, 우리는 우주에 발을 내딛을 수 있었을까? 이처럼 인간의 욕망에 대하여 솔직하게 표출한, 저 하늘을 떨어질 줄 알면서도 마음껏 날고자 한 이카루스와도 같은 화가가 있다. 그는 바로 앙리 마티스(Henri Matisse, 1869–1954)이다.

마티스는 20세기 야수파(野獸派, Fauvisme)[2] 중심에서 미술사의 흐름을 바꾸어 놓았던 인물이었다. 그가 미술사에 등장하기 전, '회화'는 사물을 있는 그대로 정확하게 재현해 내는 데에 의의가 있었다. 그러나 그는 거침없는 색의 구사로, 평론가 루이 보셀(Louis Vauxcelles)이 극찬을 했듯이 색에 대한 욕망을 자유롭게 캔버스에 옮겼다. 성인이 되어서 자신의 가능성을 발견했던 천재화가 앙리 마티스, 그의 탄생은 붓을 움직이는 자의 자유의 시초였으며, 재현의 의무에서 탈피하고자 했던 이카루스의 밀랍 날개와 무척 닮았다. 그리고 신학적인 의미에 있어서 인간을 비인간화하는 모든 것에서 인간의 구원을 외치며 동시에 다른 구원을 향해 목마른 이카루스의 모습을 우리는 마티스에게서 보게 된다. 재현의 의무 탈피가 비인간화의 실체인 죄를 벗어남인지, 또다른 죄의 시작인지 그것은 마티즈의 작품에 욕망과 흔적으로 남아있다.

## II. 인간 본성의 야생적 모습: 욕망을 색칠한 마티스

### 1. 〈붉은 색의 조화〉: 죄의 사회성

〈붉은 색의 조화(Harmony in red)〉 (1908)

1908년 발표한 〈붉은 색의 조화〉는 마티스 작품의 특징을 또렷하게 나타내고 있다. 이 그림을 보면 우리는 곧 어딘가 어색하다는 것을 깨닫게 된다. 새빨간 식탁보와 그 옆의 벽은 다시 붉은 색으로 이어지게 되고, 왼쪽 상단부에 위치한 것은 액자인지 아니면 실제로 통하는 창문 밖의 모습인지 명확하게 알 수 없다. 이 작품은 몇 번의 수정을 거쳐 탄생한 작품인데, 놀라운 것은 애초의 회화부터 모두 양감 없이 다루어 졌으며 전체적으로 색의 강렬한 느낌만을 주고자 했던 것이다.

그의 작품에 대한 우리의 호기심은 명암과 원근감의 부재로부터 오는 것이라 할 수 있다. 마티스는 사물의 양감과 질감, 그리고 평면적인 화면의 공간적 깊이를 제거하여 붉은 방의 사실감만을 살려낸다. 그는 2차원의 평면 속에서 원색의 화려함과 형태의 단순함만을 추구하고자 했다. 사실, 3차원의 공간을 2차원의 평면으로 담그기 위해서 가장 중요한 것이 원근법이며, 이는 그가 존재하기 전부터 지켜져 왔던 회화의 약속이었다. 그러나 마티스에게 있어서 오직 색만이 화가 자신의 경험과 감정을 솔직하게 표현해내는 통로가 된다.

탁자도, 벽도, 창문도 전혀 구분이 되지 않음에도 이 작품이 그의 걸작으로 일컬어지는 것은 아마도 그가 표현하고자 했던 욕망을 숨김없이 칠한데서 오는 것일 것이다. 이런 모습의 마티스를 말해주는 일화들이 숱하게 있다. 특히, 마티스의 작품 중에는 이와 비슷하게 단일한 푸른색으로 단순화시킨 여성화 시리즈도 유명하다.

> "언젠가 한 여성이 그의 작업실에 방문했다가 막 그린 그림을 보고 '이 여성의 팔이 너무 길군요'라고 말하자 마티스가 답했다. '부인, 한 가지를 빠뜨리셨군요. 이건 여성이 아니라 그림이랍니다'."[3]

이처럼 마티스는 회화의 논리를 '밖'에서 '안'으로 그려지는, 들어오는 사물을 재현해야하는 모방의 의무에서 벗어나 '안'에서 '밖'으로 나가 표출하는 표현주의로 발돋움을 하게 되었다. 마티스는 자신의 밖에 존재하는 세계를 그대로 복사하여 내부로 가져오기를 거부하고 자신의 내부에서 그것을 표현하는 자율적인 존재가 되기로 한 것이다.

죄론을 그리스도론 안에서 다룬 바르트(K. Barth)는 일반적 계시를 거부한 결과 죄는 그리스도 안에 나타난 하나님의 계시에 의해서만 인식되며, 그리스도를 알기 이전이나 그리스도 밖에서는 인식될 수 없다고 한다. 곧, 인간은 그리스도 안에서 죄 지은 인간을 인식할 수 있는 '거울'을 가지게 된다는 것이다.[4]

따라서 바르트는 그리스도론의 입장에서 죄론을 풀어내는 것이다. 이를 쉽게 표로 그리면 다음과 같다.

| 그리스도론 | 참된 하나님<br>자기자신을 낮추고<br>화해하는 하나님 | 참된 인간<br>하나님에 의해<br>들림받고, 화해된 인간 | 우리의 화해의<br>보증인과<br>그 증인 |
|---|---|---|---|
| 죄론 | 교만 | 태만 | 기만 |

바르트에 의하면 교만은 "우리가 일반적으로 정의하여… 인간의 '불순종'과 '불신앙'이라고 말한 것의 구체적 형태(K. D. Ⅳ–1, 459)"이며 태만과 기만에 관해서는 각각 다음과 같이 말한다.

> "하나님 자신이 인간에게 길을 보였을 뿐만 아니라, 길을 터놓았기에, 하나님 자신이 인간을 들어 올렸기에, 인간은 자기 뜻대로 포기해서는 안 되며, 그에게 주어졌으며 그를 인도하며 그의 갈 길을 배려하는 은총에 거슬려 경솔, 슬픔, 절망의 어두운 길을 찾고 선택하며 또 가려고 해서도 안 된다(K. D. Ⅳ–1, 143)."

> "기만은 자기파멸이다. 인간과 세계는 죄의 지배 아래 있기 때문에, 하나님 앞에서 거짓말하고 자기 자신을 기만하기 때문에, 자기파멸 속에 있다. 죄는 긍정이 아닌 부정만을 말하고, 세우지 않고 파괴

만 일삼으며 단지 비참과 죽음과 창조할 수 있다는 사실이 여기서 분명해진다(K. D. Ⅳ–1, 157).”[5]

마티스의 자율적인 회화가 원색의 화려함과 형태의 단순함을 통해 색의 강렬함을 추구한 것이 바르트의 교만으로는 이해될지언정, 태만과 기만이 아니라는 것은 분명하다. 실로 죄라는 것이 욕망의 문제 이전에 사회성이 전제되어야 함은 이 때문이다. 여기서 우리는 발터 벤야민(Walter Benjamin)을 살펴보아야 한다. 1892년 독일 베를린에서 태어난 유대계 문화 철학가이자 미학자인 벤야민은 아도르노(T. W. W. Adorno), 브레히트(B. Brecht) 등 당대의 학자들과 교류했으며 1925년부터는 마르크스주의 연구에 몰두했다. 마티스가 회화를 정의함에 있어서 밖에서 안으로 들여놓는 것이 아니라 안에서 밖으로 내어놓는 것으로 전환시켜버린 것처럼 벤야민 역시 그가 존재했던 시대와 조금은 다른 시각으로 문제를 사색하기를 즐겼다.

『아케이드 프로젝트(Arcades project)』[6]는 아케이드(Arcade)[7]의 탄생과 그를 둘러 싼 유행, 신상품, 소비문화 등의 사회현상을 사유하고 자본주의와 함께 탄생한 모든 사회문화 현상을 다루었던 벤야민의 미완의 저술이다. 아케이드는 상점 위를 덮은 높은 천장의 구조를 가진 건축이다. 따라서 물건값을 지불할 수 있는 소비자들은 날씨에 구애 받지 않고 풍부한 경제력만 있다면 마음대로 아케이드를 누비며 다닐 수 있게 되었다. 반면 이러한 아케이드(오늘날 백화점, 혹은 대형슈퍼, 지하상가 등) 소비의 발달은 아케이드를 부르주아만의 소유물로 경계를 짓는데 큰 영향을 주게 되었다. 이러한 분석을 통해 벤야민은 아름다운 파리의 이면을 고민했던 것이다. 다음은 베로의 책에 나오는 구절이다.

“팔레 루아얄(Palais–Royal)의 장사가 창녀들이 없어짐으로써 정말 피해를 입었는지는 알 수가 없다. 하지만 분명한 것은 그곳에서는 체면을 차리려는 대중들의 태도가 엄청나게 증가했다는 것이다. (……)게다가 지금은 지체 높은 여성들이 기꺼이 갤러리의 상점으로 쇼핑하러 가고 있는 것처럼 보인다. 이것은 상인들에게는 아주 유리한 보상이 아닐 수 없다〔F. F. A. 베로, 『파리의 매춘부 1권』(파리: 라이프치히, 1839), pp. 207–209〕."

위의 인용에서 팔레 루아얄은 19세기 파리에 즐비해 있던 아케이드들 중 하나이다. 아케이드가 처음 생겨났을 당시에는 노숙자나 창녀와 같은 사람들이 많았다. 그러나 부르주아 사회가 발달하면서 부르주아 가정의 여성들도 아케이드에 모습을 드러내게 되었고 결국 노숙자와 창녀들은 아케이드에서 사라져갔다.

벤야민이 『파리의 매춘부』를 인용하고 있는 이유는 '체면을 살리려는' 여성 소비자들의 등장에 주목했기 때문이다. 다시 말해, 벤야민은 자신의 부를 과시하려는 여성 소비자의 은근한 욕망을 포착하려고 했던 것이다.[8] 아케이드가 점차 부르주아 여성들의 과시욕의 장소로 변모되어갔다.

그러나 이러한 자본주의적 배경에서 탄생한 인간의 욕망은 결코 선천적으로 주어진 것이 아니다. 벤야민은 백화점 혹은 만국박람회 같은 특정한 제도를 통해서 역사적으로 만들어진 것이라고 했다. 이처럼 자본주의적 욕망이 역사적인 구성의 결과물이라는 것은, 그러한 욕망이 결국 특정한 시대의 훈육의 결과이지, 인간의 선천적 본성은 아니라는 점을 분명히 말해주고 있다.[9] 바르트이 죄론에 사회성을 첨가해야 우리는 마티즈의 작품에서 비인간화의 실체인 죄를 벗어날 수 있는 흔적을 엿볼 수 있는 것이다.

## 2. 〈춤〉: 죄의 실존성

〈춤(Dance)〉 (1909~1910)

1910년에 발표한 〈춤〉은 사실 마티스 자신의 화실을 위해서가 아니라, 미술품 수집가였던 슈추킨(Shchukin)의 모스크바 저택을 장식하는데 쓰이기 위해 제작한 것이었다. 이 작품은 초록과 주황 그리고 파랑 세 가지 색만을 사용했는데도, 많은 색채들과 원근감이 쓰인 작품과 같이 춤의 발랄함과 풍부한 움직임이 느껴진다. 또한 사람의 형체를 단순화 시키고 세 가지의 원색들을 대비 시키면서 매우 강렬한 느낌을 주고 있다.

실제로 마티스가 이 그림을 그리고자 했을 때, 이 춤의 주제가 '젊은 날의 몽마르트에서 본 프로방스의 민속춤의 회상'인지, 아니면 '콜리우르의 민속춤에 대한 회상'인지에 대한 물음을 받은 적이 있었다. 그러나 그는 확실한 대답을 회피했다. 마티스는 작품에 쓰인 주제와 개인의 단순한 과거에 대한 회상을 연관 짓는다는 것은 작품에 있어 무의미하다고 생각한 것이다. 즉, 그가 춤이라는 작품에서 말하고자 했던 것은 과거의 어느 구체적인 사건이 아닌 시공간을 초월한 춤에 대한 일련의 관념이라 할 수 있는 것이다.

> "나는 노예와 같은 방식으로 자연을 그대로 복사할 수 없다. 자연을 해석해서 그것을 그 그림의 정신에 예속시키지 않으면 안 된다.

내가 발견한 모든 색조의 관계로부터, 작곡에서 조화처럼 색조의 생동하는 조화가 나와야 한다."[10]

위의 말처럼 마티스는 정확하게 대상을 구현해내는 데 관심을 가진 것이 아니라, 오히려 그의 머릿속에 있는 어떤 것을 색의 단조로운 조화를 통하여 들춰내는 데에 흥미가 있었던 것 같다. 단순하면서도 색에 대한 욕망의 끈을 놓지 않았던 마티스. 그의 이러한 작품에 대한 가치관이야말로 그가 야수파의 리더로 자리매김하는 데 가장 큰 역할을 했을 것이다. 그리고 야수는 '실존의 분투'의 다른 이름이다.

바르트와 달리, 폴 틸리히(P. Tillich)는 죄론을 그리스도론 전에(곧, 실존론적으로) 다룬다. 틸리히에 의하면 하나님을 믿는다는 것은 하나님께 사로잡힌 상태이다. 따라서 불신앙이란 하나님으로부터 떨어져 있다는 것을 의미한다. 이는 곧 소외라고 할 수 있다. 또한 타락을 '본질에서 실존에로 옮겨가는 것(S. T. Ⅱ, 35)', '몽상적 순진무구의 자기실현으로의 이행(S. T. Ⅱ, 40)'으로 이해한다.

이러한 하나님으로부터 소외된 인간 실존은 그의 존재의 바탕과 함께 삶의 힘과 의미를 상실한다. 궁극적으로는 자기 상실을 가져오는 것이다. 궁극성을 상실하고는 살 수 없기에 인간은 그 어떤 것을 자신의 삶의 바탕으로 만든다. 상대를 절대화하는 것을 '우상화'라 하고, 자신을 절대화하는 것을 '자기고양'(self–elevation), 곧 자만(hybris)이라 할 수 있다.[11] 따라서 틸리히의 죄론은 그리스도 일원론적이지 않고, 종교적인 방향을 취한다고 볼 수 있다.

틸리히는 전통적인 죄의 세 가지 의미인 '불신앙, 정욕, 교만'을 실존적인 언어를 사용하여 종교적으로 재해석한다.

> "불신앙이란 인간이 그의 전체성 속에서 하나님으로부터 등을 돌리는 행위를 의미한다. 그의 실존적 자기실현 속에서 그는 자신의 세계와 자기 자신에게로 향하고, 자신과 세계의 근거인 하나님과 맺고 있던 자신의 일치성을 상실한다. … 하나님과의 실존적 일치성의 분열이야말로 죄의 근본적 특성이다(S. T. Ⅱ, 55)."

'정욕은 현실의 전체를 자신의 자아에게로 병합하려고 하고, 전 세계를 자신 안으로 끌어넣으려고 하는 무한한 갈구(S. T. Ⅱ, 60)'이며, 교만은 '인간이 스스로 신적인 영역으로 올라가려는 것이다. … 그 주된 징조는 인간이 자신의 유한성을 인정하려고 하지 않는다는 사실이다(S. T. Ⅱ, 58).' 불신앙이 인간이 자신의 중심을 신적인 중심으로부터 떼놓으려는 충동이라면, 교만은 자기 자신을 자기 자신과 세계의 중심으로 삼으려는 충동인 것이다.

나아가 틸리히는 원죄개념을 '숙명'과 '비극'의 개념을 통해서 새롭게 해석한다(S. T. Ⅱ, 55f). 따라서 "실존적 소외의 개별적 행위는 고립된 개별자의 고립된 행위가 아니다. 그것은 보편적 숙명의 넓이에까지 스며있는 자유의 행위(S. T. Ⅱ, 45)"이다라고 말한다. 곧 소외가 보편적 숙명과 여기에 따르는 비극적 범죄의 측면으로 이해된다면, 죄는 보편적 측면이 아닌 개인적 행위와 자유 그리고 개인적 범죄를 말한다. 따라서 죄는 소외의 보편적 상실이 개인의 행위로 인하여 실제적 경험으로 드러나게 되는 것이다. 결론적으로 틸리히의 죄론은 은혜론과 결합되어, '죄는 하나님으로부터 멀어지는 것이며 은혜는 하나님과 재결합하는 것'으로 볼 수 있다.

따라서 우리는 마티스의 실존의 분투를 통해 죄의 실존성의 밑바닥에는 인간의 육신을 통한 죄성의 한계와 그 종말적 끝을 살펴볼 수 있는데, 그 역설의 기준점에 바로 춤이 있는 것이다.

### 3. 〈이카루스〉: 원죄의 심장, 이카루스의 고민

〈이카루스(Icarus)〉 (1947)

1930년대 이후부터 마티스는 회화, 조각뿐만 아니라, 벽화와 유리장식 등과 같이 다양한 분야로 관심을 넓혔다. 특히 그는 노년이 되어 십이지장 수술을 받은 적이 있었는데, 그로 인한 손 떨림이 심해져 그림을 그리는 것이 어려워지고 말았다. 그리하여 그는 붓을 들어 그림을 그리기 보다는 종이를 잘라 붙이는 작업을 시작하게 되었다. 그는 자신의 몸이 쇠약해지는데도 예술의 혼을 불태웠다. 마티스는 후기에 절지과슈(gouaches découpées)[12] 기법을 이용하여 〈폴리네시아 바다〉, 〈폴리네시아 하늘〉, 〈다발〉 등의 다작을 남겼다.

그리스 신화의 이카루스를 모티브로 만든 이 작품에도, 그가 젊은 시절 고수해왔던 작품에 대한 차별화가 사용되었다. 이카루스가 그토록 가고 싶어 했던 미지의 세계를 표현한 노란색의 별, 그리고 이카루스의 중심에는 그곳에 가기를 열망했던 그의 욕망을 상징하는 빨간색의 심장이 있다. 이 작품 역시, 단순하면서도 결코 단조롭지 않은 그의 작품 세계를 엿볼 수가 있다.

작품을 다루는 기법은 변했어도, 그가 작품을 대함에 있어서 굳건히 유지하고자 했던 것은 색채에 대한 강한 의지였으며 그 색채를 통한 자유로운 표현이었다. 그를 보고 피카소(Pablo Picasso, 1881)는 "마티스의 뱃속에는 태양이 들어있다."라는 말을 했을 정도였다. 이처럼 색에 대한 마티스의 열망은 이카루스의 붉은 심장처럼 아마도 매우 뜨거웠을 것이다.

그리스도교에 있어서 죄는 '불신앙'의 다른 이름이다. 구약성서에 의하면, 죄는 본질적으로 불순종(창세기 3)을 뜻하며[13] 신약 성서 역시 죄를 불순종(로마서 5:19)으로 보고 있다.[14] 고대 교회에서는 죄는 동방교회의 경우 표면적인 것으로, 서방교회는 도덕적인 것으로 심화되었다. 그러나 무엇보다 죄론에 있어서 깊은 영향을 미친 이는 어거스틴(Augustin)이다. 그는 사람은 타락 이전에는 죄를 범하지 않을 수 있지만 타락 이후에는 죄를 범할 수 밖에 없다고 한다.[15] 이러한 어거스틴의 죄론은 중세 신학에 큰 영향을 끼쳤다. 그 영향 하에 토마스 아퀴나스는 죄를 세분화한다. 곧, 용서받을 수 있는 죄(peccatum veniale)–죽음에 이르는 죄(peccatum mortale), 하나님에 대한 죄, 자신에 대한 죄, 이웃에 대한 죄(peccatum in Deum, in se ipsum et in proximum), 그리고 원죄 혹은 유전죄(peccatum originale)와 행동의 죄(peccatum actuale)이다.[16]

이카루스의 빨간색 심장이 원죄일지, 자유일지 우리는 최초의 선악과 사건에서 시작된 죄의 근원에 대해 다시 아담과 하와에게 물어볼 수밖에 없는 것이다.

## III. 듣는 것으로써 기독교의 시작

마티스의 〈붉은 색의 조화〉, 〈춤〉, 〈이카루스〉 등의 세 작품은 모두 화가의 욕망을 작품에 거침없이 휘둘러 강렬한 색을 입힌 것이다. 욕망이 교만으로 연결되어 기독교가 말하는 죄로 나아가는가? 그러나 발터 벤야민은 대중의 욕망을 긍정하며 빠르게 진행되는 사회의 변화 속에서의 대중의 역할을 인정하고자 했다. 이처럼 세기의 화가와 불운의 철학자는 모두 어떤 '욕망'에 관한 것을 떨쳐버려야 할 부정의 존재로 바라보지 않고 수용하고 담담하게 풀어내고자 했다.

마티스가 사용했던 과감하면서도 화려한 원색들은 앞서 살펴본 벤야민의 아케이드 프로젝트에 나타난 부르주아의 소비에 대한 욕망의 표출이라고 연결 지어볼 수 있다. 보통 화려함이나 어떤 것에 대한 갈구는 가장 붉으면서도 강렬한 빨간색으로 표현되곤 한다. 인간이 가진 가장 원초적이며 숨길 수 없는 그 욕망의 표현을 마티스와 벤야민은 직접적으로 드러내고 있다.

그러나 벤야민은 자본주의 분석을 통해 죄의 사회성을 보았다면 이제 욕망은 죄의 시작일 뿐 아니라, 자본주의의 틀을 깨뜨리는 구원의 문이 되는 것은 아닐까? 들뢰즈와 가타리[17]를 기다리지 않아도 이제 신학은 그 죄론을 다시금 써야 할 것이다. 이것은 신학의 역사에 자유주의라는 이름으로 존재해 왔던 것이다.

자유주의 신학의 아버지인 슐라이어마허(F. Schleiermacher)는 죄를 사람의 현실존재의 피안에 그 근거를 가진 것으로, 죄는 다만 자연의 '교란'이지 파괴가 아니며, 발전의 저지이지 붕괴가 아니라고 한다.[18] 따라서 계몽주의 신학은 전통적인 원죄론을 부정한다. 왜냐하면 원죄론이 사람이 자기 자신의 행위에 대해 책임을 갖는다는 윤리적인 원칙을 소홀히 한다고 보기 때문이다.[19] 여기서 계몽주의의 윤리적인 원칙은 포스트모던의 욕망과 같은 내용의 다른 이름이 아닐까?

역시, 관념론의 집대성자인 헤겔도 악을 신의 부정으로 파악하여 새로운 긍정을 위한 부정의 과정에 나타난 소외가 악이라고 말한다. 곧 악이란 인간의 발전도상에서 필연적으로 나타나는 갈망의 도정(道程)이라는 것이다. 비슷하지만 전혀 다른 맥락으로 니체의 경우 죄의 개념 자체를 부정한다. 죄는 '유대적 감정으로서 유대 사람들의 발명품'이라는 것이다. 또한 죄는 유대교의 신개념과 결부되어 있으며 '뉘우침, 자기비하, 먼지 속에서 뒹굴며 슬퍼함으로써' 비로소 그리고 결국 '명예욕이 강한 하늘의 하나님'의 은총을 받을 조건이 생긴다고 냉소한다.[20]

따라서 이제 우리는 마티스를 통해서 죄의 사회성과 원죄에 관해 심각하게 생각해야 하며 죄론을 회화적으로 다시 숙고해야 하는 것이다.

1 송기득,『신학 개론』(서울: 종로서적, 1990), pp. 155–156.

2 20세기 초 프랑스에서 일어난 미술운동이다. 순수한 색채의 고양(高揚)에 기초를 둔 야수파 운동은 결국 외계질서를 그대로 화면에 재현하려는 것이 아니라, 화폭을 자기 해방의 장소로 생각한 점 및 색과 형의 자율적인 세계를 창조하려 한 점 등에서 20세기 최초의 예술적 혁명이었다. 명확한 이론이나 목표를 갖지 않으면서도 포괄적이고 오히려 개성적인 자아표출에 공통점을 가지는 야수파 운동은 1905년부터 1907년에 이루어졌고, 1908년경부터 이들은 각자의 방향을 독자적으로 전개시켜 나갔다.

3 정영주, 앙리 마티스(Henri Matisse)의 '붉은 색의 조화',『주간한국』2008 참조.

4 바르트의 그리스도 이해인 1. 자기 자신을 낮춤으로써 화해하는 하나님, 2. 하나님에 의해서 높여짐으로써 화해된 인간, 3. 우리의 화해의 증인으로써 그리스도의 세 기능에 각각 세 가지 죄의 형태가 반영되어 있다고 말한다. 곧 '교만, 태만, 허위(기만)'가 그것이다. 먼저, '교만'은 사람의 불순종, 불신앙을 의미한다. 죄의 둘째 형태인 '태만'은 하나님이 인간에게 길을 열어 인간을 높여 놓았는데, 인간은 자신을 비하시켜서 그 길을 버리고 비관과 절망이라는 어두운 길을 제멋대로 걷고 있는 것을 뜻한다. 그리고 마지막으로 '허위'는 자기 파괴이다. 사람은 죄의 지배 아래 있기 때문에 하나님 앞에서 거짓을 행하며 자기 자신에게 거짓을 행함으로 결국 자기 파괴 속에서 살고 있는 것이다. H. G. 푈만, 이신건 역,『교의학(*Abriss der Dogmatik*)』(서울: 신앙과지성사, 2012), p. 232 참조.

5 교만과 태만의 차이에 관해 바르트는 교만은 "죄의 영웅적 형태"이고, "기만은 죄의 완전히 비영웅적인, 하찮은 형태(K.D. Ⅳ–2., 452)"라고 한다.

6 독일에서 지내던 벤야민은 나치의 박해를 피해 프랑스로 망명을 가게 되었는데, 당시 파리에 머물게 되면서 파리라는 매우 세련된 도시를 상세히 살펴보기 시작하게 되었다. 부르주아들의 고급 소비공간이었던 아케이드는 그에 걸맞게 매우 화려하게 장식이 되어 있었으며, 이에 벤야민은 파리의 화려한 모습에 '경탄과 비난'의 양날의 칼을 든 것이다. 벤야민은 실제로 십여 년을 걸쳐 방대한 양의 자료를 모아서 메모하고 수집하고 재구성했으나, 안타깝게도 그의 죽음으로 책을 완성 시키지는 못했다. 그러나 이탈리아의 철학자 아감벤(Giorgio Agamben)이 파리 국립도서관에 있는 조르쥬 바타이유

문서고를 조사하던 중 1982년에 발견하여 세상의 빛을 보게 되었다. 발터 벤야민, 조형준 역,『아케이드 프로젝트 1, 2』(서울: 새물결, 2013) 참조.

7 아케이드는 양쪽에 상점이 즐비한 도로위에 지붕을 덮은 상점가들을 말한다. 이외에도 통로라는 뜻의 'passage'나 갤러리라는 명칭으로도 불리어 졌다. 19세기 산업자본주의가 자리 잡으면서 이것을 지탱하는 두 축이었던 '생산과 소비를 위한 새로운 공간'이 탄생했다. '만국박람회 전시관'이 생산을 중심으로 일부 소비를 함께 담당한 공간이었다면 '아케이드'는 전적으로 소비를 전담한 공간이었다. 두 공간은 부르주아 양식이 탄생하는 데 중요한 통로 역할을 하게 되는데 아케이드가 특히 그랬다. 만국박람회는 국가적 차원에서 치르던 제국경쟁의 장이었기 때문에 부르주아 양식 이외에 제국양식과 신건축운동 등이 섞여 복잡하게 진행된 반면, 아케이드는 부르주아들의 고급 소비 공간으로 온전히 부르주아양식만으로 구성되었다.

8 강신주 저,『철학적 시 읽기의 즐거움』(파주: 동녘, 2010), p. 133.

9 Ibid., pp. 135–136.

10 진중권『진중권의 서양미술사—미학의 눈으로 보는 아방가르드 시대의 예술, 모더니즘 편』(서울: 휴머니스트, 2011), p. 44에서 재인용.

11 폴 틸리히는 실존의 특징을 유한성에 의한 타락, 즉 범죄의 유혹에 의한 결과로서 '소외'를 갖는 존재로 인간을 파악한다. 그리고 인간 소외의 현상을 세 가지로 분석하는데, 첫째, 불신앙으로서 소외(교리에 대한 불신앙이 아니라, 신의 명령에 대한 거부로서 불신앙), 둘째, 자기높임으로서의 소외(신의 자리에 인간이 차지하는 경우), 셋째, 욕망으로서 소외(신을 버리고 자신의 욕구를 추종하여 일어나는 소외) 등이다. 최병학,「절대를 찾은 영원한 현재」,『영화관에서 만난 현대 신학자』(부산: 이경, 2006), p. 101 참조.

12 이 기법은 과슈라는 안료를 칠한 종이를 오려서 붙이는, 일종의 콜라주 기법이다. 그러나 이 작품에 사용된 흰색 문양들은 직접 과슈를 칠해 만든 종이를 오린 것이 아니라, 기성품인 편지지를 오려 만들었다는 점에서 다른 절지 과슈 작품들과는 조금 차이를 보인다.

13 죄를 의미하는 '반항(päscha)'이 불순종의 의미를 담고 있으며 구약성서의 또 다른 죄를 뜻하는 단어로는 '위반, 형식적인 죄, 계율위반'의 헤트(Chet)와 '범죄, 특히 옳지 않는 마음가짐에서부터 생기는 벌 받을 죄인 아우온(Avon)이 있다.

14 바울은 죄의 본질은 '불순종'(parakoä)뿐만이 아니라, '탐욕'(epithymia)의 개념으로도 설명한다(로마서 7:7). 나아가 바울은 죄를 '죄책'으로 생각하고, 인간에게 책임이 있는

행동으로 보는 동시에 죄는 숙명적인 것으로도 본다(로마서 7:15-20). 사람은 자신의 의지와는 달리 악한 일을 행하게 된다. 불트만의 해석에 의하면 죄의 '초주관적 숙명성'이라 할 수 있는 '인간이 이미 날 때부터 처해 있는 죄의 상황'(곧, 원죄성)이 등장한다. R. Bultmann, *The Theology of New Testament* (London: SCM Press, 1951), p. 251 참조.

15 어거스틴에 의하면, 죄는 '선의 결여(privatio boni)', '교만(superbia)', '자기사랑(amor sui)', 그리고 '욕정(concupiscentia)'인 '성적충동'으로 생각한다. 나아가 죄는 아담으로부터 유전된다는 원죄설(原罪設)을 주장한다. 그러나 죄의 근본은 영적인 것으로, 영혼이 몸을 더 이상 지배할 수 없는 상태로(따라서 정욕이 생김) 보았다. 어거스틴, 문시영 역, 『신국론(*De civitate Dei*)』 (서울: 지만지고전천줄, 2010), 13권 2, 14권 16 참조.

16 아리스토텔레스의 형이상학에 따라서 여기서 원죄의 형상은 '원래적 의의 박탈'(privatio originalis iustitiae)이고 질료는 '정욕'(concupiscentia)이다. 홀스트 푈만, 이신건 역, 『교의학』 (천안: 한국신학연구소, 1990), p. 225 참조.

17 질 들뢰즈, 펠릭스 가타리, 최명관 역, 『앙티 오이디푸스: 자본주의와 정신분열증』 (서울: 민음사, 1997) 참조.

18 프리드리히 슐라이어마허, 최신학 역, 『기독교 신앙(*Der christliche Glaube*)』 (서울: 한길사, 2006), p. 285 참조. 그러나 루터는 죄를 인격화하고 철저화시켰다. 죄는 아담에게서 유래하는데, 원죄인 유전죄가 근원적 죄이며 그 열매로 현실적인 죄가 생긴다고 한다. 그리고 원죄와 현실적인 죄는 실재의 두 얼굴이다.

19 계몽주의자들에 의하면 죄는 초인격적인 힘이 아니고, 인격적인 것이다. 가령 칸트(I. Kant)에 의하면 악이란 사실상 '인간'이다. 이것은 인간이 어떤 나쁜 행동을 하기 때문이 아니라, 그 행동이 인간 안에 있는 악의 원칙을 추론하게 하는 속성을 갖고 있기 때문이라 한다. 물론 인간의 본성 안에 있는 철저한 악인 '근본 악'을 인정하기도 한다. 임마누엘 칸트, 백종현 역, 『이성의 한계 안에서의 종교(*Die Religion innerhalb der Grenzen der bloßen Vernunft*)』 (서울: 아카넷, 2011), p. 23.

20 프리드리히 니체, 안성찬 역, 『즐거운 학문(*Die frohliche Wissenschaft*)』 (서울: 책세상, 2005), p. 173 참조.

## Chapter 3.

# 피카소와 역사적 예수, 케리그마의 그리스도: '다양한 시선'이라는 겸손

## I. 다양한 시선

하나의 사회는 많은 시민들로 이루어져 있다. 이들은 각기 다른 생각으로 세상을 바라보고 있다. 이러한 사람들로 이루어진 사회는 매끄럽진 않을 것이다. 사회는 점점 다원화되고 이에 다양한 사고와 시각이 존재한다는 점은 기존 정치권에 두려움으로 다가올 것이다. 그리고 이것이 가능한 이유는 시대적 상황이 이전과는 달라졌기 때문이다.

피카소(Pablo Ruiz Picasso, 1881~1973)가 출생한 1880년대의 유럽은 격변의 시대이기도 했지만, 다양성이 분출된 시대이기도 했다. 당시 유럽은 18세기 후반부터 산업혁명, 근대화로 인한 과학, 기술의 발달로 사람들에게 전혀 다른 삶을 가능케 해주었다. 이러한 역동적인 세상에서 피카소는 기존과 전혀 다른 새로운 예술을 개척할 토대를 얻었을 것이다. 전혀 다른 새로운 시각으로(다양한 시선, 곧 다중시선) 세상을 바라보면서 이를 회화 속에 담고자 했다. 그림으로써 실험을 한 것이다. 피카소가 천재화가이며 그의 작품이 가치 있는 것은 바로 이러한 이유 때문이다. 그리고 이러한 피카소의 작품에 나타나는 '다중시선'은 예술을 보는 눈에만 한정된 것이 아니라, 사회를 볼 때에도 나아가 종교를 바라볼 때도 적용될 수 있을 것이다.[1]

## II. 경합적 다원주의와 이질적 결합의 자기 생성

### 1. 〈아비뇽의 처녀들〉: 초기 큐비즘, 무페의 경합주의로 읽다

〈아비뇽의 처녀들(Les Demoiselles d'Avignon)〉 (1907)

피카소가 태어난 시대적 상황은 그 이전의 상황을 완전히 해체하고 새로운 세상으로의 구현을 야기했다. 이러한 상황은 사물의 변형 가능성 내지 가소성을 통한 사물성 그 자체의 힘을 나타내고자 했던 그의 예술에 큰 영향으로 나타났다. 가령, 〈아비뇽의 처녀들〉은 당대의 모든 회화를 섭렵하여 이를 불완전하게나마 하나의 그림 속에 담으려고 했고 이를 통해 당시의 기존 회화와는 전혀 다른 방식으로 그려졌다. 이것은 기존의 전통에 대한 도전이며 기존의 것들을 해체하고 분석하는 관점이 피카소 큐비즘(cubism)의 대표작으로 등장하게 된 이유이다.

사실 이 작품은 이베리아 조각, 야수파, 아프리카 미술, 엘 그레코(El Greco)의 과장됨, 앵그르(Jean-Auguste-Dominique Ingres)의 〈터키탕〉에서 여체가 어떤 변형에도 들어맞는 점, 세잔(Paul Cézanne)의 기하학적 시각이 담겨져 있는 것이다.[2]

그림 하단에 과일이란 전통적인 정물 소재가 쓰인 것처럼, 기존 회화의 정통적인 주제인 정물·초상·풍경도 이 단계에서도 쓰였다. 하지만 '초기의 큐비즘(The beginnings of Cubism)'[3]으로서의 특징을 보자면 우선 전체적으로 원근법이 없고, 각각의 인물에 초점이 맞추어져 있다. 또한 인물을 간략하게 묘사했는데 인물(신체)의 비율이 단순하고, 기하학적으로 각이 있고, 오른편의 여성들은 아프리카 원시인인 듯하고, 그림의 배경인 방 역시 큐비즘으로 표현, 바닥과 벽을 구분할 수 없다. 따라서 그림 속 배경과 대상이 융합되는 듯하다. 마치 인물과 배경이, 인물과 인물이, 정물과 인물이, 앞면과 옆면이, 뒷면과 아랫면이 충동과 갈등하며 경합하는 듯하다.

정치철학자 샹탈 무페(Chantal Mouffe)의 경합주의는 충돌과 갈등을 정치의 본질로 본다. 경합주의 이론가들은 이 충돌과 갈등, 적대야말로 정치의 본질이자, 그 존재론적인 조건으로 간주되어야 한다고 주장한다. 민주주의 정치공동체의 진정한 생명력 역시 바로 이런 다원적 입장들끼리의 적대, 갈등, 긴장관계 유지에 달려 있다고 보는 것이다.[4]

사실 갈등은 일반적인 상식으로 본다면 좋지 않다. 하지만 민주주의의 본질이 다양한 의견을 전제로 한다는 점을 생각한다면, 이러한 환경에서 갈등은 긍정적인 역할로써 정당성을 얻을 수 있다. 그렇다면 갈등의 형태인 경합이란 무엇인가? 경합이란 적대의 다른 현상 형태인데, 그것은 적들 사이의 관계가 아니라 '반대자들', (그것도) '우호적인 적들'이라는 역설적인 방식으로 정의되는 반대자들, 즉 공통의 상징공간을 공유하기 때문에 친구이지만 이 공통의 상징공간을 다른 방식으로 조직하고자 하기 때문에 적이기도 한 사람들 사이의 관계를 수반하는 것이다.[5]

이런 의미에서 이들에게 정치란 본질적으로 사상누각(砂上樓閣)이며 이 조건의 극복 불가능성을 전제하지 않고는 정치철학을 시작할 수 없다. 이런 점에서 경합주의 이론가들은 공통적으로 해체주의적 경향을 보이며 정치를 실증적인 이익이나 목표의 실현과 관련된 집합행동의 문제로 보기보다는 언어게임의 집합으로 이해한다.[6] 가령 선거에서 패배한 쪽이 국민들의 심판을 받고 당 해체까지 거론해가며 환골탈태(換骨奪胎) 하겠다는 말만 하고는 전혀 행동으로 나타내지 않는 것과 같다. 어차피 이들은 의석수 확보를 위한 득표가 핵심이기에 정치권에선 환골탈태란 말이 행동보다 중요한 것이다.

따라서 무페의 경합적 다원주의 모델은 단순히 갈등을 중시하는 다원적 민주주의에 그치지 않는다. 갈등이 좌파와 우파 사이의 헤게모니와 대항헤게모니라는 상대적으로 불환전한 이분법적 경합의 관계로 통합, 연결될 수 있다고 보며, 또 그렇게 되어야 한다고 주장한다.[7] 곧 갈등적 합의인 것이다. 또한 무페는 심의적 접근법의 합의를 비판하며 다음과 같이 말한다.

> "권력은 제거될 수 없고(…) 권력을 통해서 사회적 객관성(사회적 관계, 정치적인 것)을 구성하며, 여기에는 '배제'가 일어날 수밖에 없다고 본다(…) 그렇기에 권력을 어떻게 제거하는 것이 아니라, 어떻게 민주적 가치에 조화되는 권력의 형태를 구성할 것인가의 문제이다(…)."[8]

민주주의 국가를 운영하는 데에 모든 사람이 함께 한다면 큰 불편이 발생할 것이다. 따라서 이를 운영할 사람을 뽑는 것(권력을 획득하는 것)이 중요할 것이고, 따라서 어떻게 뽑고, 운영할 것인가가 중요한 것이다.

## 2. 〈만돌린을 켜는 소녀〉, 분석적 큐비즘의 이질적 결합의 자기 생성: 역사적 예수와 케리그마의 그리스도

〈만돌린을 켜는 소녀(Girl with a mandolin)〉 (1910)

〈만돌린을 켜는 소녀〉는 피카소가 '분석적 큐비즘(Analytical Cubism, 1909~1912)'[9]으로 완성한 대표작이다. 이 그림을 보면 대상뿐 아니라 배경도 해체되고 있음을 볼 수 있다. 바로 이러한 특성이 분석적 큐비즘의 특징이다. 그러나 이 그림은 분석적 큐비즘에서는 이해하기 그나마 쉬운 작품일 것이다. 대상을 완전히 분해하지는 않았기 때문이다. 분석적 큐비즘은 대상과 배경을 기하학적으로 해체하면서 다채로운 색상을 사용하지 않고, 초록색, 푸른색, 갈색, 황갈색 등으로 비슷한 색감의 제한된 색상을 작품 전체에 사용한다. 다중시선으로 화가의 주관을 통해 다면적, 다각적으로 대상과 배경을 나누어 비슷한 색감을 통해 구조를 재결합하는 것이다. 이 단계는 피카소의 '다중시선'이 극단화된 단계라 할 수 있다.

분석적 큐비즘 단계에선 대상을 주관적으로 분석해 나누고 이를 다시 재결합하여 사물의 자기 생성을 나타낸다. 그렇기 때문에 그림을 보는 사람들은 여러 번 그림을 쳐다보게 된다. 이는 사물의 본 모습은 순간이 아니라, 시간적인 누적에 의해서만 드러난다는 것을 의미한다. 이는 '역사적 예수' 연구사에서도 그러하다. 시간적인 누적을 통해서 역사적 예수는 역사 안에서 자기 생성으로 자신의 모습을 보여준다. 그리고 '케리그마의 그리스도'는 이러한 자기 생성에 또 다른 시선을 지속적으로 던져주며 길항하고 있다.

역사적 예수는 케리그마의 그리스도와 더불어 영원한 신학의 숙제이다. 불트만(R. Bultmann)이 케리그마의 그리스도를 통해 신학의 신앙화를 추구했다면 오늘날의 신학은 '역사적 예수 연구'를 통해 케리그마의 그리스도와 역사적 예수와의 간격을 좁혀 보려는—혹은 아예 간격을 단절하며—신앙의 신학화를 추구한다고 볼 수 있다.

이들은 예수를 소작농을 주된 청중으로 하는 농민이자 '소작농 유대 견유학자'로 보는가 하면[10] 어떤 이들은 '종말론적 예언자'로 예수를 규정한다.[11] '종교, 사회적 개혁자로서 예언자적인 예수'의 상을 부각하는 학자들도 있으며[12] '현인으로서 지혜자 예수,'[13] '기적행위자 예수',[14] '신화로서의 예수',[15] '하나님의 영이 충만한 예수',[16] '묵시 예언자 예수',[17] '지혜 선생인 예수',[18] '구원자 그리스도로서 예수',[19] '유대 민족 혁명가 예수',[20] '헬라 영웅 예수'[21] 등으로 보고 있다.

오크만(D. Oakman)같은 이는 경제사/경제인류학을 통해 전자본주의 사회의 경제적 체계 하에 팔레스틴의 상황을 분석하여 예수를 조명하며,[22] 보그(M. J. Borg)는 비교인류학적으로 해석된 예수시대 팔레스틴의 정결체계를 분석하여, 예수는 영적인 인물인 동시에 정치적 활동가로 분석하고 있다.[23] 이들과 달리 문화적인 측면에서 문화를 변혁시키는 분으로 예수를 묘사하기도 하며[24] 그와 더불어 포스트모던 문화 영향 하에 예수를 해석하고자 하는 이들[25]과 동양적인 관점에서 새롭게 해석하고자 하는 이들도 있다.[26] 한국적 관점에서는 민중신학의 '한을 풀어주시는 분'과 류영모, 함석헌 등의 '참다운 길벗'[27]으로의 예수상이 있다.

중요한 것은 현대의 역사적 예수 연구의 기본 전제들 중 하나는, 분석과 비교의 대상을 신약 문서들에 한정하지 않고, 1–2세기의 다양한 기독교 문헌들 속에서도 찾는다는 점이다. 곧 학자들에 따라 약간의 차이는 있지만, 정경 외 자료를 통해 역사적 연구를 시도한다는 것이다. 특별히 요세푸스[28]의 기록은 매우 중요한 자료가 된다. 왜냐하면 요세푸스의 자료는 기독교 밖의 역사적 자료들 중 가장 방대하고 비중이 크기 때문이다. 따라서 요세푸스의 요약 전승(요세푸스의 증언, Testimonium Flavianum)들은 의미 있는 연구 자료이다.[29] 더 나아가 동양의 고전에서도 역사적 예수의 사상을 접목하여 분석한다는 것이다. 이렇게 동서양 사상의 지평융합의 차원으로 해석학적 견지에서 성서의 배경이 되는 고대 근동문화(바빌론, 페르시아 문화)와 인도와 중국의 문화를 연구함으로 역사적 예수 연구에 더 가까이 나갈 수 있다는 것이다.

아무튼 이러한 예수상을 크게 여섯 가지 종류로 간추려 볼 수 있다.[30]

첫째, 현재 대부분의 유럽학자들의 입장이기도 한, 묵시 예언자로서 예수이다. 이 입장은 바이쓰와 슈바이처 이후 불트만과 도드에 이르기까지 역사적 예수 연구의 잠정적인 결론으로 받아들여져 온 입장이다. 그러나 최근 묵시 예언자의 사회 개혁적 비전을 고려하여 홀스리, 맥코비, 타이센 등은 예수의 사회개혁가적 이미지를 부각시키기도 한다.

둘째, 예수 세미나를 중심으로 적극 수용된 이론으로 지혜 선생으로서 예수이다. 최근 부각되는 Q복음과 도마복음 같은 예수의 말씀전승에 대한 재발견을 통해 예수의 교사 이미지를 강조하는 것이며 헬라철학의 견유철학자, 혹은 유대 랍비의 이미지로 예수를 묘사하고 있다.

셋째, 성서학자보다는 종교학 및 고전학자들이 주류를 이룬 신화로써 예수를 바라보는 입장이다. 역사비평학이 도그마 교리에 갇힌 예수를 재해석하기 시작한 이후 현재까지 계속되는 입장으로 이들은 극단적으로 예수라는 역사적 인물의 실존성에 의심을 던지며, 유대 메시야 사상 혹은 고대의 신화적이고 철학적인 세계관의 투영으로 예수라는 인물이 신화적으로 창조되었다고 보고 있다.

넷째, 전통교회의 입장으로 구원자로써 그리스도 예수를 바라보는 입장이다. 예수의 제자들과 기독교인들은 예수 부활 사건을 경험한 이후, 예수를 그리스도요, 구세주로 고백했다. 신약성서는 신앙의 대상 그리스도를 증언하고 있기 때문에, 그 어떤 역사적 예수상도 교회 신앙 대상인 구원자 그리스도 예수의 이미지를 바꿀 수 없다고 보는 입장이다.

다섯째로, 예수를 앞서의 묵시적 예언자, 지혜의 선생으로 보는 신학적 입장과 신화로 보는 종교학적 입장, 구세주로 보는 교리적 입장과 지평을 달리하여 동양적인 풍토에서 예수를 바라보는 입장이다.

여섯째로 예수를 밥상공동체를 실현한 기적과 해한(解恨) 행위자로 보는 입장이다.[31]

이처럼 케리그마의 그리스도와 역사적 예수의 이질적 결합의 자기 생성이야말로 예수를 바라보는 시학의 다양한 시선이며, 이러한 다양성의 지평에서 예수 연구는 그 풍성함을 더할 것이다. 피카소가 대상에서 입체를, 곧 다양성을 보았다면, 신학은 예수에게서 다양한 토착화의 근거를 발견해야 할 것이다.

## 3. 〈바이올린〉, 종합적 큐비즘과 세상과의 소통: 치유와 자기 내어줌의 예수

〈바이올린(Violin)〉 (1912)

〈바이올린〉은 피카소의 '종합적 큐비즘(Synthetic Cubism, 1911~1916)'[32]으로 탄생한 작품 중 하나이다. '콜라쥬 큐비즘(Collage Cubism)'[33]이라고 불리는데, 피카소는 목탄으로 그린 바이올린 그림과는 전혀 관계없는 신문지를 오려 붙였다. 이것이 피카소에 의해 처음으로 개발된 콜라주(collage) 기법[34]이다. 전혀 다른 대상과 결합하는 것이다. 그리고 이전 분석적 큐비즘 때와는 달리 대상을 완전히 분해하지 않는다. 그렇기에 그림을 보는 것이 훨씬 용이해졌다. 이전과 달리 두 번 세 번 그 이상 볼 필요가 없어졌기 때문이다. 이 그림의 색은 차분한 톤으로 그려졌지만, 보통의 콜라주 작품은 다시 다양한 생기 있는 색감을 사용했다고 한다.

작품을 목탄으로만 그린 게 아니라 신문지를 붙이기도 했기 때문에 그림을 보면서 직접 만지고 싶은 촉각적인 느낌이 강하게 든다. 그리고 분석적 큐비즘과 달리 주관성보단 객관성이 많이 강화된 느낌이 든다. 이런 이질적인 결합을 통해 자기 생성과 더불어 타자로서의 생성도 의도하고 있다. 역사적 예수와 케리그마의 그리스도도 그러하다. 이질적인 결합인 '예수 그리스도'라는 말 자체가 자기 생성과 더불어 '타자를 위한 존재'로서 새로움을 던져주고 있기 때문이다. 그렇다면 그 타자를 위한 새로움은 무엇인가?

톰 라이트(Nicolas Thomas Wright)는 예수께서 비유로 말씀하신 돌아온 '탕자의 비유'(사실 그는 이것을 '달려 나가는 아버지'라고 했으면 좋았다고 말한다)의 의미를 물으며 이 이야기가 보통 탕자와 같은 인간에 대한 하나님의 사랑을 묘사하는 것으로 읽혀지지만, 만약 1세기의 상황에 처해있다면 그 이상의 의미가 있다고 말한다.[35] 가령 말썽꾸러기 어린 아들이 불명예스러운 일로 타국으로 떠났다가 집으로 돌아왔을 때에 예상치 못한 환대를 받은 것은 바로 이스라엘이 바벨론의 포로생활을 떠났다가 마침내 다시 고향으로 돌아올 것이라는 이야기로 받아들인다면 말이다.[36] 성서의 이야기가 오늘 우리 민족의 상황에 성서 본연의 상황과 일치될 때 성서는 오늘 우리들에게 놀라운 기적의 말씀으로 다가온다.

사실 1세기 중동 지역은 한편으로는 그리스 문화와 로마 문화가 혼합되고, 다른 한편으로는 유대 문화가 공존하는 중에 서로 교류하고, 투쟁하고, 휴전 협정을 맺는 가운데 서로의 언어를 배우기도 하고, 상대를 정복하거나 전복시키거나 혹은 상대에게서 벗어나려 몸부림치고 있었던 상황이다.[37] 여기서 기독교가 탄생했으며 복음서가 집필되었다.

오늘 우리의 상황도 1세기 중동 지역과 다르지 않다. 한편으로는 불교 문화와 유교 문화가 혼합되어 있고, 다른 한편으로는 기독교 문화가 공존하는 중에 서로 교류하고, 투쟁하고, 휴전 협정을 맺는 가운데 있는 것이다. 나아가 자본주의의 상징인 미국 문화의 영향 하에 있으면서도 동족인 북한은 사회주의 체제를 유지하고 있다. 사상적으로도 근대화의 이념인 큰 이야기와 탈근대화의 이념인 작은 이야기가 교접하는 이러한 상황이야 말로 성서가 오늘의 언어로 재해석되는 놀라운 토양이 되는 것이다. 따라서 복음서의 참다운 의미는 이 세계를 해석학적인 지평에서 오늘날의 언어로 재해석해야만 올바로 드러날 것이다.

톰 라이트에 의하면 복음서의 기술 목적은 첫째 예수의 이야기를 전하기 위함이다.[38] 둘째로 복음서가 복음 전도자들이 살던 동시대인들을 겨냥해서 기록된 글이라는 주장도 사실이다. 곧 복음서는 가상의 인물이 비디오카메라를 들고 예수를 따라다니며 찍은 내용을 기록한 것이 아니다. 따라서 복음서를 읽기 위해서는 '이 이야기는 예수의 무엇에 대해 말하려 하는가? 그리고 '예수의 이야기를 통해 복음 전도자들은 동시대인들에게 어떤 얘기를 전하려 한 것일까'라는 두 가지 질문을 상기해야만 한다.[39] 라이트는 복음서를 다음과 같이 평가한다.

"요한복음은 당신으로 하여금 경이로움과 사랑과 찬양 가운데

무릎 꿇도록 하기 위해 기록되었다. 누가복음은 당신으로 하여금 등을 꼿꼿이 세우고 앉아 온 세계의 주인으로 오신 예수에 대해 곰곰이 생각하도록 만들기 위해 기록되었다. 마태복음은 그리스도인이 천천히 연구하고 숙고하는 가운데 꾸준히 자신의 삶을 재정비 하도록 돕기 위해 공들여 제작된 양장본과 같다. 마가복음은 급히 인쇄되어, 자주 꺼내들고 사용할 수 있도록 뒷주머니에 꽂아 두었다가, 횃불 아래에서 읽히거나 다른 동지들에게 속삭여진 혁명선동 책자와 같다. 당신에게는 이 네 권 모두가 필요하다. 당신이 언제 어느 때에 이들의 도움을 필요로 하게 될지 모르는 일이기 때문이다."[40]

의심의 해석학(hermeneutic of suspicion)을 통해 계몽주의 이후 서구 세계가 간직해 온 모든 것을 무자비하게 의심한 결과 현실의 붕괴,[41] 자아의 해체,[42] 거대담론의 죽음[43] 등이 포스트모더니즘을 이해하는 열쇠로 등장했다.[44] 이러한 포스트모더니즘의 도전에 대해 두려움에 떤 채 현대의 품속으로 후퇴하는 것이 아니라, 현대에서 현대의 대단히 이기적인 오만과 어리석음과 실패에 대한 하나님의 심판을 듣는 것이며, 세상 밖에 하나님의 새로운 세계로 부활하기를 기대하고 기도하면서 사역하는 것이라 말하며 라이트는 다음과 같이 말한다.

"우리는 참된 기독교의 실천적인 삶을 포함하는 선교에 익숙해져야 합니다. 기독교적 프락시스는 그리스도 안에서 우리를 통해 그리고 우리 안에 부어지는 하나님의 사랑 안에 존재합니다. 만약 정말 이런 일이 일어난다면, 포스트모던에 대한 비판과 모든 진리 주장을 편협한 눈으로 바라보며 주장하는 의심의 해석학이 해를 끼치지 못할 것입니다. 우리는 하나님과 이스라엘과 예수님과 세계의 이야기를 진정한 거대담론으로, 즉 치유와 자기를 내어 주는 사랑의 이야기로 전하는 데 익숙해져야 합니다. 우리는 진정으로 그리스도와 함께 죽고 살아난 사람들로 사는 데 익숙해짐으로써, 철저하게 해체된 자아가 다시 하나로 모아져야 합니다. 이때 이 세계가 우리에게 강요하는 과제들에 의해서가 아니라, 성령에 의해서 되어야 합니다."[45]

치유와 자기 내어줌! 루이스 캐럴도 그의 유명한 강연에서 언급했듯이 성례전 다음으로 우리 눈에 제시된 가장 거룩한 대상은 바로 이웃이다. 왜냐하면 그 안에 살아계신 그리스도가 임재해 계시기 때문이다.[46] 다양성의 시대에 우리의 이웃에게 필요한 것은 무엇인가?

## III. 다양한 시선이라는 겸손

신약성서는 3가지 기둥이 있다. 복음서의 기둥을 통해 예수의 생애를, 서신서의 기둥을 통해 교회를, 계시록의 기둥을 통해 하나님 나라를 안내하는 것이다. 따라서 신약성서의 핵심은 '예수 잘 믿고 교회 생활 잘하다, 이 땅에서 하나님 나라를 살다가 저 영원한 하나님 나라에 가는 것'이다.

그리고 복음서의 기둥으로 들어가는 문이 4가지가 있다. 그것은 각각 마태, 마가, 누가, 요한의 문이다. 그리고 그들은 각각 다른 예수의 모습을 전하고 있다. 왜 예수의 이야기가 각각 다를까? 다양성이야말로 진리를 보여주는 방편이기 때문이다. 초대교회에 타티안(Tatian, 120년경 출생)이라는 교부가 170년경에 〈디아테싸론, *Diatessaron*〉(문자적으로는 'through the four', 곧 4복음서의 조화)라는 책을 통해 사복음서들의 자료들을 종합하여 하나의 연속된 이야기로 엮은 적이 있다. 그러나 이 책은 얼마 지나지 않아 사라지고 만다. 예수에 관한 하나의 획일적인 이야기는 독자들에게 흥미를 끌지 못했기 때문이다. 곧 다양성이 진리를 더 잘 보여주는 것이다.

최근, 철학자 지젝(Slavoj Zizek)이 포스트모던의 다양성을 '시차(parallax)'라는 천문학적인 용어로 설명하며 '역동적인 공존'을 이야기한 바 있다. 쉽게 이야기하면, 인간이 세계를 보는 관점이 다양한데, 이러한 인간의 조건을 획일적으로 통합하는 것은 폭력이라는 것이다. 시차적 관점 그 자체를 인정해야 진리를 제대로 볼 수 있다는 것이다. 그렇게 되면 서로 모순되는 것들이 더 큰 맥락에서는 하나의 통일적 세계관을 구성하게 된다는 것이다.

가령, 부산에서 내가 보는 금성의 위치와 시카고에서 친구가 보는 금성의 위치는 다르지만, 그 다름으로 인해 금성의 거리를 측정할 수 있는 시차, 그 다양성과 차이가 사물의 실체를 좀 더 명확하게 드러낸다는 것이다. 따라서 차이를 강조하면 할수록 진리는 더욱 선명하게 드러난다는 것이다.

근대 회화의 아버지 세잔(Paul Cézanne)의 화법이 그렇다. 세잔의 정물화는 대상(과일과 같은) 하나하나에 시점들이 들어있다. 이러한 다양한 시점들이 전체 정물화를 구성하는데 이 정물화는 시점들의 다원성 속으로 사라지지 않고, 팽팽한 긴장감 속에서 하나의 통일적 세계로 드러난다. 4복음서의 다양성이야말로 예수 그리스도의 참 모습을 제대로 보여주는 것이다. 또한 파블로 피카소가 입체로 사물을 그려낸 이유도 여기서 그리 멀지 않다. 다양한 시선이야말로 사물, 혹은 진리에 대한 겸손한 자세인 것이다. 다양한 예수, 예수의 다양성이 곧 케리그마 예수의 겸손일 것이다.

## 주석

1 물론 이러한 시대적 배경뿐만 아니라, 피카소가 겪었던 격동의 세월 또한 그를 그답게 만들었을 것이다. 청색시대와 장밋빛 시대, 많은 여자, 당대의 모든 예술을 섭렵, 다른 예술로의 영향, 그리고 공산당에 가입, 정치와 예술의 연계, 그의 큐비즘을 소개할 때 꼭 등장하는 브라크(Georges Braque, 1882~1963) 등을 비롯해 그는 많은 이들의 영향을 받았고, 영향을 주었다. 삶 자체가 다양성인 곧 다중적인 피카소가 탄생한 것이다.

2 이자벨 드 메종 루주, 최애리 역, 『고정관념Q 피카소』(서울: 웅진씽크빅, 2007), pp. 18–20.

3 흔히 피카소의 1907년작 〈아비뇽의 처녀들 〉과 마티스의 일련의 〈에스타크 풍경〉으로 비롯했다고 일컬어지는 큐비즘 회화는 물체를 입방체처럼 분석, 분해해서 그 각 단면을 재구성하는 작업이다. 초기 큐비즘(1907–1909)에서 피카소와 브라크는 사물의 본질적인 모습을 '원, 원통, 원추'라고 정의했던 세잔의 이론을 심화하는 작업을 하게 된다. 대상의 자연적 형태를 요약, 단순화시켰으며, 1점 원근시점이 아닌 복수시점을 이용해 사물의 본질적인 형태를 화면에 구축하려고 했다. 따라서 그들의 회화에서는 고전적 사실주의에서의 광선, 명암, 원근, 질감, 채색법을 무시하고 3차원의 깊이, 공간, 입체감들의 전통적인 표현법이 소멸하게 된다. 이는 화면이 평면으로 환원되는 결과를 낳게 된다. 또한 주제보다는 주제를 다루는 방법이 중요해졌다. 브라크와 피카소는 정물처럼 환경의 간섭을 받지 않고 폐쇄된 공간속의 주제를 택하는 것이 자신들의 방법론을 더욱 분명하게 할 수 있고 발전시킬 수 있다고 결정했던 것 같다. 그들은 색채의 산만함을 원치 않았기 때문에 엄격한 색채들만을 그림에 사용했다. 곧, 회화의 주제를 택한 다음 그것을 모든 측면에서 본다는 착상을 했으며 그런 다음에는 그 모든 단면을 동시에 한 시점으로 보는 방법이었다. 여기서는 이를 '다중시선'이라고 칭했다.

4 홍태영 외, 『현대정치철학의 모험』(서울: 난장, 2010), p. 251.

5 Ibid., p. 265.

6 Ibid., p. 254.

7 Ibid., p. 271.

8 샹탈 무페, 이행 역, 『민주주의의 역설』(고양: 인간사랑, 2006), pp. 153–163.

9 분석적 큐비즘은 초기 큐비즘의 조형 논리가 극대화되는 경향을 보여주고 있다. 대상

이 완전히 기하학적 단위로 해체되어 다시 화면 위에서 재구성되고 있다. 이러한 분석, 해체, 재구성의 과정에서 색채는 녹색, 황색, 검은 색, 회색 등의 명도 낮은 것으로 요약되어 나타난다. 이것은 피카소와 브라크가 구현하고자 한 것이 형태의 분석적인 묘사라는 의도를 나타내기 위한 의지의 표현이라고 할 수 있다.

10 J. D. Crossan, *The Historical Jesus: The Life of a Mediterranean Jewish Peasant,* San Francisco 1991; F. G. Downing, *Christ and the Cynics: Jesus and Other Radical Preachers in First Century Tradition* (Sheffield, 1988).

11 E. P. Sander, *The Historical Figure of Jesus* (London, 1993).

12 G. Theißen, Studien zur Soziologie des Urchristentums, *WUNT 19* (Tübingen, 1989); G. Theißen & A. Merz, *Der historische Jesus: Ein Lehrbuch*, Vandenhoeck, 1996; 손성현 역, 『역사적 예수: 예수의 역사적 삶에 대한 총체적 연구』(서울: 다산, 1997), R. A. Horsley, *Jesus and the Spiral of Violence* (San Francisco, 1987), *Sociology and the Jesus Movement* (Continuum, 1994), *Jesus and Empire: The Kingdom of God and the New World Disorder* (Fortress Press, 2002), *The Message and the Kingdom: How Jesus and Paul Ignited a Revolution and Transformed the Ancient World* (Fortress Press, 2002); Elisabeth S. Fiorenza, *Jesus and the Politics of Interpretation* (Continuum, 2001), *Wisdom Ways: Introducing Feminist Biblical Interpretation* (Orbis Books, 2001); 안병무, 『공관복음서의 주제』(천안: 한국신학연구소, 1996), 『갈릴래아의 예수』(천안: 한국신학연구소, 1990), 『민중사건 속의 그리스도』(천안: 한국신학연구소, 1989), 『역사의 예수』(서울: 전망사, 1983), 『역사와 해석』(서울: 대한기독교서회, 1982), 『시대와 증언』(서울: 한길사, 1978), 『성서적 실존』(천안: 한국신학연구소, 1975), 『해방자 예수』(서울: 현대사상사, 1975), 『역사와 증언』(서울: 대한기독교서회, 1972); 김명수, 『원시그리스도교 예수연구』(천안: 한국신학연구소, 1999), 『역사적 예수의 생애』(천안: 한국신학연구소, 2004).

13 B. Witherington, *Jesus the Sage: The Pilgrimage of Wisdom* (Minneapolis, 1994).

14 G. H. Twelftree, *Jesus the Exorcist* (Tübingen, 1993).

15 Earl Doherty, *The Jesus Puzzle: Did Christianity begin with a mythical Christ?* (Canadian Humanist Publications, 1999); Alvar Ellegård, *Jesus : One Hundred Years Before Christ* (Overlook Press, 1999); Timothy Freke & Peter Gandy, G. A. Wells, *The Jesus Mysteries: Was the "Original Jesus" a Pagan God* (Three Rivers Pr, 2001), *Jesus and the*

*Lost Goddess : The Secret Teachings of the Original Christians* (Harmony Books, 2001).

16 Stevan Davies, *Jesus the Healer : Possession, Trance, and the Origins of Christianity* (Continuum Int. Publ. Group, 1995).

17 Bart Ehrman, *Jesus : Apocalyptic Prophet of the New Millennium* (Oxford Univ Pr., 1999); Faula Fredriksen, *Jesus of Nazareth, King of the Jews : A Jewish Life and the Emergence of Christianity* (Vintage Books, 2000).

18 John Dominic Crossan, *Excavating Jesus: Beneath the Stones, Behind the Texts* (Harper, 2001), *Who Is Jesus?* (Westminster, 1999), *The Essential Jesus* (Book Sales, 1998); Robert Funk, *The Five Gospels: The Search for the Authentic Words of Jesus* (Harper, 1997), *A Credible Jesus: Fragments of a Vision* (Polebridge Press, 2002); Burton Mack, *Christian Myth: Origins, Logic, and Legacy* (Continuum Pub Group, 2001), *Who Wrote the New Testament?: The Making of the Christian Myth* (Harper, 1996), *The Lost Gospel: The Book of Q & Christian Origins* (Harper, 1994); Stephen Patterson, *The Fifth Gospel: The Gospel of Thomas Comes of Age* (Trinity Pr., 2000), *The God of Jesus: The Historical Jesus and the Search for Meaning* (Trinity Pr., 1998), *The Search for Jesus: Modern Scholarship Looks at the Gospels* (Biblical Archaeology Society, 1993), *The Gospel of Thomas and Jesus* (Polebridge Press, 1992).

19 Luke Timothy Johnson, *The Creed: What Christians Believe and Why It Matters* (Doubleday, 2003), *Religious Experience in Earliest Christianity: Tagline: A Missing Dimension in New Testament Study* (Fortress Press, 2003); N. T. Wright, *The Resurrection of the Son of God* (Fortress Press, 2003), *The Meaning of Jesus: Two Visions* (Harper, 2000), *The Challenge of Jesus* (Intervarsity Pr., 1999), *What Saint Paul Really Said* (Eerdmans Publishing Co., 1997), *The Original Jesus: The Life and Vision of a Revolutionary* (Eerdmans Publishing Co., 1997), *Jesus and the Victory of God* (Fortress Pr., 1997).

20 Robert Eisenman, *James the Brother of Jesus* (Penguin, 1998), *The Dead Sea Scrolls and the First Christians: Essays and Translations* (Element, 1996), *The Dead Sea Scrolls Uncovered* (Penguin, 1993).

21 Gregory Riley, *The River of God: A New History of Christian Origins* (Harper, 2001), *One Jesus, Many Christs: How Jesus Inspired Not One True Christianity, but Many,* (Fortress Pr., 1997), *Resurrection Reconsidered: Thomas and John in Controversy* (For-

tress Pr., 1995).

22 D. Oakman, *Jesus and the Economic Question of His Day* (Edwin Mellen, 1986).

23 M. J. Borg, "A Renaissance in Jesus Studies", *Theology Today* 45, 1988, pp. 280–292.

24 리차드 니버, 황병룡 역, 『그리스도와 문화』(서울: 한국기독학생회출판부, 2007).

25 김명수, 『그리스도교와 탈현대성』(서울: 대한기독교서회, 2000); 홍정수, 『읽을거리: 포스트모던신학』(서울: 조명, 1992).

26 김명수, 『초대기독교의 민중생명신학 담론』(천안: 한국신학연구소, 2002); 길희성, 『포스트모던 사회와 열린종교』(서울: 민음사, 1994), 『보살예수』(서울: 현암사, 2004). 길희성은 예수를 '무아(無我)적 자비를 실천한 보살상'으로 이해하고자 한다.

27 예수를 바로 믿는다는 것, 참된 기독교인이 된다는 것의 기본은 "나를 따르라"는 예수님의 초청에 응해 그를 따르는 것이다. 그렇다면 예수님을 따르는 것은 무엇인가? 그의 제자가 되는 것이다. 함석헌의 「하나님의 발길에 채어서」는 "나는 역사적 예수를 믿는 것이 아니다. 믿는 것은 그리스도다. 그 그리스도는 영원한 그리스도가 아니면 안된다. 그는 예수에게만 아니라 본질적으로는 내 속에도 있다. 그 그리스도를 통하여 예수와 나는 서로 다른 인격이 아니라 하나라는 체험에 들어갈 수 있다."라는 말은 제자됨의 결국을 보여주고 있다. 오강남, 『예수는 없다』(서울: 현암사, 2001, p. 240에서 재인용.

28 요세푸스(Flavius Josephus, 37?~100?)는 유대 역사가로 66년부터 73년까지 유대 민족주의자들이 로마에 대해 일으킨 반란에 가담하여 갈릴리 지휘관으로 싸웠으나, 반란이 실패하자 투항하여 로마에 살며 책 쓰는 일에 몰두했다. 『유대전쟁사』, 『유대고대사』(Jewish Antiquities) 등에서 유대 역사와 유대교의 우월성에 대해 기술했다. 『유대고대사』는 그리스도 탄생 전후 유대인 역사를 알려주는 유일한 역사서로 예수님 탄생 이전 시대와 기독교 1세기 동안 걸쳐 일어났던 팔레스틴과 디아스포라를 설명해준다. 요세푸스는 유대동족들에게는 변절자로 지탄을 받았지만 기독교인들 사이에서는 위대한 저술가로 명성을 떨쳤다. 그가 자기 민족을 옹호하고 유대주의를 수호하기 위해 저술한 이 전집은 유대주의와 헬레니즘을 종합하고 로마의 세속 세계와 성경의 종교적 유산을 연결시켜 유대의 역사를 설명하고 있다. 특히 예수님 탄생 이전시대와 기독교 1세기 동안 걸쳐 일어났던 팔레스틴과 디아스포라 유대인 역사를 알려주는 유일한 역사서라는 점에서 요세푸스가 차지하는 위치란 거의 절대적이다.

29 최근 1987년과 1992년 영어본을 번역한 기존 서적과 달리 당대 공용어인 헬라어를 저본으로 삼아 『패자의 역사인 '유대 전쟁사'』로 박정수 성결대 신약학 교수와 박찬웅 연세대 신약학 강사가 함께 번역했다. 이 책은 두 권으로 된 책 말미에 헬라어 원본을 각각 실었다. 역자들은 해제에서 유대-로마 전쟁에서 패함으로써 유대교는 "제의와 종교체제의 핵심이던 성전을 상실하고 회당 중심으로, 토라와 경전의 연구와 해석인 '랍비 유대교'"를 형성했고, 유대인 역시 이스라엘을 건국하기까지 세계 각국으로 흩어져 핍박받으며 살게 됐다고 설명한다. 기독교 역시 "모체였던 유대교에서 독립해 자신의 새로운 경전을 추가할 수 있었고, 예수 그리스도라는 인물 중심의 종교인 초기 기독교를 준비하기 시작했다"고 소개했다. 또한 "요세푸스가 변절자라기보다 당시 국제정세와 다문화적 헬레니즘의 사상적 특징과 본질을 정확히 이해했던 지식인이라는 점에서 유대 전쟁사와 '유대 고대사', '요세푸스 자서전' 등은 귀중한 문헌"이라고 평가했다.

30 신약학계에 통용되는 4가지 종류에 2가지를 더 추가했다.

31 최병학, 「奇籍과 解恨: 밥상공동체를 중심으로」, 『인문학논총』 14집 3호, 경성대학교 인문과학연구소, 2009. 스트라우스는 복음서의 이적 이야기를 인간의 관념에 투영된 사회적 산물인 신화(Mythos)의 틀 속에서 보았다. 곧 복음서의 이적 이야기는 역사적 예수에게서 비롯된 것이 아니라, 초대 교회의 메시아 신앙고백에 근거한다는 것이다. 또한 예수의 의미를 창출해 내기 위하여 무엇보다도 구약의 이적 기사들로부터 가져온 요소들을 예수에게 부가했다는 것이다. 구약이 모세와 엘리야를 칭송한 이적(많은 사람들을 먹인 것과 죽은 자를 소생시킨 것)은 예수에게 부가되었다는 것이다(D. F. Strauß, *Das Leben Jesu*, Tűbingen, 1835). 반면 바우어는 기적이란 초대교회가 예수의 이름으로 빌려 만든 창작으로 보고 있다(B. Bauer, *Kritik der Geschichte der Offenbarung*, Berlin, 1838). 리차드슨은 순수한 영적이고 내면적인 차원에서 기적을 해석하고자 한다. 나아가 기적설화의 출발점을 역사적 예수가 아니라 초대 교회의 설교 구조 속에서 찾고 있다(A. Richardson, *The Miracles Stories of the Gospel*, S.C.M. Press, 1941) 포이에르바하는 초대 교회 신도들의 희망과 소원이 투영된 것으로(L, Feuerbach, Das Wessen des Christentums, Leipzig, 1957), 불트만은 그리스도론의 동기가 깃든 것으로(R. Bultmann, *Glauben und Verstehen 1*, Freiburg, 1964), 크로싼은 비공식화되고 입증 불가능한 종교로서 기적을 보는데(J. D. Crossan, *The Historical Jesus: The Life of a Mediterranean Jewish Peasant*, San Francisco, 1991), 이와 관점을 달리하는 타이센은 기적 담론이야말로 복음서 전승의 기초를 형성하는 것으로 본다(G. Theißen, *The Gos-*

*pels in Contexts, Social and Political History in the synoptic Tradition*, Minneapolis, 1991). 따라서 필자는 타이센을 따라 기적이 밥을 나눠 먹으며 공동체의 한을 치유하는 해한의 측면으로 확장하고자 한다. 이것은 본문을 통해 이야기될 것이다.

32 종합적 큐비즘은 여기서 우리는 그림 안에서 문자와 단어들 그리고 숫자들을 발견하게 되며 때로는 그림에 실물을 도입시키는 경우도 보게 된다. 분석적 입체파가 자연히 화면구성에만 치중하여 물체가 지닌 리얼리티를 망각한 위기에서 비롯된 기법으로 파피에 콜레(Papiers colle)가 강력한 무기가 된다. 즉, 즉물적으로 신문지나 벽지, 담배갑이나 트럼프 등을 화면에 붙이는 방법이며 최초의 파피 콜레는 1912년 브라크에 의하여 응용되었다. 이들은 다방면에 걸친 회화적 수단을 가지고 자유롭게 작업하면 형태를 파괴하기보다는 상징에 가까운 이미지들을 만들어 내는 주관적이고도 임의적인 방식으로 형태들을 구성했다. 따라서 분석적이기 보다는 더욱 심화된 평면성, 단순성, 풍부해진 색채와 질감, 느슨해진 분위기의 개성적인 작품을 제작했다.

33 콜라주는 주로 그림 위에 다른 것을 붙여 병치시키는 경우가 많다. 19세기에 종이를 잘라 한데 붙여 장식적 구도를 만드는 '파피에 콜레'(papiers collés) 기법이 처음 생겨났다. 1912~13년경 파블로 피카소, 조르주 브라크 등이 이 기법을 확대하여 종이, 나무, 리놀륨, 신문지 조각을 유화 위에 덧붙여 미묘하고 재미있는 추상적 또는 반추상적 구도를 만들었다. 피카소와 브라크의 콜라주 기법 개발은 분석적 큐비즘이 종합적 큐비즘으로 바뀌는 데 크게 이바지했다.

34 주로 그림 위에 붙여 병치시키는 경우가 많다. 19세기에 종이를 잘라 한데 붙여 장식적 구도를 만드는 '파피에 콜레' 기법이 처음 생겨났다. 1912~13년경 파블로 피카소, 조르주 브라크 등이 이 기법을 확대하여 종이, 나무, 리놀륨, 신문지 조각을 유화 위에 덧붙여 미묘하고 재미있는 추상적 또는 반추상적 구도를 만들었다. 피카소와 브라크의 콜라주 기법 개발은 분석적 입체파가 종합적 입체파로 바뀌는 데 크게 이바지했다.

35 톰 라이트, 이혜진 역, 『예수』(서울: 살림, 2007), pp. 40—47.

36 그러나 몽고나 명에 의해 중국에 끌려간 고려와 조선의 여인들이 다시 고향으로 돌아왔을 때 우리 조상들은 그네들을 환향년('還鄕女)이라는 욕으로 만들어 불렀다.

37 톰 라이트, 『예수』, p. 118.

38 이러한 측면에서 라이트는 예수 세미나(Jesus Seminar)가 복음서를 초기 그리스도인들의 신앙과 경험을 표현한 글이며, 예수와 관련된 이야기는 그 중 일부에 지나지 않다. 그리고 복음서는 단순히 저자들의 기독교 신앙을 진술하고 기리기 위해 구상된 단편

소설일 뿐이라는 것은 피상적이라고 비판하며 복음서는 예수를 묘사한 글로 읽어야 제대로 읽을 수 있다고 말한다(톰 라이트, pp. 118–119).

39 Ibid., pp. 118–120.

40 Ibid., pp. 161–162.

41 모던 세계는 객관적으로 세계를 알 수 있다고 생각했지만, 포스트모던은 중립적인 가치란 없음을 상기시켜 주었다. 객관적인 진리와 가치는 없고 오직 기호(preference)만이 존재한다.

42 현대성은 위대한 자아, 고독한 자아, 전능한 나를 말한다. "나는 내 인생의 주인이며 내 영혼의 선장"인 것이다. 그러나 포스트모던에서 나는 단지 충돌하는 세력과 자극의 잠정적이고 우연한 배치, 즉 변동하는 기호(signifer)일 뿐이다.

43 현대성은 세상이 존재하는 방식에 관하여 이야기(narrative)를 말한다. 그것은 본질적으로 종말론적인 이야기이자 거대담론이다. 그러나 이제 그 거대담론은 압제적이고 제국주의적이며 이기적인 이야기로 나타났다. 서구 세계의 이익을 대변하는 이야기가 된 것이다. 포스트모던은 모든 거대담론은 파워 게임으로 보고 있다.

44 톰 라이트, 『Jesus 코드』(서울: 성서유니온선교회, 2006), p. 177.

45 톰 라이트, 『Jesus 코드』, p. 196.

46 C. S. Lewis, "The Weight of Glory", in *Screwtape Proposes a Toast and Other Pieces*, Fontana, 1965.

Chapter 4.

# 달리의 초현실주의: 무의식과 기적의 만남

## I. 세상을 '달리' 보는 천재화가

살바도르 달리(Salvador Dali, 1904~1989)는 정말 유별나다. 유년시절부터 이상한 행동을 하는 아이로 낙인이 찍혔으며 마드리드 왕립 미술학교에 입학하지만 교수를 비난하여 퇴학당한다. 이후 그는 계속되는 독특한 작품과 기괴한 행동으로 미술계에서 괴짜로 취급받는다. 또 달리는 대중에게 자신을 미치광이 이미지로 노출시키는 것을 즐기기도 했다. 〈밀로의 비너스〉, 보티첼리(Sandro Botticelli)의 〈비너스의 꿈〉, 밀레(Jean-François Millet)의 〈만종〉 등은 그만의 기발한 상상력에 의해서 재해석 된다. 하지만 달리는 이러한 작품을 발칙한 자신만의 세계에서 독창적인 예술로 승화해내었다. 그래서 그에게는 '괴짜와 함께 천재'라는 수식어가 항상 따라다닌다.

달리는 생전에 병적 비정상 상태와 정신 병리학적 증세를 보였으며 자신의 광기와 무의식의 세계를 그림으로 표현해내는 '편집증적 비평방식'에 관심을 기울인다. 이러한 용어는 달리 스스로 채택하고 정의한 것이다. 달리는 편집증적 비평방식에 관해 '편집증이 지닌 날카롭고도 예민한 정신과 거기에서 뿜어져 나오는 창조성에 주목'[1]한 것이라 설명했다. 늘 불완전하고 불안한 정신 상태와 편집증적 증세를 보이던 그는 무의식의 세계를 색과 형을 통해 재현했던 것이다.

환상적이고 몽환적인 달리의 그림은 짧은 시간 내로 그려내지만 재현 이전까지의 사상적 토대는 견고하다. 그는 그림을 그리기 이전까지 수많은 연습과 생각을 머릿속으로 했다. 그리고 이러한 사상적 토대는 정신분석학자 지그문트 프로이트(Sigmund Freud)로부터 영향을 받았다고 볼 수 있다. 달리는 그를 존경하고 사랑했다. 그리고 그의 이론에서 많은 예술적 영감을 얻었다. 이러한 달리의 회화를 프로이트 심리학의 무의식 이론으로 분석하고 이를 기독교 신학의 기적으로 연결해 보자.

## II. 금기된 욕망과 기억, 그리고 꿈

### 1. 금기된 욕망을 표현하다: 기적과 무의식

프로이트는 정신활동을 의식과 의식이 아닌 것으로 나누었다. 의식이 아닌 것은 다시 전의식, 무의식으로 구분한다. 지금 우리는 '무의식'이라는 단어에 익숙해져 있지만 당시 프로이트의 무의식 개념은 파격적이었다. 그것은 생각하고 사고하는 인간, 이성과 의식의 산물인 인간에 대한 믿음, 즉 전통적인 서양 사상사와 반하는 것이었다. 하지만 이를 기점으로 무의식에 대한 성찰이 이루어졌고 정신분석학의 길이 열리게 된다. 프로이트는 이러한 무의식의 개념에 공간성을 도입하여 대기실과 살롱을 통해 다음과 같이 설명한다.

"무의식의 조직체계를 하나의 큰 대기실에 비유해보자. 이 대기실 안에는 많은 심적인 움직임이 하나하나의 인간처럼 바쁘게 소용돌이 치고 있다. 이 대기실에는 제2의 좁은 방, 일종의 살롱 같은 것이 붙어 있다. 이 살롱에는 의식이 도사리고 있다. 그런데 두 방의 문지방에 각각의 한 사람의 문지기가 버티고 서서 개개의 심적인 움직임을 검사하고 검열하며 그것이 마음에 들지 않을 때는 살롱에 못 들어가게 한다."[2]

이처럼 조그만 살롱인 '의식'은 무의식 조직체계에서 구석에 자리 잡고 있으며 마치 구경꾼으로서 존재한다. 살롱은 자유롭게 드나들 수 없으며 그 경계선에 서있는 문지기에 의하여 검사와 검열이 행해진다. 대기실 안의 심적인 움직임이 의식의 살롱에 들어가더라도 처음에는 무의식의 대기실에 머무를 수밖에 없는 체계이다. 즉 각각의 과정은 처음에는 무의식 체계에 속해 있으며 특별한 경우에 한해서만 의식의 체계로 옮겨갈 수 있는 것이다.

"이때 무의식이라는 대기실 안에 있는 움직임은 다른 방에 있는 의식의 눈에는 잘 띄지 않는다."[3] 즉 무의식에서 아무리 움직인다 해도 의식의 방에서는 보이지 않은 움직임이고 의식의 입장에서는 무의식에서의 움직임은 잠재되어 있는 셈이다. 여기서 무의식과 의식의 상관관계와 더불어 억압의 개념을 살펴보자.

"만일 움직임이 문지방까지 돌진해 와서 문지기에게 쫓겨났다면 그것은 의식 불가능하다. 우리는 이것을 '억압되었다'고 부른다. 그 심적인 움직임이 이미 문지방 앞에까지 다가온 것을 문지기가 밀어냈다

해도 반드시 의식적이 되는 것은 아니다. 그 움직임이 우연히 의식의 눈에 띄었을 때만 의식적이 되는 것이다. 그러므로 이 제2의 방을 '전의식'이라고 부르는 것이 지당하다."[4]

무의식과 전의식은 둘 다 의식하지 못하는 것, 즉 무의식으로 간주된다. 전의식은 크게 보아 무의식에 속하지만 의식에 좀 더 쉽게 접근할 수 있고 일시적으로만 무의식인 것이다. 또한 움직임이 문지기에 의해 검열당해서 못 들어가게 되는 것은 무엇일까. 이는 바로 억압이라고 하는데 억압에는 다음과 같이 두 종류가 있다.

"1차 억압은 생존 본능에 따라 자동적으로 실행된다. 1차 억압의 대상에는 '오이디푸스 욕구'와 성욕구와 공격욕구와 같은 원초적 충동이 있다. 2차 억압은 사회가 속한 문화와 교육에 따른 사회 도덕적 억압이다."[5]

이때 '오이디푸스 욕구'란 그리스 신화에서 유래된 말로 아버지를 죽이고 어머니와 결혼하고 싶은 욕구를 말한다. 즉 어머니에 대한 유아적인 성욕구와 아버지에 대해 경쟁 심리를 느끼고 공격 욕구를 갖는 것이다. 이는 권위 있는 아버지에게 벌을 받을 수도 있다는 것에 부딪혀 생존을 위해 자동적으로 억압된다.

그러나 억압된 욕망은 무의식에 자리 잡는다. 무의식에서는 한번 생겨나면 없어지거나 잊히지 않고 잠재하게 된다. 즉 무의식은 불변성과 불멸성을 갖는다. 이후 자극 받을 때마다 꿈이나 실수를 통해서 반복해서 되살아나는 것이다. 무의식은 꿈의 공간에서 제약 없이 마음껏 표출된다.

프로이트는 다음과 같이 꿈을 꾼 이면에 담긴 의미인 잠재몽과 꿈꾼

〈나의 욕망의 수수께끼 – 나의 어머니, 나의 어머니, 나의 어머니
(The Enigma of My Desire My Mother, My Mother, My Mother)〉 (1929)

사람이 기억하는 꿈인 현재몽의 관계를 '꿈의 작업'과 '꿈의 해석'을 통해 다음과 같이 설명한다. 말하자면 규제의 산물을 무의식으로 압축, 은유를 통해 넣는 것은 꿈의 작업이고 규제의 산물이 치환, 환유를 통해 무의식으로 드러나는 것은 꿈의 해석에 해당하는 것이다.

> "잠재몽을 현재몽으로 바꾸는 일을 '꿈의 작업'이라고 이름붙인 것을 똑똑히 기억하기를 바란다. 그리고 '꿈의 작업'과 반대방향으로 현재몽에서 잠재몽에 도달하려고 하는 작업이 바로 '해석 작업'이다. '해석 작업'은 '꿈의 작업'을 해소시키고자 하는 일이다."[6]

〈나의 욕망의 수수께끼 – 나의 어머니, 나의 어머니, 나의 어머니〉는 그 의미심장한 제목과는 달리, 달리의 성적욕구를 표현한 것으로 보인다. 커다란 구조물은 구멍이 숭숭 뚫린 치즈로 보이기도 하고 암석 같기도 하다. 암석 끝에는 사자탈이 붙어있는데 이는 남성성, 성적욕구의 상징으로 달리의 그림에 자주 등장한다. 커다란 구조물은 아래에 눈썹을 감고 꿈에 잠긴 듯한 사람의 형태를 위에서 누르고 있다.

이 그림에 나타나듯, 달리의 그림 중 하나의 특징인 그 배경이 황량하고 쓸쓸한 느낌이 드는 건조하고 차가운 대지라는 것이다. 이는 달리의 고향인 피게라스(Figueras)의 독특한 풍경에서 강하게 영향을 받았다. 달리는 이곳의 풍경에 대해 아침은 난폭하고 거친 명랑함을 주고 저녁은 기분 나쁜 비애를 가끔 느끼게 하는 곳이라고 말한 바 있다.

이 그림은 1차 억압에 대한 무의식이 발현된 그림으로 볼 수 있다. 즉 욕망의 수수께끼이자, 욕망의 근원인 어머니로 볼 수 있으며 커다란 구조물을 통해 오이디푸스 욕구를 표현했다. 그렇다면 아버지는 어디에 위치하는가? 그림 왼쪽 뒤로 보이는 유기체가 될 수 있다. 사물은 괴기스럽고 괴물 같은 모습을 하고 있다.

유기체는 매우 복잡한 형태이다. 사자탈이 삐져나왔지만 사람 형태의 얼굴은 목이 잘린 채 아래에 위치하고 있고 가운데는 알을 든 남자의 뒷모습이 중첩되어 보인다. 이는 어머니에 대한 자신의 욕망을 위해 아버지를 제거하고자 하는 무의식의 표현이다. 이 유기체는 전체의 그림에서 작은 공간에 그려져 소외되고 그 힘이 약화되어 있다.

사자탈은 남성성 혹은 성적욕구의 상징이다. 그림에는 두 개의 사자탈을 볼 수 있다. 첫 번째 커다란 구조물이자 어머니의 상징물[7]로 볼 수 있는 구조물 위로 위치한다. 또 아버지로 간주되는 남자의 목이 잘린 자리에 사자탈이 그 자리를 대신하여 달랑거리고 있는 것이 두 번째 사자탈이다. 사자탈이 또 다른 자신이라면 이를 통해서 어머니를 점하려고 하고 아버지를 밀쳐내려는 오이디푸스적 욕구를 드러낸 것이다.

이렇게 그림에 구현된 오이디푸스적 욕구는 달리가 자신의 아내 갈라에게 느낀 감정일 수도 있다. 갈라는 달리보다 10살 연상으로 어머니 같이 달리를 감싸주는 여성이었고 그림을 그린 1929년은 갈라와 결혼한 해이기 때문이다. 갈라는 달리를 만나기 전 다른 남자의 아내였으므로 아버지로 그려진 자는 갈라의 전 남편인 폴 엘뤼아르(Paul Eluard)로 볼 수 있다.

우리의 삶은 일상성과 비일상성으로 나누어진다. 일상성은 계속 반복되는 어제와 같은 오늘, 내일과 같은 오늘이다. 그러나 비일상성이 어느날 갑자기 다가온다. 이는 우리의 삶에 활력소이며, 새로운 도약을 시도하게끔 한다. 무의식은 따라서 일상성을 해체하는 비일상성의 기적과 유비가 가능할 것이다.

기적은 히브리어로 펠레(פֶּלֶא)라는 말로 '분리하다, 구별하다, 놀라게 한다'는 뜻인, 팔라(פָּלָא)라는 동사에서 온 말이다. 신약성서에서 기적은 σημειον(표적),[8] τὲρας(기사),[9] δύναμις(권능),[10] θαυμα(놀라운 일)[11] 등으로 나타난다. 신약성서가 기적에 관해 말할 때는 '표적과 기사'[12]로 기적은 사람들의 이성과 판단으로 볼 때 '능력과 힘과 권능으로 놀라운 것, 구별된 것, 분리된 것'을 의미한다.

중세시대와 최근의 근본주의자들은 문자 그대로 기적을 믿었으나 근대 계몽주의의 발달로 이성과 합리성을 기초로 인간은 인식하지 못하는 영역이나 세계를 신화나 주술로 처리한다. 역사비평학은 기적의 전승 단계를 추적하여 그 이야기의 본래 모습을 재구성하고, 원형과 최종 편집 사이에 어떤 차이가 있는가를 밝혀주고 있다.[13] 그러나 중요한 것은 요세푸스의 예수보도 단락에 예수를 기적을 행하는 자로 보고 있다는 것이다.

"(63)이 즈음에 예수라고 하는 한 현자가 있었다. 만일 그를 한 인간이라고 부를 수 있다면 말이다. 그는 기적(놀라운 일들)을 행하는 자였으며, 진리를 기쁨으로 받아들이는 이들의 선생이었다. 다수의 유대인들뿐만이 아니라, 헬라인들 중 많은 이들이 그에게 모여들었다. 이는 그리스도였다. (64)우리 지도층에 있는 사람들이 그를 고소했고. 빌라도는 그를 십자가에 처형하라고 명령했다. 그러나 처음에 그를 사랑하던 자들은 멈추질 않았다. 그는 삼일 째 되는 날 다시 살아서 그들 앞에 나타났다. 이는 하나님의 예언자들과 다른 많은 놀라운 일들이 그에 관해 선포했던 일이었다. 그를 따라 그리스도인들이라고 명명된 이 종족은 아직까지 사라지지 않고 있다."[14]

여기서 기적(놀라운 일들)은 παραδοξα[15]로 표현되는데, 이 표현은 신약성서를 포함한 기독교 문헌에서 매우 낯선 것으로 70인 역 구약성서(Septuaginta)에서도 παραδοξα는 기적을 지칭하는 표현으로 거의 사용되지 않는 말이다.[16] 이 말은 비정상적인 일이나, 일반적 생각과 기대와는 모순적인 사건을 의미하기 때문에, 요세푸스가 예수를 '말도 안 되는 일'을 행한 자라고 냉소적으로 평가하고 있다고 추정되기도 한다.[17]

사실 요세푸스가 가장 자주 사용하는 기적 용어는 σημειον이다 이 말은 '표적' 혹은 '하나님의(혹은 하나님의, 중재자의) 기적'이란 의미로 사용된다. 이 용어는 모세의 기적을 표현하기 위해 가장 많이 언급되고,[18] 또 엘리야[19]와 이사야[20]의 기적을 언급하는 말로도 자주 쓰였다. 반면 요세푸스는 παραδοξα를 첫째 모순적이거나 비정상적인 일, 믿을 수 없는 사건을 의미할 때,[21] 둘째, 놀라울 정도로 높은 수준을 표현할 때 사용된다. 가령 야곱의 아들 요셉의 놀라운 지적인 능력을 말할 때 이 말이 사용된다.[22] 셋째, 하나님을 통한 기적의 사건과 행위를 지시하는 경우로 이 의미가 가장 많이 나타난다.[23] 결론적으로 요세푸스가 예수를 '기적을 행하는 이'로 소개한 것은 부정적 묘사로 보기 어렵다고 할 수 있다.[24]

그렇다면 성서에는 어떻게 나오는가? 마가복음은 오병이어의 기적(막 7:24)을 비롯하여 무화과나무의 기적(막 11:12), 레기온 귀신을 내 쫓는 기적(막 5:1), 중풍환자를 고친 기적(막 2:3), 야이로의 딸을 고친 기적(막 5:1), 바다 위를 걸은 기적(막 6:48) 등 17개의 기적 설화가 있다.[25]

Q복음에는 백부장의 종을 고친 기적(마 8:5=눅 7:1), 눈멀고 말 못하는

사람을 고친 기적(마 12:22=눅 11:14)등 2개의 기적설화가 나오며 80년 경 안디옥에서 마태공동체가 수집한 마태 특수자료(M)에는 두 사람의 소경을 고친 이야기(마 8:27)와 벙어리 귀신들린 아이를 고친 이야기(마 9:32), 고기 입에서 나온 동전 이야기(마 17:27) 등 3개가 있다.

60년경에 가이사라에서 누가가 수집한 누가특수자료(L)에는 예수가 사람들이 모여 있던 자리에서 보이지 않게 나사렛에서 피신한 기적(눅 4:30), 고기 잡는 기적(눅 5:6), 나인성 과부 아들의 소생기적(눅 7:11), 수종병자를 고친 이야기(눅 14:1), 열문둥병자를 고친 이야기(눅 17:11), 대제사장의 종의 귀를 고친 이야기(눅 22:50) 등이 나온다.

요한복음에는 6개의 기적설화가 나오는데 물로 포도주를 만든 기적(요 2:1), 고관의 아들을 고친 이야기(요 4:46), 벳세다 병자 고친 이야기(요 5:1), 나사로를 부활시킨 이야기(요 11:43), 고기잡이의 기적(요 21:6) 등이 있다.[26]

이러한 예수의 기적은 단순한 호기심 충족을 위한 것이 아니며 당시 요술쟁이, 마법사들이 자기의 영광을 위해 기적을 행사했다면 예수는 오직 자기 영광 없이 자기를 보낸 하나님의 영광을 드러내기 위해 기적을 행했다. 그리고 이러한 기적 행사는 이사야 64:1과 35:4의 예언을 이루는 것이라 말씀하신다(마 11:4 참조). 특히 감옥에 갇힌 세례요한이 제자를 통해 예수께 물었던 질문 "당신이 오실 그 분입니까?"에 대해 "내가 행하고 말하고 한 모든 행적을 본대로 가서 이야기하라"(눅 7:18–22)라고 했는데, 그 모든 행적이야말로 기적인 것이다.

따라서 초대교회의 복음 선포에 있어서 기적설화는 예수가 선포한 하나님 나라의 복음과 분리될 수 없는 복음의 본질적인 내용이다. 그러나 이러한 예수의 기적설화는 초대 교회의 신앙고백(케리그마)의 산물인 것도 사실이다. 케리그마가 먼저 존재하고 그것에 의해서 기적 이야기들이 형성이 되었다. 그렇다면 기적 이야기를 형성할 수밖에 없었던 초대교회의 상황은 어떤 상황이었는가?

> "유대인들은 악령의 존재를 믿었으며 당시 그리스와 로마 세계에서도 악령에 대한 공포는 대단했다… 당시 그리스 로마세계에서 귀신에 대한 공포로 사람들이 얼마나 불안해했는지를 잘 알 수 있다… 당시 일반 민중뿐만 아니라, 철학자들까지 귀신의 공포에 떨었다고 한다. 당시에 이방사회에서 유대인들은 귀신을 추방하는 능력으로써 유명했다(행 19:13). 그리스도가 그리스 로마의 고대세계에서 다른 종교들보다 우세하게 된 이유 중의 하나가 바로 이 악령의 공포를 제거하는데 큰 성과를 거둔 데에 있다. 그래서 그리스도교회는 귀신추방사업에 있어서 유대인들보다 앞선 위치에 있게 되었다. 초대교회는 귀신을 제거하고 추방하는 예수님의 권능을 통해 사탄에 대한 예수님의 궁극적인 승리를 발견했던 것이다."[27]

중요한 것은 복음서의 이적 이야기가 히브리 문화가 아니라, 헬라 문화에 뿌리를 두고 있다는 것이다. 헬라 문화에서는 신과 인간 사이에 위치한 '신적 인간'(theios aner)이 존재하는데, 그가 초인적인 능력을 발휘하여 질병을 고치고 이적을 행한다는 것이다. 가령 헬라 세계의 영웅들이 그 대표적인 예라 할 수 있다.[28]

하르낙(A. Harnack) 역시 1–3세기 그리스도교의 대 발전에서 귀신 축출은 그들의 선교전략이라고 말한다. 곧 그리스도인들은 귀신 추방자로서 이방세계에 들어갔으며 귀신 축출이야말로 그들의 선교, 복음전파의 한 방법으로 단지 개인의 심령 속에 자리 잡은 귀신을 내쫓고 진멸했을 뿐만 아니라 귀신의 공포로 마비된 모든 사람들의 사회생활을 정화시켰던 것이다.[29] 기적설화를 민중의 삶의 이야기로 말하는 민중신학의 관점에서 보면

"기적 이야기는 민중의 언어로 기록되어 있다. 민중은 그들이 경험한 예수의 기적 이야기를 자신들 고유의 언어로 표현한다. 기적 이야기는 민중의 현실적인 고난이 반영되어 있다. 민중이 겪고 있는 온갖 질병은 그들의 궁핍과 패배와 억압된 현실과 무관하지 않다. 기적 이야기에는 민중의 삶을 초월하려는 의지가 반영되어 있다. 민중은 그들이 당하는 고난의 현실을 운명으로 받아들이지 않는다. 체념 속에서 그들의 운명에 거부하면서 일어나겠다는 저항 의지가 기적 이야기에 담겨 있다. 기적 이야기 속에는 민중의 희망이 생생하게 표현되어 있다. 앉은뱅이가 걸을 수 있다는 희망, 맹인이 볼 수 있다는 희망, 중풍병자가 침상에서 일어날 수 있다는 희망, 죽은 사람이 다시 살 수 있다는 희망, 바로 이러한 민중의 희망이 기적 이야기에 용해되어 있다."[30]

개인의 무의식을 민중의 열망으로 연결하고 무의식을 통제하는 2차 억압을 당시의 유대교와 예루살렘 성전중심주의, 로마 제국의 문화와 교육으로 대입하면 달리의 그림과 프로이트의 무의식과 예수의 기적은 '해방'이라는 이름에서 만나게 된다. 그리고 그 해방의 이면에는 금지된 욕망이 도사리고 있다.

## 2. 기억은 영원히 남는다: 무의식과 밥상공동체

〈기억의 지속〉 역시 황량하고 적막한 대지가 배경이다. 그 뒤로는 달리가 유년시절을 보낸 스페인 카다게스의 해변이 보인다. 올리브의 마른 가지

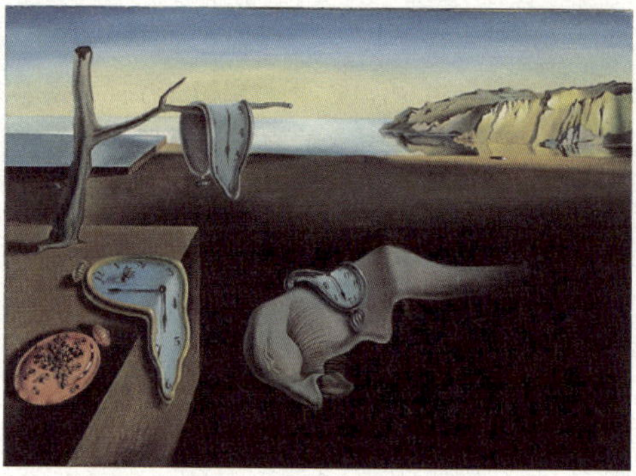

〈기억의 지속(The Persistence of Memory)〉 (1931)

와 더불어 전체적으로 차갑고 조용한 느낌이다. "진한 까망베르 치즈를 저녁으로 먹고 부드러운 치즈를 머릿속으로 재구성했고 부드러운 시계 이미지가 떠올랐다."[31]라는 것이 바로 이 그림의 탄생 배경이다.

시계는 우리에게 순응을 강요하고 명령하는 존재로 일상과 맞물려가는 기계이다. 동시에 개인마다 새로운 의미를 부여하기도 하고 소중하거나 끔찍한 기억을 담는 도구로 작용하기도 한다. 그림에서 시계는 본래의 기능을 잃은 채 축 늘어져 흐물거리고 있다. 각 시계는 걸쳐져있는 사물에 대한 달리 개인의 기억을 표현한 것일지도 모른다.

가운데는 시체덩어리 또는 죽은 새 형태의 무언가가 놓여있다. 속눈썹이 길고 코 속에서는 무언가 늘어져 있다. 한편으로는 평온하고 온화하게 잠들어 있는 듯이 느껴진다. 이는 꿈꾸거나 환상에 잠긴 달리 자신을 나타낸 것으로도 볼 수 있다. 나침반 위에 개미는 "어린 시절 달리가 본 죽은 도마뱀을 먹던 개미의 이미지가 투영된 것으로 부패, 죽음의 상징"[32]으로 해석하며 이에 대한 일화는 달리의 자서전에도 소개되어 있다.

그로테스크한 사물의 등장, 스산한 분위기와 초현실적인 공간이 연출되지만 기법과 표현에 있어서는 매우 사실적이다. 달리는 초현실적인 공간을 세부묘사를 통해 이미지에 강한 생명력을 불어넣으면서 현실세계로 이끌어 낸 것이다. 실제로 섬세하고 세밀한 표현을 위해 "주로 검은 담비털로 만든 붓을 사용했고 세밀한 표현을 위해 렌즈를 이용했으며 물감을 천천히 덧칠해 물감 층을 정교히 쌓아올렸다."[33]라고 한다.

프로이트는 무의식의 불멸성과 불변성, 즉 무시간성에 관해 원래 사물과 함께 기억되는 이미지는 시간이 지나면 희미해지지만 무의식에 억압되는 것은 시간이 지나도 그대로 보존되어 자극이 생기면 언제든지 생생하게 되살아나게 된다고 생각하며 다음과 같이 설명한다.

> "자유연상 과정에서 신경증자들은 몇 십 년 전에 겪었던 상처를 기억해 마치 지금 눈앞에서 벌어지고 있는 일처럼 생생하게 묘사하곤 한다. 무의식의 자료들은 아무리 오랜 시간이 지나더라도 변하지 않은 채 원상태 그대로 보존되기 때문이다. 의식의 표상은 당시에 아무리 생생했을지라도 시간이 지나면 가물가물 사라지고 만다. 그런데 동일한 표상일지라도 무의식에 억압되면 그것은 영원불변하고 불멸하는 무엇이 된다."[34]

따라서 〈기억의 지속〉은 무의식의 무시간성을 암시한다. 시간을 상징하는 시계는 모두 네 개가 등장한다. 올리브 나뭇가지 위, 얼굴 형태의 유기체 위에서 흐물거리고 있고, 파리가 앉은 시계와 개미떼가 우글거리는 닫힌 회중시계 등이다. 또한 멈춰진 시계 바늘은 달리의 무의식 속에 자리 잡은 기억들의 무시간성을 의미한다. 이는 달리가 유년기에 억압받은 상처들이 투영된 이미지가 억압받은 이후로 고정된 것으로 볼 수 있다. 무의식 속 욕망이 억압되는 바로 그 순간과 그 기억은 평생 동안 무의식의 공간에 자리 잡으며 변하거나 사라지지 않고 남게 되기 때문이다. 따라서 그림에 나타난

각각의 시계는 달리가 억압받아 무의식으로 남겨진 개인의 어떤 기억을 뜻할 것이다. 따라서 이 그림은 자신의 개인적인 무의식의 세계를 현실로 끄집어내어 그림으로 보여준 셈이 된다.

기독교회사에서 역사적 예수 운동은 헬라 철학과 라틴 문화와 결합하면서[35] 초대 교회의 역동성을 감소시키지 않았는가? 그 역동성이 다시금 오늘 한국 사회에서 집합인격의 해한으로 나타나게 된다. 무의식 속 욕망이 억압되면 변하거나 사라지지 않고 남게 되며, 동시에 현실로 나타나야 한다. 기적은 그런 의미로 무의식의 욕망을 재현하는 종교적 매개체가 된다. 그리고 민중의 무의식 욕망은 바로 먹을거리이다. 먹는 기억만큼 의미 있는 것은 없을 것이다. 그러한 기억은 시간의 한계를 넘어선다. 그리고 밥상공동체야말로 기억의 지속이며, 시간의 새로움이다.

민중의 해한의 시작, 곧 무의식적 욕망의 재현은 밥을 나누어 먹는 밥상공동체의 실현이다. 예수 시대 유대교는 민족의 종교적 정체성을 지키기 위해 일상생활을 토라의 규정에 의하여 엄격히 지키고자 했는데, 이 법을 지킬 수 없었던 사람들을 죄인이며 이단으로 단죄하고 선민 공동체로부터 배제했다. 이것을 미야모토 히사오(宮本久雄)는 한(恨)이라고 말한다.

> "이 배제된 사람들은 법을 지킬 수 없는 빈곤 하층민, 차별 당하는 창녀, 부채에 시달리는 품팔이꾼이나 노예, 병자, 특히 한센병 한 자들이었다. 그들은 지배자가 정한 법률을 지키지 못해 죄인이라 불리게 된 것으로, 이런 의미에서 '죄인'이라는 말은 지배자의 말이다. 구약성서에서는 사람은 사회에 의해서가 아니라 본래 신 앞에서만 죄인이다(시 51:1–6). 따라서 사람이 사람을 종교적으로 단죄할 수는 없는 것이다. 그러므로 죄인시해 말살당하고, 이른바 고뇌와 눈물만이

매일 매일의 양식이라고 상징적으로 표현되는 억압당하는 사람들의 절망과 패배감, 죄책감과 원한 등은 한(恨)과 일맥상통한다고 하겠다."[36]

예수는 이 사람들의 한을 받아들였다. 그리고 그들과 함께 했다. 그것은 바로 하나님 나라의 시작이었으며 이 하나님 나라의 핵심은 함께 식사를 했다는 밥상공동체의 시작이었다. 밥상공동체의 사회적, 신체적 연대야말로 기적이며 예수 운동의 핵심이 되는 것이다. 따라서 성서의 기적은 개별자의 기적을 넘어 집합인격의 한풀이의 측면에서 바라보아야 한다. 마태에 의하면 예수의 기적행위는 마술이나 단순한 불가사의가 아니라, '우리의 아픔을 담당하고 병을 짊어진 것'(마 8:17)이다. 이것은 이사야서 53장과 맞닿아있다.[37]

중요한 것은 이사야서의 이러한 상징이 개인임과 동시에 이스라엘 민족 전체의 모습이기도 한 것이다. 이것을 히사오는 '집합인격'(corporate personality)이라고 하는데, '주인 나'와 같이 병자 치유에 있어서 예수는 병과 병이 초래하는 빈곤, 패존자 의식, 차별 등의 민중의 한을 자신의 몸으로 흡수했던 것이다. 이러한 맥락에서 보면 치유의 기적이란,

> "예수의 집합인격적 방법으로 한 한풀기 행위와 다름없다. 그리고 '주인 나'의 해방의 기억은 이야기로써 전해지고, 그 이야기는 예수에 의해 체현되어, 복음적 치유의 기억에 관한 이야기와 융합되면서, 민중의 한의 정한적 역사(천국운동)를 형성한다."[38]

김명수 역시 이러한 관점을 보여주고 있는데, 기적은 밥상공동체의 실현을 통한 개별자의 마술적인 측면이 아니라, 초대교회의 정황에서 집합인

격적인 한풀이의 메타포인 것이다.

> "가정과 사회로부터 소외된 병자들을 그들이 속해 있는 곳으로 되돌려 보내는 것은 일종의 인권 회복이요 해방 운동이 아닐 수 없다. 하나님 나라 실천의 일환으로 시행된 예수의 기적 운동들은 이와 같이 개인적 차원의 구원을 넘어 사회적 해방의 차원을 지니고 있다."[39]

## 3. 외부의 자극이 꿈으로 나타나다: 무의식과 하나님 나라

〈잠깨기 직전 석류 근처 꿀벌의 비행이 불러일으킨 꿈〉이라는 비현실적인 그림의 중앙에 누워있는 벌거벗은 채 팔다리를 뻗고 누워있는 여인은 바로 '갈라'이다. 하늘에서는 석류에서 물고기가 생겨나고 물고기의 떡 벌어진 입에서는 호랑이가 뛰쳐나오고 그 호랑이 입에서 또 한 마리의 호랑이가 달려 나오는 다소 극적인 상황이 벌어진다. 그리고 호랑이는 평화롭게 자고 있는 갈라를 공격할 태세이다. 호랑이의 공격성은 다시 소총을 만들어내 표현하고 있다. 이 날카로운 소총은 여인을 찌르기 1초 전의 찰나에 있다. 결국 꿀벌의 비행이 일으킨 연속의 사건은 소총으로 마무리되어 갈라를 위협하고 있다. 그렇다면 달리에게 있어 가장 소중한 대상을 잃을 수도 있다는 불안감을 그림에 표현하고자 한 것이다.[40]

갈라가 위협받는 상황은 물론이고, 화면 상단의 부서질 듯이 얇은 다리의 육중한 코끼리가 오벨리스크를 등에 지고서 걸어 다니는 모습도 다소 위험하게 보인다. 꿈은 무의식 속에 존재하는 억압이 표출되는 과정이므로 달리의 정서적 불안감이 꿈에서 더욱 과장되어 나타났다.[41] 주목할 만한 것은 그림에서도 암시하듯이 달리가 꿈을 꾸며 받은 영감을 색과 형으로 재현했

〈잠깨기 직전 석류 근처 꿀벌의 비행이 불러일으킨 꿈
(Dream Caused by the Flight of a Bee Around
a Pomegranate a Second Before Awakening)〉 (1944)

다는 것이다. 하지만 이 꿈은 자신이 여인으로 등장한 꿈을 표현한 것일까. 갈라가 꾼 꿈을 그린 것일까. 꿈꾸는 갈라가 등장하는 꿈을 달리가 꾼 것인지 알 수 없다.

박재순은 예수 운동을 밥상공동체 운동으로 보고,[42] 요한복음에 나타난 '생명의 떡(밥)'이신 예수를 강조하며 이를 영적인 의미로만 이해해서는 안 되고, 민중과 더불어 나누고 먹은, 곧 배고픈 민중들과의 연대의 경험으로 보고자 했다. 이것은 하나님 나라를 잔치로 비유하는 것에서도 마찬가지이다. 그런 예수는 밥만 나누어 준 것이 아니라 십자가에 달려 죽으심으로 자신의 몸과 생명까지 인간들에게 나누어 주었다.

"예수는 오늘도 다른 곳에서 알려지는 게 아니라 음식을 함께 나누는 곳에서, 음식을 나눔으로써 삶을 나누고 사랑과 평화의 일치를 이루는 곳에서 알려진다. 소외된 굶주린 사람들과 밥을 나눔으로써 오늘날의 교회는 부활한 예수를 증거할 수 있다. 이 나라에서 물질 때문에 고통 받는 사람들에게 물질을 나누어 주고, 노동자·농민이 그 일한 대가를 충분히 받을 수 있도록 할 때, 교회는 부활한 예수를 만날 수 있고 알아볼 수 있다. 예수는 구체적인 우리의 삶 속에서, 서로 밥을 나누고 서로 아픔을 나누는 곳에서 우리와 함께 살아 있다."[43]

사실 공관복음서에의 예수는 개인의 심리 상태나 개인적인 특징을 찾아보기 힘들다. 예수는 언제나 하나님 나라(하나님의 뜻)와 민중과 관련되어 나타난다. 곧 하나님 나라와 민중의 고통스런 현실에 의해 움직이고 있는 것이다.

예수 시대에 사람들은 온갖 질병을 앓고 있으며 정신병자들이 많았다. 이를 사회 병리학적으로 따져 보면 당시 팔레스틴 민중들이 로마군과 헤롯 왕가와 사제 귀족들로부터 이중, 삼중의 압제를 당하고 있었다는 것을 잘 보여준다. 따라서 당시 민중봉기와 소요가 끊임없이 일어나고 있었다.[44] 예수 당시 팔레스틴, 특히 갈릴리의 농민들은 대부분 소작이 아니면 품삯군이었다. 구약성서의 히브리인들과 마찬가지로 이들은 '굶주림-밥(땅)-밥(땅)의 정의'가 가장 절실한 문제였다.[45]

이러한 예수의 주변에는 언제나 굶주린 민중, 병들어 아픈 민중이 있었다.[46] 나병 환자, 중풍병자, 앉은뱅이, 손이 오그라든 사람을 고치기 위해 예수는 안식일법도 정결법도 무시한다. 예수는 병들고 굶주리며 압제당하는 민중을 종교적으로나 정신적으로 위안하려고 하지 않았다. 예수는 질병, 굶주림, 압제로 인한 민중의 고통을 현실적인 고통으로 받아들이고 이 고통과 씨름했다. 곧 굶주린 자들에게 먹을 것을 주고, 병든 자들을 고쳐 주었으며, 압제당하는 자들에게 해방의 복음을 선포했던 것이다.

> "예수는 병들고 굶주리며 압제당하는 민중을 종교적으로나 정신적으로 위안하려고 하지 않았다. 예수는 질병, 굶주림, 압제로 인한 민중의 고통을 현실적인 고통으로 받아들이고 이 고통과 씨름했다. 굶주린 자들에게 먹을 것을 주고 병든 자들을 고쳐 주었으며, 압제당하는 자들에게 해방의 복음을 선포했다. 질병과 굶주림 그리고 압제는 가장 물질적이고 구체적인 고통이며, 예수는 이 고통을 하나님 나라와 직결시켰다."[47]

이렇게 본다면 예수를 하나의 종교적 인물이나 정신적 인격, 나아가 신비적 영성으로 이해하는 것은 이후의 그리스 사상적으로 철학화 된 것이다.[48] 물론 요한복음의 지평이 그러한 것을 가능하게 했지만, 공관복음서는 아니 특별히 히브리 사상의 견지에서 예수의 운동을 바라보면 결코 개인적 인격을 토대로 한 윤리적, 종교적 운동이 아니다. 오히려 병들고 굶주리고 억눌린 민중의 집단적 고통에 대응하는 집단적, 공동체적 운동인 것이다.[49]

장애인, 정신질환자 등 각종 질병을 앓는 자들에게 온전하고 충만한 삶을 가져다준 예수의 하나님 나라 운동은 생명 회복 운동이며, 굶주린 민중과 함께 나누어 먹으려 했던 이 운동은 밥을 나누어 먹는 밥상 공동체 운동이며, 압제받는 민중에게 섬김의 원칙을 선언한 이 운동은 서로 섬기는 운동이다. 예수의 하나님 나라 운동을 역사적이고 사회적인 운동으로 파악함으로써 하나님 나라를 미래적인 것으로만 보는 미래적 종말론이나 이미 실현이 완료된 것으로만 보는 현재적 종말론은 거부된다. 하나님 나라는 예수와 민중 사이에서 지금 실현되고 있는 것이다.[50] 달리에게 있어서 가장 소중한 대상이었던 갈라! 구원자인 신화적 여인상을 잃어버리지 않으려 무의식 속에서도 투쟁했듯이 이제 예수와 함께 다가오는 하나님 나라에 대한 무의식적 열망과 동시에 기적을 갈망하는 열망이 창조적인 힘으로 승화되어야 할 것이다.

## Ⅲ. 창조적인 힘, 무의식과 기적을 발현하라!

누구나 무의식에는 억압이 존재하지만 이를 인지하지 못한 채 살아간다. 프로이트는 무의식의 세계를 체계적이고 분석적으로 설명하여 정신분석학의 기틀을 마련했다. 그리고 달리는 꿈에서 나타난 무의식의 세계를 그림으로 표현해내어 언제나 우리 곁에 있었지만 우리가 알지 못하는 미지의 세계를 환상적으로 재현했다.

프로이트에 따르면 신경증은 과도한 억압 작용 때문에 자신의 무의식을 더 이상 통제할 수 없게 된 상태이다. 달리는 평생을 편집증에 시달려 살았다고 고백했고 과도한 망상에 빠져 지내기도 했다. 그러나 그의 망상은 단지 뛰어난 상상력에서 나온 것이 아니라 동시에 무의식을 의식의 세계로 펼쳐 놓은 것이다.

문지기가 엄격하다면 대기실인 무의식 속에 있는 움직임들이 살롱인 의식으로 나가려고 해도 나가지 못한다. 움직임들은 영원히 무의식에 갇히게 되는 것이다. 이때 문지기에 의해 거부된 움직임은 다시 무의식에 자리잡는데, 이것이 억압된 무의식에 해당한다. 그런데 달리의 의식체계에 존재하는 무의식이라는 대기실과 의식의 살롱의 경계에 위치했던 문지기는 아마 주인을 닮아 형식에 얽매이지 않는 대담하고 자유로운 영혼이었을 것이다.

따라서 그의 무의식 속에 잠재된 수많은 환상과 이미지들이 무의식의 경계를 넘어 의식의 표면으로 드러나 그림으로 나타난 것을 보면 기적이라는 메타포가 종교적 무의식을 잘 표현할 수 있음을 보여준다. 그리고 그 무의식은 밥상공동체 구현이라는 삶의 문제, 구체적인 민중의 문제가 깃들어 있다. 따라서 달리의 회화처럼 무의식의 이미지가 문지기를 거쳐 의식으로 넘어가 그림으로 정착하듯이 밥상공동체의 의식은 예수의 사랑으로 넘어가 기적으로 승화되는 것이다.

무의식은 어디로 튈지 모르는 기괴한 괴물과도 같지만 동시에 창조적인 힘의 원동력이 될 수도 있다. 달리는 무의식의 이미지를 독특하고 기발한 그림으로 옮겨놓았지만 무의식의 창조적인 힘은 예술뿐만 아니라, 종교, 특히 기독교 신학에도 영향을 미칠 것이다. 그것은 바로 기적이며 이제 포스트모던 시대에 기적을 무의식적으로 발현하라!

## 주석

1 김종근,『달리, 나는 세상의 배꼽』(서울: 평단아트, 2004), p. 71

2 프로이트 지그문트, 김양순 역,『정신분석 입문/꿈의 해석』(서울: 동서문화사, 1988), p. 280.

3 Ibid., p. 280.

4 Ibid., p. 280.

5 이창재,『프로이트와의 대화』(서울: 학지사, 2004), p. 121.

6 프로이트 지그문트, 이명성 역,『정신분석 입문』(서울: 홍신문화사, 2003) p. 132.

7 그림에는 'ma mere'(나의 어머니)라는 글귀가 여러 군데 적혀져 있다. 여기서 어머니는 달리의 친어머니일 수도 있고, 그의 아내 '갈라'라고 불리는 엘레나 디아코노바(Hlena Diakonova)일 수도 있다. 갈라는 달리의 연인이자 조언자이자 구원자로서 '신화적인 여인상'의 촉매제역할을 한 것으로 알려져 있어 달리의 예술에 큰 영향을 미쳤다.

8 영어로는 sign으로 번역되었는데, 표징(表徵)과 표적, 표, 이적, 징조 등으로 번역되기도 한다. 신약성서에 사용된 예를 살펴보면, "선생님이여 우리에게 '표적(表蹟)' 보여 주시기를 원하나이다"(마 12:38), "주의 임하심과 세상 끝에는 무슨 '징조'가 있사오리이까"(마 24:3), "거짓 그리스도들과 거짓 선지자들이 일어나서 '이적(異蹟)'과 기사(奇事)를 행하여"(막 13:22), "저가 할례의 '표(標)'(KJV. the sign)를 받은 것은 무할례시에 믿음으로 된 의를 인친 것이니"(롬 4:11) 요한복음에는 예수가 기적을 행할 때 자주 사용되었던 말이다(요 2:11, 4:54, 6:14, 20:30—31). 표징은 그 자체가 중요한 것이 아니라, 그 표징이 지시하는 것이 무엇인지를 알아야 한다. 김명수는 이를 불교의 지월(肢月, 달을 가리키는 부처의 손가락)로 보고 있다(김명수,『역사적 예수의 생애』, p. 192.).

9 기사(奇事, 마 24:24), 기적(살후 2:9)으로 나와 있으며 경이, 징조의 의미이다.

10 효험, 힘 있게, 이적적인 일꾼, 강력, 폭력, 전능한(놀라운)일, 능력, 힘이라는 뜻으로 여성명사이다. 용례를 살펴보면, "나라와 '권세'(權勢)와 영광이 아버지께 영원히 있사옵나이다 아멘"(마 6:13), "주의 이름으로 귀신을 쫓아내며 주의 이름으로 많은 '권능'(權能)을 행치 아니했나이까 하리니"(마 7:22), "고향으로 돌아가사 저희 회당에서 가르치시니 저희가 놀라 가로되 이 사람의 이 지혜와 이런 '능력'(能力)이 어디서 났느뇨"(마 13:54), "각각 그 '재능'(才能)대로 하나에게는 금 다섯 달란트를, 하나에게는 두 달란

트를, 하나에게는 한 달란트를 주고 떠났더니"(마 25:15), "예수께서 가라사대 금하지 말라 내 이름을 의탁하여 '능한 일'(KJV. a miracle)을 행하고 즉시로 나를 비방할 자가 없느니라"(막 9:39), "예수께서 이르시되 내가 그니라 인자가 '권능자'(權能者)의 우편에 앉은 것과 하늘 구름을 타고 오는 것을 너희가 보리라 하시니"(막 14:62), "하나님이 바울의 손으로 희한한 '능'(能)(개정: 능력(能力))을 행하게 하시니"(행 19:11), 예수께서 제자들을 파송하는 장면에서 예수는 제자들에게 이러한 능력, 곧 치유와 귀신 축출의 능력을 부여하기도 한다(눅 6:1).

11 θαυμαζω(기이하다)라는 동사에서 온 것으로 용례로는 "예수께서 가라사대 너희가 성경에 건축자들의 버린 돌이 모퉁이의 머릿돌이 되었나니 이것은 주로 말미암아 된 것이요 우리 눈에 '기이'(奇異)하도다 함을 읽어 본 일이 없느냐"(마 21:42), "그 사람이 대답하여 가로되 '이상'(異常)하다 이 사람이 내 눈을 뜨게 했으되 당신들이 그가 어디서 왔는지 알지 못하는도다"(요 9:30).

12 사도행전에 이 용어가 가장 많이 인용된다. 예수의 기적(행 2:19, 20), 사도들의 기적(행 2:43, 4:30, 5:12), 바울과 바나바의 기적(행 14:3, 15:2) 등.

13 불트만 역시 기적 사건 자체에 관심을 기울이지 않고 기적의 의미를 그리스도론의 관점에서 탐구했다. 이러한 기적에 관한 이해를 정리해보면, 데이빗 흄(D. Hume)과 로마 가톨릭 교회는 자연법을 깨치는 것, 혹은 자연법을 반대하는 것(violation of natural Law)을 말한다. 여기서 자연법이란 창조질서를 말하기 때문에 기적이란 창조질서를 파괴한 법, 혹은 창조질서를 파괴하는 것을 기적이라 말한다. 그러나 현대 과학자들은 기적을 하나의 무지라고 보고 있다. 곧 기적은 미신의 산물이라는 것이다. 이에 반해 어거스틴은 기적을 '더 높은 자연법'(higher natural law)라고 말하며 "기적은 모순이다"라고 표현한다. 이것은 자연과 모순된다는 것이 아니라, 우리에게 이해되어진 자연과 모순되어지는 것으로 기적은 우리가 생각하는 자연법보다 더 높은 차원의 다른 세계의 법인 것이다. 찰스 하지(C. Hodge)는 기적을 '초자연적인 법'(super natural law), 곧 하나님의 초월적인 힘이 우리 세계에 침투해 오는 것으로 보고 있다. 또한 개혁주의 신학자인 아브라함 카이퍼(A. Kuyper)와 헬만 바빙크(H. Bavinck), 존 칼빈(J. Kalvin) 등은 "기적은 하나님께서 자기 백성을 구원시켜 나가는 표적(sign)이다. 그리고 교회의 완전한 구속을 이행하는 표지"라고 한다. 이종윤, 『예수의 기적』(서울: 엠마오, 1994), pp. 9—11 참조.

14 ant 18, 63—64.; 요세푸스·김지찬 편, 『요세푸스』(서울: 생명의 말씀사, 1987), pp.

506—508 참조. 이하의 인용은 원전의 장절을 인용하도록 한다. 이 본문은 소위 Testimonium Flavianum(요세푸스의 증언)로 불리운다(이하 TestFlav로 약칭함). 비평적인 요세푸스 연구자들은, 이러한 단언적인 그리스도 증언은 요세푸스 자신의 필적이 담긴 것이 아니라는 의심을 하기 시작했으나, TestFlav의 진위성에 관한 현대의 요세푸스 연구의 동향은 대부분 "부분적 첨가설", 혹은 "부분적 변형설"을 지지하는 입장으로 정리할 수 있다. 이에 관하여는 박찬웅, 「요세푸스의 예수 보도의 진위(眞僞)문제」, 『현대와 신학』 제24집, 연세대학교 연합신학대학원, 1999 참조. 박찬웅은 앞의 논문 결론에서 다음과 같이 TestFlav의 진위를 정리한다. 1. 요세푸스 자신이 ant 18, 63—64에 예수에 대한 기록을 남겼다는 것을 부정하기 어렵다 2. 그러나 요세푸스가 작성했던 TestFlav의 원문은 오늘날의 본문과는 다소 차이가 있었을 것이다. 3. 그럼에도 불구하고 전체적으로 볼 때, 그리고 요세푸스의 예수단락 중요한 부분들은 원래적 형태가 많이 손상되지 않고 보존되었다고 볼 수 있다. 4. 가장 단순한 근거 곧 요세푸스가 기독교적 신앙고백을 공유한 자가 아니었다는 점을 토대로 우리는 현재의 TestFlav에 대한 원문 재구성 시도를 할 수 있고, 이를 통해 요세푸스에 나타난 예수상 역시 추정 가능할 것이다. 참고로 국역 『요세푸스』 1—2권은 유대고대사(원전은 총 20권, A.D. 93년 출판), 3권은 유대전쟁사(원전은 총 7권, A.D. 75년 출판), 4권은 자서전과 아피온 반박문과 부록으로 되어 있다. 여기는 다음과 같이 번역되어 있다. "한편 바로 이때 예수(Jesus)라는 지혜로운 사람—너무나 신기한 일(wonderful works)들을 많이 행했기 때문에 인간이라고 볼 수 있을는지는 모르겠으나 인간으로 보는 것이 합당하다면—이 있었다. 그는 사람들로 하여금 기쁜 마음으로 진리를 받아들일 수 있게 만드는 선생이었다. 그는 수많은 유대인뿐 아니라 이방인까지도 그의 곁으로 끌어들였다. 그가 바로 그리스도(the Christ)였다. 빌라도가 유대의 유력 인사들의 청에 의해 그를 십자가에 달려 죽게 했으나 그를 처음부터 사랑하던 자들은 그를 버리지 않았다. 왜냐하면 하나님의 선지자들이 그에 관해 예언한 대로 3일 만에 다시 살아나서 그들에게 나타났기 때문이었다. 하나님의 선지자들은 이뿐 아니라 그에 관해서 수많은 놀라운 일들을 예언했었다. 그의 이름을 본떠 그리스도인이라고 불리는 사람들은 오늘날까지도 남아 있다."

15 파라독사(παραδοξα)란 영광(δοξα)이 나란히 가고 있는 두 개의 철길처럼 그렇게 있는 것을 말한다. 우리말로는 모순으로 번역된다.

16 그러나 AD. 2세기에는 오리겐이 켈수스를 논박한 글에서는 나타나고 있다. Origen,

*Contra Celsum* 4, 80; 7, 54 (오리게네스, 임걸 역, 『켈수스를 논박함』(서울: 새물결, 2005) 그리고 이 말은 구약 외경(外經)에서 단 한 번 언급되는데, "항해하는 사람들이 바다에서 목격하는 하나님의 신기하고 놀라운 일들"(집회서 43:25)과 "물 가운데서 타오르는 불"을 가리키는 말로, 이 용어의 형용사적 용법을 사용하여 '놀라운 일'로 표현된다(지혜서 16:17 및 지혜서 5:2, 19:5, 유딧 13:13, 마카비 1서 9:24, 마카비 3서 6:33, 마카비 4서 2:14, 4:14 등 참조).

17 가령 G. Vermes는, 요세푸스가 예수를 이렇게 표현한 것은 긍정적인 평가가 아니라는 쪽으로 이해한다. 만일 예수가 신적인 기적을 행한 것으로 표현하고자 했다면 요세푸스가 일반적으로 사용하는 기적 용어인 σημειον이라는 그리스어를 사용했을 것이기 때문이라는 것이다. G. Vermes, "The Jesus Notice of Josephus Re—Examined", *JJS 38* (1987), p. 6, 8.

18 ant 2, 274, 276, 284, 327; 6, 91, 93.

19 ant 8, 347.

20 ant 10, 28, 29.

21 주로 사건을 가리키는 경우에 해당되는데, 바빌론의 느브갓네살에게 벌어진 이상한 사건(ant 10, 235)을 의미할 때.

22 ant 2, 91.

23 ant 2, 223, 267; 3, 38 등. 신약성서에는 παραδοξα를 눅 1:17ff에 예수가 중풍병자를 치유하는 장면에서 단 한번 나온다. 모인 사람들이 예수의 치유장면을 목격하고 "우리가 오늘 신기한 것(παραδοξα)을 보았다"(5:27)고 소리친다. 이 말은 예수의 추종자들이 아닌 외부인들의 입을 통해 예수의 기적이 보도되는 경우 παραδοξα로 표현한다는 것을 알 수 있다(박찬웅, 「예수의 기적수행: 누가—행전과 요세푸스의 요약 전승 비교」, 『현대와 신학』제26집, 연세대학교 연합신학대학원, 2001 참조).

24 박찬웅은 요세푸스의 보고서들 가운데서 특히 '요세푸스의 증언'(Testimonium Flavianum)을 원문재구성 기법 등을 동원하여 분석, 그가 증언한 예수의 모습을 가려내고자 했다. 박찬웅에 따르면 요세푸스는 예수를 한 사람의 평화로운 교사이자, 기적 수행가로 묘사하는 한편 예수의 대중적 인기와 추종자 집단의 활동을 강조하고 있다고 평가했다. 특히 요세푸스의 예수 묘사는 부정적이거나 엄격한 중립적 자세를 반영하기 보다는 오히려 우호적이라는 것이 그의 견해인데, 기독교 공동체 외부인의 관점에서 평가된 예수에 대한 묘사가 기독교 공동체의 특정한 전승들과 어떠한 연관성이 있

는지에 대한 논의는 역사적 예수상을 재구성하기 위한 하나의 중요한 기반이 될 수 있을 것이다. 박찬웅, 「요세푸스의 예수 보도의 진위(眞僞) 문제」, 『현대와 신학』 제24집 (서울: 연세대학교 연합신학대학원, 1999) 참조.

25 마가복음은 예수를 능력 있는 기적 행사자로 보고 있다. 666절 가운데 209절이 기적에 대해 언급하고 있으니 마가복음 31%가 기적설화인 셈이다.

26 복음서에는 모두 36개의 기적설화가 있는데, 그 가운데 치유설화가 26개로 가장 많고 자연기적이 10개를 차지한다. 오병이어의 기적, 혹은 물 위를 걸었다던가 무화과나무를 저주해서 죽게 한 기적 등이 자연기적에 해당된다(김명수는 31개로 보고 귀신 축출 전승이 6개, 병자 치유기적이 17개, 자연 기적을 8개로 보고 있다. 김명수, 『역사적 예수의 생애』, p. 193 참조). 반면 구약성서에는 모두 47개의 기적설화가 나타나는데 그중 치유기적은 5개이며 모세와 그 주변에서 일어난 기적설화는 21개인데, 그 가운데 치유기적은 단 하나도 없다. 이것은 예수와 비교하여 본다면 엄청난 차이라 할 수 있으며 기적이야말로 예수, 곧 역사적 예수를 이해하는 키워드가 되는 것이다. 따라서 기적설화를 전파한 초대교회의 '삶의 자리'가 무엇이었는지를 살펴보는 것이 기적을 이해하는 지름길이라 볼 수 있다. 문상희, 「복음서의 치유선교와 목회」, 『연세대연신원 목회자 하기 신학세미나 강의집』 Vol-No. 8., 1988, pp. 217-220 참조.

27 문상희, 「복음서의 치유선교와 목회」, pp. 225-226. 로마서 5장에서 바울이 예수와 아담의 유형적인 논리로 전개하고 있는 기독론은 바로 이러한 맥락이다. 제1 아담은 사탄의 유혹에 빠져 죄와 죽음을 이 세계에 가져왔으나, 제2 아담인 예수는 사탄의 유혹을 물리치고 사탄의 권능을 파괴하고 생명과 구원을 인류에게 가져왔다는 것이다. 또한 요한1서 3:8의 "하나님의 아들이 나타나심은 마귀의 일을 멸하려 함"이라는 것도 같은 맥락이다. 곧 귀신추방이나 이적행사는 단순히 무당이 귀신을 쫓고 이적을 행하는 것이 아니라 인류를 구원하려고 하는 하나님의 주권행사인 것이다.

28 김명수, 『역사적 예수의 생애』, p. 192.

29 Adolf von Harnack, *Mission and Expansion of Christianity in the First Five Centuries* (New York, 1961) 참조.

30 김명수, 『역사적 예수의 생애』, p. 204.

31 DK 편집부, 김숙 외 역, 『ART 세계미술의 역사』(서울: SIGONGART, 2009), p. 477.

32 Ibid.

33 Ibid., p. 477.

34 이창재, 『프로이트와의 대화』(서울: 학지사, 2004), p. 244.

35 오리게네스(헬라철학)와 어거스틴(라틴)은 기독교의 생동성을 그들의 시대적 지평에서 새롭게 해석, 초대 교회의 역동성을 감소시켰다. 루터는 비록 개인화시킨 오류가 있지만, 이러한 지평을 다시금 바울의 지평으로 돌려주었다.

36 미야모토 히사오, 「한과 십자가」, 『人文科學』제86집, 연세대학교 인문과학연구소, 2004. p. 12, p. 150.

37 기원전 6세기 바벨론의 포로로 잡혀갔던 이스라엘 민족은 타향에서 포로의 신세가 되어 그 원한의 목소리가 전국토를 가득 채웠다. 그 민중의 고뇌와 허무감과 귀향에 대한 집념의 실존을 한 몸에 떠안고, 바벨론 탈출(제2의 출애굽)을 예언하여 스스로가 희생되어 귀향 실현의 희망이 된 것은 다름 아닌 '주인 나'이다. 그는 경멸당하고 사람들에게 버림받아 많은 아픔을 짊어지고 병을 알고 있다. 그는 민중의 한을 스스로 짊어진다(미야모토 히사오, 「한과 십자가」, p. 151).

38 미야모토 히사오, 「한과 십자가」, pp. 151-152.

39 김명수, 『역사적 예수의 생애』, pp. 204-205.

40 갈라는 대지 위에 누워있고 몽환적인 분위기를 내는 사물들이 주변에 배치하고 있다. 이러한 공간은 꿈의 공간을 그린 것이다. 석류는 물고기, 호랑이, 다시 소총으로 변화한다. 여인 옆에 잠을 깨우는 꿀벌과 석류가 있다. 달리는 현실의 자극인 꿀벌이 꿈에서는 소총으로 나타나는 환유법을 통해 표현했다.

41 육중한 코끼리와 오벨리스크는 무의식체계를 상징한 것으로도 볼 수 있다. 오벨리스크가 의식이라면 코끼리는 전의식, 곤충의 것과 같은 얇은 다리는 무의식인 셈이다. 무의식은 쉽게 부서질 듯하지만 매우 큰 자리를 차지하고 있고, 드러난 오벨리스크는 의식체계에서 극히 일부분에 해당한다. 또 전의식인 코끼리는 의식인 오벨리스크를 등에 지고 있다. 이는 전의식과 의식의 상관관계라 할 수 있다.

42 박재순, 『예수운동과 밥상공동체』(서울: 천지, 1988). 일본의 다께나와 마사오는 김지하의 시 '밥은 하늘입니다'의 영향을 받아 다른 모든 사람들과 더불어 밥을 나누어 먹지 않는다면 평화를 누릴 수 없음을 역설한다. 이를 위해 평화(和)를 禾(벼, 쌀, 밥)와 입을 뜻하는 口의 결합으로 해석하며 평화는 곡식의 공평한 분배나 정의를 말한다고 주장한다. 다께나와 마사오, 김기석 역, 『하느님은 밥이시다』(서울: 다산글방, 1991), p. 30.

43 박재순, 『예수운동과 밥상공동체』, p. 75.

44 안병무, 「마가복음에서 본 역사의 주체」, NCC신학 연구위원회 편, 『민중과 한국신학』

(천안: 한국신학연구소, 1982), p. 163.

45 박재순, 『예수운동과 밥상공동체』, p. 244.

46 안병무, 「마가복음에서 본 역사의 주체」, p. 181.

47 박재순, 『예수운동과 밥상공동체』, p. 246.

48 특히 기독교 신비주의 전통은 이러한 이해의 절정이다. 가령 신비주의 인식론은 우리가 합리적으로 이해할 수 없는 방식으로 그 사물에 동참함으로써, 즉 스스로가 그 사물이 '됨'으로써 '인식'할 수 있다는 것은 인식을 그대로 존재로 받아들이는 것이다. 이것은 인도에서나 플로티누스에서나 동일하며 괴테나 근대인들에게 있어서도 동일하다. 우리의 정신적 삶이 분석이 아니라 직관, 직접적인 파악과 감동, 감정이입과 동참, 곧 객체와 하나됨에 근거하는 한 이 모든 정신적 삶이 궁극적으로는 이와 같은 사고방식으로부터 출발한다. 게라르두스 반 델 레에우 · 손봉호, 길희성 역, 『종교현상학 입문』(왜관: 분도출판사, 1995), pp. 240–241 참조. 이러한 관점에서 보면 예수의 기적과 불타의 기적은 다르다. 불타는 마술적인 기적을 배척했고 다만 법의 기적(das Wunder der Lehre), 곧 정신적인 것만을 인정했으나 예수는 카리스마를 가진 이로 예수의 구원의 권능 자체는 침입하는 종말의 기적을 구성하는 불가결한 요소였다. 구스타프 멘슁, 변선환 역, 『佛陀와 그리스도』(서울: 종로서적, 1987), p. 82 참조.

49 히브리 종교, 또는 구약성서의 사상은 억압받고 수탈당하는 계층의 사상이다. '히브리'라는 말 차체가 민족 개념이 아니라, 하층민을 나타내는 사회적 개념인 것은 바로 그 사상의 방향을 정해주는 것이다. 그러나 그리스 사상은 노예와 노예들의 노동에 의존하는 사람들의 사상이다(박재순, p. 232). 초대 기독교가 그리스 철학과 만나 형이상학적이고 우주론적 개념들로 탈색되기 시작함으로 그 순수성을 잃어버렸다면 이제 다시금 구약성서의 히브리 사상의 핵심으로 돌아가, 아니 예수운동의 핵심으로 돌아가 형이상학과 우주론적인 개념들을 버려야 할 것이다. 박재순과 보만의 책을 중심으로 두 사상의 비교를 표로 만들어 보자. 토를라이프 보만, 허혁 역, 『히브리적 思惟와 그리스적 思惟의 比較』(왜관: 분도출판사, 1975) 참조.

50 안병무, 「民衆과 敎會」, 『神學思想』 53, (천안: 한국신학연구소, 1986), p. 414 참조.

# Chapter 5.

# 세잔과 성령, 하나 되게 하는 힘: 몰트만의 성령론을 중심으로

## Ⅰ. 예술의 종말과 성령론 논쟁

많은 사람들이 마르셀 뒤상(M. Duchamp)의 〈샘〉과 앤디 워홀((A. Warhol)의 〈브릴로 박스〉를 보고 미술의 종말, 즉 '예술의 종말'이 다가왔다고 생각했다. 비위생적인 화장실의 이미지를 떠올리게 하는 남자용 소변기를 전시한 미술작품, 그리고 슈퍼마켓에서 빈 상자를 몇 개 주워 그 박스와 똑같은 수백 개의 나무상자를 만들어 상표를 붙여 전시한 미술작품, 과연 이러한 작품들을 예술다운 예술로써 파악해야 한단 말인가? 앤디 워홀의 〈브릴로 박스〉를 보고 미술평론가 아서 단토(A. C. Danto)는 이렇게 말한다. "왜 상점에 있는 브릴로 박스는 예술이라는 이름이 붙지 않고, 워홀이 만든 브릴로 박스는 예술이라고 불리는가?"[1]

하지만 단토가 말하는 종말은 진정 끝을 의미하는 것이 아니며 서양 역사에 있어서 미술이라는 개념이 출현하여 모더니즘 시대까지를 거대한 하나의 내러티브(Narrative)로 보고, 그것이 끝난 현대는 다양화되고 색다른 가치를 요구함으로써 새로운 예술이 나타난다는 의미이다. 따라서 단토는 한 강연회에서 다음과 같이 낙관적인 예술의 종말을 이야기한다.

> "역사가 종결되었다고 말하는 것은 특정 예술작품들을 밖으로 내모는 역사의 경계가 더 이상 존재하지 않는다고 말하는 것과 같다. 이제는 모든 것이 가능하고 어떠한 것도 미술이 될 수 있다."[2]

20세기에 들어와 예술의 종말을 언급한 단토 이전에, 헤겔(G. W. F. Hegel) 또한 예술의 종언을 예견했다. "헤겔의 예언대로 이념과 물질이 행복한 조화를 이루고 있던 고전적 예술은 수명을 다하고 일찍이 보지 못했던 전혀 새로운 예술의 시대가 시작되었다."[3] 그리고 그 예술의 시작을 연 인물이 바로 현대예술의 시작점에 있는 폴 세잔(P. Cezanne, 1839~1906)이다.

그렇다면 예술의 종말은 진정한 종말이 아니며 새로운 시작을 여는 종말일 것이다. 사실 언제까지나 그 세대의 주된 사상적 흐름은 영원할 수 없으며 파괴, 종말의 상황까지 이른 후에 더 위대한 사상이 나오기 마련이다. 예술작품 또한 현대미술에 이르기까지 창조와 종말을 반복하며 발전해왔다. 그리고 고전예술에서 현대예술을 연 현대예술의 아버지 세잔이야말로 새로운 창조가 무엇인지 보여준 화가이다.

예술에 관해서만큼은 누구보다도 참을성이 많았던 세잔은 단 한차례밖에 당선되지 않았음에도 22년 동안 거의 매해 〈살롱〉에 작품을 출품했다고 한다. 1870년 여느 해와 다름없이 〈살롱〉에 출품하기 위해 온 세잔은 이렇게 말한다.

> "나는 내가 본 것을 느낌 그대로 그립니다. 나는 강한 감성을 가지고 있지요. 그들 역시 나처럼 보고 느끼고 있습니다. 하지만 그들은 감행하질 못하고 있어요. 전 그림만 그립니다. 나요, 난 감행합니다.

나는 내 소신대로 할 용기를 가지고 있지요. 비웃는 사람들은 웃으라 고 하십시오. 그들의 웃음은 마지막 웃음이 될 것입니다."[4]

그렇다, 그가 옳았다. 그들의 웃음은 마지막 웃음이었으며 현대 미술사 속에서는 세잔만이 웃고 있다. 왜냐하면 인간의 삶이란 종말의 연속이고, 새로움이란 이전 것의 차이의 반복이기 때문이다. 그는 예술의 종말에서 새로운 시작을 열었던 것이다.

## II. 근원에서 하나인 '하늘-땅-인간'

성령론 만큼 논쟁이 많았던 조직신학 이론은 없었다. 하나의 이론이 정립되자, 다시 새로운 이론이 등장하고, 고전적 이론은 새로운 시대의 이론으로 대치된다. 물론 그 근본적인 틀에 있어서는 변함없이 '성령론은 삶론'이라는 구호는 유지된다.

성령론 논쟁의 핵심은 필리오케(Filioque, 그리고 아들로부터) 논쟁이다. 기독교는 니케아-콘스탄티노플 신앙고백에서 성령이 '아버지로부터 나온다'(qui ex Patre procedit)고 고백한다. 그러나 서방 신학자들은 '아버지로부터'(ex Patre) 다음에 '그리고 아들로부터'를 첨가시킨다. 그러나 동방신학자들의 입장에서 어떤 존재가 두 가지 근원에서 나온다는 것은 불가능하다. 즉, 성령은 오직 하나의 근원, 곧 오직 '아버지로부터' 온다.[5]

반면 서방신학자들은 성령의 출처에 있어 아들의 존재가 제외되는 것은 잘못된 것이다. 세 신적 인격들이 언제나 하나로 결합되어 있다면 성령의 출처에 있어서도 아들의 존재가 연관되어야 하는 것이다. 따라서 성령은

'아버지와 그리고 아들로부터 나온다'(qui ex Patre Filipque procedit)고 한다. 칼 바르트(K. Barth)는 별도의 장으로 성령론을 쓰지 않았지만, 삼위일체론(K.D.Ⅰ-1, 이하 영역)에서 성령을 다루면서 자신의 삼위일체론에서 필리오제를 포기하지 않는다.[6] 삼위일체론적인 교의학의 부흥인 그의 교의학에서 바르트는 삼위일체론의 뿌리를 하나님의 계시에 두고 있다. 곧 계시는 삼위일체론의 근거요 삼위일체론은 계시의 해석인 것이다.

"계시가 없다면 인간은 주님이 계시는 것과 그가 주님을 모시고 있다는 것과 하나님이 이 주님이라고 하는 것을 알지 못한다. … 그러므로 성서에 의해서 증언된 계시 자체를 우리는 삼위일체론의 뿌리라고 부른다(K. D.Ⅰ-1, 306f)."

따라서 바르트는 삼위일체의 계시의 순서를 다음과 같이 제시한다(K.D.Ⅰ-1, 332). 여기서 성자, 성부, 성령의 순서는 바르트의 그리스도 중심주의를 나타내는 것이다(고후 13:13의 순서가 성자, 성부, 성령이다).

| | | | | |
|---|---|---|---|---|
| 계 시 | → | 계 시 자 | → | 계 시 됨 |
| 계시하심 | → | 숨 기 심 | → | 나누어줌 |
| 형상(form) | → | 자 유 | → | 역 사 성 |
| 부 활 절 | → | 성금요일 | → | 오 순 절 |
| 성 자 | → | 성 부 | → | 성 령 |

여기서 성령의 지위와 위치는 무엇인가? 바르트는 다음과 같이 말한다.

"비록 성부와 성자가 (그 개념의 현대적인 의미에서) '인격'으로 불릴 수 있다 하더라도 성령은 제3의 '인격'(Person)으로 간주될 수 없을 것이다. … 그는 다른 둘과 나란히 세 번째 영적 주체(subject), 세 번째 나(I), 세 번째 주님(Lord)이 아니다(K. D.I-1, 469)."

반면, 성령은 성부와 성자의 함께함, 혹은 교통으로 간주된다. 곧, 성령은 성부 하나님의 존재양식과 성자 하나님의 존재양식 안에 있는 공통적 요소이며(K. D.I-1, 469), '성부와 성자의 친교, 교통의 행위(K. D.I-1, 470)' 인 것이다.[7]

몰트만(J. Moltmann) 역시 성령은 아들의 아버지로부터 나오며, 아버지와 아들로부터 행태(Gestalt)를 얻는다고 말하며 다음과 같이 말한다.

"그러므로 아버지로부터 성령의 나옴은 영원히 아버지를 통한 아들의 출생을 전제한다. (…) 성령의 존재는 아버지는 물론 아들의 현존을 전제한다. 성령은 아버지로부터 나오며, 아들은 오직 아들의 아버지이기 때문이다. (…) (아버지 하나님이 성령을 내쉴 때) 성령은 아버지의 아들로부터 나온다. (아버지로부터 성령이 나올 때) 1. 아들의 출생과, 2. 아들의 실존과, 3. 아버지와 아들 서로 간의 관계들이 전제된다. 아들은 아버지로부터 성령의 나옴에 대한 논리적 전제이며 사실적 조건이다."[8]

반면 레오나르도 보프(L. Boff)는 아버지가 아들을 '낳는다', 성령을 '내쉰다'라고 하는 표현은 고대의 인과론적 형이상학적 사고에 기초한다고 말하며 다음과 같이 말한다.

"모든 세 신적 위격들은 함께 영원하며…, 똑같이 능력 있고 무한

하다. 그들 안에 있는 모든 것이 동시적이다. 아무 것도 더 크거나 더 높지 않으며, 덜하거나 더 낮지 않으며, 앞서거나 뒤서지 않는다. … 교회의 이러한 공적 선언을 연구할 때, 우리는 신학의 전통적 표현들을 유비적이며 서술적인 것으로 이해하지 않을 수 없다.… 세 신적 위격들은 근원에 있어 동시적이며 교통과 상호침투 속에서 영원히 함께 존재한다. 인격적 특징들에 있어 각 위격은 다른 위격들로부터 구별되며, 그들과의 영원한 교통 속에서 그 위격에 의해 확립된 교통 속에 있다."[9]

예술의 종말은 성령론 논쟁의 예술적 재현이다. 그리고 세잔의 회화는 성령론을 신학적으로 풀어낼 수 있는 회화적 재현이 된다. 왜냐하면 성령론이야말로 (신학의 영향력에 있어서) 조직신학의 폭탄이며 또 그러한 의미에서 종말을 선취하기 때문이다.

## 1. 새로운 방식으로 정립된 회화, 새로운 삶의 가능성인 힘

"나는 사과 한 개로 파리를 놀라게 하고 싶다."[10]

〈사과 바구니가 있는 정물〉 (1890~1894)

1863년 〈살롱〉에 낙선한 화가들을 위한 〈낙선자 박람회〉에서 에두아르 마네(E. Manet)는 실제 인물들의 누드화를 〈일광욕〉이라는 작품명을 통해 출품했다. 여신이나 역사 속 인물들의 누드화만 접해왔던 당시 사람들은 마네의 작품을 저속하다 평가했으며 그의 작품을 놀리며 붙였던 〈풀밭 위의 점심〉이 작품명으로 굳어지게 되었다. 1866년 세잔은 마네의 〈풀밭 위의 점심〉을 보고 "색조는 아주 잘 표현했어, 하지만 그의 작품은 통일성이 부족하고 격렬한 개성 또한 부족해."[11]라고 말한다.

당시 사람들이 마네 작품의 '주제'에 대해 비판했지만 세잔은 달랐다. 인상주의 방식으로 그려진 마네의 그림이 색이 풍요롭긴 하나 평면적으로 보이며 깊이감이 없다고 생각한 것이다.[12] 따라서 세잔은 인상주의의 밝은 색을 유지하면서 화면의 깊이까지도 얻을 수 있는 기법을 찾고자 했으며 색의 아름다움과 화면의 깊이까지도 얻은 작품을 출품하게 된다. 바로 〈사과 바구니가 있는 정물〉이 그러하다.

이 작품을 보면 부분마다 시점이 각각 다르다. 원근법이 소실됨에 따라 그림의 부분마다 각각 시점이 다르게 표현되고 있다(이를 '다중 시점'이라 하자). 그림이라는 한 폭의 체계 속에서 각 부분마다 다른 시점을 표현하기에 그림이 이상하게 느껴진다. 즉, 세잔은 완벽한 균형감과 안정성을 그려내기보다는 화가의 눈에 인식되는 상태로 사물을 그려냄과 동시에 색채를 통해 개개의 사물을 뚜렷하게 살아나게끔 해주면서 전체로 녹아드는 듯한 느낌을 연출했던 것이다. 따라서 전체적으로 그림을 살펴볼 때는 사진을 찍어놓은 것과 같은 정확성이 느껴지지 않고 애매모호함이 느껴진다. 그렇다면 우리의 지각은 도대체 무엇인가?

> "모든 지식은 지각에 의해 열린 지평에 자리 잡는다. 지각 자체를 세계에서 일어나는 사실들의 하나로서 기술하는 데는 의문의 여지가

있을 수 없다. 왜냐하면 우리는 세계를 그리는 데 있어 우리 자신인 그러한 빈틈, 세계가 어떤 사람에 대하여 존재하게 되는 그러한 빈틈을 지울 수 없기 때문이다.…(중략) 지각의 사건을 기술하고자 암묵적으로 자리 잡고 있었던 세계 밖의 장소가 이제는 이름을 얻고 기술에서 역할을 맡는다. 그것이 바로 선험적 자아이다."[13]

메를로 퐁티(M. Merleau-Ponty)는 지각을 모든 형태의 앎의 근원이자 귀착지로 믿었으며 '지각'의 문제를 탐구한다.

"보는 것 또는 듣는 것이 인상을 사고로 둘러싸기 위해 인상에서 분리되는 것이 되고, 인식하기 위해 존재하는 것을 멈추는 것이 된다면, 내가 나의 눈으로 본다거나 나의 귀로 듣는다고 말하는 것은 불합리하다. 왜냐하면 나의 눈, 나의 귀는 여전히 세계의 존재들이기 때문이고, 바로 그 점 때문에 그것은 자신이 보일 또는 들릴 주관성의 영역을 자신 앞에서 처리할 수 없기 때문이다."[14]

다시 말해서, 우리는 육체라는 한계 속에서만 세상을 인지할 수 있기 때문에 우리는 세상을 완벽히 중립적으로 인지할 수 없다. 두 눈과 두 귀, 그리고 입, 코, 피부를 통해서만 바깥세상을 인지할 수 있으며 우리가 세상에 대해서 갖는 지식이나 편견은 모두 육체에서 근원한다는 것이다. 예를 들어 내가 어떠한 사물을 봤을 때는 내 눈 속에 빛이 투과될 것이며 나의 대뇌 속에서는 그 사물과 연관된 것, 나만의 경험 및 기억을 떠올릴 것이고 사물을 보는 바로 그 순간에 느끼는 다양한 감각들이 함께 어우러져 나만의 주관성(subjectivity)을 갖게 된다.

"대상은 멀리 떨어져 있을 수 있고 그래서 결국 나의 시각으로부터 사라질 수 있는 한에서 대상이다. 대상의 현존은 가능한 부재가 으레 따르기 마련인 그런 종류의 것이다. 그런데 고유한 신체의 영속성은 전적으로 다른 종류의 것이다. 그것은 무한한 설명의 끝에 있지 않고, 설명을 거부하며 동일한 시각 아래에서 언제나 나에게 자신을 제시한다. 그런 영속성은 세계 속의 영속성이 아니라 내 쪽에서의 영속성이다."[15]

이처럼 그는 고유한 신체의 영속성을 믿으며 데카르트와 다른 길을 걷게 된다. 데카르트는 '나의 의식이 있고 사유하기 때문에 내가 존재한다.'라고 믿었던 반면, 퐁티는 내가 세계를 지각함과 동시에 세계라고 하는 범위 내에서 내가 지각되는 것은 나와 세계의 상호 지향적으로 얽혀있는 체험된 몸으로서 인식되는 것이다. 곧 메를로 퐁티는 우리가 세계를 지각할 때 그 세계를 객관적으로 독립해서 존재하는 실재로 지각하는 것은 아니라고 한다.

"몸은 어떤 의도 하에 서로 연결되어 움직이면서 단번에 세계를 하나로 구조화하고, 세계 속에 고유한 방식으로 존재하는 특징을 가진다."[16]

결국 '몸'은 인지를 하기 위한 필수조건이다. 데카르트 말처럼 마음이 육체를 조종하는 것이 아니라, 육체가 있기에 마음이 생긴다. 마치 얼굴이 있어야 웃을 수 있는 것처럼…

따라서 퐁티는 『지각의 현상학』이라는 책을 통해 '신체·지각'을 중심으로 주체와 객체를 살피고자 했다. 또한 그는 현상학적 기술(記述)을 실존주의적 입장으로 써 내려갔다.[17] 여기서 퐁티는 자신이 말하는 반성 이전의 지각 세계가 세잔이 추구한 예술세계와 같다고 인식함에 따라 세잔의 작품에 관심을 갖게 된다. 대상과 사물이, 나아가 회화가 새로운 방식으로 정립되는 것이다.

성령론 역시 마찬가지이다. 인간의 신체, 지각을 벗어난 애매모호함이 아니라, 삶의 다층적인 시선과 다중적 관점이 취합되는 역사의 역사성, 삶의 새로운 가능성, 역사가 삶에 사랑과 힘을 기입하는 맥락에서 이해되어야 할 것이다.

전통적인 신학 유산을 비판적으로 재수용하면서 공동체적이고 사회적인 차원, 생태계와 우주적인 차원에 대한 시각에서 성령론을 제시하고 있는 위르겐 몰트만의 성령론은 '사회적 삼위일체론'에 근거하고 있다.[18] 따라서 형이상학적이고 추상적인 사변에 근거하지 않고, 구속사 속에서 스스로를 계시하시는 삼위일체 하나님과 세계의 경륜적 관점(Trinitas oeconomica)에서 성령론을 이야기 한다. 그리고 그 경륜적 관점의 핵심은 십자가 사건이다. 곧 몰트만은 십자가 사건에서 삼위일체를 읽어낸 것이다.

> "아버지와 아들 사이에 일어난 사건으로부터 생성되는 것은 아버지와 아들의 희생의 영이라고 이해할 수밖에 없다. 이것은 아버지의 아픔과 아들의 죽음으로부터 생성되며, 버림받은 인간들에게 와서 새로운 삶의 가능성과 힘을 그들에게 선사하는 절대적이며 무제한적인 사랑이다."[19]

곧, 성령은 십자가에서 사랑하는 아들을 못 박히도록 버리며 고통하시는 하나님과, 십자가에서 고통 중에 버림받는 아들 사이에서 나와서 사람에게 새로운 삶의 가능성과 힘을 주는 사랑이라는 것이다. 이러한 측면에서 세잔의 사과는 새로운 방식으로 정립된 회화이고, 몰트만의 사회적 삼위일체는 성령론에 새로운 삶의 가능성을 부여해준다.

## 2. 리얼리즘에서 벗어나 형태, 색조 그리고 자연으로: 몰트만 성령론의 의미 확장

〈대수욕도〉 (1898)

자연은 구형·원통형·원추형에서 비롯된다고 생각했던 세잔은 1880년대 후반에 자연을 단순화된 기본적인 형체로 집약하여 화면에 새로 구축해 나갔다. 그리고 이러한 기법을 사용한 세잔의 작품이 바로 〈대수욕도〉이다. 이 그림에서 가장 먼저 눈에 띄는 것은 전체적인 구도이다. 그리고 세잔의 다른 작품에서는 볼 수 없었던 뭔가 기묘하고 환상적인 분위기를 품고 있다. 전체적으로 삼각형으로 균형 잡힌 구도 속에서 느끼는 환상감이다.

앞서 살펴봤던 〈사과 바구니가 있는 정물〉의 다양한 색채를 사용한 것과는 달리 〈대수욕도〉에서는 연한 파란색, 초록빛, 그리고 밝은 황색으로 색을 제한하고 있다. 마치 여인들과 땅, 강과 하늘, 나무와 여인들이 하나가 될 것 같은 모습을 보여준다. 이는 시각적으로 겹쳐지는 효과를 만들면서 연속적인 매개물들로써 인식된다. 배경에서 나무줄기들은 여인들을 둘러싸며 삼각형의 구도로 여인들의 모습을 정적으로만 한정시키지 않고 동적인 느낌을 준다. 색채를 통해 인물들의 운동성을 표현해줄 뿐만이 아니라, 사물들이 하나로 용해되는 모습을 보여준다.[20]

〈대수욕도〉는 각각의 붓 터치에 어느 정도의 자율성을 부과함으로써 인접한 형태를 하나로 통합하는 '파사주' 기법(passage, 단편화된 형태들을 통일된 화면으로 구성하는 입체파의 기법)이 담겨 있는 작품이다. 이 기법은 세잔의 또 다른 작품 〈샤토 누아르의 대지〉에서 확실히 보이는데, 〈대수욕도〉에서 파사주 기법을 담아내기 시작하여 〈샤토 누아르의 대지〉에서는 완성했다고 볼 수 있다.[21]

화가는 세계에 대한 자신의 견해를 말과 글로 표현하는 것이 아니라, 자신의 시·지각을 몸짓으로 만들고 그것을 그림으로 사유한다. 곧, 화가는 말을 하지 않아도 그림만으로 우리에게 충분히 사유하는 바를 전달해준다. 이러한 리얼리즘에서 벗어난 형태, 색조 그리고 자연을 통해 세잔은 우리들에게 새로운 사유를 던져 주는 것이다.[22]

몰트만의 성령론 역시 그러하다. 몰트만의 성령은 단지 개인에게만 작용하는 영이 아니라, 근본적으로 교회와 공동체에 역사하는 영으로, 더 나아가 '하나님의 선교'(Missio Dei)의 관점에서 다원주의적 관점으로도 진행된다. 곧 성령이 단지 기독교 신자 개인을 의롭게 하고 중생케 하는 영이 아니라, 사회 전체를 의롭게 하고 중생케 하는 영인 것이다.[23]

몰트만은 권리 없는 사람들에게 권리를 가져오며 불의한 사람들은 회개하도록 하고, 희생자들을 위하여 권리를 세우시는 하나님의 의로써 성령을 파악하기에 해방신학자들과 조금 다르기는 하지만, 본질적으로 성령을 '자유의 영', '해방의 영'으로 보고 있다. 그는 다음과 같이 말한다.

"하나님은 해방자이다. 제1계명에서 그는 역사적 독재자 파라오의 폭력으로부터 해방자이고, 신약성서에서 그는 역사의 독재 끝 곧 죽음으로부터의 해방자이다. 전자에서 그는 우유와 꿀이 흐르는 땅을 위한 해방자이고 후자에서 그는 죽음이 더 이상 있지 않는 영원한 생명을 향한 사람들의 새 창조를 위한 해방자이다. 전자에서 하나님 경험은 엑소더스 경험과 결합되어 있고 후자에서는 부활의 경험과 결합되어 있다. 두 가지 경우에 있어서 하나님을 믿는다는 것은 억압과 체념으로부터 일어나서 자기의 자유를 쟁취하며 사는 것을 뜻할 뿐이다. 그리스도의 백성은 성찬식을 거행할 때마다 죽음을 향한 그리스도의 길과 죽음으로부터 그의 부활을 회상하며 성찬식에서 현재화되는 그리스도의 미래 속에서 그 자신의 측량할 수 없는 자유를 체험한다. 주님의 성령이 있는 곳에는 자유가 있다(고후 3:17)."[24]

그리고 이러한 성령의 사역으로서 해방은 사회정치적인 영역뿐 아니라, 종말론적인 차원으로 확장된다.[25] 몰트만은 성령론을 미래와 현재를 중재하는 원리로 도입함으로 미래에 초월해 계신 하나님은 성령 안에서 현재에도 내재함을 강조한다. 곧, 바르트의 초월주의 경향에 대응하여 하나님과 피조물 사이의 상호 내재를 강조하는 동시에 초월적 하나님의 죽음을 외친 사신 신학의 내재주의에 대항해서 하나님의 초월성에 대한 창조적인 접근을 할 수 있게 되었다.

세잔이 단순한 리얼리즘 미학에서 벗어나 새로운 형태, 색조를 통해 자연으로 돌아간 것처럼 몰트만의 성령론은 인간을 넘어 우주적 영역까지 이르는 성령론으로 그 의미를 확장한 것이다.

## 3. 고전과 인상의 결합, 하나 되게 하는 힘

〈생 빅투아르 산〉 (1904~1906)

〈생 빅투아르 산〉은 세잔이 즐겨 그린 산이었으며 그가 가장 사랑했던 산이었다. 처음 〈생 빅투아르 산〉을 접하면 단순한 풍경화처럼 느낄 것이다. 충격적이고 자극적인 그림에 친숙하며 강한 인상을 느끼기를 즐기는 현대인들에게 세잔의 그림은 단조롭고 지루하기 그지없을 것이다. 하지만 〈생 빅투아르 산〉은 세잔이 담고자 했던 예술의 기법이 완벽하게 짜 맞춰져 있다. 존 톰슨은 이렇게 말한다.

> "〈생 빅투아르 산〉은 수평선이 캔버스의 위쪽에서 약 1/3로 분할된다. 산의 위쪽으로는 하늘을 향해 솟아있고, 골짜기는 그 아래쪽으로 펼쳐진다. 또한 세잔은 수평 구조를 강조하는 전통적인 풍경화 접근방식을 버리고 시각의 축을 수직으로 변화시켰다."[26]

따라서 이러한 혼란스러운 단편들을 통해 건축적 구성으로 대상을 제시한 세잔의 방법은 후에 분석적 해체주의를 보여준 피카소와 풍부한 색채와 빛나는 표현을 나타낸 마티스 등의 화가들에게 영향을 끼치게 된다. 물론 철학자들에게도. 메를로 퐁티는 이렇게 말한다. "세잔은 '세계의 순간'을 그리고자 했다. 그리고 그 순간은 오래전에 지나갔다. 그러나 세잔의 캔버스는 지금도 우리에게 이 순간을 쏟아낸다."[27]

세잔이 사유, 원근법, 과학에 근거하여 회화 방식을 추구한 것이 아니라 원초적인 세계의 순간, 퐁티식으로 말하자면 반성 이전의 세계, 즉 원초적 지각 세계를 그리고자 했기 때문에 둘은 미술과 철학이라는 상이한 분야에 있었으면서도 서로 맞닿게 된다. 만약 세잔이 치우친 고전주의 또는 인상주의를 추구했다면, 혹은 퐁티가 지각보다 사유, 관념을 우선시했다면 이 둘이 공유할 점도 없었을 것이다.

> "퐁티는 주관과 객관, 신체와 정신의 대립을 극복하기 위해, 이런 대립이 생기기 이전의 지각의 세계로 돌아간다. 그럼으로써 그는 주관과 객관, 신체와 정신, 감각과 사유의 이분법을 무너뜨리고자 했다. 이 모든 것은 그의 철학 속에선 구별되지 않고 하나로 융합되어 있다."[28]

이분법을 통해 자신들의 사상적 이론을 펼쳐나간 퐁티 이전의 당시 서양 철학의 흐름 속에서, 구별되지 않는 하나로 융합한다는 것 자체는 다소 무리가 따르는 행위였다. 따라서 그의 철학을 '애매성의 철학'(Philosophy of ambiguity)이라고 부르기도 한다.[29]

이렇게 이분법이 아닌 하나의 융합된 체계로 만들려고 한 퐁티의 철학은 세잔의 고전주의와 인상주의의 결합과도 매우 닮아있다. '사유'의 그림이며 고전주의의 투시 원근법은 논리적 '판단'의 산물이지만 '보는' 그림이며 인상주의의 빛의 효과는 '감각'의 산물[30]이라는 점에서 고전주의와 인상주의의 결합 또한 매우 무모한 도전이었다.

앞서 언급한 바, 세잔은 자신이 지각한 사물을 사진을 찍은 것처럼 정확하고 안정성 있는 그림을 그리려고 하지 않았다. 단지 단편적으로 지각되는 사물들의 혼란스러운 상태는 인정하며 이 사물들을 전체 구도 속에서 재조립하는 방식으로 질서정연한 전체 구도를 보여주고자 했다.

이와 같이 세잔이 생각한 인간의 혼란스러운 지각을 통한 세계의 표현, 이는 퐁티의 불투명한 인식 주체인 '신체'와도 매우 유사하다. 퐁티는 우리의 신체가 정신과 겹쳐 있으며 정신은 신체 깊숙이 감추어져 있는 신체의 이면이라고 한다. 정신과 신체는 안과 밖의 관계로써 인식되기 때문에 데카르트의 신체와 정신의 이분법과는 달리 신체 속에 이 둘을 녹여버린다.

신체가 이면에 정신을 감추고 있듯이, 사물 역시 겉의 '표면'과 실재성의 '깊이'를 갖고 있다. 사물도 이렇게 안과 밖이 겹쳐진 존재다. 세잔이 인상주의와 고전주의의 대립을 넘어서려 했을 때, 결국 그는 '살'을 그리려고 한 것이다. 그것은 사물의 '표면'을 포기하지 않으면서도 '사물' 그 자체를 그리려 했기 때문이다.[31] 따라서 세잔과 퐁티 둘 다 신체, 즉 '살'을 통해 세계를 인식했다는 점에서 세잔은 말없는 사유인 예술을 통해 자신의 세계를 담아냈으며, 퐁티는 말하는 사유인 철학을 통해 지각에서 나아가 세계를 담았다. 따라서 신체와 세계는 지각 속에서 원초적인 만남을 이루는 것이다. 하나 되게 하는 성령의 사역이 바로 그러하다.

몰트만은 하나님의 초월성을 공간적인 차원(우리 위에 계신 하나님)이 아니라, 시간적인 지평(우리 앞서 계신 하나님)으로 끌어내린 것이다. 이렇게 성령론으로 재조정된 몰트만의 종말론은 초월하신 하나님을 미래의 지평 위에서 '우리 앞서 계신 하나님'으로 뿐이 아니라, '우리 안에 계신 하나님'으로도 이해할 수 있다.[32] 더욱이 오늘날 생태계 파괴의 위기를 바라보면서 우주적인 영역까지 이르는 곧, '하나의 총체적 성령론'(eine ganzheitliche Pneumatologie)을 주장한다.

"그러나 육의 부활과 모든 사물들의 새 창조가 구원이라면, 구원하는 그리스도의 영은 바로 창조적인 '야훼의 루아하'이다. 골로새서가 고백하는 바와 같이, 그리스도께서 온 우주의 화해자와 머리로 고백된다면, 성령은 그리스도께서 계신 그곳에 계시며 모든 사물들의 새 창조의 신적인 삶의 능력으로 파악될 수밖에 없다."[33]

이러한 공동체와 사회적인 차원, 종말론적인 총체적 성령론의 관점에서 몰트만은 모든 사람들, 모든 공동체와 사회 그리고 모든 피조물들 안에 임재 하는 성령의 보편적 임재를 강조한 것이다. 따라서 전통적인 성령론의 관점인 '성령–개인의 관계'에 집중되어 있던 편향성을 극복할 수 있었다.

## III. 하나 되게 하는 성령

사실 세잔이 현대예술의 시발점이며 현대예술을 열었다고 할지라도 그의 생각은 완전히 현대적이지는 않았다. 솔직히 세잔은 고전주의와 인상주의를 결합하고자 했다. 이는 다소 역설적으로 들린다. "뚜렷한 윤곽과 고유색을 가진 대상의 항구적인 모습을 포착하라는 고전주의의 요구와 대상에 반사된 빛이 눈에 부딪힐 때의 순간적 인상을 포착하라는 인상주의의 요구"[34]를 어떻게 결합시킬 수 있냐는 말이다. 따라서 세잔은 인간의 지각을 통해 이러한 결합을 통한 미술 기법을 이뤄내고자 한다. 그는 인간의 지각을 혼란스러운 것으로 여겼다.

"우리의 지각은 투시원근법처럼 소실점을 중심으로 모든 걸 질서 정연하게 받아들이는 게 아니라고 한다. 시시각각 우리의 눈에 들어오는 시각적 단편들은 산만하고 혼란스럽다. 어떻게 하면 여기에 질서를 부여하여 이것들을 하나의 구조적 전체로 통합시킬 수 있을까? 여기서 세잔은 시각적 단편들을 마치 모자이크의 단편처럼 취급하여, 그림 속에 이 조각들을 하나의 구조적 전체로 짜 맞추고자 했다."[35]

예를 들면, 우리 앞에 여러 개의 벽돌들이 놓여있다고 생각해보자. 우리는 앞의 벽돌들을 각각의 대상들로 인식하게 될 것이다. 그렇다면 벽돌들은 우리의 시각 속에서 산만하고 혼란스럽게 느껴질 것이다. 이때, 이 벽돌들을 하나하나 쌓아나감으로써 질서를 부여하여 전체적으로 구조화된 모습을 갖춰나가고자 하는 것, 그것이 바로 세잔이 고전주의와 인상주의를 결합하고자 한 방식이다. 이렇게 그는 인간의 지각을 통해 고전주의와 인상주의를 결합할 수 있다는 믿음을 가졌다.

동방과 서방의 성령론의 본질적인 차이에도 성령의 활동지평에서 인간을 하나 되게 하는 힘으로써 성령론은 그 지위를 신학의 꽃(혹은 폭탄)으로 부여받아 마땅하다. 세잔이 고전주의와 인상주의를 결합하여 인간 지각의 구조화를 회화적으로 표현하려고 했듯이 나그네 신학을 써내려갈 수밖에 없는 인간 존재의 입장에서 이 정도의 양보는 마땅한 것 아닌가!

## 주석

1 아서 단토, 이성훈 김광우 역,『예술의 종말이후』(서울: 미술문화, 2004), p. 399.

2 A. Danto, *Embodied Meanings: Critical Essays and Aesthetic Mediations* (The Noonday Press, 1994), p. 324 참조.

3 진중권,『미학 오디세이 2』(서울: 새길, 1994), p. 307.

4 류승희,『안녕하세요, 세잔씨』(파주: 아트북스, 2008), p. 101.

5 요한복음 15:26에 의하면 성령은 아버지로부터 온다. 만일 성령이 '아버지와 그리고 아들로부터' 나온다면 아버지의 단독적 '왕정'이 위험스럽게 된다. 따라서 성령이 '아버지와 그리고 아들로부터' 나온다고 생각하여 '필리오쾨'를 삽입한 서방신학자들의 입장은 그르다는 것이다. 이러한 논쟁에 관하여는 김균진,『기독교신학 I』(서울: 연세대 출판부, 2010), pp. 383–389 참조.

6 K. Barth, *Kirchliche Dogmatik* I/1, S. 496f.

7 몰트만에 따르면, 바르트는 니케아–콘스탄티노플 신조를 따라서 전통적인 어거스틴–서방교회의 성령 신학을 보유하며 성령의 독립적인 주체성을 부인한 것이다. J. Moltmann, *The trinity and the Kingdom of God* (London: SCM, 1981), p. 143 참조.

8 J. Moltmann, *Trinität und Reich Gottes. Zur Gotteslehre* (München, 1980), S. 200.

9 L. Boff, *Trinity and Society* (New York: Orbis books, 1988), p. 142.

10 이 말은 세잔이 그의 친구 에밀 졸라(E. Zola)에게 쓴 편지에서의 문구이다. 그는 정말로 사과로 파리를 놀라게 했으며 전 세계를 놀라게 했다. 세잔은 프로방스에서 파리 말씨를 쓰며 더듬거리어 놀림감이 되었던 졸라를 도와주자 답례로 사과 광주리를 받게 된다. 그때 졸라가 "세잔의 사과들이야"라고 했던 말이 마치 예언처럼 세잔의 사과로부터 현대 미술의 혁명이 시작된다.

11 류승희,『안녕하세요, 세잔씨』(파주: 아트북스, 2008), p. 95.

12 Ibid., p. 96.

13 메를로 퐁티, 류의근 역,『지각의 현상학』(서울: 문학과 지성사, 2002), p. 318.

14 Ibid., p. 154.

15 Ibid., p. 155.

16 메를로퐁티, 김화자 옮김,『간접적인 언어와 침묵의 목소리』(서울: 책세상, 2005), p.

109.

17 퐁티가 정의내리는 현상학은 다음과 같다. "현상학, 그것은 본질에 대한 연구이며 모든 문제는 현상학에 따르면, 본질을 규정하는 일에 다름 아니다.…(중략) 인간과 세계에 대한 이해는 그들의 '사실성'에서 출발함으로써만 획득될 수 있다고 믿는 철학이다. 인간과 세계를 이해하기 위해서 자연적 태도의 단정들을 미정으로 놓아두는 선험적 철학이기는 하나, 또한 반성 이전에 세계가 언제나 '이미 거기에' 양도할 수 없는 현전으로서 존재함을 밝히고 궁극적으로 그 접촉에 철학적 지위를 부여하기 위한 철학이다." 메를로 퐁티, 류의근 역, 『지각의 현상학』(서울: 문학과 지성사, 2002), p. 13 참조.

18 개혁교회와 칼 바르트의 신학적 유산을 이어받았지만 삼위일체론과 성령론에 있어서는 입장의 차이를 보이는 몰트만은 바르트의 삼위일체론이 군주신론적이며, 양태론적이고 이위삼위일체론에 그치고 만다고 한다. 따라서 몰트만은 성부와 성자와 관련하여 성령론을 이야기하며 철저히 삼위일체 하나님과의 관련 속에서 성령에 대하여 이야기 한다. 위르겐 몰트만, 김균진 역, 『삼위일체와 하나님의 나라』 (서울: 대한기독교출판사, 1982), pp. 171−178 참조.

19 위르겐 몰트만, 김균진 역, 『십자가에 달리신 하나님』 (서울: 한국신학연구소, 1983), p. 258.

20 이러한 부드러움의 영향은 카미유 피사로(C. Pissarro, 1830~1903)의 영향 때문이다. 세잔은 1861년 프랑스에서 처음 피사로를 만나 친분을 유지하며 서로의 예술적 기법과 스타일에 있어서 영향을 주고받았다고 한다. 그들의 작품을 보면 자신들의 고유한 화풍을 유지하면서도 비슷한 부분이 눈에 띈다. 세잔은 보다 강렬한 느낌의 그림을 그렸고, 피사로는 보다 부드러운 느낌의 그림을 그렸다. 이 그림에서는 세잔의 다른 작품과는 달리 피사로의 부드럽고 온화함을 느낄 수 있는 피사로의 화풍과도 닮아있는 모습을 엿볼 수 있다.

21 곧, 규칙적인 붓 터치가 아닌 자신이 느낀 인상에 따라 붓 터치를 해나감으로써 서로 겹쳐 보이는 효과를 준다. 세잔은 이렇게 다음 세대 예술가들에게도 아이디어를 제공해 줌으로 현대예술의 장을 열게 되는 시원이 된다.

22 사실 시시각각 변해가는 미(美) 속에서 진정한 아름다움을 찾기란 하늘에서 별 따기만큼이나 힘들며 그러한 진정한 미가 진정한 가치를 지니는지 또한 의문스럽다. 영국의 낭만주의 시인 '존 키츠(John Keats, 1795~1821)'의 시 '그리스 항아리에 부치는 노래(Ode on a Grecian Urn)'에서는 나약한 인간의 죽음과 삶의 유한성 앞에서 예술작

품인 그리스 항아리의 미의 영원성을 노래한다. 이처럼 새로운 사유는 영원한 미의 지평을 창조하는 힘이 된다.

23 위르겐 몰트만, 김균진 역, 『생명의 영』 (서울: 대한기독교서회, 1992), Ⅵ, Ⅶ 참조. 이러한 맥락에서 바울과 종교개혁의 칭의론이 전제로 하고 있는 보편적 죄의 개념은 구체적인 죄, 곧 사회 정의적인 죄를 보지 못하게 하며 변명하는 도구가 된다고 비판한다. Ibid., p. 173.

24 위르겐 몰트만, 『생명의 영』, p. 141.

25 1960년대 몰트만의 '희망의 신학'은 현대신학에 있어서 종말론에 대한 관심을 촉발시켰다. 곧 전통적인 종말론의 경직된 개념을 극복하고자 기존 종말론이 마지막 때에 일어날 일들을 다루는 교의학의 한 분야가 아니라 모든 신학을 주관하는 전포괄적인 원리라는 점을 상기시킨 것이다. 이를 성령론과 관계해서 생각해보면, 성령의 현재적 활동은 개인과 교회와 세상 속에 종말론적 하나님 나라를 선취적으로 실현시키는 것이기에 삼위 하나님의 구원사역은 근본적으로 종말론적 관점에서 고찰해야 된다는 것이다. 이는 말씀의 신학(The Theology of Word)에서 세계의 신학(The Theology of the World)로의 도약이었다. 따라서 몰트만은 자신의 희망의 신학을 성령론적인 맥락에서 제조명하고자 했다. 박영돈, 「몰트만의 종말론의 성령론적 전환」, 한국복음주의조직신학회, 『한국조직신학연구』 10권, 2008, p. 251 참조.

26 존 톰슨, 박누리 역, 『세계 명화 속 현대 미술 읽기』(서울: 마로니에북스, 2009), p. 96.

27 메를로퐁티, 김정아 역, 『눈과 마음』(서울: 마음산책, 2008), p. 67.

28 진중권, 『미학 오디세이 2』(서울: 새길, 1994), p. 353.

29 메를로 퐁티의 이러한 애매성(ambiguity)의 철학을 불교의 연기법(緣起法)과 연결시키고 있는 이는 김형효이다. 선/악, 시/비의 '택일적 논리'를 거부하는 이러한 애매성의 철학은 아리스토텔레스적인 동일률과 배중률의 부정을 뜻한다. 사실 택일적 논리의 거부는 모든 세계의 사실이 자기동일성을 보지(保持)하고 있는, 독립적 개체로서 구성되어 있지 않음을 말한다. 성령의 하나 되게 하는 힘이 바로 이러한 것이며 불교의 연기 또한 여기서 그리 멀지 않다. 김형효, 『메를로 뽕띠와 애매성의 철학』(서울: 철학과현실사, 1996) 참조.

30 진중권, Op. cit., p. 345.

31 진중권, 『미학 오디세이 2』(서울: 새길, 1994), p. 351.

32 박영돈, 「몰트만의 종말론의 성령론적 전환」, p. 272.

33 Ibid., p. 22.

34 진중권, 『미학 오디세이 2』(서울: 새길, 1994), p. 342.

35 Ibid., p. 310.

Chapter 6.

# 바넷 뉴먼과 신론: 포스트모던 숭고미와 야기 세이이찌의 장(場)의 신학

"신개념이란 그 용어 자체가 모순적이다. 왜냐하면 신적 존재란 개념화가 불가능한 존재 자체, 생존 자체이기 때문이다. 인간은 신을 개념적으로는 알 수 없고 다만 신적 생명에 참여함으로써만 신적 생명을 나누어 받을 수 있을 뿐이다. 그러나 인식 행위에 있어서 인간은 실체론적 실재관에 세뇌되어 왔는데, 이것은 인간이 자연을 소유하고 지배하려는 자기중심적 교만으로부터 기인한다. 그리하여 신을 개념적으로 파악하려는 긴 인간 종교 사상사는 결국 인간 본성의 객관적 투영으로서의 신개념이라는 포이에르바하의 타당한 비판적 결론에 이르고 말았다."[1]

어거스틴(Augustin)은 만약 "하나님이 파악된다면 그것은 하나님이 아니다(Si comprehendis non est Deus)."라고 말한다. 만약 우리가 하나님을 파악했다고 생각하면 그것은 하나님이 아니라는 말이다. 따라서 하나님에 대한 정의는 이루 말할 수 없는 것에서 취해온 분계선 이상이 아니다. 곧, 하나님은 모든 정의로부터 벗어나 있다. 따라서 오로지 하나님이 취한 하나의 정의, 즉 예수 그리스도 안에서 내린 자기 정의만 있을 뿐이다.[2] 이 말은 성자

(Revelation)와 성령(Revealdness)은 해석의 대상이 될 수 있지만 성부(Revealer)는 해석의 대상이 아니라, 고백의 대상이며 바넷 뉴먼(Barnett Newman, 1905~1970)에 따르면 숭고의 대상이라는 의미로 이해될 수 있을 것이다. 따라서 위에서 인용한 김경재의 말은 타당하다.

## Ⅰ. 바넷 뉴먼과 숭고미

스케일이 방대한 공상과학(SF) 영화를 볼 때 우리를 압도하는 거대함과 비교할 수 없는 절대적인 크기에 감탄하게 되는 경험을 해봤을 것이다. 이런 경험을 '숭고미(sublime beauty)'라고 할 수 있는데, 숭고미의 의미는 '엄청나게 크고 무한히 힘 있는 대상에 대하여 인간이 경험하는 미적 감정'[3]이라고 할 수 있다. 무수한 별들이 찬란히 빛나는 밤하늘을 쳐다볼 때, 광풍노도가 휩쓰는 망망한 대해를 바라볼 때, 웅장과 위용을 자랑하는 높은 험한 준령을 대할 때, 우리는 숭고미를 경험한다. 이러한 숭고미는 현대에 와서 뉴욕 화가들의 그림을 통해 부활되었는데, 바넷 뉴먼은 그 중 가장 중심적인 인물이다.[4]

1930년대부터 추상표현주의 양식의 회화를 제작했던 바넷 뉴먼은 화가보다는 주로 비평가로 활동했다. 그는 다른 추상표현주의 화가들과 가깝게 지내면서도 그들 작품의 특징인 강렬한 에너지의 표출에서 점차 벗어나 엄격하고 절제된 태도로 추상에 접근하기 시작했다. 뒤이어 뉴먼은 회화에 있어 미국의 지방주의와 사회적 사실주의뿐만 아니라 유럽의 입체주의, 구성주의, 초현실주의의 자연스러운 발전 과정은 끝났으므로 급진적인 변화가 필요하다고 보았으며, 이런 믿음으로 1930년대와 1940년대 초반에 제작한 자신의 작품을 모두 폐기했다.

새롭게 출발한 뉴먼은 1940년대 후반 점차 신비적 추상이라는 독자적인 양식을 진전시켰다. 1948년 1월 단색의 모노크롬(Monochrome) 회화[5]를 제작했는데, 하나 혹은 그 이상의 띠가 캔버스 위에서 아래까지 세로로 지나가도록 했다. 이것은 '띠(Zip)'[6]라고 말하는데 뉴먼 작품들 속의 띠는 뉴먼을 대표하는 양식이 되었다.[7] 이후 1960년대 후반에는 깊이 있는 순색을 사용했으며, 강철을 재료로 몇몇의 대형 조각을 제작하기도 했다. 뉴먼의 회화는 언뜻 미니멀리즘(minimalism)양식으로도 보이나, 창조와 창작이라는 방대한 개념을 포괄하며 종교적인 분위기와 숭고한 신비주의의 성향을 지니고 있다.

## II. 신, 숭고미와 장(場)으로 접근하다

### 1. 〈단일성 Ⅰ〉: 절대무와 장소

〈단일성 Ⅰ(Onement Ⅰ)〉 (1948)

40년대 중반까지 뉴먼은 회화에서 공간적이거나 선적인 특징보다 표의적인 특징을 더욱 강조했다. 그런 그가 화가로 인정받은 것은 1948년 〈단일성 I〉의 소개부터였다. 이 그림은 단색조의 그림으로서 어두운 붉은색 캔버스에 밝은 오렌지색으로 한 줄을 길게 그은 그림이다. 이 작품은 추상표현주의에서 새롭게 등장한 두 개의 양상을 볼 수 있는데, 곧 '표면의 상징적인 구성'과 '액션페인팅(action painting) 화가들의 화법'이 종합되어 있다. 이 작품은 이전의 그림이 화면 내에서 어떤 묘사된 이야기를 이끌어내려 했던 의도를 넘어서는 행위로서 내리그어진 수직선의 사건성을 드러내며 관객으로 하여금 작가의 그 행위를 대면하도록 이끈다.

〈단일성 I〉에서 수직선은 물결 모양의 구불구불한 움직임 속에서 행위적 양상으로 보이고, 형태 속에서 상징적 양상으로 드러난다. 더욱이 이 작품은 색채를 화면에 고르게 분포시킨 색면을 강조했고, 구조적인 독특함으로 병치된 선을 가졌다. 색이 강조되도록 띠가 사용되었으며 공간감의 방해를 적게 하여 색채의 자율성이 묘사되었다. 그래서 색채는 개방되고 그로 인해 평평한 공간의 추상이 이루어진다. 그러나 이 작품의 대표적인 특성은, 전면에 균형 있게 칠해진 색면과 띠에서 나오는 절대적 표현성이다.

고대 피라미드, 오벨리스크, 고딕 미술 등에서 건축가와 미술가는 하늘을 향하는 수직선을 응용해 그들의 종교적 숭고함을 드러내었다. 신에 대한 경의와 믿음의 확신을 수직 구조로 표현했던 것처럼, 이 작품에도 화면에 수직 줄무늬로, 캔버스 속에 표현된 에너지 원리의 특성을 도입했다. 색면을 가로지르는 띠는 최고도의 긴장감을 주면서 종교와 같은 집중성을 발휘한다. 강렬한 수직의 띠는 생명을 가지고 있는 것 같으며 화면 밖으로 튀어나올 것 같이 시선을 집중시킨다. 단순히 수직선과 수평선만으로 종교적인 위엄과 권능을 느끼게 하는 십자가처럼 이 작품의 단순한 구성은 띠에 의해 창조의 신비를, 나아가 신의 위대함을 숭고미와 장소로 느끼게 한다.

철학, 미학, 문화 비판 등의 영역에서 학문적 활동을 했던 현대 프랑스의 철학자이자 포스트모던의 선구자인 장 프랑수아 리오타르(J.-F. Lyotard)는 인간의 죽음이나 주체의 해체 혹은 철학의 종말과 같은 과격한 용어들을 자신의 이론 속에 도입하고, 이로써 보편적 이성의 분산, 사변적 주체의 해체, 형이상학적 철학의 분해를 시도했다.

리오타르는 근대적 정신의 입장에서 절망적인 것으로 보일 수 있는 이런 시도를 '철학의 언어적 혹은 미학적 전환'이라는 방식을 통해 수행했다. 곧, 리오타르는 포스트모더니즘이라는 단어를 긍정적으로 수용하고 이 개념을 중심으로 포스트모던 예술과 미학을 연구했다. 특히 그는 숭고의 미학에 중점을 두었는데 그의 숭고론은 칸트의 숭고론에서 출발한다.

> "칸트에 따르면 숭고한 감정은 강력하고 모호한 정념이다. 이 감정은 쾌와 불쾌를 동시에 갖고 있다. 더 정확히 말하자면, 이 감정에 있어 쾌는 불쾌로부터 나온다. 어거스틴과 데카르트에서 시작되고, 칸트도 크게 문제시하지 않았던 주제철학의 전통 속에서 이런 모순은 한 주체 속에 있는 능력들, 즉 어떤 것을 인식하는 능력과 어떤 것을 현시하는 능력간의 갈등으로 발전되고 있다."[8]

하지만 그는 이전의 사상가들과 비교해 미학적 문제뿐만 아니라, 사회 전반적인 상황에서 그 적용가능성을 제시했다. 특히, 모든 것에서 리얼리티가 박탈되어 현실감이 극도로 불안정해진 현대사회에서 예술가의 임무는 그 허약한 리얼리티를 제공하는 것이 아니라, 표현할 수 없음을 증언하기 위한 새로운 장치를 창안해야 한다고 말했다. 포스트모던 예술은 우리가 생각할 수 있으나 볼 수 없는, 그리고 보이게 할 수도 없는 어떤 것이 존재한다는 것을 보이는 데 목표를 두어야 한다는 것이다. 리오타르는 이렇게 형상화나 재현화를 피해 '현시할 수 없는 것'이 있음을 나타내는 가능적 지표로서 칸트의 '비형식', '형식의 부재'로 제시했다.

> "우리는 절대적으로 큰 것, 절대적으로 강력한 것을 생각할 수 있지만, 이런 절대적 크기와 절대적 힘이 '눈에 보이도록' 어떤 대상을 현시하는 것은 우리에게 주어져 있지 않다. 이런 것들은 현시할 수 없는 이념들이다. 그러므로 이런 것들은 현실에 대한 어떤 지식도 제공해주지 않는다. 이런 것들은 또한 미의 감정을 일으키는 능력들 간의 자유로운 일치를 금하며, 취미의 형성과 안정성을 방해한다. 이런 것들은 소위 현시할 수 없는 것이다."[9]

따라서 '표현할 수 없는 것'을 표현하려는 포스트모더니즘 예술을 리오타르는 아방가르드(Avant-garde)[10] 예술로 이해했다. 아방가르드의 혁신적인 태도는 전통적인 재현예술에서 지켜져 온 규칙들을 의문시하고, '일어나고 있는가'를 보여주려고 하는 숭고의 미학이 된다고 말한다.

> "숭고의 미학에 자극을 받아 예술은 그 매개물이 어떤 것이든 간에 아름답기만 한 모델을 모방하는 것은 접어두고 강렬한 효과를 추구하고 놀랍고 비일상적이며 충격적인 결합을 시도할 수 있고 해야만 한다. 그리고 '일어나고 있다'는 것, 아무 것도 일어나지 않는 것이 아니고 어떤 것이 일어나고 있다는 것, 박탈이 지연되고 있다는 것은 훌륭한 충격이다."[11]

숭고 분석에 기인한 아방가르드는 기존의 형식과 재현 방식을 비판하며, 새로움을 개발해 나아가는 실험적인 것이다. 즉, 아방가르드 예술의 화가들은 이전까지 내려오던 규칙에 지배받는 것이 아니라, 새로운 규칙을 창안해 내기 위해 작업하는 것이다. 이는 사건의 존재론적 특성을 지닌다.

리오타르는 의식에 선행하여 '일어나고 있는 것'의 발생을 '사건'이라 규정하는데[12], 사건은 보편적인 역사 내에서 재현될 수 없는, 공약 불가능성에 의한 충돌에서 기인한다. 그리하여, 아방가르드적 사건의 시간은 담론이나 재현의 질서 안에서 구성될 수 없으며, 과거 현재 미래라는 개념적 구조 내에서 파악할 수 없다. 리오타르에게 있어서 숭고 개념의 핵심은 형식으로 포착되지 않는 질료적 사건으로서의 숭고성이다. 그에게 있어 숭고 개념은 숭고의 체험이 현시할 수 없는 것, 서술할 수 없는 것, 접근할 수 없는 것이 존재함을 암시하는 것이다. 그리고 이러한 숭고미는 종교에서 절대무로 나타난다.

불교에서는 부처의 인격적인 면을 보신(報身)이라 하고 비인격적인 면을 법신(法身)[13]이라고 한다. 도가의 도(道), 주자의 리(理)나 기(氣), 에크하르트의 신성(神性, Godhead) 같은 개념이 법신(法身)에 유비될 수 있을 것이다. 보신이 부처의 몸이라면 법신은 그 몸마저 여위고 없는 것이다. 보신이 유일신을 예배하고 객관화시킨다면 법신은 그런 유일신을 초월한다. 즉 법신에서 보신(그리스도교적 유일신)이 나타난다.

모세가 시내산(산은 유일신과 같은 초월자가 머무는 곳)에서 내려왔을 때 그는 전형적으로 보신적 신의 계시를 가지고 내려 왔다. 그가 타는 떨기나무에서 만났던 신은 창조주인 아버지 하나님, 즉 인격적 신이며 유일신인 것이다. 모세가 산에서 내려왔을 때 평균적 인간들이 예배하던 신은 자연신, 다신, 성적인 감정의 신, 마술적인 '태모'였다. 바로 무적(巫的)인 응신적(應身的) 종교였다. 그러나 모세는 금송아지로 상징되는 태모를 부셔버리고 야훼신의 승리를 선포한다. 무적(巫的) 종교의 종말을 선언한 것이다.

그러나 예수에게 와서는 "나와 아버지는 하나이다."[14]라는 선언은 절대타자로서 보신(報身)인 야훼를 믿어오던 모세의 추종자들의 비위를 상하게 했던 것이다. 보신(神)에서 법신(神性)으로 옮김은 종교 발전의 순리라고 할 수 있다. 그러나 이러한 옮김은 쉽게 이루어지지 않는다. 최수운은 "사람이 하늘이다."(人乃天)라고 하다가 순교를 당했고 예수도 같은 말을 했다가 유대인들에게 잡혀 십자가에 처형당하고 말았다.

예수의 모세 종교에 대한 비판은 그것이 틀렸기 때문이 아니라 부분적이었기 때문이다. 저쪽 타자로 존재하는 유일신 야훼와 예수는 '하나'라고 했기 때문에 '네가 사람이 되어 자칭 하나님이다(요10:33)' 하니 참람하다고 돌을 들어 치게 된 것이다. 주/객의 이원론으로 남아 있는 모세의 신에서 주/객이 하나로 없어지는 새 신관을 예수는 선포했던 것이다.[15]

서양의 기독교는 한 번도 이 경계를 뛰어넘으려 하지 않았다. 뛰어넘으려는 자는 모두 이단으로 정죄되고 말았다. 그 결과 즉 창조주와 피조물, 신과 인간, 자연과 인간을 '하나'로 보지 않았기 때문에, 보신적 종교가 빚어낸 결과는, 신(神)이 무(無)를 외면한 결과는 바로 예수 십자가상의 죽음이요, 서구적 균열이다. 그리고 서구문명은 인간과 자연의 균열에 의해 공해문제, 인간의 정신과 육체의 균열에 의한 정신질환과 같은 인류 멸종과 인격 파멸의 위기에까지 오게 된 것이다.

아마도 금세기에 들어와 보신적 신관을 극복하고 법신적 신관 수립에 최대한 공헌을 한 학파는 일본의 교토학파(Kyoto School)[16]일 것이다. 교토학파의 창시자 니시다 기타로는 그리스도교의 인격신과 불교의 절대무(絶對無)를 대화시키려고 시도했는데 세계와 분리된 인격신은 참다운 신이 아니라고 보았다. 그는 화이트헤드(Alfred North Whitehead)와 비슷하게 하나님이 세상을 짓는다면 세상도 하나님을 짓는다고 한다. 즉, 하나님과 세상 사이에는 일촌의 틈도 없는 것이다. 따라서 니시다는 하나님이 세상을 무에서 창조해 놓은 다음, 세상을 떠나 초월해 있다는 전통적 그리스도교 신관을 비판하고 있다.

니시다에게는 '나'도 없고 '하나님'도 없는 절대'무(無)'만 존재한다(상대적인 모든 개체는 철저하게 자기 죽음을 통해서만 하나님과 전체 속에서 유기적인 하나가 된다). '아버지와 나는 하나이다.' 절대무는 모든 것이 혼동되는 것이 아니고, '절대무가 있기에 산은 산이고 물은 물이며 존재자는 존재자이다.' 절대무는 전분별(前分別)의 상태가 아니고 초분별(超分別)의 상태[17]이다. 절대무 속에서 아버지는 아버지가 되고 나는 내가 된다.

또한 교토학파에서는 오직 공(空)의 장(場), 즉 만물과의 일상적 만남을 넘어선 곳, 그러면서도 신이나 이데아가 아닌 그 자신의 '리얼리티'와 만남이 이루어지는 곳에서만이 만물은 궁극적으로 진실한 모습을 갖는다. 따라서 장(場) 개념은 무(無) 또는 공(空, 동양에서 존재의 기초라고 생각하는)의 개념과 분리될 수 없다. 이렇게 신비주의로 충만한 무의 사상을 '장소(場所)'[18]라는 관념을 통해 개념적이고 논리적으로 정립하는데 성공한 것이 바로 니시다의 업적이다.[19] 그리고 이것은 유기적-생태모델을 신학화 하여 맥훼이그(S. MaFague)가 '하나님의 몸으로서의 세계'라고 한 메타포(metaphor)와 상통하는 것이며 생명 관계역학의 철학적인 이해라고 할 수 있다.

## 2. 거대하고 단순한 붉은색 공포의 영웅

뉴먼의 대표작인 〈지고한 영웅〉은 세로 242cm 가로 541cm의 거대한 크기를 자랑하고, 띠는 앞의 작품과는 달리 완전히 일직선이고, 색면은 붓터치의 잔영 없이 깨끗하고 정갈하게 칠해져 있다. 수직의 띠는 상징적인 요소가 들어 있지 않다. 즉 인간과 신의 창조의 신비를 상징하지 않으며, 단지 여백의 인식을 요구한다. 이전의 작품들보다 단순화되고 명료해졌다. 간결한 구성은 완벽한 짜임새를 가지고 있으며, 수직의 띠가 작품 내부의 비

〈지고한 영웅(Vir Heroicus Sublimis)〉 (1950~1951)

율과 척도 문제를 제기하면서 반복적 리듬을 만들고 있다.

가만히 살펴보면, 캔버스의 붉은색 넓은 면은 수직의 띠에 의해 분할되어 있는 것 같기도 하고 반대로 분할된 부분들이 수직 띠에 의해 서로 연결되어 있는 것 같기도 하다. 이 작품을 보는 관객들은 작품의 엄청난 크기와 붉은색 색면으로 인해 거대한 자연에서 느끼는 공포심과 경외감 같은 감정을 느낄 수 있다. 이 작품을 통해 알 수 있는 것은 뉴먼에게 숭고란 어느 한 종교 혹은 철학의 산물이 아니라, 숭고할 만큼 순수한 회화를 창조하는 것이다.

뉴먼의 원시미술 탐구에서 이어져 나오는 색면 추상미술은 기존의 전통적인 미학에서 볼 수 없는 새로운 형식에 대한 도전이었다. 뉴먼의 작품이 처음 등장했을 때 많은 관객과 평론가들은 이것이 무엇을 그린 것인지 이해하지 못했다. 새로운 형식이란 종래의 양식과는 다르고 그것으로 설명되지 않는 것이다. 어떤 의미에서 본다면 새로운 양식이란 종래의 예술이 지향하는 방향에서는 찾을 수 없는, 이른바 방향성의 결여가 뉴먼에게 예술적 자유를 주었다고 할 수 있다. 이것은 분명히 하나의 사건의 일어남이었다.

"대학 시절에 뉴먼은 이미 숭고에 관한 미학이론을 접했다고 한다. 롱기누스, 버크, 칸트, 헤겔의 이론을 섭렵한 그는 이 숭고의 미학을 회화적으로 실현하려 했다. 하지만 그렇다고 이것이 단지 미학이론의 형상화를 의미하는 것은 아니다. 뉴먼에게 '미학과 예술의 관계는 조류학과 새의 관계'와 같았다. 따라서 그가 이 작업을 시작하기 위해서는 다른 계기가 있어야 했다. 실제로 그에게는 어떤 체험이 있었다. 화가들은 그림을 시작하기 전 캔버스 전체를 단색으로 칠해두곤 하는데 언젠가 뉴먼은 이 단색의 텅 빈 캔버스에 압도당한다. '나는 거의 1년 동안 그 그림을 이해하려고 그것과 함께 살았다.' 후에 그는 이 체험을 이렇게 술회한다. '나는 내게 감정을 주는 진술을 만들었으며 그것이 현재 내 삶의 출발점이었음을 깨달았다.'"[20]

뉴먼이 자신의 미술의 방향을 밝히는 글에서 '숭고는 지금이다(Sublime is now)'라는 제목을 달았다. 이 제목에서 '지금'의 의미는 이제 바야흐로 새로운 미술의 사건이 일어남을 시사한다. 뉴먼이 일으키는 미술사건에는 순수이념이라는 그의 미술이념이 등장하고, 이 이념은 숭고라는 이름으로 나타난다. 리오타르는 뉴먼의 몇몇 작품을 분석하여 회화의 숭고미를 설명하기도 했는데, '숭고는 지금이다'를 '숭고한 것은 바로 이것이다'라고 고쳐 읽었다. 그러므로 리오타르에 따르면 숭고한 것은 그림 그리기 자체가 되어야 한다는 것이다. 그리고 그것을 관람하는 관객의 체험이 되어야 한다.

앞서 절대무와 장에 관하여 언급했다. 이제 우리는 니시다 기타로의 장소(場所, Typology)의 논리를 좀 더 확장한 야기 세이이찌의 장(場)의 개념을 살펴보자. 사실, 니시다의 장소의 논리를 신학적으로 가장 잘 이해한 이가 바로 야기 세이이찌이다. 신에 대한 야기의 언설은 삼위일체론적인 구조를 띤다. 신에 대해 야기가 애용하는 상징은 장(場)[21]이다. 야기에 의하면 삼위일체의 신은 유(有, Being), 무(無, Nothing), 생성(生成, Becoming)과 상관하여 설명된다.

장 자체인 신은 유(有)이고 장 속에 있는 것을 통합에로 규정하는 로고스-그리스도는 무(無)이며, 통합으로의 규정의 성취자인 성령은 생성인 것이다. 달리 표현하여 성부는 '통합의 궁극적 주체', 성자는 '통합의 규정', 성령은 '통합 행위의 전달'인 것이다. 변선환은 야기의 신학에서 '통합'이라는 개념을 '장소'라는 개념으로 대치할 수 있는 것처럼 이야기하지만, 사실상 단순히 동일시될 수 없다. 야기의 통합이란 개체들 사이의 상호 관계, 또는 그러한 상호관계를 통해서 이루어진 공동체 내지 시스템(김지하가 말하는 '화엄 통신망'과 유비가 가능할 것이다)을 말한다. 따라서 야기는 통합이 연기(緣起)와 다르지 않다고 본다. 연기는 선과 악 같은 대립적 가치들에 대해 중립적이다. 존재 따로 연기 따로 있는 것이 아니라 존재 즉(卽) 연기요, 연기 즉(卽) 존재이다. 따라서 야기의 장(場) 이해와 생명을 관련시키기 전에 그의 사상적 배경을 먼저 살펴보아야 한다.[22]

야기 세이이찌는 60년대 초에 나타났던 미국의 신 죽음의 신학자들과 거의 같은 때에 일본에 나타나서 신학적 논쟁의 중심인물이 되었던 급진주의 전위파 신학자이다.[23] 아버지는 무교회주의자였다. 중학교 시절에 침례교인이 되었던 그는 일찍부터 정통 기독교의 도그마의 포수에서 해방된 이단아로 성장한 셈이다. 그가 정통 기독교에 대한 회의를 신학적인 물음으로 형성했던 것은 독일 유학 시절(1957–58)이었다.

캐제만(E. Kasemann)을 통해 불트만(R. Bultmann)을 본격적으로 공부한 것도 이때였다. 그러나 그의 사상적인 전향의 결정적인 계기가 되었던 것은 중국 선불교(禪佛敎)의 고전인 벽암록(碧巖錄)의 독일어 역자인 빌헬름 군데르트(Wilhelm Gundert, 헤르만 헤세의 삼촌)와의 만남이었다. 군데르트는 야기에게 다음과 같이 말했다고 한다. "나는 좋은 크리스천이 되기 위해서 불교를 배웠고 좋은 불교도가 되기 위하여 기독교를 공부하고 있다", "기독교는 유(有)에 집착하고 불교는 무(無)에 집착하고 있다."

군데르트와 헤어져서 야기가 탄 차가 카젤(Kasserl) 역을 지나가고 있었던 때였다. 야기는 벽암록 원본 제1칙과 독일어 역을 대조하여 읽어 가면서 깊은 생각에 잠기고 있었다. 달마(達磨)가 양(梁)나라 무제에게 대답하는 문제의 말씀, "확연무성(廓然無聖)"이라는 말의 뜻을 깨달으며 관념성 속에 해소되지 않은 주객 미분의 초월의 리얼리티와 만난 것이다. 소위 카젤의 선(禪) 체험(1958년 8월)이라는 것이다. 야기는 중학교 2학년 때 병상에서 로마서를 읽으면서 체험했던 속죄 체험(1943년 2월)과 이 선 체험을 관계시켰다. 두 체험은 실질적으로는 똑같은, '관념적인 것의 일방적 지배에서부터의 해방'이었다.

사실 야기에게 있어서 십자가의 속죄 신앙은 관념적인 언어 속에 해소되지 않는 초월의 리얼리티, 곧 종교적 실존의 근저(場所)를 자각하게 한 하나의 매개에 지나지 않았다. 야기는 이때 생긴 신학적인 물음을 다음과 같이 말한다.

> "예수의 십자가라는 역사적인 사건이 구원의 근거일까? 그것 없이는 율법으로부터의 자유는 없을까? 사실 본질은 오히려 율법주의로부터의 자유이고 속죄 신앙은 그 자유의 방법에 불과한 것이 아니냐?"[24]

역사를 부정하고 법(法)만을 불교의 본질이라고 말하는 선불교와의 만남을 통하여서 야기는 기독교 신앙의 근거도 십자가의 속죄 사건이라는 역사의 일점에 근거하지 않고 있다는 것을 깨달은 것이다. 예수와 그리스도의 관계는 연결되지만 양자는 서로 엄격하게 구별되어야 한다는 것을 깨닫게 된 것이다. 야기는 진리 자체와 그 진리가 취하는 역사적 형태와의 사이를 철저하게 구별하는 지혜, 곧 성서, 역사, 교회와 같은 역사적 형태를 절대시하는 우상 숭배와 초자연주의적인 전근대적·타율적 신화에서부터 철저하게 해방되도록 비신화화 하는 지혜를 선불교에서 배웠다.

이후 야기는 귀국하여서 교토학파의 제1조인 니시다 기타로의 '장소적 논리'와 다나베 하지메의 '무와 사랑의 변증법과 종(種)의 논리'에서 배우면서 신약사상의 성립 근거와 기독교 신앙의 본질을 물었다. 야기는 불트만의 비신화화와 비슷한 그의 종교적 실존의 해석학의 과제를 '비(非)누미노제화' 라고 불렀다. 그리고 선(禪)불교 철학자들(교토학파)에게서 배웠던 불교적인 존재론적 해석학을 장(場)의 유비(類比, analogia topous)라고 했다.

따라서 이제 야기의 장(場)의 신학을 살펴보도록 하자. 야기의 신학적 기초는 먼저 예수를 예수로 실존하게 했던 초월적 근저인 '부활의 그리스도' 에 근거한다. 이 '부활의 그리스도'는 역사의 예수와 구별되며, 그것은 역사적 예수가 선포한 '하나님의 다스림(支配)'과도 같은 차원의 것으로 '로고스' 와도 같다고 말할 수 있다.[25] 이러한 "부활의 그리스도"가 바로 그리스도교 신앙의 근거라고 야기는 주장하면서 이 용어를 불교와 그리스도교 모두에 통할 수 있는 '장'(場)이라는 용어를 써서 설명한다.

장이란 특정한 성질을 가지는 공간이라는 뜻이다. 즉, 그 속에서 그에 친화적 요소가 일정한 방식으로 서로 '관계'하는 그런 공간이다. 예를 들면, 작은 못들(연철)을 자석의 극(極) 사이에 두면, 제각기 작은 자석이 되어 서로 관계하고, 끌어당기고, 반발하고, 연합하면서 하나의 구조를 형성한다. 그러나 작은 못들(연철)을 자장에서 내놓으면 다시금 흩어지고 만다. 장이란 개개의 것을 서로 관계시켜 주는 근거이며, 구조의 근거이다. 거기에는 마분지를 놓고 그 위에 사철을 뿌려놓고 가볍게 두들기면, 거기에는 자장(磁場)의 작용을 나타내는 일정한 모양—구조—이 나타난다. 만일 사철에 의식이 있다면 사철에는 자장이 보이지 않기 때문에 반드시 '개개의 사철에 생리적으로 내재하는 성질에 의해서 다른 사철과 관계하고 있다'고 생각할 것이다. 그러나 사실은 그렇지 않다. 자석을 제거하면 사철끼리의 관계도 구조도 없어지고 만다. 관계와 구조의 근거는 사철에 내재하고 있는 것이 아니라 실은 자장이었다.[26]

여기서 작은 못들(연철)을 일정한 구조로 형성케 하는 것은 바로 자장(磁場) 때문이다. 이 자장을 통해서 작은 못들은 서로 자기 부정적 관계를 맺게 되고 하나의 통합된 전체, 즉 통합체를 이루는 것이다. 야기는 인간의 본래적인 종교적 실존을 이 통합체에 비유하면서 이 통합체를 결정짓는 것을 '통합에의 규정의 장(場)' 혹은 '힘의 장(field of force)'이라고 말한다.[27]

야기는 원시교회가 "부활의 그리스도"라고 선포했던 것이 바로 "통합에의 규정"이라고 말하면서 "부활의 그리스도"가 인간의 본래적 실존에 근저로서 선행하고 있으면서 이 실존을 실현시켜 준다고 이야기한다. 이 그리스도는 모든 개체를 '넘어', 그 개체가 진정한 모습을 지닐 수 있도록 해 주는 규정으로서의 장이다. 그런 의미에서 장은 또한 '초월자'이며 그것은 사실 불교의 '공'(空)에 가깝다고 말한다.[28]

야기는 인간의 실존이 이 '장'(場) 안에 놓여 있음을 말하면서도 또한 그 실존의 실현, 즉 장의 실현은 그 실존의 주체성을 매개로 해서만 가능하다고 한다. 즉 인간의 주체적인 결단(신앙 혹은 깨우침)을 통할 때에야 장의 실현이 가능하다는 것이다.[29] 이 주체적 실존은 원천적으로 장안에 놓여 있되, 장의 중심과 실존의 중심은 서로 별개의 것이 아니라, 이 두 점이 근원적으로 일치함을 야기는 언급하면서 이 두 점을 참자아(self)와 자아(ego)라는 심리적 용어를 써서 나타내고 있다.

이것은 다키자와의 제1의 접촉과 제2의 접촉을 참자아(self)와 자아(ego)의 관계[30]로 설명한 것으로 여기서 야기는 예수를 제2의 접촉의 성취자, 참자아의 실현자로 봄으로써 타종교, 특히 불교와 대화할 수 있는 신학을 세우려고 하는데 그러기 위해 야기는 제2의 접촉을 이룬 사람으로 예수, 고타마와 같은 역사적인 인물들을 들고 있다.[31]『불교와 그리스도교의 접점』(佛教とキリスト教の接點)을 비롯하여 야기가 펴낸 책들은[32] 대부분 이러한 시각으로 써졌다.

야기는 그리스도, 예수를 장소로서 이해하는데 〈선재(先在)의 그리스도〉와 〈나사렛 예수〉, 그리고 〈부활(復活)의 그리스도〉를 동일시한 사도적 기독론(使徒的 基督論)에 의하여 진리는 오직 나사렛 예수에게서만 비로소 수육(受肉)되었고, 그의 죽음과 부활(復活)에 의해서만 인식된다는 배타적 절대성(排他的 絶對性)의 주장이 생겼다고 보기에, 법신(法身)과 응신(應身, 化身)을 구별하는 불교처럼 철저한 비신화화(非神話化)를 감행한다. 그러면서 나사렛 예수에게 있어서 로고스의 수육(受肉)이라는 역사적 사실은 후대 인간들로 하여금 그리스도라는 진리 자체를 알게 하는 장의 '징조'(徵兆)요 그 '얼굴'이므로 '종교적 실존의 실존과 인식의 출발점'이 되었다는 점에서 절대적인 의미를 가질 뿐, 역사적 인간으로서의 예수를 다른 인간들과 질적 구별을 하는 것은 모순이라고 말한다.

이러한 입장에서 야기는 정통신학이 인간을 신성화하는 오류, 즉 예수를 '참 하느님, 참 인간'의 주체로 보면서 로고스와 부활의 그리스도를 아무런 구분 없이 역사적 예수와 동일시함으로서 영원한 것을 역사적 일점에 제한시키는 오류에 빠져버렸다고 말한다.[33] 야기는 이렇게 말한다.

"그리스도는 그 로고스성에 즉(卽)하면 신적이고 그 육화성에 즉

하면 인간적이다. … 전자가 없으면 실존의 본래성이 상실되고, 후자가 부정되면 본래적 실존은 인간의 사건이 되지 않게 된다. … 로고스의 육화한 몸인 예수는 전혀 신이 아니라 사도, 교회, 성서와 같은 역사 내의 육화체처럼 인간적인 것일 뿐이다. 이러한 관점에서 보건대, 고대 교회에서의 그리스도론 논쟁은 그들이 로고스와 예수의 구분과 일치에 관해 전혀 알지 못했던 탓에 발생한 것이다."[34]

따라서 야기는 여기서 예수를 참자아(Self)를 자기의 자아(Ego) 안에서 실현시킨(프론트 동화한) 한 인간으로 말하고 있을 뿐이다.[35]

또한 십자가와 부활과 관련해서, 예수가 가르친 '신(神)의 지배(支配)'가 무엇인지 알지 못했던 예수의 제자들은 예수의 십자가를 속죄라고 해석했다. 그러한 가운데 그들은 신생(新生) 사건을 경험하게 되면서 이러한 신생 사건을 그들 시대의 공통적인 방식으로 해석하게 되는데, 예수 당시 예수가 유명해지면서 사람들이 "세례자 요한이 죽은 자들 가운데서 살아났다. 그래서 놀라운 힘이 그 안에 작용하는 것이다."(마 6:14)라고 했듯이, 예수의 제자들은 그들 속에 참자아가 드러나는 사건을 이와 같이 해석했다.

> "예수가 죽은 자들 가운데서 살아났다. 그래서 그의 권능이 우리 안에 영향을 미치는 것이다. 그들은 경험적 인간 예수를 부활체(復活體)라 보고 '부활의 그리스도'라고 해석했던 것이다.[36]

이것이 부활신앙의 성립이라고 야기는 말한다. 야기는 제자들의 신생체험(新生體驗)을 통한 부활신앙(復活信仰)의 성립이 원시교단의 그리스도 선교(宣教)의 성립이 되었다고 보고 있다.[37] 다시 말해서 야기는 나와 너의 일치, 프론트 구조에서의 신인(divine-human), 즉 참자아가 살아 움직이던 예수를 바르게 이해하지 못한 것에서 야기된 것이라고 보고 있는 것이다.[38] 그래서 야기는 다음과 같이 말한다.

십자가와 같은 역사 사건을 기독교의 근거로 삼는 것은 상대의 절대화에 지나지 않는다.[39]

아무리 무죄한 사람이라고 하여도 하나의 인간이 타인의 죄를 하느님께 대하여 대신 짊어진다는 것은 불가능하다. 그것은 내가 누군가에 의하여 대신 살 수 없는 것과 같다.[40]

"내 생각에는 예수가 〈神의 支配〉라고 부른 리얼리티와 원시교단이 〈부활의 그리스도〉라고 해석한 리얼리티는 동일(同一)하다. 양자(兩者)는 요한복음서의 〈선재의 로고스〉와도 같다. 예수는 〈神의 支配〉에 자각적으로 복종하고 〈神의 支配〉를 스스로를 통하여 실현한 인간이다. 원사도(原使徒)는 예수의 사후, 예수가 〈神의 支配〉라고 부른 진리의 계시에 접하여서 그때 저들이 예수처럼 살기 시작한 것을 자각했으므로 계시된 리얼리티를 예수의 부활체라고 해석했다."[41]

"따라서 그리스도교의 절대성 요구는 사라져야 한다. … 경험적 인간 예수는 '임마누엘의 원사실'과 구분되어야 하며, 여기서의 활성화된 참자아('내 안에 있는 그리스도')의 개념은 불성(佛性)의 개념에 적절히 비유될 수 있다."[42]

따라서 야기의 신학이 역사를 말하는데 한계를 가졌으며 또한 종말론을 상실한 형이상학적인 신학이라고 할 수 있으나, 그럼에도 불구하고 야기의 장(場) 이해는 생명의 바닥으로써 생명 이해에 탁월한 혜안을 갖게 한다고 할 수 있다. 그리고 뉴먼의 〈지고한 영웅〉은 그러한 혜안을 회화를 통해 느끼게 한다.

나의 존재는 너[43]와의 관계로부터 그리고 그것은 생명의 바탕인 '장(場)' 안에서…

## 3. 숭고한 삼색: 생명장

〈누가 빨강, 노랑, 파랑을 두려워하랴(Who's afraid of Red, Yellow and Blue Ⅳ)〉 (1969~1970)

뉴먼의 예술적 유언이라고 할 수 있는 〈누가 빨강, 노랑, 파랑을 두려워하랴〉를 살펴보면 우선 이 작품의 크기는 세로 274cm, 가로 603cm이다. 이 작품은 이전의 작품들의 주요한 특징이던 띠가 존재하지 않고 세 개의 정사각형이 존재하는데 테두리가 존재하지 않아 이 사각형들의 면적이 사방으로 계속 확장해 나가는 것 같다. 즉 저 색면들은 크기가 한정되지 않는다. 그리고 이전 작품들과 마찬가지로 식별가능한 대상이나 어떤 미술적 기교나 기술도 없고 사각형을 제외한 어떠한 형태도 존재하지 않으며 무엇인가를 묘사하지도 않았다.

이 작품 안에는 단지 세 가지 색면만 존재하는데 이 세 가지 색들은 세상에 존재하는 다른 모든 색들이 될 가능성이 있는 색들이다. 이 색들은 그 바탕에 깔려 하나의 색으로 환원되고 있는 것처럼 보인다. 결국 이 작품의 형태와 색채라는 시각적 사실은 숭고의 신비로운 감정을 일으키고 사라지는 것이다.

리오타르는 "숭고의 감정에서 본질적인 것은 보일 수 없는 것 또는 표현될 수 없는 것을 암시하는 것에 있다."[44]라고 했다. 말하자면 보여질 수 없고 표현될 수 없는 숭고가 우선 일어난다는 것이다. 뉴먼의 작품 〈십자가의 정거장〉은 예수가 나타나지 않지만, 여기의 예수처럼 '표현할 수 없는 것'을 증명하기 위한 실험인 것이다. 곧, 숭고한 생명장의 드러남이다.

생물학의 가장 근본적인 질문은 물론 '생명이란 무엇인가'이다. 그러나 그 못지않게 생물학자들이 매달려온 주제는 '난자와 정자가 결합이란 다음 세포분열이 일어나는 과정에서 세포들이 어떻게 특정 형태로 발전하는가' 하는 의문이다. 이 의문에 답을 구하기 위해 평생을 두고 연구한 사람 중 하나가 미국 예일대의 해롤드 버(Harold Burr)이다.

그는 자신이 개발한 정밀한 약전압 측정 장치를 통해 난자의 주위에 미약한 전장(電場)이 있음을 발견했다. 그는 이 측정 결과를 토대로 '생명체의 외부에는 형상에 대한 정보가 실려 있는 에너지장이 존재하며, 이 에너지장이라는 틀에 의해 생명체의 세포가 제멋대로 분열하지 않고 특정 형상을 갖춘 형태로 분열해간다'[45]고 주장했다. 버 교수는 이 에너지장을 생명장(生命場, life field)이라고 이름 지었다. 그에 따르면 달걀의 경우 수정란과 무정란 사이에서 장의 차이가 감지되었는데, 이것은 수정란의 경우 세포가 분열할 때 아무런 방향성 없이 무작정 분열하는 것이 아니라 생명장에 실린 정보에 따라 닭의 형상을 갖추면서 세포분열이 일어난다는 것을 암시한다.

이와 비슷한 개념으로 '형태형성장(形態形成場, Morphogenetic Field)'[46]의 존재를 주장한 학자도 있었다. 이 개념은 1970년에 영국의 루퍼트 셸드레이크(Rupert Sheldrake)가 제안한 것으로, 유전에 의한 형질의 획득을 주장한 다윈(Charles Darwin)의 학설에 정면으로 도전하는 내용이어서 발표 당시 큰 반향을 불러일으킨 바 있다. 그 내용은 어느 생물체든 태어나면서부터 유전적인 형질에 의해 모든 것이 결정되는 것이 아니라, 출생 이후 쌓이는 경험과 지식에 의해 형태를 결정하는 어떤 틀이 형성된다는 것이다.

이러한 에너지장을 두고 기(氣)라고 하는 사람들도 있으나, 현재로서는 선뜻 수긍하기는 어렵다. 기의 실재 자체를 부정할 수는 없으나, 그 속성이 어떠한 것인지, 그리고 그것을 어떻게 측정하는지에 대해서 아직 명확하게 확립된 방법이 없기 때문이다. 에너지장의 개념들은 전자기파의 개념에 근거를 두고 있는 것으로, 다만 그 강도가 매우 약하기 때문에 지금껏 감지가 되지 않았다고 할 수 있다.

그러나 이 개념에서 더 나아가 아직 그 물질적 실체가 분명하지 않은 '아우라(aura)'라는 어떤 장이 인체를 둘러싸고 있다는 설명도 있으며, 우주 전체가 하나로 연결되어 있다는 것도 전자기의 개념으로는 설명이 불가능하기 때문에 홀로그램 통신이 이루어지기 위해서는 우주 전체를 꿰는 공통적인 매질, 곧 에테르라는 것이 존재한다는 주장도 제기되고 있다.[47]

생명장! 이것은 생물 개체들을 보이지 않게 서로 연결하는 것이다. 이 생명장이 연결되어 있어 생물들은 서로 멀리 떨어져 있어도 하나의 유기체적인 정보를 주고받을 수 있고, 전체 시스템의 한 구상체로서의 특장(特長)도 지니게 된다.[48]

생명장은 셀리 맥훼이그(S. Mcfague)의 유기적-생태학적 모델로 '하나님의 몸으로서의 세계'[49]나, 야기 세이이찌의 개체들 사이의 상호 관계, 또는 그러한 상호관계를 통해서 이루어진 공동체 내지 시스템, 그 통합 개념으로 장(場)의 이론과 김지하가 말한 '화엄 통신망'은 같은 맥락을 이루고 있다고 할 수 있다.

인간은 20세기에 들어와서 과학기술을 통하여 개발과 발전이라는 이데올로기를 내세우며 땅을 파고 도시를 건설하면서, 지구 전체 생태계와의 관계 속에서 조절 능력을 잃어버리고 생태계 전체로 그 암세포적인 기능을 이루어 왔다. 그러나 이제 인류는 번영만을 추구할 것이 아니라, 전체 생명그물과의 관계 속에서 인간이 어떠한 역할을 해야 할 것인가를 자각할 때이다.

지구상의 모든 생명체는 독립적으로 존재하는 것이 아니라 마치 그물처럼 서로 얽혀 있고, 유기체적으로 서로 연관되어 있다. 즉 사물은 개체의 단순한 집합이 아니라, 하나의 총체로 존재한다는 사실이다. 그리고 그 총체는 바로 생명의 '바탕'으로서 장(場)이라고 할 수 있다. 그리고 장은 신의 다른 이름이다.

## Ⅲ. 지금 숭고는 어디에?

숭고를 드러내는 데에는 두 가지 방식이 있는데 19세기 낭만주의 화가들은 무한한 크기의 자연을 화폭에 담아 숭고의 감정을 표현하려고 노력했다. 즉 인간과의 대비를 통해 자연의 장엄함을 간접적으로 그려내려고 한 것이다. 하지만 뉴먼은 대상의 묘사를 완전히 포기하고 새로운 방법으로 숭고를 야기하고자 했다. 리오타르는 묘사를 부정하고 어떤 묘사할 수 없는 것이 있음을 증명한다는 뜻을 담아 이러한 방법을 일컬어 숭고의 '부정적 묘사'라고 불렀다. 뉴먼의 작품은 리오타르가 말하는 부정적 묘사로 숭고를 드러낸 것이다.

뉴먼의 화면은 일차적으로 규모의 거대함을 지닌다. 그의 작품은 양적 측면에서 숭고를 야기하고자 하지만, 거대한 붉은 색면은 공포의 관념을 덜어주고 있다. 즉 공포로 압도하는 강제력을 갖지 않고 위력 그 자체를 초극

하는 관조의 차원을 보여준다. 하지만 리오타르의 포스트모던 예술의 시각에서 뉴먼에 주목해야하는 부분은 규모의 거대함이 아니라, 그의 작품에서 발견되는 명백한 단순성이다. 뉴먼의 그림은 〈단일성 I〉과 〈지고한 영웅〉을 보면 알 수 있듯이 단색으로 칠한 캔버스 위에 한두 개 정도의 수직선을 그리는 것으로 이루어져 있다. 이러한 최소한의 표현이 예술이 세계를 재현하거나 그에 관한 이야기를 들려주거나 보여주어야 한다는 인간주의적 관념에 대한 저항을 표현하는 것이다. 곧, 신은 인간에 의해 파악되는 것이 아니라, 자기 계시로 고백과 숭고의 대상이라는 것이다.

따라서 리오타르의 입장에서 뉴먼의 그림을 본다는 것은 어떠한 숨겨진 의미가 없고 판독되어야 할 복잡한 기교를 감춰둔 것이 아니다. 즉 이해하거나 해석할 시간이 필요 없는 그림과 대면하는 것이다. 뉴먼의 대표작중 하나인 〈누가 빨강, 노랑, 파랑을 두려워하랴〉를 보면 볼 수 있는 것이라고는 단지 정사각형 모양의 빨강, 노랑, 파랑의 색면만이 존재할 뿐이다. 이 그림에서 이해하거나 해석할 무엇이 있겠는가? 그러나 이 이미지는 일단 거대한 화폭에 사람들의 발걸음을 멈추게 하고 뭔가 불편한 느낌이 들게 만들며 이것이 숭고의 기분을 불러일으킴으로써 보는 이를 사로잡는다.

이와 같이 이 작품이 일으키는 숭고한 느낌은 경험에 대한 일상적 의식을 혼란시키는 시간의 또 다른 감각, 곧 사건의 시간에 다가갈 수 있게 해준다. 숭고는 다른 어떤 특정한 곳에 존재하는 것이 아니라 지금, 여기서 무엇인가 일어난다는 것으로서 존재하는 것이다. 따라서 서두에 인용했듯이 신은 숭고의 대상으로 만나는 절대무의 장이지, 개념적 파악의 대상이 아닌 것이다.

## 주석

1 김경재, 「최수운의 범재신론」, 『과정철학과 과정신학』(서울: 전망사, 1988), p. 101.

2 Horst G. Pöhlmann, 이신건 역, 『교의학*Abriss der dogmatik*』(천안: 한국신학연구소, 1989), p. 152.

3 철학자 임마누엘 칸트(Immanuel Kant)는 숭고미의 개념을 '수학적 숭고미'와 '역학적 숭고미'로 나누어서 정의했는데 전자는 상상할 수 없는 것을 상상하게 함으로써 인식의 외연을 확장시키는 것이고, 후자는 유약한 자아를 성찰하게 함으로써 실천 이성을 고양시키는 것이라고 한다. 임마누엘 칸트, 백종현 역, 『판단력 비판』(서울: 아카넷, 2009) 참조.

4 바넷 뉴먼은 1905년 미국 뉴욕 주 맨해튼의 폴란드계 유태인 이민 가정에서 태어났다. 1922년부터 1926년까지 아트스튜던츠리그에서 공부하면서 동시에 뉴욕시립대학교에서 철학을 전공하여 1927년에 졸업했다. 부친의 의류사업에 뛰어들었다가 1929년 경제대공황으로 인해서 파산한 뒤 1937년까지 어렵게 경영을 계속하면서 고등학교에서 미술을 가르치기도 했고, 1934년에는 뉴욕시장에 출마하는 등 정치에도 적극적으로 참여했다.

5 구체적인 사물을 묘사하지 않고 캔버스 전체를 단일 색상으로 뒤덮은 추상회화를 뜻한다.

6 띠는 일관된 색채로 이루어진 잘 알려지지 않은 커다란 면(색면)에 침투하거나 그 속을 통과하는 또 다른 색채의 기둥인 단선, 즉 띠를 뜻한다. 이러한 띠와 함께 뉴먼의 작품 구조에 중심적인 역할을 하는 것이 '규모(Scale)', 즉 거대한 화폭의 규모이다. 뉴먼 작품의 기표적인 분석 검증에서 드러나는 바는, 사각형태의 거대한 화폭의 규모는 작품 해석을 위한 주요 회화 언어로서 자리 잡고 있으며, 띠와 색면추상을 위한 바탕으로 작용한다고 할 수 있다.

7 이후 1948년에 뉴먼은 마크 로드코(Mark Rothko), 로버트 마더웰(Robert Motherwell) 등과 협력하여 예술가의 주제학교를 설립했으며 1950년대 초반 추상 표현주의의 화가들이 자유롭게 의견을 발표했던 잡지 『호랑이의 눈』의 부주필로 활약하기도 했다. 추상표현주의가 대두하기 시작한 1950년대 초반부터 뉴먼은 뉴욕 화단에서 빼놓을 수 없는 존재였으나, 그가 미국을 이끄는 예술가의 한 사람으로 인정받게 된 것은 거의 60

세가 다 되어서였다. 그는 1970년 65세의 일기로 뉴욕에서 생을 마감했다.

8 리오타르, 이현복 역, 『지식인의 종언』(서울: 문예출판사, 1993), p. 32.

9 Ibid., p. 33.

10 기성의 예술 관념이나 형식을 부정하고 혁신적 예술을 주장한 예술 운동. 또는 그 유파. 20세기 초에 유럽에서 일어난 다다이즘, 입체파, 미래파, 초현실주의 등을 통틀어 이른다.

11 Ibid., pp. 176–177.

12 Ibid., p. 157.

13 원효의 일심(一心)과 여래장 사상(如來藏, 중생은 그 태(胎)에 여래를 간직하고 있다는 사상) 법신(法身)과 동의어이다. 원효는 일심을 궁극적 실재로 파악하고 있다. 따라서 비록 모든 삼라만상이 비록 상이한 상(相)과 용(用)을 가지고 있지만 본질에 있어서는 하나이며 그 하나의 의미를 깨닫고 그 하나의 원류를 회복하는 일이야말로 원효 불교의 궁극인 것이다. 즉, 원효의 체–상–용(體–相–用), 풍류도의 한–삶–멋, 성부–성자–성령의 삼위일체가 법신–보신–응신에 유비될 수 있을 것이다. 이에 대해서는 김경재, 『해석학과 종교신학』(천안: 한국신학연구소, 1994), pp. 141–142 참조.

14 오해가 없기 위해 에크하르트의 용어를 빌어 설명하면, "존재는 하나님이다. 우리들의 삶이 존재인한 그것은 하나님 안에 있다. 하나님 안의 가장 보잘 것 없는 것, 예컨대 하나님 안에서 발견된 꽃은 우주보다도 더 완전할 것이다. 존재로서 하나님 안에 현재하는 가장 천한 것도 천사의 지식보다 더 훌륭하다." 스즈끼 다이세쯔, 강영계 역, 『에크하르트와 禪』(서울: 主流一念, 1982). pp. 20–21.

15 이러한 신(神)과 신성(神性)을 서양신학이 구별하지 못한 이유는 두 가지이다. 그 첫째는 '신을 넘어선 신'(God beyond God)을 말하는 것이 두려웠기 때문이고–왜냐하면 보신적 신관에 숙달된 사람에게 법신적 신관을 말한다는 것은 배척을 받을 것이 당연하기 때문이다. 둘째로 교황청과 교부들이 신과 신성을 함께 말해야 완벽한 신관이 될 수 있다는 것을 알았음에도 불구하고 창조주 한 분 하나님과 자기들의 교권을 일치시켜 놓았기 때문에 '하나님을 넘어선 하나님'을 말한다는 것은 자기들의 교권의 권위를 흔드는 것으로 판단, 신성을 말하는 사람을 이단으로 처형했던 것이다. 사실, 알렉산드리아의 클레멘트(Clement)는 '이스라엘의 하나님은 하늘과 땅의 주권자로 지배하시는 주인이시오, 심판자이다. 땅위의 누가 하나님의 이 권한을 위임받았는가? 바로 교황과 사제와 부제들'이라고까지 했다. 유스토 L. 곤잘레스., 서영일 역, 『초대교회사』

(서울: 은성, 2003) 참조.

16 100년 이상의 역사를 지닌 교토학파는 불교적 기독교, 곧 공(空)의 신학적 해석을 통하여 유신론 이후시대에 새로운 하나님 사유 가능성을 제시하는데, 이는 서구 기독교 신학자들에게 신선한 충격을 안겨 주었다. 니시다 기타로, 하지메 다나베, 히사마찌 신이찌, 아베 마사오, 니시다니 게이이찌, 우에다 기따로 등이 있다.

17 니시다의 장소적 논리는 주어, 술어 구조를 충분하게 초월하지 못했던 모든 형태의 전통적인 서구의 '대상논리'와 대결하며 서있다. 즉, 장소적 논리는 주어적 논리가 아니라 술어적 논리인 것이다. 아베 마사오, 변선환 엮음, '니시다 철학의 장소사상', 『선과 종교철학』(서울: 대원정사, 1996), pp. 22-62 참조.

18 무다이 리사쿠는 니시다의 최후의 논문인 「장소적 윤리와 종교적 세계관」의 가장 확실한 이해자였다. 무다이는 이 논문과의 대론에서 일본의 신학적 실존의 장소를 밝히고 있다. 도대체 장소란 무엇인가? 무다이는 예를 들고 있다. "의자는 책상 앞에 놓이고 액자는 벽에 걸려있지 않으면 안 된다." 그런 것 가운데 단지 공간과는 다른 장소가 암시되어 있다. 그것이 암시하는 것같이 인간을 존재케 하는 장소가 있는 것이다. 그런데 인간은 이 장소에 대해서 모른다. 즉 소재(所在)와 혼동한다. 이것이 종교적인 물음이며 니시다는 이 물음에 대해서 개(個)로서의 인간 존재를 성립시키고 있는 장소를 밝히려고 한다. 그 탐구가 「장소적 윤리와 종교적 세계관」이 되었다. 이 장소의 문제를 니시다는 유래가 없는 철저성을 가지고 규명했던 것이며 무다이는 거기에서 니시다 철학의 본질을 보았던 것이다. 장소의 문제는 인간의 '소재'의 물음에 함축되어 있다. "우리들이 자기라고 하는 것은 무엇인가, 그것은 어디에 있는 것인가, 자기 그것의 본체의 문제, 그 소재의 문제인 것이다." 종교심이란 분명히 이 자기의 소재에 대한 의식이다. 종교심은 반드시 '죽음의 자각'에 맞부딪친다. 소재의 문제 그것은 죽음의 자각에서 깊은 자기모순과 함께 나타난다. 이 깊은 자기모순이 인간에게 소재의 문제를 야기하는 것이다. 니시다는 죽음의 자각으로부터 개의 극한에 초월의 차원으로 전환하고 있지만 그 전환점, 접점을 '역대응'이라든지 '역한정'이라고 하는 니시다 독특한 말로 표현하고 있다. 죽음의 자각에서 개(個)로서의 인간이 직면하는 것은 자기에 대한 절대의 무, 절대의 부정이다. "절대는 자기 속에 절대적 자기 부정을 포함하지 않으면 안 된다. 이렇게 해서 자기 속에 절대적 자기 부정을 포함하는 것은 자기가 절대의 무가 되지 않으면 안된다. 자기가 절대적 무가 되지 않는 한 자기를 부정하는 것이 자기에 대해 일어나는 즉 자기가 자기 속에 절대적 부정을 포함하는 것은 이야기되지 않는다.

때문에 자기가 자기 모순적으로 자기에 대립한다고 하는 것은 무가 무 자신에 대해서 일어난다고 하는 것이다. 진정한 절대란 이와 같은 의미에서 절대 모순적, 자기 동일적이 아니면 안 된다. 우리들이 하나님이라고 말하는 것을 논리적으로 표현할 때 이렇게 말하는 것에 지나지 않는다. 하나님은 절대의 자기 부정으로서 역대응적으로 자기 자신에 스스로 있고 절대의 무가 되는 까닭에 절대의 유로서 있는 것이다." 이 절대적 자기모순의 동일적 장소에서 '진정한 자기'는 성립된다. 이것이 '장소적, 논리적 신학'에서의 '하나님'이해이다. 이 '절대자는 어디까지나 우리들의 자기를 포함하는 것으로 있는 것이다. 어디까지나 등을 돌리고 달아나는 우리의 자기를 어디까지나 좇으며 이것을 포함하는 것이다. 곧 무한의 자비인 것이다. 여기에 자기 성립의 '장소'가 있게 된다. '이러한 절대자의 자기 부정에서 우리의 자기의 세계, 인간의 세계가 성립하는 것이다.' '인간은 하나님의 절대적 자기 부정에서 성립한다.'

19 니시타니 게이이치, 정병조 역, 『종교란 무엇인가』(서울: 대원정사, 1993), p. 410 참조. 또한 카프라(F. Capra)도 현대 물리학과 동양사상의 신비주의를 비교하면서 현대 물리학의 장이론과 동양 신비주의 허(虛), 공(空) 이론과의 유사성을 지적한다. 틸리히(P. Tillich)도 하나님을 '존재 자체', '존재의 힘', '존재의 지반'으로 설명했는데 이것은 현대물리학의 통일장과 유비될 수 있을 것이다. 김경재, 김상일 편, 『과정신학과 과정 철학』(서울: 전망사, 1994), pp. 124–126 참조.

20 진중권, 『진중권의 현대미학 강의』(서울: 아트북스, 2003), pp. 235–236.

21 장은 Place, Field, Topos, 장소, 절대무(絶對無) 등과 동일시되는 것으로 전적으로 대상화 될 수 없는 모든 것을 포괄하는 궁극적 실재, 즉 유(有)와 무(無)의 이원성을 완전히 초월한 절대무의 장소이다. 또한 장소 안에서 각 개체 존재들이 통합에의 능력을 받게 되고, 거기서 통합이 이루어지는 공간 내지 마당과 같은 것으로 신(神)은 바로 이 마당과 같은 존재이다.

22 다음은 변선환, '야기 세이이찌의 聖書解釋學과 禪佛敎 I', '야기 세이이찌의 聖書解釋學과 禪佛敎 II', 『신학과 세계』 14–15호, '야기 세이이찌의 장소적 기독론'『신학사상』16집, 한국신학연구소, 1977년, 야기 세이이찌·레너드 스위들러, 이찬수 역, 『불교와 그리스도교를 잇다』(왜관: 분도 출판사, 1996) 등을 정리 요약했다. 야기에 관한 연구 문헌은 아래와 같다. Seiichi Yagi, "Buddhism and Christianity" in: *the Northeast Asia Journal of Theology*, No 20/21 (March/September 1978); Kenzo Tagawa, "The Yagi–Takizawa Debate," in: *The Northest Asia Journal of Theology*, 1 (1969. 3), pp. 41ff.;

John O. Barksdale, "Seiich Yagi's Typology of New Testament Thought," in: *The Northest Asia Journal of Theology*, No. 17(1976. 9), pp. 36ff ; John Cofb Jr. and Seiichi Yagi, "Buddhism And Christianity: A Dialogue between Drs. John Cofb Jr. and Seiich Yagi" in: *The Northest Asia Journal of Theology*, No. 20/21 (March/September 1978) ; 小川圭治 "キリスト教と佛教の出會い—八木解析學をめぐって", 福音と世界, 1984. 8 ; Pyun Sun-Hwan, *The Problem of the Finality of Christ in th Perspective of Chirstian-Zen Encounter: Carl Michalson and Seiichi Yagi* (Doctor Diss. Universtät Basel, 1975).

23 일본의 그리스도교라는 경우 그것은 '그리스의 그리스도교' 내지는 '게르만의 그리스도교'라는 경우와 유비 된다. 그리스도교와 일본의 만남은 단지 새로운 선교 대상과의 만남이라고 하는 외연적인 의미에 머물러 있지 않고 역사적 그리스도교의 체질 규정이라고 하는 중대 문제에 걸리게 되고 따라서 일본이 그리스도교에 있어서 내포적인 의미를 갖는 것에 이를 것이다. 이와 같은 기독교의 신학 즉 일본의 신학이 '하나님의 아픔의 신학'이라고 기다모리 가조는 주장한다. 1960년을 전후하여 카알 마이켈슨(Carl Micnalson)도 『기독교 신학에 대한 일본의 공헌』(1960)이라는 일본 신학 연구서에서 일본에서 가장 독창적인 신학자로 기다모리 가조를 들었다. 그러나 오늘날 때가 차서 일본에서는 다끼자와 가쯔미를 비롯하여 야기 세이이찌와 같은 신학자들이 나타나서 동북 아세아의 선불교와의 적극적인 대화의 관점에서 새로운 신학을 만들어 나가고 있다.

24 八木誠一, キリスト教は信じうるか?, (講談社, 1970), p. 60.

25 이찬수, "야기 세이이찌의 불교적 신학", 『불교와 그리스도교를 잇다』, p. 265에서 재인용.

26 변선환, "야기 세이이찌의 聖書解釋學과 禪佛教 II", 『신학과 세계』 15, 1987, p. 450 각주 6에서 재인용.

27 야기에 의하면 장은 삼위일체의 구조를 지닌다. 본래적인 종교적 실존의 궁극적 근저가 하나님(작용의 궁극적 주체)이고, 그리스도는 그 실존을 성립시켜 주는 규정(통합에의 규정, 작용의 내용)이며, 이 규정의 성취자가 성령(작용의 전달자)이다. 장은 근저와 규정과 성취자라는 삼개 조로 되어 있다. 그리고 각각은 자체 안에 다른 둘을 함축한다. 한마디로 장은 근저(有, 하나님)·규정(無, 그리스도)·성취자(生成, 성령)의 삼위일체 구조로 이루어져 있다는 것이다. 이러한 구분은 불교의 삼신론, 즉 법신(무형 자체)·보

신(가령 아미타불)·화신(가령 고타마)에 상응한다. 하지만 불교에서는 그리스도교처럼 삼위일체를 엄격한 교리로 신봉하지는 않는다. 야기 세이이찌·레너드 스위들러, 『불교와 그리스도교를 잇다』, p. 95 각주 11 참조.

28 이찬수, "야기 세이이찌의 불교적 신학", 『불교와 그리스도교를 잇다』, pp. 253–254에서 재인용.

29 여기서 야기는 제일의 접촉에 중심을 두고 있는 다키자와에 대해서 다음과 같이 비판한다. "다키자와에 따르면 제일의 접촉은 모든 인간에 무조건적으로 속한다. (…) 하지만 (…) 제일의 접촉은 자아 안에서, 그리고 자아에 대해서 스스로를 현시할 때에야 살아 움직이게 될 것이다. 달리 말하면, 제이의 접촉 안에서야 영향력을 행사할 수 있게 되리라는 것이다. 제이의 접촉이 제일의 접촉을 불러일으키는 것은 아니더라도, 양자는 서로를 조건 짓는다. 제이의 접촉이 생겨나기 전에는 사실상(de facto) 제일의 접촉이란 없다. 그렇다면 다키자와가 그렇게 말했음에도 불구하고 제이의 접촉의 가능성이 예수를 통해서, (…) 예수가 제일의 접촉에 눈뜨기 전에는 사실상 제일의 접촉이란 없다고까지 말할 수 있다." 야기 세이이찌·레너드 스위들러, 『불교와 그리스도교를 잇다』, p. 224.

30 Seiichi Yagi, "Buddhist–Christian Dialogue in Japan: Varieties of Immediate Experience", *Buddhist-Christian Studies* 14 (1994), p. 12.

31 뉴먼의 14편의 연작인 〈십자가의 길(Stations of the Cross, 1958–1966)〉은 예수의 십자가길 14처를 소재로 그린 작품이다. 이 작품을 통해 뉴먼의 창조 개념이 종교와 연결된다는 것을 알 수 있다. 하지만 이 작품에서 십자가를 어깨에 메고 골고다 언덕으로 가는 예수의 모습을 찾아볼 수는 없다. 즉 예수의 모습은 표현되어 있지 않고 단지 흰색과 검은색의 색면만으로 예수의 숭고함을 나타내려고 한 것이다. 참자아의 실현자로 예수와 부처의 만남을 엿볼 수 있는 대목이다. 〈십자가의 길〉은 동영상은 http://flaglerlive.com/21209/barnett–newman–stations–of–cross/ 참조.

32 야기 세이이찌의 저서는 아래와 같다. 八木誠一, 新約思想の成立 (新教出版社, 1963) ; 八木誠一, 聖書のキリストと實存 (新教出版社, 1967) ; 八木誠一, **イエス** (清水書店, 1968) ; 八木誠一, **キリストとイエス** (講談社, 1969) ; 八木誠一, **キリスト教は信じうるか?** (講談社, 1970) ; 八木誠一, 新約思想の探求 (新教出版社, 1972) ; 八木誠一, 佛教とキリスト教の接點 (法藏館, 1975) ; 八木誠一, **イエスキリストの探求** (産報ブックス, 1976) ; 八木誠一, 愛とエゴイズム (東海大學出版社, 1976) ; 八木誠一, **イエスとニヒリズム** (青土

社, 1979) ; 八木誠一, 自我の虛構と宗教 (春秋社, 1980) ; 八木誠一, キリスト教の根據と本質 (理想社, 1982) ; 八木誠一, パウロ·親鸞·イエス·禪 (法藏館, 1983) ; Yagi Seiichi, *Ulrich Luz Hrg., Gott In Japan* (Chri Kaiser, 1973) ; 龍澤克己·八木誠一, 神はどこで見出されるか? (三一書房, 1977) ; 久松眞一·八木誠一, 覺の宗教 (春秋社, 1980) ; 八木誠一·阿部正雄, 佛教とキリスト教·龍澤克己との對話を求めて (三一書房, 1977) ; 八木誠一·秋月龍珉, 歷史のイエスを語る·佛教とキリスト教の對話のために (春秋社, 1984) ; 八木誠一·秋月龍珉, キリスト教の誕生 (青土社, 1985).

33 변선환,『종교 간대화와 아시아신학』(천안: 한국신학연구소, 1996), p. 321.

34 Ibid., p. 323에서 재인용.

35 야기 세이이찌·레너드 스위들러,『불교와 그리스도교를 잇다』, p. 225.

36 Ibid., p. 228.

37 변선환, "야기 세이이찌의 場所的 基督論",『신학사상』16, 1977, pp. 214–224 참조.

38 야기 세이이찌·레너드 스위들러,『불교와 그리스도교를 잇다』, p. 226.

39 변선환, "야기 세이이찌의 場所的 基督論", p. 214에서 재인용.

40 Ibid., p. 218에서 재인용.

41 Ibid., pp. 219–220에서 재인용.

42 야기 세이이찌·레너드 스위들러, Ibid., p. 229.

43 마르틴 부버가 주장한 것처럼 여기서 '너'라는 개념은 자연까지도 포함한다. 따라서 자연도 '그것'이 아닌 인격 대 인격의 관계, 곧 나와 너의 관계로 보아야 하며, 이러한 '인격적 생태주의(personalistic ecology)'야말로 진정한 지구생명 공동체의 장(場)을 열 수 있을 것이다.

44 J. 리오타르, 이현복 역,『지식인의 종언』(파주: 문예 출판사, 1993), p. 33.

45 방건웅, "고구마를 씻어먹는 원숭이",『신과학이 세상을 바꾼다』(서울: 정신세계사, 1997), p. 118.

46 형태형성장은 단지 개체 내에서의 정보 뿐 아니라, 생물 개체들을 보이지 않게 서로 연결해 주는 것이다. 생물들은 서로 멀리 떨어져 있어도 하나이 유기체인 것처럼 정보를 주고받을 수 있고 전체 시스템의 한 구성체로서의 특징을 지닌다는 것이다. 이는 다시 말해 학습에 의해 형태를 결정짓는 요인이 좌우된다는 이론으로, 아직은 검증이 필요한 상태이다. 이 형태형성장의 물리적 실체는 아직 밝혀진 바 없으나, 그것이 경험과 지식에 의해 형성되면서 계속적으로 바뀐다고 하는 질문에 대해서는 아직 대답을 하

지 못하고 있으나, 그것 또한 일종의 에너지장이 아닐까 하는 추정은 가능하다. 방건웅, 『신과학이 세상을 바꾼다』(서울: 정신세계사, 1997), pp. 119—120 참조.

47 Ibid., pp. 121—122.

48 이와 관련하여 '100마리째 원숭이'로 알려진 유명한 이야기는 커다란 시사를 던져준다. 일본의 큐슈 동부해안에서 조금 떨어진 코시마라는 섬에는 일본 원숭이인 마칵 원숭이가 집단으로 서식하는데 1952년부터 이마니시라는 학자가 중심이 되어 이 원숭이들에게 먹이를 공급하면서 이들이 어떻게 학습을 하는가에 대한 연구를 진행했다. 연구자들이 공급한 먹이 가운데에는 진흙이 묻은 생고구마가 있었는데, 이것을 처음 본 원숭이들은 커다란 호기심을 보이면서도 어떻게 먹는지를 몰라서 이리저리 궁리만 하고 있었다. 그러다가 '이모'라고 불린 천재 원숭이가 물에 씻어 먹는 방법을 발견했다. 이 암원숭이는 곧 자신이 개발한 신기술을 주위 동료들에게 전수했고, 5년여가 흐른 다음에는 섬 전체의 원숭이들이 이 방법을 알게 되었다. 이상한 일은 그 뒤에 일어났다. 이때쯤 해서 몇몇 원숭이들이 고구마를 민물이 아니라 바닷물에 씻어 먹기 시작했는데, 민물에 씻어 먹는 것보다 바닷물에 씻어 먹는 것이 더 위생적이고 맛도 새로워진다는 것을 알게 되었기 때문이었다. 원숭이들은 역시 이 방법을 주위의 동료들에게 알리기 시작했는데, 그 숫자가 100마리에 이르자 갑자기 핵반응이 일어나는 것처럼 놀랍게도 섬 전체의 원숭이들이 하루 만에 거의 다 알게 되었다는 것이다. 더욱 놀라운 것은 서로 교류가 없는 이웃 섬의 원숭이들과 멀리는 혼슈의 다가사키 산에 살고 있던 원숭이들까지도 거의 동시에 바닷물에 고구마를 씻어 먹는 방법을 알게 되었다는 것이다. 과연 이러한 정보는 어떻게 전달된 것일가? 또 다른 예로 영국의 텃새인 푸른 박새가 우유병의 뚜껑을 부리로 쪼아 우유를 먹는 방법을 알게 되자, 이것이 금세 대륙의 박새들에게 전파되어 전 유럽에서 우유병 쪼는 소리가 들리게 된 일을 들 수 있다. 영국의 박새가 바다 건너 유럽 대륙의 박새들에게 그 방법을 가르쳐줄 수는 없는 것이, 이 텃새의 활동 범위는 15km를 넘지 못하기 때문이다. 유럽의 박새들은 어떻게 그 방법을 알게 된 것일까? 이와 비슷한 예들은 무수히 많아서, 일일이 열거하기 힘들 정도이다. 이러한 현상들을 보면서, 우리는 이 우주가 하나의 유기체로서 서로 보이지 않게 연결되어 있으면서 상호작용을 통해 자기조직하고 발전하고 진화하는 것이 아닌가 하는 생각을 해볼 수 있다. 비유하자면 우주에 존재하는 모든 것은 우리 몸의 세포이고 우주 전체는 하나의 유기체, 혹은 시스템으로써 全에 해당하는 존재라고 볼 수 있는 것이다. 방건웅, 『신과학이 세상을 바꾼다』(서울: 정신세계사, 1997), pp. 122—123

참조.

49 S. McFague, *Models of God: Theology for an Ecological, Nuclear Age* (Philadelphia: Fortress, 1987) 참조.

# Chapter 7.

# 존재 물음과 열린 종말론, 안셀름 키퍼의 회화에서 발견하다

## Ⅰ. 존재를 묻는 화가 안셀름 키퍼와 종말론의 물음

지금은 자신의 존재에 대해 진지하게 물음을 던지지 않는 시대이다. 대신 '어떻게 하면 먹고 살 수 있을까'에 대해 질문한다. 하이데거(M. Heidegger)는 '오직 인간만이 존재에 대해 물음을 던질 수 있는 존재자'라고 했다. 그렇다. 존재에 대해 고민할 수 있다는 것. 그것은 인간에게만 주어진 특권이자 의무이다. 짐승도 생존하기 위해 투쟁한다. 하지만 짐승은 스스로의 존재를 고민할 수도 없고 하지도 않는다. 따라서 인간으로 태어나 자신의 존재에 대해 깊게 생각하지 않는 것은 짐승과 같은 삶의 방식을 선택하는 것과 같다.

안셀름 키퍼(Anselm Kiefer, 1945~ )는 인간의 삶을 선택한 사람이었다. 그는 예술을 통해 특수한 역사적 상황 가운데에 놓인 자신의 정체성에 대해 끊임없이 고민했다. 한 신문사와의 인터뷰에서 키퍼는 "내 존재가 어디서 왔는가 하는 질문이 평생 가장 중요한 화두였다."[1]라고 말한다. 존재에 대한 키퍼의 끈질긴 물음은 그의 작품 속에 고스란히 나타난다. 그의 작품은 보는 이에게 경이로움과 숙연함을 안겨준다. 마치 삶에 대한 그의 진지한 성찰이 보는 이에게 전염되는 것처럼 말이다.

하이데거는 인간 존재는 무(無)를 향해 달려가는 존재라고 한다. 사람은 죽는 존재다. 죽어야 한다. 그리고 그 죽음을 스스로 의식하기 때문에 괴롭다. 사실, 죽음은 창조주 다음으로 막강한 힘을 가진 것 아닌가! 아리스토텔레스(Aristoteles)에 따르면 모든 사물은 세 가지 존재 관계를 가진다. '시작–중간–마지막'이다. 따라서 인간도 이러한 세 존재구조 속에서 존재한다. '전생–현생–내생'이 바로 그것이다. 사람들이 전생에 대해 관심을 가지지 않으나 내생에 대해 큰 관심을 가지기에 종교와 종말론은 인간 존재의 당연한 물음이 된다.[2]

신약성서에서 종말(eschaton)이 현재적이냐, 미래적이냐 혹은 피안적인 것으로 이해되느냐, 종말이 우리 안에 있느냐 우리 앞에 있느냐 아니면 우리 너머에 있느냐에 따라서, 시간적으로 파악되느냐 아니면 초시간적으로 파악되느냐에 따라서 세 가지의 종말론을 찾아볼 수 있다. 그것은 바로 '현재적 종말론', '미래적 종말론', '초월적(피안적) 종말론'으로 구분할 수 있다.

현재적 종말론은 요한복음에서 발견할 수 있다(요한 3:15, 5:24, 18:36 등). 그러나 요한복음은 실존적, 개인적 종말론의 특성도 보여준다. 반면, 요한계시록은 우주적, 보편적, 미래적 종말론을 전개하고 있다(계 19:11f, 20:1f, 20:11f, 20:22f 등. 각각 그리스도의 재림, 천 년 간의 사탄결박—순교자들의 부활과 천년왕국, 보편적인 죽은 자들의 부활과 최후의 심판, 영원한 하나님 나라를 뜻한다).[3]

이처럼 성서에는 세 가지 종말론이 동시에 존재한다. 이미 왔으나 아직 오지 않았다는 종말론도 바울 신학의 전형적인 시각(빌 3:12–13)이며, 죽음과 부활은 이미 세례에서 일어났으나(롬 6:3f, 골 2:12), 그래도 나중에야 일어날 것(고전 15:12f)이다. 새로운 창조는 이미 실현(고후 5:17)되었으나 아직 이루어지지 않았다(롬 8:19f). 이렇듯 임박한 기대(살전 5:2)와 먼 기대(살후 2:3f)는 조정할 수 없이 병존하고 있는 것이다.

그러나 중요한 것은 종말론의 열쇠 개념은 하나님 나라이다. 공관복음의 입장에서는 하나님의 왕권으로 볼 수 있는데, 그 의미는 '모든 것들의 새로운 상태(J. Schniewind)', '세계의 전환(G. Bornkamm)', '돌입해 들어오는 세계의 완성(J. Jeremias)'이며 기존의 것의 급진적 변혁과 절대적 역사 전환이라 할 수 있다.[4]

신표현주의자로 분류되는 안셀름 키퍼는 전후 독일미술을 대표하는 세계적인 화가로 손꼽힌다. 키퍼는 1945년 독일에서 태어나 독일 프라이부르크 대학 법대를 거쳐 뒤셀도르프 미대에 진학했다. 키퍼는 1969년 〈지배Occupations〉 연작을 발표하면서 주목 받기 시작했다. 그의 작품 〈지배〉는 키퍼가 유럽 곳곳에서 나치식 경례를 하는 장면을 찍은 자화상이다. 이 작품은 서구 미술계를 발칵 뒤집어 놓을 정도로 큰 반향을 일으켰다.[5]

그는 독일이 금기시한 것들을 과감하게 작품 속에 열어놓음으로써 정체성 확립의 새로운 길을 만들고자 노력했다. 그 새로운 길은 문제에 대한 회피와 은폐가 아닌 직면과 탈은폐였다. 그는 이 새로운 길을 개척하기 위해서 기존의 회화 방식과는 다른 방법을 모색해야만 했다. 왜냐하면 그는 '수동적인 관람객'이 아닌 '능동적인 참여자'를 원했기 때문이다. 따라서 자신의 작품을 보는 이들이 스스로의 존재를 물을 수 있는 길을 작품 속에 열어 놓기 위해 노력했다.

기독교 신학에 있어서 종말론이라는 말이 사용된 것이 1844년으로 기억될 정도로 조직신학은 종말론의 신학적 중요성을 간과했고 대다수의 신학자들은 종말론을 조직신학의 마지막 장에 두고 있다.[6] 중요한 것은 슈바이처(A. Schweitzer)의 주장대로 종말론을 조직신학이나 예수의 교훈의 말초적인 것으로 취급할 것이 아니라 핵심적인 것으로 취급해야 하며, 바르트(K. Barth)가 지적한 것처럼 '기독교가 전적으로 종말론적이지 않으면 그 속엔 그리스도와 관련된 것은 아무 것도 없는 것'[7]이며, 몰트만(J. Moltmann)이 강조한 것처럼 '기독교는 전적으로, 완전히 종말론'[8]적인 운동이라면 종말론은 언제나 신학의 중심이 되어야 한다는 것이다. 그리고 안셀름 키퍼의 말처럼, 종말론에 관해서는 수동적 관람자가 아니라, 존재를 묻는 화가로서, 나아가 종말론을 의미를 묻는 신학자로서.

## II. 부재된 공간과 종말의 시간들

### 1. 부재된 공간 속에 새겨진 지명과 도래로서 종말

〈마르흐 헤아(March Heath)〉 (1974)

안셀름 키퍼의 작품 〈마르흐 헤아〉는 대지를 가로지르는 길이 그림의 중심에 있다. 이 길은 지평선을 뛰어 넘어 하늘로 상승하는 것 같다. 끝이 없어 보이는 길을 따라 걸어가면 하늘에 닿을 것만 같다. 그러나 그 길을 걸을 수 있는 존재는 그림 속에 존재하지 않는다. 대신, 그 길 위에 '마르흐 헤아'라는 독일의 지명이 휘갈겨 쓰여 있다. 이 지역은 동독의 베를린 남동쪽에 위치한 곳으로 역사적으로 전쟁이 매우 잦은 곳이었다. 그리고 20세기 이후, 독일인들에게 이 지역은 독일의 아픈 과거인 나치 시대와 독일의 분단을 상기시키는 공간이 되었다.[9]

전체적으로 검은 대지와 하늘은 무언가에 그을린 듯하다. 이 그을림은 자연적인 화재로 발생한 것 같지 않다. 오히려 그것은 인재(人災)로써 전쟁의 상흔을 상기시킨다. 이 그림이 전체적으로 풍기는 어둡고 황폐한 이미지는 "4세기 후반부터 시작된 민족 이동의 시대부터 히틀러 시대까지 독일의 아픈 역사를 반영하는 듯하다."[10] 더욱이 오른쪽에 보이는 앙상한 나무들은 이러한 독일의 역사적 배경에 공허함을 더하는 것 같다.[11]

20세기 후반 기독교 종말론을 주도했던 위르겐 몰트만(J. Moltmann)은 종말을 '도래하시는 하나님'의 관점에서 정의한다. 곧, "종말은 시간의 단순 미래(Futer der Zeit)도 아니고, 무시간적인 영원도 아니다. 종말은 하나님의 도래, 그분의 도착을 가리킨다."[12]라고 한다. 이를 몰트만은 '도래하는 미래(Adventliche Zukunft)', 혹은 '도래(adventus)'[13]라는 개념으로 정리하고, 이를 자신의 '도래하시는 하나님의 종말론'의 출발점으로 삼고 있다.

이러한 종말론적 개념은 근대적 인간이 스스로 자신의 미래를 통제할 수 있다고 믿는 자기 확신에 뿌리를 내리고 있는 근대 진보적인 사상과는 다르다. 기독교적 소망은 초월적 하나님께서 현재의 세상 속으로 뚫고 들어오시는 사건을 향해 있다. 따라서 기독교인들이 소망하고 있는 미래는 현재로부터 출현하는 어떤 것(futurum)이 아니라, 초월적 영역에서부터 우리에게 다가오는 어떤 것(Zukunft)이다.[14]

몰트만은 그리스도의 파루시아를 다룬 논문[15]에서 초기 그리스도인들은 예수 그리스도의 다시 돌아옴(Wiederkunft)이 아니라, 그분이 도래하는 미래(Zukunft)를 소망하며 기다렸다고 한다. 왜냐하면 그리스도께서 다시 돌아온다는 생각은 그리스도가 부재한 상태의 텅 빈 시간과 공간의 이미지를 갖기 때문이다. '이제도 계시고 전에도 계시고 장차 오실 이(계시1:4)'처럼 하나님의 존재는 되어감(Werden)이 아니라 도래(Kommen)에 있기 때문이다. 곧, '전적으로 다르고 전적으로 새롭고 모든 것을 변혁시키는 실재의 도래'[16] 인 것이다.[17]

정리하자면, 몰트만에 따르면, 성서적 전통 안에서 'parousia–adventus–Zunkunft'는 언제나 하나님과 하나님의 나라가 하나님을 저버린 세상 가운데 최종적으로 도래하는 한 번밖에 없는 미래이다. 따라서 종말은 단순히 현재로부터 요청되거나 비롯되는 단순미래(futurum)가 아니라, 오히려 현재를 초월하면서 동시에 현재를 가능하게 하는 도래하는 미래(adventus)인 것이다.[18]

〈마르호 헤아〉의 길이 도래인지, 미래인지 정확히 알 수는 없지만 중요한 것은 불행한 과거에도 불구하고 미래의 희망을 던져주는 것이다. 몰트만의 신학이 '희망의 신학'에서 시작되었음을 상기한다면,[19] 따라서 기독교적 소망이 초월적 하나님께서 현재의 세상 속으로 뚫고 들어오시는 사건에 있다면, 그 사건이야말로 바로 그림에 나타난 길이 되는 것이다.

## 2. 팔레트, 영매자로서의 화가와 선포된 종말론

두 번째로 키퍼의 작품 〈이카루스–브란덴부르크 지방의 모래〉를 보자. 키퍼가 예술가로서의 자의식을 드러내는 모티프는 바로 '팔레트(palette)'이다. 팔레트는 화가로써 키퍼의 자아 정체성을 나타내는 환유적 상징으로 키

〈이카루스-브란덴부르크 지방의 모래(Icarus-Sand of the Brandenburg March)〉 (1981)

퍼의 작품에 자주 사용된다.[20]

이 그림의 한 가운데 검은 날개를 가진 팔레트가 있다. 중심이 되는 팔레트가 땅에 떨어져 있고, 날개는 비상을 위해 퍼덕이기보다는 추락하지 않기 위해 안간힘을 쓰고 있는 것처럼 보인다. 왼쪽에 흩날려 떨어지는 하얀 깃털들이 이를 증명해 준다. 그림 저편에 보이는 붉은 빛들은 화염을 연상시킨다. 검게 탄 하늘이 이를 뒷받침 해준다.

제목을 통해 키퍼가 이카루스라는 그리스 신화를 차용했음을 알 수 있다. 따라서 팔레트의 날개는 이카루스의 날개가 된다. 이 팔레트는 독일 동북부의 브란덴부르크 황야 지대로 떨어진다. 팔레트는 이카루스처럼 태양의 열기가 아닌 땅에서 타오르는 화염으로 인해 추락당하고 있다. 사실, 키퍼는 어떠한 상황 속에서도 이상을 추구하려 노력했던 예술가의 열망을 비행에 비유하여 그것을 날개라는 모티브를 통해 나타냈다.[21]

화염이 타오르는 대지 위에서 하늘을 향해 날아가고자 하지만 추락할 수밖에 없는 팔레트는 키퍼 자신을 포함한 독일의 전후 세대 예술가를 상징한다. 따라서 존재의 물음을 묻는 키퍼의 회화 속에는 이러한 절망이 깃들어 있으며 동시에 전쟁으로 얼룩진 독일의 역사 속에서 외롭게 비행해야만 했던 예술가의 고통이 담겨져 있는 것이다.

불트만(R. Bultmann)의 종말론은 이러한 맥락에서 절망적인 존재가 선택해야 할 종말론의 유형을 잘 보여준다. 따라서 우리가 불트만의 종말론을 교의학적 접근이 아니라, 해석학과 윤리의 차원에서 조명한다면 어떻게 될까? 종말론에 대한 논의가 교의학적 차원을 벗어나 해석학과 윤리의 차원으로 확장될 때 역사적 지평을 상실한 종말론이 아니라, 역사와 더불어 숨쉬는 종말론을 느낄 수 있다.[22]

먼저 불트만은 예수의 하나님 나라 선포가 종말론적이라고 규정한다. 하나님은 예수 그리스도 안에서 하나님 나라를 이미 현재하게 했다. 예수 그리스도에 의해 이미 현재하는 하나님 나라는 하나님의 종말론적 구원 사건이다. 따라서 우리는 예수 그리스도가 선포하는 종말론적 하나님 나라를 통해 하나님과 만나는 것이다. 동시에 우리는 하나님의 말씀을 듣는 '케리그마' 속에서도 하나님을 만난다. 그 궁극적인 종말론적 사건이 이미 예수에게서 현재했고, 종말론적 결단의 순간으로 지금도 우리에게 일어나는 것이다.

이러한 불트만의 종말론적 윤리는 탈세계화를 뜻한다. 그것은 믿음으로 사는 것을 말한다. 종말론적 윤리는 종말론적 자유를 누리는 것이며, 사랑의 계명의 철저한 요구에 순종하는 것이다. 따라서 불트만의 종말론은 종말론적 자유를 가능하게 하는 복음 속에 있다.[23]

> "믿음은 세계를 단념함이고 탈세계화의 행위이고, 가상의 확실성과 삶의 거짓을 버리는 것이며, 눈에 보이지 않고 마음대로 할 수 없

는 데서 사는 것을 준비하는 것이다. 믿음은 세상으로부터 도피도 고행도 아니다. 오히려 탈세계화인데, 탈세계화는 모든 인간적 척도나 가치들을 깨버리는 것이다."[24]

여기서 탈세계화는 역사의 끝을 조망하는 것이 아니라, 역사의 끝을 실천화하는 것이다. 탈세계화는 결코 이념이 아니고, 철저한 행위이고 행위 하는 존재인 것이다.[25] 따라서 긍정적인 이카루스의 운명은 불트만의 종말론 안에서 윤리적으로 구현되고 영매자로서 화자는 팔레트를 종말론의 세례요한으로 받아들이는 것이다.

비슷한 방식으로 폴 틸리히(P. Tillich)는 현재적 종말론을 주장한다. '마지막 날의 일'은 시간과 공간의 종국에 대한 환상적 대상이 아니라, 우리가 매 순간 영원한 것 앞에 서 있다는 '사실의 표현'을 가리킨다고 한다.

> "종말은 '시간적인 것이 영원한 것으로 이행하는 것'을 의미한다. 이러한 종말론에 부합하는 것은 창조론에 나타난 '영원한 것으로의 시간적인 것의 이행'이고 죄론에 나타난 '실존으로의 본질의 이행'이다(S. T., Ⅲ, p. 447f)."

'모든 시간적인 것'은 '영원적인 것'으로부터 나와서 '거기로 되돌아가고 그리하여 순환은 끝난다.' 종국에는 '본질화', 즉 '실존 속에 있는 긍정 요소가 영생으로 고양되는 것', 다시 말하면 '긍정요소가 실존의 제약 아래에 있는 삶의 특징인 부정요소와 모호하게 결합되어 있는 상태로부터 해방되는 것'이다(S. T., Ⅲ, pp. 450–475 참조).

따라서 최후의 심판이란 지금 여기에서 시간적인 것으로부터 영원한 것에로의 계속적인 이행과정에서 부정적인 것이 무로 돌아가는 것, 곧 부정이 부정되는 것을 의미한다. 없어져야 할 것이 없어지는 것, 이것이 심판이며 형벌이다. 따라서 역사의 종말에서 일어나는 영원한 형벌 따위는 자연히 배제되는 것이다.[26]

키퍼의 영매자로서 화가가 팔레트로 시간적인 것으로부터 영원한 것에로 이행함으로, 부정이 부정되는 것처럼(그 이카로스의 운명을 감내하는 것처럼) 틸리히의 종말론은 존재를 묻는 실존이 그 답으로 본질로 이행하는 종말론의 새로운 응답을 제시하는 것이다.

## 3. 부재된 공간과 시의 결합: 보편사의 힘

〈술라미트(Sulamith)〉 (1983)

키퍼의 〈술라미트〉를 살펴보면, 벽돌로 이루어진 아치형 실내 공간은 잿빛으로 그을려 있는데 이것은 지하 납골당을 연상시킨다. 낮은 시점의 원근법으로 구성된 화면은 관람자의 시선을 더욱 깊숙한 곳으로 이끈다. 이 원근법의 소실점 부분에는 촛대 위에 불꽃이 흔들거리고 있다.[27] 우울한 공간을 이처럼 탁월한 원근법으로 묘사한 것이다.

그림의 왼쪽 상단을 보면 작은 글씨로 '술라미트'라고 쓰여 있다. 술라미트는 파울 첼란(Paul Celan, 1920~1970)의 시 「죽음의 푸가」에 나오는 유태인 여자 이름이다. 하지만 술라미트는 그림 속에서 존재하지 않는다. 문자로 나타나는 술라미트의 존재는 보는 이에게 공허함과 슬픔을 안겨준다. 또한 이 작품 속의 건물은 나치 건축가 빌헬름 크라이스가 독일 영웅들을 위해 만든 건축물을 근거로 그린 것이다.

따라서 키퍼는 의도적으로 작품 제목을 '술라미트'라고 명명함으로써 독일 전몰장병들을 위한 기념공간을 그들에 의해 희생된 유대인들을 애도하는 공간으로 바꾼 것이다. 이러한 기법을 통해 '독일의 만행에 대한 우울'과 '희생된 유태인에 대한 추모'가 교차되는 공간으로 그림은 우리에게 이중적 의미로 다가오는 것이다.

더 나아가 이 작품에는 역사라는 거대한 시간 속에서 무력한 존재로써 인간의 깊은 슬픔이 담겨져 있음을 알 수 있다. 술라미트라 불린 유대인 여자는 그림 속에 존재하지 않는다. 심지어 그들의 가해자인 수많은 독일 군인은 이름조차 남아있지 않다. 모두 존재하지 않는다. 그들은 무엇을 위해 죽였고, 그들은 무엇을 위해 죽었는가. 이처럼 이 우울한 공간 속에는 인류에 대한 연민의 감정이 깊숙이 스며들어 있다.

판넨베르크는 불트만의 실존주의 해석학을 '인간학적 협착(anthropologische Verengung)'으로 축소된 해석이라고 비판한다.[28] 따라서 판넨베르크는 성경에 전승된 본문으로부터 현대인들을 위한 신앙의 진리를 이끌어낼 수 있는 방법으로 '보편사(universal geschichte)'를 제안한다. "보편사의 연관에서

야 비로소 '본문의 그때'와 '해석자의 지금'이 연결될 수 있으며, 그들 사이의 시간적 역사적 차이가 사라지지 않고 양자를 연결하는 사건의 연관이 보존되고 가교될 수 있다."[29]

보편사는 역사의 어느 한 시점을 기준으로 하는 역사적 이해를 지양하고 전체로서의 역사, 즉 미래로부터 과거와 현재를 연결하는 포괄적 역사를 지향하는 것을 의미한다. 그리고 이러한 보편사야말로 신앙의 진리를 가장 포괄적으로 이해할 수 있는 영역인 것이다.[30] '역사로서의 계시(revelation as history)'는 구약의 코흐(K. Koch)와 롤프 렌토르프(Rolf Rendtorff), 조직신학의 트룬츠 렌토르프(Truntz Rendtorff), 신약신학의 울리히 빌켄스(Ulich Wilkens)와 뢰슬러(D. Rössler), 교회사의 엘체(M. Elze) 등과 더불어 조직신학자인 판넨베르크가 하이델베르크에서 계시의 본질에 대해 지속적으로 토론하며 구상한 개념이다. 여기서 그는 역사를 계시의 본질로 이해하는 보편사 신학을 제안한 것이다.[31]

그리고 판넨베르크는 '미래로 개방되어 있는 역사'를 보편사의 중요한 개념으로 설명하고 있다.[32] 왜냐하면 역사의 의미는 지나간 과거와 진행되고 있는 현재만으로는 이해할 수 없기 때문이다. 곧, 역사는 미래에 최종적으로 완성되는 것이기 때문에 그 완성된 미래로부터 과거와 현재의 역사적 의미가 결정된다는 것이다. 다시 말하면 과거와 현재의 모든 역사는 미래의 궁극적 완성에로 개방되어 있는 것이다.

술라미트에서 인류에 대한 연민의 감정을 읽어내는 사람은 따라서 판넨베르크의 보편사의 맥락에서만 그러한 감정을 종말론적으로 승화시킬 수 있음을 느낄 것이다.

## III. 열린 종말론: 경이, 공간, 불명료성

마르틴 켈러(Martin Kähler)에 따르면, 사실 20세기 기독교 신학은 세속적 역사와 구원사를 이분법적으로 구분하여 하나님의 말씀에 나타난 역사적 차원을 구원사적 측면으로 후퇴시켰다고 할 수 있다.[33] 그러나 이처럼 역사성을 상실한 기독교가 세상을 구원할 수 있는 역동성을 가질 수 있는가는 의문이다. 역사성이 포기된 신학은 합리성의 시대인 오늘날의 이성적 사람들을 설득시킬 수 없기에 희망의 신학이 될 수 없다는 것이다.[34] 키퍼에게서 우리가 느낄 수 있는 것은 독일의 구원사를 역사적 차원의 회개로부터 시작한다는 것이다. 따라서 그의 그림이 주는 우울은 동시에 희망의 씨앗이 된다.

안셀름 키퍼는 전후 세대 독일인으로써 끊임없이 자신의 존재에 대해 묻고 고민했다. 앞서 말했듯 그는 한 언론사와의 인터뷰에서 자신의 존재가 어디서 왔는가라는 질문이 가장 중요했다고 말했다. 더 나아가 예술가로서 안셀름 키퍼는 동시대인들이 자신과 같이 존재에 대해 성찰할 수 있도록 그들을 이끌려고 했다. 그 방편이 바로 크기에 대한 '경이로움(thaumazein; wonder)'[35]이다. 사실 키퍼의 작품은 대체로 크다.[36]

예술 작품에 있어서도 한 벽면을 완전히 차지해버리는 압도적인 크기는 감상자에게 친숙한 크기가 아니다. 이러한 낯설음은 보는 이에게로 하여금 '불안'과 '경이'의 감정을 느끼게 한다. 이러한 감정은 곧 거대한 작품 앞에 서있는 자신의 존재에 대한 인식을 열어주게 된다. 이것이 바로 하이데거가 말하는 '경이'가 가져다주는 존재론적 개방성이다. 키퍼는 작품의 크기를 통해 감상자가 예술 작품에 담겨진 진리에 더 쉽게 접근할 수 있도록 했다.

또한 안셀름 키퍼는 부재하는 '공간'을 형성함으로써 작품을 보는 감상자가 스스로의 존재를 인식하게 했다. 〈마르흐 헤아〉에서 감상자는 자신의 의식을 투영할 어떠한 존재자도 작품 속에서 발견하지 못한다. 감상자는 길을 보고 있는 자신의 존재를 인식하게 될 것이다. 더 나아가 작품 속에 놓인 길 위에 서있는 자신의 모습을 바라보게 될 것이다. 작품 속에 던져진 자신의 존재를 인식함과 동시에 길 위에 펼쳐진 상황 속에서의 자신의 위치 즉, 정체성을 고민하게 되는 것이다. 〈술라미트〉도 마찬가지다. 텅 빈 공간에 홀로 남겨진 실존하는 자신의 모습을 직시함으로 자신이 처한 세계를 탐구하는 것이다.

결국, 아치형의 우울한 공간 속에 놓여있는 자신의 존재를 발견함으로써 인류에 당면한 문제가 남의 일이 아닌 자신의 일임을 깨닫게 될 것이다. 앞서 언급했듯 키퍼의 작품은 크기가 크기 때문에 인물의 부재는 감상자에게 더 크게 경험되며 텅 빈 공간의 체험 또한 압도적으로 다가올 것이다. 이런 효과를 통해 감상자는 작품 앞에 서있는 자신을 의식함과 동시에 작품 속 상황에 던져진 자신의 존재를 인식하게 되는 것이다.

마지막으로 안셀름 키퍼는 작품의 의미를 '명료하게 제시하지 않음'(불명료성)으로써 감상자가 능동적으로 작품을 고민할 수 있는 길을 열어주었다. 다시 말해, 키퍼는 감상자가 스스로 의미를 탐구함으로 진리에 닿길 원했던 것이다. 키퍼는 작품에 존재자를 적당히 던져 놓고 말 뿐이다. 어떤 해석도 하지 않고 그냥 내버려둘 뿐이다. 해석은 보는 이의 몫이다. 존재에 대한 고민은 스스로 할 수 밖에 없는 것처럼. 마찬가지로 종말은 우리에게 갑자기 불명료하게 도래하는 것이다.[37]

이처럼 안셀름 키퍼의 작품을 보면 그의 치열한 삶의 투쟁이 느껴진다. 스스로와의 싸움과 세상을 구원하기 위한 투쟁이 녹아있다. 그는 한 사람의 실존으로써 자신의 정체성 탐구에 충실했을 뿐만 아니라, 타인들의 삶을 위해 스스로 그들의 인도자가 되기를 자처했다. 종말론을 선포하는 많은 신학이 바로 그러하다. 따라서 종말론이야말로 오늘 우리의 삶을 치열한 투쟁의 현장으로 이끄는 신학이론이며, 동시에 신학은 항상 종말론적으로 이해되어야만(그것도 경이와 공간을 통한 존재의 인식, 마지막으로 불명료성으로 이해되어야만) 오늘날에도 살아 있는 신학이 되는 것이다.

## 주석

1 『조선일보』 2008. 08. 19일자

2 이종성, 『종말론』(서울: 대한기독교출판사, 1990), pp. 3–4 참조.

3 반면 누가복음은 압도적으로 미래적인 종말론을 대표한다(누가가 쓴 사도행전 14:22 참조). 여기서 성령과 교회, 그리고 선교가 미래에 기대되는 종말에 대한 일종의 대용체인 것처럼 보인다. 그러나 그럼에도 불구하고 누가는 자신의 전통에 입각하여 하나님 나라를 먼 것으로만이 아니라 가까운 것으로도 기대한다(누가 11:20, 17:21). 마가와 마태복음도 하나님 나라는 멀고도, 동시에 가까운 것으로 묘사된다(멀게 표현한 것은 마가 13, 마태 25:1f, 31 등, 가깝게 표현한 것으로는 마가 1:15, 마태 4:17, 5:10 등).

4 호스트 만, 이신건 역, 『교의학』(천안: 한국신학연구소, 1990), p. 414.

5 안셀름 키퍼는 오랫동안 독일이 금기시한 나치와 홀로코스트를 다룬 첫 독일 현대미술 작가다. 제2차 세계대전이 발발한 1939년 이후부터 독일인은 유대인을 학살한 잔인한 민족이란 낙인에서 벗어날 수 없었다. 이 낙인은 전후에 태어난 독일인들이 떠맡아야할 짐이 되어버렸다. 따라서 전후 시대를 살고 있는 독일인이 스스로의 존재를 탐구하는 일은 쉬운 일이 아니었다. 스스로의 정체성을 확립하기 위해 역사적 공간 속에 내던져진 자신의 모습을 대면할 용기가 부족했기 때문이다. 대다수의 독일인들은 회피의 길을 택했다. 그들은 역사적 상황 속에서 자신의 존재를 진지하게 물음으로써 내면을 다지는 대신 경제적 성장에 몰입함으로써 외면적 결과에 안주하는 방법을 택했다. 하지만 키퍼는 문제를 회피하지 않고 직면함으로써 독일인으로서, 화가로서, 인류를 대표하는 한 사람으로서의 자신의 존재에 대한 진지한 물음을 처음 시도한 것이다.

6 이종성, Op. cit., p. 10 참조.

7 Karl Barth, *Epistle to the Romans*, 6th ed. trans. Edwyn C. Hoskyns (New York: Oxford University Press, 1968), p. 314.

8 위르겐 몰트만, 이신건 역, 『희망의 신학』 (서울: 대한기독교서회, 2002), p. 22.

9 박지윤, 「안셀름 키퍼의 작품을 통해서 본 포스트모던 시대의 역사화」, (이화여자대학교 대학원 석사학위논문, 1999), p. 28.

10 Ibid, p. 27.

11 이 그림은 독일의 역사 속에 던져진 독일인의 현 상태를 보여주는 것 같다. 땅에 놓인

길이 독일의 과거라면 하늘로 이어지는 길은 독일의 미래를 보여주는 것 같다. 이 길은 독일인의 삶의 여정에 대한 은유인 것이다. 그리고 그 길 주위로 펼쳐진 검고 황폐한 대지는 독일인이 겪어야만 했던 어두운 독일의 역사를 의미하는 것으로 볼 수 있다. 이 어두운 대지를 헤치고 살아가야만 하는 독일인으로써의 삶에 대한 힘겨운 투쟁을 표현한 것 같다.

12 J. Moltmann, *The Coming of God: Christian Eschatology* (Minneapolis: Fortress Press, 1996), p. 22.

13 라틴어 adventus는 문자적으로 '낯선 어떤 이의 도착'을 뜻하는 헬라어 파루시아(parousia)에서 비롯되었다. 루터도 이를 독일어 Zukunft로 번역했다. 이는 '미래'를 뜻하지만, 에밀 브룬너에 의하면 '초월적 영역에서부터 발생하는 사건'이다(Emil Brunner, Ibid., pp. 25–26 참조). 반면 헬라어 physis와 라틴어 futurum, 독일어 Futur는 같은 미래의 개념이지만, '미래가 내부에서부터 존재하는 것들로부터 생겨난다'는 의미를 갖고 있다. 몰트만에 의하면 이 미묘한 차이가 서로 다른 종말론적 입장을 전제하고 있다고 본다. 곧, 하나님 나라의 도래를 향한 기독교적 소망을 '인류의 진보에 관한 근대적 신념'과 대조시키는 것이다.

14 김정형, 「종말의 시제로서 도래(Adventus): 위르겐 몰트만의 종말적 미래 개념 연구」, 『한국조직신학논총』 34집, 2012년 12월, p. 41 참조.

15 J. Moltmann, "Kommt Jesus Wieder," *Radius* 2 (1966), pp. 6–8.

16 Ibid., p. 7.

17 이러한 맥락에서 몰트만은 그에게 영향을 준 에른스트 블로흐(E. Bloch)의 미래 개념이 모호하다고 지적한다. 블로흐는 미래의 유토피아 왕국과 관련하여 새로움(novum)의 범주를 올바르게 강조하면서도, 유토피아의 미래를 계속해서 futurum으로 지칭하는 것은 잘못되었다는 것이다. 가령, 출애굽의 하나님은 블로흐처럼 '단순미래를 존재양식으로 가지신(mit futurum als Seinsbeschaffenheit) 분'이 아니라, '도래하는 미래를 실존양태로 가지신(mit Zunkunft als Existenzweise) 분'이라는 것이다. J. Moltmann, "Kommt Jesus Wieder," p. 8.

18 J. Moltmann, *The Future of Creation* (Philadelphia: Fortress Press, 1979), p. 29.

19 몰트만의 종말론과 희망의 신학에 대한 연구는 많이 이루어졌지만 판넨베르크의 희망의 종말론은 거의 소개되지 않았다. [이에 관해서는 다음을 참조하라. Pyungchoon Park, "Christian hope according to Bultmann, Pannenberg, and Moltmann," *West-*

*minster Theological Journal* 33(1971), pp. 153–174. Bradley Hanson, "The church's mission in a secularized world: Pannenberg's theology of hope," *Religion in Life* 40(1971), pp. 225–235. Arthur H. Jentz, "Personal freedom and the futurity of God: some reflections on Pannenberg's 'God of hope'", *Reformed Review* 31(1978), pp. 148–154] 스탠리 그랜츠(Stanley Grenz)는 판넨베르크의 신학이 '합리성과 종말론'을 중심으로 한 '희망의 신학'을 화두로 하고 있다고 생각하고, 판넨베르크의 조직신학을 분석하여 판넨베르크가 신학이 위기에 처한 시기에 기독교의 희망을 제시하기 위해 역사와 종말론을 합리적 사유로 재구성해야 한다고 생각했다. Stanley Grenz, *Reason for Hope: The Systematic Theology of Wolfhard Pannenberg* (Grand Rapids: Eerdmans, 2005) 참조.

20 전진성,「우울에서 애도로: 안젤름 키퍼의 작품에 나타나는 역사적 트라우마」,『현대미술사연구 제22집』(현대미술사학회, 2007), p. 93.

21 박지윤,「안셀름 키퍼의 작품을 통해서 본 포스트모던 시대의 역사화」, p. 47.

22 정기철,『시간문제와 종말론』(서울: 한들출판사, 2000) 참조.

23 불트만의 종말론적 윤리는 고린도후서 7:29–31에 근거하는 hos me(…하지 않는 것처럼 하는) 종말론적 자유와 변증법적 신학처럼 루터의 두 왕국론에 근거한다.

24 R. Bultmann, *Theologie des neuen Testment* (Tiibingen: J. C. B. Mohr, 1948), S. 428.

25 이러한 운명은 기독교의 시간 이해에도 나타난다. 에밀 부룬너는 다음과 같이 말한다. "기독교적 시간이해는 철학자들의 시간이해와 분명 다르다. 하지만 우리는, 현대 철학의 주장을 무시하지 않고, 이와 반대로 꾸준히 그것과 접촉하고 대결할 때에만, 상이함 가운데 있는 기독교적 시간이해를 바로 이해할 수 있다. 그렇지 않으면, 쿨만의 예가 말해주듯, 신약성경의 시간이해를 파악하려는 마음에 '가능한 한 비(非)철학적으로' 뿐만 아니라 때에 따라서는 아주 그릇되게 주장하는 일이 너무 쉽게 발생할 수 있다." E. Brunner, *Das Ewwige als Zukunft und Gegenwart* (London, 1953), S. 47 참조.

26 반면, 칼 바르트(K. Barth)는 종말을 수직적으로 위에서부터 내려와 시간에 부딪히면서도 시간 안으로 들어오지 않는 초월적인 것이라고 보았다. 영원은 모든 시간에 동일하게 가깝고도 멀기 때문이다. 바르트는 이렇게 말한다. "영원한 순간이 모든 순간들에 비교할 수 없이 대면해 있다. 왜냐하면 영원한 순간은 모든 순간들의 초월적 의미이기 때문"이다. K. Barth, *Der Romerbrief* (Munich, 1922), S. 482 참조.

27 전진성,「우울에서 애도로: 안젤름 키퍼의 작품에 나타나는 역사적 트라우마」, p. 90.

28 W. Pannenberg, "Hermeneutik und Universalgeschichte", *Grundfragen systematischer Theologie,* Bd. 2 (Göttingen: Vandenhoek & Ruprecht, 1977), p. 101.

29 Ibid., p. 106.

30 역사는 기독교 신앙의 가장 포괄적인 지평이라 할 수 있다. 이러한 보편사적 연관성에 따라 기독교의 진리를 제시할 때 기독교 신학을 보편적이고 우주적인 지평으로 이끌어 낼 수 있다는 것이다. Wolfhart Pannenberg, "Redemptive Event and History," *Basic Questions in Theology* (Philadelphia: Westminster Press, 1970), 1:15.

31 Wolfhart Pannenberg, et al., *Offenbarung als Geschichte* (Göttingen: Vandenhoek & Ruprecht, 1961).

32 Wolfhart Pannenberg, *What Is Man?* (Philadelphia: Fortress Press, 1970); *Anthropology in Theological Perspective* (Philadelphia: Westminster Press, 1985) 참조.

33 Martin Kähler, *The So-called Historical Jesus and the Historical Biblical Christ,* trans. and ed. C. E. Braaten (Philadelphia: Fortress Press, 1964) 참조.

34 따라서 기독교 신학이 세상 사람들을 구원하는 희망의 신학이기 위해서는 역사성을 회복해야 한다. 그리고 이러한 과제를 해결하기 위해서 판넨베르크는 인간의 행위를 포함한 모든 역사를 궁극적으로 하나님의 계시로 이해하는 보편사 신학을 제안한다. 이처럼 그리스도 신학의 현대사상적 대안을 마련함으로써 기독교 신학이 희망의 신학이 되게 하고자 한 판넨베르크의 보편사 신학은 역사를 기독교 신앙의 가장 포괄적인 지평으로 놓게 하는 이론적 계기를 창출했다. 이국현, 「판넨베르크의 희망의 종말론 이해」, 『韓國敎會史學會誌』 35집, 한국교회사학회, 2013, p. 146 참조.

35 물론, 하이데거는 '존재감(Sinn des Seins: sense/sensibility of being)' 내지는 '존재의미(meaning of being)'로 '우리 안에 있는' 경이를 주장한다.

36 〈마르흐 헤아〉는 가로 254cm, 세로 118cm, 〈이카루스-브란덴부르크 지방의 모래〉는 가로 360cm, 세로 290cm, 〈술라미트〉는 가로 370cm, 세로 290cm이다. 키퍼는 작품을 감상하는 이로 하여금 '경이'의 기분에 빠지도록 작품의 거대한 크기가 주는 효과를 의도적으로 사용했을 것이다. 필요 이상으로 큰 사물은 친숙하지 않다.

37 〈이카루스-브란덴부르크 지방의 모래〉에서 어떤 이는 추락하는 팔레트를, 어떤 이는 비상하는 팔레트를 볼 수 있을 것이다. 아니면 이카루스 신화를 색다르게 적용하여 다른 의미를 만들어 낼 수도 있을 것이다. 종말에 대한 이해가 바로 그러하다.

# 제2부

# 〈Ars-Theology, 현시 신학〉

"현대예술은 권태스럽다"(J–P. Domecq, J. Claire, M. Le Bot, J. Molino, O. Céna), "현대예술은 미학적 감동을 주지 않는다"(J–P. Domecq, J. Claire, O. Céna), "현대예술은 내용이 없다"(J–P. Domecq, O. Céna, J. Baudrillard), "현대예술은 순수한 시장의 창조물이다"(J–P. Domecq, J. Claire, M. Le Bot, J. Molino, O. Céna, J. Baudrillard, F. Gaillard, D. Bougnoux, M. Fumaroli)[1]라는 말이 이제는 "무엇이나 예술이 될 수 있다."라는 것으로 나아가, 의미 없는 기표(혹은 작품)의 남발로 치우치는데, 이러한 현대예술가들에게서 우리는 민주주의자를 가장한 소피스트들의 모습을 바라보게 된다.

예술을 '아무 것도 아닌 것'으로까지 대중화, 세속화, 상품화시켜 놓고 '예술'을 논한다는 것, 이들에게 실재의 재현이란 결국 해체시켜야만 하는 전근대적인 이데올로기에 다름 아니다. 따라서 지시체가 불분명한, 단지 소비되고 소멸될 뿐인 시뮬라크르를 앞세워 저 유명한 플라톤의 동굴의 수인이 되어 버린다. 이들에게는 시뮬라크르의 인식이 곧 실재의 인식이자, 진리의 인식이다. 진리란 이들에게 실재와 무관하게 부유하는 시뮬라크르들의 콜라주 내지 몽타주일 뿐이다.

이러한 기표의 남발, 의미 없음, 차연(différance)의 무한 방황은 소쉬르

(F. de Saussure)의 놀라운, 그러나 안타까운 언어학적 통찰 때문이다. 그는 기표와 기의(signified)와의 관계를 자의적인 것(arbitrariness)으로 본다. 반면 벤야민(W. Benjamin)에 따르면 그것은 근대적인 언어관이요, 부르주아적 언어관이다. 우리는 사물에 이름을 붙일 때 자의적이기보다는 '사물에 내재된 본질'을 음성이라는 자의적인 기표로 표현한다. 이러한 이름 붙이기는 곧 사물을 대하는 태도로서, 언어를 어떻게 바라보느냐에 따라 다르게 나타난다.

벤야민에 따르면 아담의 언어는 '명명된 것(주어)은 인식된 것(술어)'이다. 곧 사물이 언어적 본질에 내포되어 있다. 여기에는 이후 데리다가 부정할 현전의 형이상학에 대한 신학적 열망이 존재했던 것이다.[2] 하지만 바벨탑 사건 이후 아담의 언어는 타락했다. 그것은 개별자를 획일적인 개념 속에 가두는 것이다. 따라서 벤야민이 히브리 창조신화를 통해, 또한 그것의 상기(anamnesis)를 통해 언어를 회복하고자 하고, 하이데거가 언어의 회복을 탈은폐(aletheia, 그리스어로 진리)로서 고대 그리스인들의 존재 체험으로 회귀하려고 하는 것은 의미가 있다.

현시는 신학이 자신의 사유의 지평을 시대 문화에 적용했을 때 그 화려함을 드러낸다. 일찍이 문화신학자 폴 틸리히는 그의 『조직신학』 서문에서 이렇게 말했다. "물음에 대답하도록 돕는 것(A help in answering question), 이것이 바로 나의 조직신학의 근본적인 목적이다."

더불어 인간 존재는 본질상 종교적(Homo Religiosus)이란 말에 긍정한다면, 미술(예술)은 이 긍정에 의미를 주어야 한다. 사실 교회는 자신의 신조를 말하기 위해 희랍철학의 이성(Logos)을 신뢰하며 너무 오랫동안 미술의 힘을 망각했다. 기독교 신학이 다시금 적극적으로 심미학과 이미지(미학)에 관심을 기울여야 할 것이다. 도로티 죌레(D. Soelle)가 한 강연에서 그의 강연을 "복음은 아름답다."라는 말로 시작하여 청중들에게 충격을 주었던 것처럼,[3] 이제 신학은 Ars-Theology, 곧 현시(표현) 신학이 되어야 할 것이다. 이를 위해 고흐와 민중신학을, 마그리트와 종교간의 대화를, 옵아트와 해체주의 신학을, 앤디 워홀과 자본주의 시대의 신학적 과제를, 백남준과 뉴미디어 신학을, 그리고 리히터와 포스트모던 신학을 살펴보고 마지막으로 뒤샹의 반예술을 통해 신학의 과제를 살펴보고자 한다.

## 주석

1 이브 미쇼, 하태완 역, 『예술의 위기』 (서울: 동문선, 1999), p. 24.

2 진중권, 『현대미학 강의』 (파주: 아트북스, 2003), pp. 17–24.

3 E. Fuchs, 박건택 역, 『신학으로 그림보기』 (서울: 솔로몬, 2007), p. 119.

Chapter 8.

# 고흐와 민중신학: ‘벌거벗은 생명’에서 만나다

## I. 민중신학의 탄생과 고흐의 삶

민중신학은 1970년대 한국이라는 특수한 상황에서 한국의 그리스도인들이 경험한 것을 신앙적으로 성찰한 결과이다. 이 경험은 한국사회의 부당한 정치적, 경제적 상황에 대한 시정과 개혁을 요구하는 과정에서 나타난다. 1970년대 한국은 경제적으로는 고도성장과 이에 따르는 산업화와 도시화의 소용돌이 속에서, 정치적으로는 유신체제라고 하는 한국적 군사 독재정치의 인권 탄압 속에 정치와 맞서 싸우는 상황이었다. 그 투쟁의 한가운데서 한국의 그리스도인들은 이 땅의 소외된 민중과 만났고, 그들의 처절한 현실을 인식했으며, 그 인식을 세계사적 인식과 연결하며 그 경험을 그리스도 신앙 속으로 수용한 것이다.[1]

제3세계 신학이 그러하듯이 민중신학은 서구의 전통적인 신학이 취해왔던 신학이론과 윤리를 분리하여 취급하지 않고 이론과 실천의 총체적인 증거로 이루어졌다. 나아가 민중은 애초부터 하나님과의 계약 상대이고 역사의 주체였다. 그러나 현실의 상황에서 민중은 지배 권력에 의해 소외된,

억압과 수탈 가운데서 한국 역사의 불의와 모든 죄를 짊어지고 가는 어린 양이 되어 그들을 대신하여 속죄하는 고난의 종(이사야 53장)과 같은 존재였다.[2]

민중신학자 서남동은 "민중의 신학에 대하여"라는 글에서 민중과 그들의 상황을 다음과 같이 정의한다(물론, 대부분의 민중신학자들은 민중의 개념을 정리하기를 꺼린다. 그러나 그 이름으로 신학이 만들어졌다면 시대적 한계를 받아들여 개념 정리하는 것이 필요할 것이다).

> "농민과 어민, 근로자, 실업자, 병사와 순경, 봉급생활자, 영세상인, 중·소산업자 등을 포함하는 절대 다수의 민중은 정치적 억압과 경제적 착취와 사회적 모멸과 문화적 소외 속에 신음하고 있다. … 민중이 주체로서 참여하는 민주주의를 통해서만 비로소 진정한 민주주의가 건설될 수 있다. … 민생운동은 소외되고 버림받은 민중의 조직 확대로부터 출발해야 한다. … 우리는 민중의 고통을 우리의 고통으로 할 것이며, 민중의 눈물의 기록인 권리 침해와 핍박은 우리의 교회에서 고발될 것이다."[3]

곧, 1970년대 한국의 도시 빈민과 근로자들이 학생들과 언론과 교회와 지성인들과 연계하여 군사 독재정권에 저항하면서 겪은 정치경제·사회적 경험을 통하여 얻은 의식이 바로 민중 의식이며 선교의 목적을 인간 해방과 사회적 해방으로 인식한 것이 민중신학인 것이다. 그리고 이러한 인식은 한국 민중의 역사를 새롭게 인식하게 만들어 한국 전통 문화에 있어서의 민중의 문화, 탈춤과 판소리와 민중의 종교인 무속 신앙의 의미를 재발견하게 했으며, 민중의 시각에서 이들을 재조명, 재창조하는 창의적 노력을 전개했다. 그리고 이러한 상황 속에서 한국의 신학자들은 민중과 함께한 자신들의 역사적 경험을 통하여 성경을 민중의 안목으로 읽게 되었으며 성경 속에서 민중을 찾는 신학적 작업을 시작하게 되었다.[4]

서남동에 의하면 민중신학의 성서적 전거는 '히브리 민중'이다. 민족이 아닌 사회 최하층 계급인 히브리인들을 애굽의 압제에서 구출한 이야기인 출애굽기와 그러한 출애굽 정신을 구현하고자 했던 '예언자 전통', 그리고 이러한 맥락에서의 '예수의 십자가 처형'이 민중신학의 중심적 전거가 된다.[5]

나아가 교회사적인 전거도 있다. 서남동은 초대교회의 히브리 민중의 종말론적 전통에서 벗어난, 로마제국의 기독교 공인(313년)과 국교(380년) 이후 시대의 탈역사화된 형이상학적 전통을 비판하며 초대 교회의 묵시문학적 종말론 사상을 담지해 오고 있던 12세기의 요아킴(Joachim)의 성령신학과 종교개혁 당시의 토마스 뮌처(Thomas Muntzer)의 혁명신학 그리고 오늘날의 진보적 세계교회협의회(WCC)의 신학적, 실천적 방향을 민중신학의 교회사적 전거로 본다.[6]

게다가 한국의 진보적인 역사가들, 이기백과 강만길의 역사관에 나타난 '민중운동사적 전거'를 제시하며 서남동은 이렇게 말한다.

> "위의 역사 발전을 세 단계로 요약하자면 첫째, 오랜 기간 동안 민중은 지배 세력의 지배 대상이 되었을 뿐이라는 것, 둘째, 반항을 통하여 민중은 자신이 지배 세력으로 등장하기보다는 역사의 전환을 가져오는 계기를 마련하려고 했다는 것, 셋째, 이러한 과정을 통해서 민중은 한 걸음씩 지배 세력으로 등장하는 길을 닦아가고 있다는 것이다(천관우씨의 주장)."[7]

이렇게 성서와 교회사, 그리고 한국의 민중 전통들의 내용과 성격을 소개한 다음 서남동은 한국 민중신학의 과제에 관해 기독교의 민중 전통과 한국의 민중 전통이 현재 한국교회의 '하나님의 선교(Missio Dei)' 활동에 합류[8]하는 것을 증언하는 것이라고 선언한다.

그렇다면 한국의 민중 전통은 무엇인가? 두 이야기의 또 다른 이야기인 우리의 이야기는 첫째는 한국 민중운동사에서, 둘째는 한국 교회사에서, 셋째는 한국 민중의 민담, 탈춤, 판소리, 노래 속에서 그리고 마지막으로 한국인의 종교 신앙 속에서 찾아볼 수 있다는 것이다.

그러나 지금의 현실에서 민중은 통치의 주체이기 보다는 객체로 이해된다. 민중을 객체로 보았을 때 정권은 국가를 위한다는 거대담론의 정책 수립을 위해 민중의 희생을 요구한다. 이러한 희생을 정권은 민주적 역량을 갖춘 시민들의 관용의 정신으로 포장하고, 더 큰 국익을 위하여 어쩔 수 없는 선택이었음을 홍보한다.[9]

이처럼 소외받는 민중들의 이야기는 비단 현재의 문제만은 아니다. 미술사의 가장 찬란한 '빛의 마술사'로 현대 미술사에 커다란 획을 그은 고흐(Vincent Willem van Gogh, 1853~1890) 또한 그가 살았던 시대의 민중의 고통을 회화로 표현했던 것이다. 네덜란드의 후기 인상주의 화가인 고흐는 1853년 3월 30일 네덜란드 브라반트 북쪽에 위치한 그루트 준데르트(Groot Zundert)라는 작은 마을에서 출생했다. 그는 일생을 정신적 질환과 근심으로 고통을 겪었고, 37세에 권총으로 자살한다.[10]

고흐는 인상주의 화풍과 일본 우키요에(浮世繪, うきよえ)[11]의 영향으로 강렬한 색채와 격렬한 필치를 사용하여 자신만의 작풍을 확립했고, 점묘법이라 불리는 짧고 거친 붓 터치를 주로 사용했다. 이러한 형식적인 측면과 더불어 내적으로는 민중들의 삶의 애환이 깃들어 있는 작품을 즐겨 그렸다.

고흐는 처음부터 미술에 관심이 많았던 것은 아니었다. 오히려 화랑에서 일하기보다는 성직자의 길을 걷기를 원했다.[12] 고흐는 가난한 사람들에게 복음을 전파하기 위해 돌아다니면서 작품을 구상했는데, 이렇게 탄생한 그의 초기 작품들에서 우리는 노동의 가치에 대한 고흐의 관점과 소외받는 사람들을 대변코자 하는 그의 마음을 느낄 수 있다.

## II. 고통받는 민중: 소외받는 벌거벗은 생명

### 1. 벌거벗은 생명: 〈슬픔〉

〈슬픔(Sorrow)〉 (1882)

서남동은 불교의 미륵신앙을 민중신학과 연결시키면서 "불교의 미륵 신앙이 기독교의 천년 왕국 신앙에, 아미타 신앙이 기독교의 신국 신앙에 어쩌면 그렇게도 상동(Homologous)하는가 하는 사실에 놀라지 않을 수 없다."[13]라고 한다. 따라서 이후의 민중신학자들인 김용복은 동학사상에서, 서광선은 무속 신앙에서 민중신앙의 형태를 표출하는 작업을 진행했다. 그리고 시대와 나라는 다르지만, 이국땅 프랑스에서 고흐는 자신의 그림에서 민중을 그려낸다.

〈슬픔〉은 한 때 고흐의 연인이었던 시엔(Sien)을 모델로 한 누드화이다.[14] 현재 암스테르담 반 고흐 미술관에 소장되어 있으며, 반 고흐가 처음으로 제작한 석판화이다. 고흐는 임신한 여성의 나체를 통해 소외받는 자들의 감정을 드러내고자 했다. 생의 버거움을 고스란히 짊어진 그녀의 실루엣은 인생의 바닥에 주저앉아 어쩔 수 없이 살아야 하는 소외받은 자, 곧 민중의 운명과 고통을 처절하게 담아내고 있다.[15]

이탈리아의 철학자 조르조 아감벤(G. Agamben)은 미셸 푸코(M. Foucault)의 '생철학'과 칼 슈미트(C. Schmitt)의 '비상사태'를 토대로 로마시대의 '호모 사케르(homo sacer)'를 현대 정치에 비추어 『호모 사케르』라는 저서를 출판한다. 푸코는 근대가 '생정치를 낳았다'고 했지만, 아감벤은 이에 반대하여 정치는 그 기원으로부터 생정치(Bio—politics)였다고 주장한다.

아감벤에 의하면 로마시대의 호모 사케르란 '사회적·정치적 삶을 박탈당하고 생물적 삶밖에 가지지 못한 존재'를 가리키는 비오스(bios)를 뜻한다. 아감벤은 그러한 삶을 발터 벤야민(W. Benjamin)을 따라 '박탈의 삶'이라 칭하고, 생정치는 이 박탈의 삶을 표적으로 하고 있다고 주장한다.

> "주권의 영역은 살인죄를 저지르지 않고도 또 희생제의를 성대히 치르지 않고도 살해가 가능한 영역이며, 신성한 생명 즉 살해할 수 있지만 희생물로 바칠 수는 없는 생명이란 바로 이러한 영역 속에 포섭되어 있는 생명을 말한다."[16]

사실, 사케르(sacer)란 말은 '신성함'을 의미한다. 그렇다면 왜 아감벤은 로마시대의 신성함을 현대 정치에 비유했을까? 여기서 신성함의 의미를 좀 더 살펴보아야 한다. 곧 사케르는 '살인죄에 대한 면책'과 '희생 제의로부터의 배제'라는 두 가지 형태의 결합이다. 이렇듯 신성함은 양가성(Ambivalence)을 내포하고 있다.

> "신성함이란 아마도 벌거벗은 생명이 법–정치 질서에 포함되는 근원적인 형태일 것이며, 호모 사케르라는 통합 구문은 무언가 근원적인 '정치적' 관계에 해당하는 것, 주권적 결정의 참조 대상으로서 포함인 배제 속에서 작동하는 벌거벗은 생명을 가리킨다."[17]

따라서 주권 권력이 호모 사케르로 호명하면, 그 사람은 호모 사케르가 된다. 원래 성스러운 인간이라는 의미를 가진 호모 사케르가 현대에서 벌거벗은 생명으로 불리는 까닭은 바로 주권이 살해할 수 있지만 희생물로 바칠 수는 없는 생명이 된 현재의 소외받는 민중들과 일맥상통한 면이 있기 때문이다.

> "우리는 호모 사케르의 살해는 살인죄로 처벌받지 않는다는 점을 알고 있다. 그런데 주권자의 살해를 단순한 살인 행위로 취급하는 사법 체제 역시 어디에도 존재하지 않는다. 반대로 그것은 특별한 범죄에 해당하며, '대역죄'로 정의되어왔다. 호모 사케르의 살해는 여느 살인죄보다 덜 중요하게 간주된 반면 주권자의 살해는 여느 살인죄보다 더 중시되는 사실은 우리의 관점으로 하등 중요치 않다. 문제의 핵심은 두 경우 모두 어떤 사람의 살해가 살인죄의 요건을 충족시키지 않는다는 점이다."[18]

민주주의의 뿌리는 민중들에 의한 사회계약에서 찾을 수 있다. 국민은 계약을 통해 자신의 기본권을 제약받음과 동시에 보장받는다. 하지만 주류에 편승하지 못한 소외된 민중들은 국가의 탈을 쓴 리바이어던(Leviathan) 앞에서 벌거벗은 생명이 되고 만다. 누군가의 살인행위로 사망자가 생겨났지만 행위자가 정권의 힘을 등에 업는 순간, 곧 주권적 결정으로 인정되는 한, 그 누구도 살인자는 아니게 된다. 따라서 포함인 배제(끌어안는 배제) 속에서 작동하는 벌거벗은 생명인 소외받는 민중의 수가 늘어날수록 우리는 고흐의 슬픔 아닌 〈슬픔〉을 지금도 볼 수밖에 없는 것이다.

## 2. 아름다운 연대: 〈감자 먹는 사람들〉

〈감자 먹는 사람들(The Potato Eaters)〉 (1885)

고흐 스스로도 자신의 대표적인 작품이라 여기는 〈감자먹는 사람들

(The Potato Eaters)〉(1885)은 수학적인 비례를 가진 사진 같은 인물들이 아니라, 고흐 자신이 마음으로 느낀 노동자의 삶을 표현한 것이다. 그리고 고흐는 이러한 것이 진정한 미술이라고 생각했으며 이 작품을 매우 자랑스럽게 생각했다. 따라서 이 작품을 비판하는 화가들과는 등을 지게 된다.

〈감자먹는 사람들〉에서 우리가 만날 수 있는 노동자들은 하나같이 선이 굵고 비례가 맞지 않다. 어두운 색체 속에서도 고흐가 이 그림을 아름답다고 칭한 까닭은 그림의 대상에 대한 경외심 때문이다. 사실, 노동자의 땀은 아름답다. 이념의 대립을 초월하여 인간사회를 구성하는 힘의 근원은 모두 노동자의 피와 땀에서 나온다. 고흐는 그의 동생 테오와의 편지(1885년 4월 30일)에서 노동의 아름다움을 다음과 같이 설명한다.

> "나는 램프 불빛 아래에서 감자를 먹고 있는 사람들이 접시로 내밀고 있는 손. 자신을 닮은 바로 그 손으로 땅을 팠다는 점을 분명히 보여주려고 했다. 그 손은 손으로 하는 노동과 정직하게 노력해서 얻은 식사를 암시하고 있다. 이 그림을 통해 우리의 생활방식, 즉 문명화된 사람들의 생활방식과는 상당히 다른 생활방식을 보여주고 싶었다. 사람들이 영문도 모르는 채 그 그림에 감탄하고, 좋다고 인정하는 것이 내가 궁극적으로 바라는 일이다."

게다가 이 그림은 성찬식과 같이 서로 함께 연대하며 나누어 먹는 것이다. 1970년대 중반부터 서남동은 서구 신학이라고 하는 광활한 평원의 방황을 마치고 본격적으로 한국의 역사적 현실, 특히 거기에 사는 민중들의 삶의 현실에 눈을 돌리고 자기 자신의 목소리를 내기 시작한다. 곧 한국 민중 현실에 눈을 돌리면서부터 점차 자기의 목소리를 내기 시작하는 것이다.[19]

서남동은 그의 신학에서 이러한 횡적 지평을 열어준 이들이 프랑스의 진보적 신학자인 마태오 카살리스(M. Casalis) 등과 시인 김지하, 그리고 창작과 비평 그룹이라고 고백한다. 그리고 서남동은 성서, 교회의 역사를 이러한 횡적 지평, 즉 민중의 시각에서 보고 해석하기로 결심한다. 따라서 서남동은 민중과 그들의 현실을 발견함으로써 연대성이라는 개념, 즉 성서에서 말하고 있는 이웃됨(Nachbarschaft), 혹은 이웃사랑(Nächstenliebe)이 서남동의 삶과 사상의 현실로 다가왔던 것이다. 그리고 고흐의 그림에 바로 그러한 이웃사랑의 연대성이 그려져 있는 것이다.

### 3. 소외받는 사람들의 편에 서서: 〈죄수들의 보행〉

앞서 언급했던 〈슬픔〉의 여인은 물론, 감자 먹는 노동자들의 모습과 아감벤이 언급하는 호모 사케르는 많이 닮아있다. 벌거벗은 생명은 자연적인 것이 아니라, 법질서를 관장하는 권력에 의해 만들어진 것이다. 그것은 문명화된 세계 속에서의 자연 상태, 문명화된 세계가 인위적으로 만들어낸 자연 상태인 것이다. 문명의 한복판에 예외로서 존재하는 자연, 법이 자신의 효력을 스스로 거두어들임으로써 조성된 인공적 자연 상태인 것이다.

그리고 법은 호모 사케르에게 등을 돌림으로써 자신의 위력을 극대화시킨다. 이 때문에 호모 사케르는 법질서에서 배제되어 있지만 바로 그 사실을 통해 법질서와 긴밀한 관계를 맺게 된다. 이에 따라 법질서에서 배제됨으로써 법질서 속에 갇혀 있다는 역설이 성립한다. 이것이 아감벤이 말하는 '끌어안는 배제'의 의미다.[20]

따라서 주권권력은 예외관계를 형성하여 점점 사람들을 소외시켜 나간다. 예외는 또 다른 예외를 만들고, 결국 예외가 만연한 세상에서 우리는 호

〈죄수들의 보행(After dore)〉 (1890)

모 사케르일 수밖에 없다. 따라서 주권권력이 자행하는 소외로부터 우리 모두를 지키는 방법은 고흐의 시각으로 주변의 소외된 사람들을 바라보는 것이다.

고흐는 1878년에 신학교를 그만두고, 보리나주로 알려진 벨기에의 가난한 광산촌에서 평신도 설교자가 되었다. 광산에서 설교 활동을 하던 고흐는 고용주들의 착취를 받으며 고된 노동을 하는 대다수 노동자들을 바라보았다. 아사를 겨우 면할 만큼의 양식을 위해 불시의 죽음을 언제나 목전에 두고 해수병(咳嗽病, 기침을 심하게 하는 병)으로 느릿느릿 죽어가게 되는 일터로 다시 돌아가라고 말해야만 했다.

광업소 사무실에서 고흐가 얻은 대답은 경제의 논리에 의해 누군가가 죽었음은 비난받을 일이 아니라는 것이다. 즉, 광갱의 광부들과 그의 가족들은 경제논리에 의해 '살해할 수 있지만 희생물로 바칠 수는 없는 생명'인 호모 사케르가 되고 만다. 인간 소외의 극단을 치닫는 것이다. 그리고 아감벤에 따르면 이러한 경제논리에 의한 인간소외는 주권권력에 의해 만들어진다고 한다.

사실 생존을 위해 생명의 위협을 무릅쓰는 광부들에게 있어서 현실은 감옥과도 같다. 말쑥하게 차려입은 자본가들의 감시 속에서 노동자들은 그 어떤 희망도 없이 참혹한 현실을 버티는 것이다. 사방이 막혀버린 현실이라는 감옥에서 드디어 고흐는 전도사이기를 포기하는 사건이 발생한다. 고흐의 설교 도중 광갱에서 가스폭발이 일어났다. 고흐는 모포에 실려 나오는 세 명의 아이들을 보았다.

> "붕대! 아일 죽이고 싶어요?"
>
> "하나도 없어요." 여인이 엉엉 울면서 말했다.
>
> "집 안에 흰 천은 한 조각도 없어요. 겨울 내내 그런 건 구경도 못했어요"
>
> 아이가 몸을 조금 움직이며 신음했다. 빈센트는 겉옷과 셔츠를 후딱 벗고서 입은 채로 안의 속옷을 찢어냈다.[21]

그리고 고흐는 광업소 사무실을 찾아간다. 희생자들의 구조작업과 환경개선을 논하기 위해서였다.

"붕대! 아일 죽이고 싶어요?"

"그 탄층을 폐쇄키로 결정했습니다. 그 탄층이 제값을 못하니까요. 아마 계속 팠더라면 한 달쯤은 걸렸을 겁니다. 그랬더라도 무슨 결과가 있었을까요 그 사람들 시체를 그저 한 무덤에서 꺼내 다른 무덤으로 옮기는 것밖에 아니지요."

"그렇다면 살아남은 사람들 경우는 어떨까요? 지하 갱도의 작업 환경을 개선시킬 길이 전혀 없습니까? 죽을 게 뻔한 데도 평생 동안 날마다 그런 환경 속에서 일해야만 합니까?"

"그렇습니다. 그럴 수밖에 없습니다. 회사엔 안전시설에 투자할 자금이 없습니다. 광부들이 이 싸움에서 이길 승산은 없습니다. 왜냐하면 광부들이 맞서 싸우고 있는 상대는 바로 철통같은 경제 법칙이니까요."[22]

고흐는 크게 낙심한다. 따라서 고흐가 맞닥뜨린 자본주의 경제 원칙과 이로 인해 소외받는 노동자의 삶의 현실은 이후 민중의 삶을 대변하는 작품들을 만드는 배경이 되었던 것이다. 그리고 어떤 측면에서는 광부들의 원망은 자본가를 향하기보다는 하늘을 향해 있다. 살고자 한다면 다시 광갱으로 돌아가라는 말밖에 할 수 없는 고흐에게서 광부들은 하늘을 향한 실낱같은 희망조차 끊어버린다. 그 순간 경제의 법칙은 하나님의 말씀보다 영향력 있고 굴복할 수밖에 없는 커다란 권력이 되는 것이다.

고흐가 아를(Arles)과 생 레미(St. Rémy)에 머물렀을 당시 정신병원에 있었는데 〈죄수들의 보행〉은 그 시기에 제작된 것으로서 원화는 귀스타브 도

레가 지은『런던』이란 책 속에 판화로 실려 있는 삽화였다. 데생이나 에칭, 석판화가 보여주는 흑백의 기묘한 조화를 그는 자유로운 색채를 사용해서 이루려고 했었다. 회색과 푸른색이 조화를 이루고 있는 이 작품은 가로 세로로 사용되고 있는 직선에 의해서 순수한 선의 회화라는 느낌을 주고 있다.

혹자는 이 작품을 정신병원에서 탈출하고자 하는 고흐의 마음을 표현한 것이라 말하지만 그림의 오른쪽 밑에 있는 한껏 멋을 부린 신사의 모습에서는 자본가의 냄새가 뿜어져 나온다. 생존을 위해 어쩔 수 없이 광갱 속으로 발걸음을 몰아야 했던 광부들과 그림의 죄수들이 닮아 있는 이유는 그 때문인 듯하다. 그리고 소외받는 사람들의 편에 서서 보행하는 고흐의 모습도 어쩌면 돌고 있는 죄수들(민중들) 가운데서 발견할 수 있을 지도 모른다.

## III. 벌거벗은 생명, 민중에서 만난 고흐와 서남동

쌍용자동차 해고 노동자의 자녀 이야기이다. 해고 노동자인 아빠가 일을 구하러 지방에 간 사이 엄마가 급사하자 남겨진 두 아이는 엄마 시신 옆에서 이틀을 보냈다고 한다. 먼 옛날의 이야기가 아니다. 외국의 사례도 아니다. 우리가 카페에 앉아 시답잖은 농담을 하며 아메리카노를 마실 때 우리 주변에서 일어난 일이었다.

쌍용자동차 해고노동자들의 문제나 구조조정으로 인한 한진중공업 파업 사태, 수서발 KTX 민영화 반대, 밀양 송전탑 문제, 세월호 참사, 메르스 사태 등을 보면서 우리는 생명의 존엄성과 사회의 근간인 노동의 가치에 대해 생각해 봐야 할 것이다. 자본주의가 팽배한 무한경쟁시대에 기업은 노동자의 임금, 혹은 노동자의 수를 줄여서라도 이익을 창출하려 할 것이다. 하지만 이 과정에서 노동자의 인권이나 노동의 가치에 대한 깊이 있는 논의는 사라져간다.

더욱이 우려스러운 것은 노동자들의 '호모 사케르'화이다. 노동이 우리 사회의 근간임을 가정할 때, 노동의 가치 소외는 사회 전체의 소외로 확대된다. 그리고 이러한 가치 소외의 가장 큰 원인은 대다수의 방관자들에게 있다.[23] 우리들의 무관심이 노동의 가치를 죽이고 이를 경제원칙 하에서 정당화하는 정치를 낳게 하는 것이다. 따라서 이러한 정치야말로 호모 사케르를 양산하기에, 고흐의 그림에 나타난 노동자의 피와 땀을 맛보고 노동의 아름다움을 느껴야만, 그리고 서남동의 민중신학을 만나야만 정치가 바로 서게 되는 것이다.

민중신학과 고흐의 그림은 우리들에게 소외받는 사람들에게 무관심하지 않으며, 인간으로서 추구해야 할 보편적인 선(善)이 있음을 믿고 타인이라는 관점이 아닌 우리라는 관점에서 주변 사람들을 생각하도록 이끈다. 관용과 연대, 나눔의 정신으로 주변을 돌아보고, 벌거벗은 채로 슬퍼하는 이에게 두 팔을 벌려 힘껏 안아보라고 외치고 있는 것이다. 서남동의 말이다.

> "'참된 아이디어는 하늘에서 떨어지지 않는다'라는 카살리스의 명제에 동의한다. 진리는 하늘로부터가 아니라, 옆에서 아니 본회퍼의 말대로 '아래로부터의 시각'에서부터 온다."[24]

## 주석

1 서광선, 「민중신학」, 조성노 편, 『최근신학개관』(서울: 현대신학연구소, 1993), p. 180 참조.

2 서창원, 『제3세계신학』(서울: 대한기독교서회, 1993), pp. 366–367.

3 서남동, 「민중의 신학에 대하여」, 『민중신학의 탐구』(서울: 한길사, 1983), p. 403.

4 서광선, Op. cit., p. 183.

5 서남동, 「두이야기의 합류」, 『민중신학의 탐구』(서울: 한길사, 1983), p. 48, pp. 50–55c 참조.

6 Ibid., pp. 55–63.

7 Ibid., p. 66.

8 여기서 '합류'란 서남동에 의하면 '과거의 사건(출애굽 사건이나 십자가 사건)'이 우선하지 않고 '현재의 사건, 즉 오늘날 우리의 현실에서 일어나고 있는 사건'이 우선하는 것이다. 그리고 과거의 사건이 우선하는 해석을 '기독론적, 통시적 해석(christological–diachronic interpretation)'이라 하고, 현재의 사건을 우선시하는 해석을 '성령론적, 공시적 해석(pneumatological–synchronic interpretation)'이라고 칭한다. Ibid., p. 78.

9 가령, 예를 들면 2009년 용산 참사를 들 수 있다. 인간이라면 보편적으로 가지고 있는 기본권 중 최상위에 위치한 생존권을 보장받기 위한 철거민들의 몸부림은 국가의 강경진압으로 인하여 많은 사상자를 낸 사건이다. 사실 무력진압에 가담한 경찰들은 자신들의 임무를 준행한 것이지만, 쓰러져간 철거민들은 그저 화염에 그을린 고깃덩어리에 불과했다. 아무도 진압을 지시한 정권에게 감히 살인의 죄를 추궁하지 못한다. 국익을 위해 어쩔 수 없는 선택이었다는 것이다.

10 따라서 고흐의 작품은 사후에야 비로소 인정을 받았고, 현대 미술의 토대를 다지는데 기여했다. 고흐는 그의 작품 전부를 정신질환을 앓고 자살을 감행하기 전에(단지 10년 동안에) 모두 만들어냈다. 특히 사후 11년 뒤인 1901년 3월 17일 파리에서 71점의 고흐의 그림을 전시하면서 고흐의 이름이 세상에 알려졌다.

11 일본 에도시대 말기 서민생활을 중심으로 나타낸 일본 전통 회화의 한 양식을 뜻한다. 특히 판화가 유명하다.

12 독실한 기독교 목사의 아들로 태아난 고흐는 조부와 부친을 이어 삼대에 걸쳐 목사직

을 이어가려했다. 신학교에 입학하기 위해 열심히 공부했지만 암스테르담 신학대학의 입학시험에서 떨어진다. 그래도 좌절하지 않고 전도자 양성 학교에 입학했으나 이마저도 끝내지 못한다. 그래서 고흐는 가난한 자들과 굶주린 자들에게 성경말씀을 들려주겠다며 벨기에의 탄광지대 보리나주(Borinage)에 가게 된다. 그러나 먹을 것과 입을 것도 광부들과 나누며, 노동자 파업을 지지했던 고흐는 평신도 선교사로 자신을 파견했던 브뤼셀 복음학교에서 버림받게 된다. 그때 고흐는 혀가 아니라, 붓으로 예수 정신을 실천하기로 결심하게 된다.

13 서남동, Op. cit., p. 74.

14 이 그림의 배경 이야기는 이렇다. 어느 날 어린아이의 손을 잡고 뱃속에는 누구의 씨앗인지 모를 아이를 잉태한 한 여인이 고흐의 마음 속에 들어온다. 고흐는 그의 동생 테오(Theodorus (Theo) van Gogh, 1857~1890)에게 그녀를 한 사람의 아내이자, 어머니로 봐주기를 청한다. 그리고 누구든지 평범한 사람을 사랑하고 평범한 상대로부터 사랑받게 된다면, 인생의 어두운 면이 있다고 하더라도 행복을 얻을 것이라고 말한다. 그러나 그럼에도 불구하고 고흐가 그린 〈슬픔〉 속의 여인은 슬프다. 행복에 대한 전제는 어쩌면 사랑이 아닌 듯하다. 굶주림은 그녀에게 행복이 움트려는 자리를 쉽게 내어주지 않는 것이다.

15 고흐가 그의 작품이 형식이 없다는 비난을 받으면서도 자신의 작품에 대한 자부심을 가질 수 있었던 까닭은 '소외받는 것에 대한 아름다움'이 진정 아름다운 것이라고 생각했기 때문이다. 노동하는 여인의 아름다움이 도시의 옷을 입는 순간 사라져 버린다고 생각한 것도 이 때문이다.

16 조르조 아감벤, 박진우 역, 『호모 사케르』(서울: 도서출판 새물결, 2008), p. 177.

17 Ibid., p. 179.

18 Ibid, p. 210.

19 이러한 전환을 서남동은 "그때는 깊이의 차원에 몰두했는데, 지금은 옆의 (橫的) 차원에 서 있는 셈이다"고 한 바 있다(서남동, Op. cit., p. 3). 이를 손규태는 '사회적 연대의 윤리학'이라고 지칭한다. 손규태, 「서남동의 민중신학과 윤리사상」, 『개신교 윤리사상사』(서울: 대한기독교서회, 1998), pp. 413-414 참조.

20 아감벤은 예외적 관계에 대하여 논하면서 다음과 같이 말한다. "법의 특별한 '힘'은 이렇게 자신의 외부와 관계를 유지할 수 있다는 데서 유래한다. 무언가를 오직 배제만을 통해서 끌어안는 가장 극단적인 형태의 관계를 우리는 예외 관계라고 부른다." 김태

환,「예외성의 철학―조르조 아감벤의 호모 사케르: 통치 권력과 벌거숭이 삶」,『문학과 사회』 67호, 2004년 가을 (서울: 문학과 지성, 2004), p. 28 참조.

21 어빙 스톤, 최승자 역,『빈센트, 빈센트, 빈센트 반 고흐』(서울: 청미래, 2007), p. 114.

22 Ibid., p. 120.

23 민중신학자 서남동이 서양신학을 소개하는 일로 신학자의 생을 보낼 때, 한 사건이 일어난다. 1974년 아프리카 탄자니아의 수도 다레살람(Dares Salaam)에서 열렸던 세계교회협의회(WCC)의 신앙과 직제 위원회와 루터교세계연맹이 주관하는 세미나에 참가했을 때였다. 당시 거기서 성서연구를 맡았던 한스 베버(H. R. Weber)가 한국의 정치적 상황을 소개하고 또 김지하의 시 등을 소개하면서 성서연구를 진행해 나갔다. 성서연구가 끝나고 나서 참석자들은 서남동에게 한국의 현실, 특히 시인 김지하의 근황에 대해서 많은 질문을 했으나 그는 제대로 대답을 하지 못하고 말았다. 왜냐하면 그는 당시 우리나라의 정치적 현실에 대해서 별로 깊은 관심을 갖지 않고 서재에서 서구신학소개에 몰두하고 있었기 때문이다. 그때 서남동은 깊은 수치감을 가지고 돌아왔다고 민중신학자들이 모임 독서회에서 토로한 일이 있다. 이러한 충격이 서남동으로 하여금 한국적 현실, 특히 민중적 현실에 대해 깊은 관심을 갖게 했던 것이다. 손규태, Op. cit., p. 401.

24 서남동, Op. cit., p. 47.

# Chapter 9.
# 마그리트와 종교 간의 대화

## Ⅰ. 당연함은 당연함이 아니다: 대화의 필요성

마그리트(René Magritte, 1898~1967)의 작품을 보고 있노라면 섬뜩하거나 기괴한 감정과 동시에 한편으로는 이상하리만치 자연스러운 느낌을 받는다. 확실히 그의 발상은 독특하고 표현력은 탁월하다. 익숙하지만 예상치 못한 이미지들이 캔버스 안에 뒤섞여 있는데, 그 결합은 전혀 어색하지 않다. 오히려 너무도 자연스러워서 '지금 네가 보고 있는 것이 사실이고 진리'라는 인상마저 심어준다.

마그리트는 초현실주의 화풍을 대표하는 화가로 수많은 초현실주의 화가가 그의 영향을 받았으며, 현 시대에서도 그의 작품은 다양한 분야에서 창조의 모티브가 된다.[1]

현실의 모든 것들은 오랜 역사를 거쳐 우리가 만들어온 암묵적인 룰에 의해 운영된다. 사과를 사과라고 정의하는 언어적인 부분부터 사회생활, 규범, 법제, 라이프스타일까지도 말이다. 우리는 너무 당연하게 이러한 모든 것을 받아들인다. 한번쯤 '왜 사과는 사과인가?', '왜 우리는 빨간불에 멈춰

서고 파란불에 길을 건너야 하는 것일까?'와 같은 사고는 하지 않는다. 모두 당연한 것이기 때문이다. 하지만 마그리트는 이러한 당연함의 틀을 깨버린다. 그리고 조금은 생소하고 기괴한 발상으로 절묘하게 어우러진 그림을 통해 우리에게 질문을 던진다.

사실 인간의 삶에 있어서 타자와의 관계는 의사소통으로 시작된다. 그리고 그 관계는 타자로부터 구체적인 문화, 역사, 더 나아가 종교로까지 확장되어 의사소통은 더 할 수 없이 중요한 역할을 하게 된다. '문화의 실체가 종교'라는 선언이 더욱 분명해진 현시대에 종교 간의 의사소통을 원활하게 하기 위해 종교 간의 대화는 필요할 것이다. 그리고 이러한 대화에는 마그리트의 시선과 같은 '당연함의 틀을 깨뜨리는 용기'가 필요할 것이다.

『세계윤리 구상』에서 한스 큉(Hans Küng)은 "세계 윤리 없이는 생존이 불가능하다. 종교 평화 없이는 세계의 평화도 없다. 또 종교의 대화 없이는 종교의 평화도 있을 수 없다. 바로 이것이 이 책의 관심사이다."[2] 라고 맨 앞자리에서 절규하듯 외치고 있다. 사실 수없이 많은 다툼, 피를 부르는 잔인한 갈등, 심지어 이른바 '종교전쟁'에 대해, 정치나 계급, 민족을 떠나 근본적으로 종교들이 책임져야 할 것이다. 사실 많은 경제적·정치적·군사적 마찰은 부분적으로 종교들에 의해 야기되었고(이것은 양차 세계대전의 경우에도 해당되는데), 정당화되었다. 따라서 한스 큉은 다음과 같이 말한다.

> "인류는 항상 종교들이 이 지상에 평화를 실현시키기보다는 전쟁을 부추기는 것을, 화해를 추구하는 대신 광신을 재촉하는 것을 그리고 대화를 실천하기보다는 우월성을 주장하는 것을 더 이상 용인하지 않을 것이다."[3]

큉은 이러한 자신의 생각이 단순히 논의나 대화를 준비하기 위한 학문적 토론의 문제가 아님을 보여 주기 위해 고통 받는 지구 상황 자료를 다음과 같이 제시하고 있다.

> "세계의 국가들은 군사 무장을 위해 매분 1,800만 달러씩 지출하고 있다. 기아 또는 기아로 인한 질병에 의해 어린아이들이 매시간 1,500여 명씩 죽어가고 있다. 동물이나 식물이 매일 한 종씩 멸종하고 있다. 제2차 세계대전의 시기를 예외로 하고 80년대에 들어와서 매주 더 많은 사람들이 체포되고 고문당하며 살해되거나 아니면 여러 가지 방법으로 압제 정부에 의해 더 혹독한 억압에 시달리게 되었다. 세계경제구조로 말미암아 1,500억 달러에 이르는 외채에 75억 달러가 매월 누증되고 있으며 이러한 외채 누증은 제3세계 사람들에게 감당할 수 없는 부담을 지우고 있다. 한국 넓이 3/4만큼의 원시림이 매년 파괴되고 있다."[4]

물론, 위의 지구 상황 자료는 현시점에서 다시 조사한다면 엄청난 놀라움을 던져줄 것이다. 그러나 우리는 타자를 위한 삶을 살지 않는다. 배타적이 된다. 생존을 위한 배타성인가? 그렇다면 인정할 수밖에 없다. 그러나 이웃을 사랑해야 할 '종교의 배타성'은 무엇인가? 진리 수호의 열정인가? 폐쇄적 독선주의인가? 의문을 던질 수밖에 없다.

## II. 동시성의 시적 감성과 화이부동(和而不同)

### 1. 〈빛의 제국〉: 동시성의 시(詩)적 감성

〈빛의 제국(The empire of light)〉 (1954)

마그리트의 〈빛의 제국〉은 신태라 감독의 영화 〈검은 집(Black House)〉(2007)의 포스터가 되기도 했던 작품인데, 자세히 보면 어딘가 부자연스러움을 느낄 수 있다. 맑은 하늘은 분명 현재 시간이 낮이라는 것을 말해준다. 하지만 집 앞에는 나무와 호수가 있고 어둠을 비추는 가로등이 환히 빛나고 있다. 분명 호수와 숲이 우거진 집 근처의 풍경은 밤을 나타내고 있지 않은가? 마그리트는 이를 다음과 같이 해석했다.

> "나는 〈빛의 제국〉에서 다른 개념들, 즉 밤의 풍경과 낮에 보는 것과 같은 하늘을 재현했다. 이 풍경은 우리로 하여금 밤에 대해, 낮의 하늘에 대해 생각하게 한다. 내 생각에 이 낮과 밤의 동시성은 우리의 허를 찌르고 마음을 끄는 힘을 가지고 있다. 나는 이 힘을 시(時)라고 부른다."[5]

즉, 이 그림을 통해 마그리트는 한 공간 안에서의 모순된 시간의 공존이라는 역설을 보여주고 있다. 따라서 마그리트의 작품들은 물질세계의 모든 독단적인 광경을 붕괴시키기 위한 체계적인 시도이다. 그는 개념의 역설적 개입을 통해 일상적인 현상에 특별하고 예외적인 결과를 부여한다. 곧, 마그리트의 회화 작품에서 볼 수 있는 것은 교육받은 정신이 익숙하게 예측하는 것의 정반대 현상이다. 그의 작품은 정신과 생활 간에 존재하는 정교한 타협을 무너뜨리며 제멋대로인 의식 상태는 변형되어 하나의 의도를 형성하는 것이다.[6] 따라서 종교 간의 대화에 있어서도 '동시성의 시(詩)적 감성'이 있어야 할 것이다.

종교사회학자 피터 버거(Peter Berger)는 종교다원주의를 '여러 종교 집단들이 경쟁적 상황에서 공존하고 있음을 인정하는 것'[7]이라 말한다. 여기에는 현실적인 측면과 평가적인 측면이 공존하는데, 다양한 종교들이 공존해 왔고, 또 공존하고 있는 역사·사회적 현실을 사실 그대로 인정하는 현실적인 측면과 다양성의 공존을 긍정적인 쪽에서 이해하려는 측면이 바로 그것이다. 따라서 종교다원주의는 다원적 상황이 빚어내는 갈등의 문제를 극복하려는 의지를 그 바탕으로 한다 하겠다. 따라서 그리스도교로 하여금 심각하게 종교적 진리의 문제를 제고하도록 만드는 것이 바로 종교다원주의 신학이며, 종교 간의 대화라 할 수 있다.

그리스도교 신학에 있어서 기본적으로 종교 간의 대화에 관한 다섯 가지 견해가 있다.[8] 첫째 배타주의적인 견해(exclusivism)가 있다. 이 견해는 기독교만이 진리라는 견해인데 칼 바르트(K. Barth)가 이 견해를 대표한다. '예수 그리스도 안에서' 이외에는 역사에서 진정한 하나님의 계시는 없다고 하는 것이다. 바르트에게 있어서 모든 종교는 '불신앙의 표현'이다. 종교들은 모두 하나님에 도달하려는 인간의 노력에 불가하다는 것이다. 심지어 제도적인 종교로서 그리스도교도 불신앙의 표현이라고 한다. 그리스도 예수를 통한 진정한 하나님의 계시 아래 이러한 모든 종교들–제도적 기독교도 포함해서–은 심판에 놓이게 된다.

둘째로 포괄주의적인 견해(inclucivism)가 있다. 이 견해는 모든 인간 존재는 그리스도 예수 안에서 구원을 발견할 수 있다는 것이다. 그리고 그 그리스도는 모든 곳에서 구원의 사역을 펼친다는 것이다. 따라서 구원은 모든 시간, 모든 곳에서 발생한다. 따라서 포괄주의는 타종교 안에서도 구원의 가능성을 피력하고 있으나, 이 구원은 단지 '그리스도의 규범의 빛'에서만이 가능하다는 것이다. 칼 라너(K. Rahner)가 이 견해를 대표한다. 라너는 타종교 안에 '익명의 그리스도교인(Anonymous Christian)'이 있다고 주장한다. 그리스도는 구원의 관문이다. 따라서 그리스도의 구원하시는 은총에 기초해서, 구원은 다른 종교 안에서도 가능하다는 것이다.

세 번째로 다원주의적인 견해(pluralism)가 있다. 이 견해는 그리스도가 구원의 규범인 것과 기독교가 다른 종교보다 우월하다는 의식을 포기하라고 강력하게 주장한다. 존 힉(J. Hick)은 이 입장의 대표적 인물이다. 그는 그리스도교적 용어인 'God'이 다른 종교(가령, 유대교, 이슬람교, 힌두교, 시크교, 도교 그리고 불교 등)에도 나타나는 '궁극적 실재'를 언급하는 그리스도교적

인 용어라고 주장한다.[9]

> "'알라', '야훼', '공(空)', '브라만' 또는 'God'으로 다르게 불리지만 그러나 이러한 "궁극적"인 것을 부름으로 각 종교들은 인격적이거나 혹은 비인격적인 궁극적 실재를 인식하게 된다는 것이다. 또한 '궁극적'인 것을 표현하는 데 있어서 정말 중요한 것은 한 종교가 다른 종교보다 우월하다고 하는 문제보다 '자기–중심적인 것에서 실재–중심적인 것으로의 전환'이라는 것이다."[10]

힉에게 이러한 종교 간의 우월성은 '실천성'(examination of the facts)에 의해 평가된다.[11] 각 종교의 평가는 두 가지 방법, 즉 개인의 영성과 사회적 변혁에 기여하는 것으로 평가된다. 개인적인 차원에서는 각 종교의 열매가 얼마나 '성스러움'에 근접하는 가로 평가할 수 있으며, 사회적인 차원에서는 인간의 평화를 위한 정진에 각 종교의 열매가 얼마나 기여하는가에 따라 평가할 수 있을 것이다.

따라서 힉은 종교를 어떤 양적 가치로 평가하는데 있어서 문제가 있다고 생각할지라도 성스러움과 사회변혁의 실천(out put)에서 우월성이 명백하게 가려진다고 보고 있다.[12] 사실, 종교는 추구하는 목적에 있어서 동일하다. 다원주의 모델에 있어서 한 종교에서 다른 종교로의 개종은 부당한 것이다. 단지 종교가 없는 이를 어떤 종교로 귀의하게 하는 것만이 가능할 뿐이다.

네 번째는 변화를 수용하자는 견해이다. 이 견해는 다른 종교와의 상호대화를 통해 자기–비판적인 숙고를 가지는 것으로 계속적인 대화를 통한 상호변화를 수용하자는 입장이다. 존 캅 주니어(J. Cobb, Jr)가 이 입장의 대표자인데 그는 본질주의자(essentialist)의 견해와 개념적 상대론자(conceptional relativist)의 오류를 피하는 방법으로 이와 같은 견해를 주장했다.

즉, 처음의 배타주의자의 절대가치와 다원주의자의 가치상대론적인 입장, 이 둘의 오류에서 대화를 통한 상호변혁의 방법을 제시한 것이다. 본질주의자는 '종교의 본질은 하나'라는 견해이며 그리고 이러한 보편적 종교의 본질 아래에 모든 종교가 놓여 있다는 견해이다.[13] 개념적 상대주의는 규범적 다원주의를 지지한다. 그래서 '각 전통은 자신의 규범 안에서 최고의 전통이며 각 종교의 규범에 대해 어떠한 잣대를 가지고 비판하는 것은 불가능하다."[14]라고 한다.

따라서 캅은 각 종교가 독특하다고 하는 전제에서 출발한다. 그리고 그는 기독교의 독특성을 옹호한다. 그리고 '근원적 다원주의(fundamental pluralism)'[15]를 증언하기 위해서 상대주의적 다원주의의 견해를 거절한다. 즉, 다원주의자들이 모든 주요한 종교가 동일한 궁극적 실재를 표현한다고 인식하는 반면, 캅은 각 종교는 각기 독특하며 서로 다르다고 주장한다. 결론적으로 그의 입장은 그리스도 중심적 다원주의의 입장인데 이것이 다른 종교 전통과의 대화를 가능하게 한다는 것이다. 왜냐하면 자신의 입장이 없이는 다른 종교와의 대화가 불가능하기 때문이다.

그러나 캅이 주장하는 그리스도 중심적 다원주의는 그리스도교의 우월성을 주장하거나, 다른 종교에 관한 규범적인 판단의 잣대로 군림하는 것은 아니다. 캅에게 있어서 '그리스도'는 다른 종교 전통에 배타적이지 않은 급진적인 개방성으로 이해된다. 그리스도교는 어거스틴이 신플라토니즘(Neo-platonism)의 영향을 받아, 그의 신학을 전개한 것처럼 다른 종교의 진리에 참여함으로서 기독교 자신의 진리를 더욱 풍성하게 할 수 있을 것이다. 종교 간의 대화를 통해 캅은 공동의 변혁을 끄집어내려고 하는 것이다.

다섯 번째는 해방적 관점에서 종교 간의 대화를 풀어나가려고 하는 견해이다. 이 견해는 앞의 네 가지 견해와는 달리, 종교의 보편적 실재를 인식하는 것과 종교의 역사적 관련성에 관심하지 않고, 종교 간의 대화를 통해 인간의 고통과 문제들을 제거하려고 하는데 관심을 집중한다. 로즈마리 류터(Rosemary R. Ruether) 그리고 매조리 수초키(M. Suchocki) 등이 페미니스트적 관점에서 이 견해의 대표자이며 알로이시우스 피어리스(Aloysius Pieris)와 폴 니터(P. Knitter) 등이 이 견해의 지지자들이다.

류터와 수초키는 종교적인 광신적 배타주의(chauvinism)의 부적절성을 문제 삼으며 다른 종교에 관한 그리스도교의 우월성에 관해 비판을 제기했다. 그녀들은 기독교의 남성 중심적 성격이 불합리하기 때문에 종교 간의 대화에 있어서 광신적 배타주의가 된다고 한다. 류터는 정의를 실현하기 위해서 다른 종교 내의 페미니스트들과 협력할 필요성을 강조한다.

역시 수초키도 종교 간의 대화는 그 논의를 구체적인 인간의 고통, 인간의 평화 그리고 정의에로 전환해야 함을 역설한다. 따라서 수초키는 여러 전통 안에서 정의에 대한 다양한 가치를 날카롭게 분석하면서 '공동체 상황 안에서 자기-발전과 자기-결단에 대한 개방성'[16]이라는 말을 사용한다. 그리스도교와 불교를 조심스럽게 관찰하면서 피어리스는 두 종교 모두 인간의 비참하고 가난한 상태에 관해 투쟁하는 것 안에서 서로서로 협력하며 보완할 수 있다고 생각했다.

니터도 세계적인 인간 고통은 사회, 경제 그리고 군국주의적인 세력으로부터의 세계적인 해방을 위해 세계적인 종교 간의 대화가 필요하다고 생각했다. 다른 해방신학자를 포함해서, 이들 모두는 해방의 실천을 주장하고 종교 간의 대화를 통해 가난하고 굶주린 자를 위한 '우선적 선택'을 먼저 종교 간의 대화에서 시작하기를 주장한다.

마그리트의 〈빛의 제국〉에 나타나는 동시성이 개별 종교의 역사와 이웃종교의 전통을 동시적으로 중요시하는 시적 감수성으로 나타날 때 우리는 마그리트의 회화에서 종교 간의 대화의 방법을 배울 수 있을 것이다. 사실, 마그리트의 그림은 현실과 비현실의 경계 그 어디쯤 서있는 듯하다. 그리고 종교 간의 대화 역시 현실과 비현실의 경계 그 어디쯤에서 시작해야 된다. 너무 현실적이면 대화에 의미가 없고 너무 비현실적이면 대화가 되지 않기 때문이다. 따라서 마그리트의 그림과 종교 간의 대화는 이러한 역설을 통해 우리의 마음을 뒤흔들고, 지성을 비웃는다. 다음 그림들을 통해 마그리트가 말하고자 하는 역설에 대해 좀 더 살펴보자.

## 2. 〈이미지의 배반〉: 한국 그리스도교의 폐쇄적 독선주의

〈이미지의 배반(The treachery of images)〉 (1928/29)

이 그림은 아주 유명한 작품이다. 〈이미지의 배반〉이라는 제목의 이 그림은 흔히 〈이것은 파이프가 아니다(Ceci n'est par une pipe)〉로 더 잘 알려져 있다. 이 그림은 두 가지로 해석될 수 있다. 첫째, 파이프 그림은 파이프를 그린 것이 아니다(즉, 그림 자체가 독자적인 이미지가 되는 경우). 둘째, 문장을 해석하려는 통념을 버리는 것(그림 속에 들어온 문장은 이미지일 뿐이다) 즉 화가는 일반적인 인식의 법칙에 모순되는 논리를 대상에 부여할 수 있다. 마그리트는 끊임없이 현실에서 일탈하는 이러한 가능성, 즉, 예술에 내재하는 이러한 비현실성을 이용했다. 그려진 파이프로는 담배를 피울 수 없는 것이다.

사실 마그리트는 이름 붙일 필요가 없는 것에 이름을 붙였는데, 그것이 무엇이라는 것을 부정하는 이름을 붙였다. 그렇지만 그의 생각에는 반박의 여지가 없다. 왜냐하면 그 파이프는 결코 피울 수 없을 것이기 때문이다. 보통 라벨은 그것이 붙어 있는 사물과 관련되지만 이 경우에는 역설적인 상황이 매우 특징적으로 나타난다. 다만 불확실하고 막연한 공간에서 문구와 함께 있는 파이프만이 표현되어 있을 뿐이다. 비록 이미지와 글귀가 명백히 연관되어 있더라도 글귀의 내용이 옳거나 그르다고 말하기는 어렵다. 파이프이면서 동시에 파이프가 아닐 수 있기 때문에 이것은 모순이나 동어 반복도 아니고, 필연적인 진실도 아니기 때문이다.[17]

종교로 인한 전쟁이라는 종교 속에 내재하는 비현실성은 어떤가? 경전의 교리로는 대화를 할 수 없는가? 나아가 고정된 교리는 더 이상 다른 해석의 여지는 없는가? 더 나아가, 이러한 글자에 대한 배타성, 혹은 그림에 대한 배타성은 무엇인가?

최준식이 한국인과 한국문화를 진단하며 지은 책, 『한국인에게 문화는 있는가』는 한국인의 가족 집단주의와 권위주의적 배타성, 한국인의 신명과 예술성을 재미있게 풀어낸 책이다. '다른 것을 못 참는 한국인—불안 수준이 높은 한국'이란 장은 한국인의 배타성을 불안 수준과 연결하여 잘 지적해 주고 있다. 아무튼 한국인은 낯선 것을 두려워하고 불확실성을 회피하려 하며, 열 잘 받고 급한 성격이며, 나아가 '나만이 정통이고 진리는 나한테만 있다'는 외골수적인 기질이 한국에 수입되는 종교와 사상을 모두 배타적으로 덧칠해버린다고 한다.

그에 따르면 우리나라에는 외래 사상이 들어오면 무엇이든 극단적이 된다고 한다. 조선 시대 주자학의 수용이 그러했고, 그리스도교나 공산주의의 수용이 그러한 모습을 잘 보여준다.[18] 그리고 이러한 원인을 최준식은 500년 이상을 지배한 통치 이데올로기로서의 배타적인 유학[19]과 일제 강점기와 6·25를 거친 남북 분단, 군사독재라는 역사적 요인 등으로 들고 있다.

> "주자학으로 생성된 한국인의 편집성—어디에 미치지 않으면 못 견디는 성향—에 샤머니즘적인 에너지가 실려 모든 것이 극단적인 한국인의 성향이 나오지 않았을까… 구한말부터 우리나라는 대 격동기였기 때문에 한 번도 조용해 본 적이 없다. 악랄한 일제 강점기를 거쳐 남북 분단이 되면서 지독한 전쟁을 동족 간에 벌이고, 그 뒤 박정희라는 독재자를 만나 전 사회가 '잘 살아 보자'라는 구호에 미쳐 날뛰게 되고 그 뒤에 오는 수많은 정치적인 파행들. 이 모든 것이 한국사회의 불안 수준을 높이는 데에 일익을 담당했을 것이다."[20]

이렇듯 불안한 사회적 상황이 한국인을 배타적이게 만들었으며 이러한 배타성은 가옥에도 잘 나타나 있다. 한옥은 집 안팎을 차단하는 커다란 담으로 이루어져 있다. 특이한 점은 이렇게 엄격하게 안팎을 차단하지만 일단 담 안에 들어오면 너와 나의 구별이 없이 그냥 우리가 된다. 따라서 한국인에게 있어서 밖은 철저한 남이다. 남에게는 어떻게 대해도 된다는 생각이 깔려있다. 그러나 반면 우리라는 의식이 형성되면 그때부터 '우리'는 다른 모든 가치에 우선한다.[21]

신옥희는 이러한 조선시대 윤리의식의 부정적인 측면을 합리주의, 인본주의, 덕치주의의 항목으로 나누어 살펴본 적이 있는데[22], 먼저 합리주의의 경우 배타주의적 폐쇄성, 전통주의적 보수성, 순응주의적 정체성이 그 한계로 지적되고, 인본주의의 한계점은 개별적 특수성의 상실, 자연적 성행의 경시, 주체적 자아의식의 결여를 들며 덕치주의에서는 상황 중심의 적당주의, 혈연 중심의 족벌(파벌주의), 신분 중심의 차등주의를 지적한다.

김태길 역시 조선시대 가치관의 부정적인 측면을 지적한 적이 있는데, 자기중심적 성격으로 도덕적 의무의 근거 내지 근원을 자기와 다른 사람과의 개인적 관계에서 찾으려는 것, 높은 관직에 올라 영화를 누리는 것을 가장 귀중한 일이라고 생각하는 가치서열의 전도, 인간을 양반, 중인, 상민, 천민 등으로 나누는 불공평한 사회제도를 그대로 인정하는 사고방식은 당시의 가치체계를 크게 병들게 했으며 숙명론적인 인간관은 전근대적 세계관과 봉건적 사회제도로 말미암아 자연조건과 사회현실의 악조건을 타파하고자 하는 의지력과 당위 의식을 미약하게 했다. 그리고 민족 내지 국가와 같은 더욱 큰 공동체의 질서와 발전을 도모하기에 적합한 행동의 원리를 체득하지 못했다는 점 등을 들고 있다.[23]

윤태림의 경우는 유교가 남겨준 유산으로 계층의식, 가족단위의식, 가학적 관원과 피학적 민중이라는 관계성, 사리 분석보다는 인간관계의 중시, 권위에의 굴종, 체면 의식, 미래보다는 과거지향적, 현실 중심적 측면 등을 제시한 바 있으며[24] 유교가 통제에 대한 관심이나, 타인의 선에 대한 관심, 친애 감정을 토대로 한 인간관계의 치중 등과 같은 특징을 살펴본 차재호의 경우도 주목할 만하다.[25]

더욱이 유교적 가치관에 의해 골격이 형성된 한국인의 가치관은 박동운에 의하면 일본 제국주의의 식민통치로 인한 허무주의의 조장으로 그 부정적인 측면이 왜곡되고, 증폭되었다고 한다. 가령 일본과의 동화 정책을 강행하여 민족어 말살 정책과 창씨개명 등이 그 예이며, 이를 통해 '하층 일본인화'하려고 했으며, 지리적 숙명론이라는 '반도인', '반도적 성격'이라는 이론으로 조선인의 성격을 사대주의, 의존주의, 당파성, 피동성, 숙명론, 도피사상, 우울, 찰나적 향락, 교조주의 등으로 조작했음을 서술하고 있다.[26]

한국전쟁은 어떤가? 남한 측의 인명 피해만 해도 민간인 139만 명, 군인 99만 명, 경찰 1만 7천에 이르는 이 전쟁은 한국인의 가치관에 지대한 영향을 끼친다. 방영준에 의하면,[27] 전쟁은 다음과 같은 영향을 끼쳤다고 할 수 있는데, 〈표 1〉로 요약하면 아래와 같다.

| | |
|---|---|
| 정치적 영향 | ① 분단체제를 내면화하고 분단의식의 심화를 촉진시킨다.<br>② 새로운 사대심리 또는 외세의존심리를 형성시킨다. |
| 경제적 영향 | ① 물질만능주의와 소비풍조를 강화 내지 조장했다.<br>② 이러한 물질만능주의는 개인의 경제적 이익의 확보를 위한 지나친 생존경쟁의 경향을 야기시켰다. |
| 사회적 영향 | ① 사회성원 간의 연대의식 및 통용적 사회규범의 마비를 가져왔다.<br>② 성윤리의 문란을 초래했다.<br>③ 자연생장적인 도덕질서에 대한 교란과 파괴로 말미암아 사회성, 공덕심 혹은 정의감이 혼탁해졌다. |
| 심리적 영향 | ① 피해망상뿐만 아니라 패배의식을 남겨주었다.<br>② 유교문화의 영향 하에서 한국인에게 깊이 내재하고 있던 체면의식을 결정적으로 붕괴시켰다.<br>③ 심리적 불안정을 항구화·고착화시키게 되었다. |
| 문화적 영향 | ① 전통문화를 부정하고 외래문화를 지향하는 문화적 모방심리를 심어 놓았다. |

〈표 1〉 6·25가 한국인의 가치관 형성에 미친 영향

특히 문화적 영향은 전쟁을 통하여 누적된 패배의식이나 열등감은 물론, 전후의 복구과정에서 외국의 역할을 통해 부지불식간에 전통적인 문화 일반에 대한 부정적 의식을 응축시켜 놓았다. 이러한 맥락에서 그 위상을 굳건히 차지한 것이 기독교라고 할 수 있다. 사실 그리스도교는 종교 간의 대화에 있어서 가장 협조적이면서도 동시에 배타성이 강한 종교이다. 왜 이런 역설이 생겨났을까?

폐쇄적 독선주의가 그리스도교 안에서는 어떻게 드러나는지를 살펴보자. 1870년대 당시 미국은 선교의 열기가 매우 강렬한 때였다. 그리고 그 이

면에는 해외시장으로의 진출만이 미국 자본주의의 활로라는 경제적 동기가 있었으며 생존경쟁과 적자생존이라는 사회진화론에 바탕을 둔 사상적 원인도 내재해 있었다. 물론 선교사들은 이러한 배경은 뒤로 한 채 "이방인들에게 돌아올 화(禍)와 그리스도의 명령"이라는 선교적 신념으로 아시아 각국에 파송되었다. 이러한 선교사들의 '기독교 선교를 통하여 기독교적 세계질서를 형성해야 한다는 책임의식'은 '후진국 문명화에 대한 선진국의 책임'을 내세우며 전도를 했다. 이는 문명화하는 논리가 종교의 외피를 입은 것이다.

다른 시각으로 한국에서의 개신교가 성공한 직접적인 동기와 초기 개신교의 신앙 형태의 근거를 차지한 것이 경건주의와 복음주의라는 민경배의 주장도 있다.

> "경건주의는 서구의 그리스도교 문명에서 과학이나 정치, 그리고 문화적 우월성이라는 생리를 제거하고, 또 다른 한편 종교적 열정도 제거해서 다만 순수한 복음의 삶만을 중추로 삼는 신앙이다. 그래서 세속과 종교의 분리를 당연하게 보거나, 아니면 세속에 무관하게 되는 생태를 가진다. …이 계통의 선교사들이야말로 서양의 그리스도교가 식민주의적인 확장의 앞잡이거나 동맹이라는 오해를 사실상 해소할 수 있었던 유일한 부류의 사람들이었다."[28]

그러나 이들은 신학의 빈곤, 교회론의 약화, 사회 부재의 영혼 구제, 정치 무관의 정숙주의(靜肅主義), 합리성의 결여, 그리고 이원적인 신앙의 전제로 이루어져, 한국인 본래의 정신적 유형에 상통하게 되어 그 위세가 폭발적으로 늘어났다. 민경배의 말을 계속해서 들어보자.

"신학이 아닌 생활과 체험의 단순한 복음이라는 것이 원래 신비주의적인 정서에 상통했고 세상에 어울릴 수 없었던 정신적 귀족성의 형이상학적인 한국인 기질에 신통하게도 호소한 것이다. 더욱이 그 신앙의 비사회적인 공동체 부재의 경건이 기구적 형성에 냉소적 무관으로 일관해온 한국인의 정신에 적어도 심리적으로 호소될 면적이 넓었던 것이다."[29]

또한 그리스도교는 그 특성상 유일신관과 이분법적 사고, 다양한 교단 분열 등을 통하여 그 배타성을 심화시킨다. 사실 종교적 배타성의 척도가 되는 몇 가지 기준이 있는데, 먼저 신관에 있어서 유일신관(monotheism)의 경우 배타성이 높다. 둘째로 교리나 신조, 혹은 신학에 있어서 이분법적 사고를 강조하는 종교가 배타성이 높다.[30] 셋째로는 교단의 분열이 많은 종교일수록 종교적 배타성이 강하다. 물론 니버(R. Niebuhr)가 잘 지적했듯이[31] 이러한 분열에는 종교적인 이유도 있지만 사회적이고 권력적인 이유들도 있다. 마지막으로 배타성이 강한 종교는 선민의식이나 특권의식이 강할 경우라는 것은 종교학의 타당한 연구결과이다.[32]

사실 배타성은 절대성을 주장함으로 현실적인 모습으로 드러나는 종교의 특성이다. 절대적이기에 모두 따라야 하며 모두 자신의 논리와 동일해야 하는 것이다. 그렇지 않으면 배타적 공동체의 공격에 휘말릴 것이다. 역사상 마녀사냥과 식민주의, 노예제도, 인종주의, 제국주의 시대와 함께 해온 그리스도교의 역사를 언급하지 않더라도 이러한 배타성의 역사는 자기 동일화의 역사였다. 그리고 그 이면에는 절대성의 주장이 함께 한다.

한국에 전래된 그리스도교의 배타성은 이러한 서구 그리스도교의 절대성 논의의 연장선에 있다. 초기 원시 그리스도교의 생존을 위한 배타성에서 계몽주의의 '역사화, 일반화, 합리화, 인간중심주의'에 대한 반박으로서의 정통주의의 배타성은 그 공통분모로 절대성을 그 내부에 갖고 있다. 그러나 그 절대성은

> "발전이념이 모든 삶의 영역을 지배하는 기본적인 사고방식이 되었을 때, 르네상스 시대의 순환론적 역사이해가 해체되었을 때, 자연과학의 영향을 받은 시간개념과 발전개념이 역사 이해에 도입되었을 때, 모든 지상적 존재는 역사적 조건의 영향을 받으며 진보적인 사건들의 연속선상에서 생성하고 소멸한다는 사고가 지배하게 되었을 때, … 절대성이란 역사의 피안, 초월적 영역, 혹은 인간의 내면으로 쫓겨나게 되었다."[33]

따라서 역사적이고 특수한 종교인 기독교는 설자리를 잃고 계몽주의의 이성적 능력을 가진 모든 사람들에게 주어진 이성종교가 역사에 등장하기 시작한다. 임마누엘 칸트(I. Kant)의 작업이 바로 여기에서 시작되는 것이다. 더 나아가 슐라이에르마허(F. Schleiermacher)에 의하면 진리는 독립적이고 의식에 의존하지 않는 실체가 아니라 주관적으로 요청된 것으로도 대체되기도 한다. 철저히 인간중심주의로 전환되는 것이다. 따라서 계몽주의 정신은 기독교의 절대성의 모든 근거를 흔들어 놓았다.

서구 신학사적으로 16세기 종교개혁을 통한 개혁자들의 신학이 17세기에는 종교개혁을 스콜라주의화한 정통주의로, 18세기에는 계몽주의와 경건주의로 신학이 갱신되는 합리주의, 혹은 역사주의적 신학이 등장했다. 그리고 19세기 독일 관념론의 영향 아래 자유주의 신학이 발전했으며 이는 세계대전을 거치면서 위기신학과 실존주의 신학으로 대체되었다.

서양의 그리스도교는 이렇듯 다양한 변화를 거쳐 오고 있었으나, 오늘

한국의 신학은 자유주의 신학에 반기를 든 근본주의 신학[34]이 미국 사회의 청교도 전통과 맞물려 그 세력을 확장하면서 드디어 한국에 전파된 이후 그 근본주의 신학에서 도대체 발전할 기미를 보이지 않고 있다. 순수지향인지, 폐쇄적 독선주의인지 모르겠지만 외적으로 그것을 가능하게 하는 계기가 있으니 그것은 곧 군사독재 시절 그리스도교는 엄청난 부흥을 했던 것이다. 종교 문화의 진정한 토착화가 아니라, 한국 종교문화의 말살이라는 얼굴을 지닌 채. 그리고 한국 그리스도교의 폐쇄적 독선주의는 종교의 참다운 이미지를 배반하게 된다. 〈이미지의 배반〉과도 같이.

### 3. 〈망원경〉: 화이부동(和而不同)

〈망원경〉이라는 작품에서 우리는 프레임 한가운데 자리 잡고 있는 하나의 커다란 창을 볼 수 있다. 하지만 언뜻 창으로 보이는 창틀의 바깥에는 깊은 어둠이 자리하고 있다. 창틀일까? 아니면 하늘 패턴의 스티커를 붙인 수납공간일까? 열려진 유리창의 윗부분을 자세히 살펴보다보면 우리는 더욱 더 혼란스러움을 느낀다. 즉, 유리창이면서 동시에 유리창이 아닌 저것은 무엇이란 말인가!

이 작품은 '회화는 바깥 풍경을 보여주는 창'이라는 회화에 대한 창 이론을 완전히 뒤집었다는 평가를 받고 있다. 일상적인 사물에 대한 개념을 탈피해서 과거 재현이론을 부정하고 있는 것이다. 마그리트는 이에 대해 이렇게 말하고 있다.

> "문은 거꾸로 된 풍경으로 열려 있을 수도 있고 풍경이 문 위에 채색될 수도 있다. 의도적으로 뭔가를 해보자. 문 옆의 벽에 구멍을

〈망원경(La Lunette D'Approche)〉 (1963)

만들면 또 다른 문이 될 수도 있다. 이 두 개의 오브제를 하나로 합한다면 이 결합은 완성될 것이다. 따라서 구멍은 문안에서 매우 자연스럽게 자리 잡고 이 구멍을 통하여 우리는 어둠을 볼 수 있다. 만약 어둠 속에 감추어져 안 보이는 것을 밝게 비춘다면 이 이미지는 더욱 풍부해질 것이다."[35]

마그리트가 기존의 재현이론을 부정하듯이, 기존의 종교적 배타성을 부정하고 새로운 결합을 추구하는 것이 종교 간의 대화의 목적인가? 종교다원주의가 지향하는 길인가? 아니면 배타성을 유지한 채 순수 지향의 입장을 견지해야 하는가? 아니면 차이를 인정해야 하는 것일까? 무언가 시도를 해야 한다. 의도적으로 배타성의 벽에 구멍을 뚫어보자.

사실, 종교 간의 대화에 있어서 닮은 점을 찾으려고 하는 것도 중요하지만 차이를 발견하는 것도 좋은 방법이 아닐까? 기존의 종교 간의 대화가 차이를 발견하기보다 닮은 점을 추구하지만, 차이의 공존이야말로 배타성의 벽에 뚫려지는 무수한 구멍들이 될 것이다.

공자는 "군자는 조화를 이루되 동화되지 않고, 소인은 동화될 뿐 조화를 이루지 못 한다."[36]라고 말한다. 곧 같음을 찾는 것이 아니라, 차이를 찾아내고, 다름을 찾아 그 틈과 여백으로 화이부동(和而不同)을 추구하는 것이 그리스도교의 정체성을 잃지 않으면서 종교 간의 대화를 이루어 가는 것이지, 같은 것을 찾아내어[37](특히 영지주의적인 견지에서 신과 인간의 신비적 결합을 이야기하는) 자신의 종교적 삶에서 불화하는 것은 진정한 종교 간의 대화가 아닐 것이다.

## Ⅲ. 이단의 시대: 대화의 중요성

앞서 살펴본 세 점의 작품을 통해, 마그리트는 아주 일상적인 사물을 이용하여 비일상적이고 무의식적인 장면을 함께 화폭에 담아낸다는 것을 알 수 있다. 때때로 우리에게 익숙한 사물을 통해 모순된 세계를 보여주는 그의 통찰력은 소름끼칠 만큼 섬뜩한 느낌을 준다. 단지 몇 점의 작품을 감상하는 것만으로도 우리는 그의 천재성을 느낄 수 있다.

우리는 종종 이미지나 언어에 지배당한다. 오늘날 마그리트의 그림은 잠시 이와 같은 속박에서 벗어나 우리에게 유쾌한 상상을 할 수 있도록 환기시켜주는 역할을 한다. 주로 내면의 환상을 다루던 달리(Salvador Dali)와는 다르게 일상에서 접할 수 있는 친근한 사물의 색다른 결합과, 낯설게 하기를 통해 무의식과 의식의 경계를 보여준다. 때로는 언어와 이미지를 함께 제시함으로써 기존의 고정관념을 깨부수기도 한다.

사실 마그리트의 작품은 어느 것 하나 한 번에 이해할 수 있는 쉬운 것이 없다. 하지만 허울 좋은 빈껍데기와 같은 우리들은 오늘날 일상 속에서 그림으로 그가 말하려 하는 것이 무엇인지 끊임없이 고민해 보아야한다. 그렇기 때문에 붓을 든 철학자라 불리는 마그리트의 그림 앞에서 우리는 오늘도 골똘히 생각에 잠기게 되는 것이다. 그리고 이러한 생각을 종교의 문제로 확장한다면 우리는 마그리트에게서 너무나 놀라운 착상들을(종교 간의 대화에 필요한) 발견하게 될 것이다.

종교 간의 대화에 있어서(특히, 동서양의 대표적인 종교인 불교와 그리스도교의 대화에 있어서) 색다른 결합과 낯설게 하기가 필요하다. 앞서도 각주 37번에서 언급한 바, 두 종교 간에는 비슷한 점이 있으면서도 전혀 다른 차이도 존재한다. 곧, 불타는 기적에 관해 마술적인 기적을 배척했다. 다만 '법의 기적'(das Wunder der Lehre), 곧 정신적인 것만을 인정하는데, 예수는 불타와 달리 카리스마를 가진 자(ein Charismatiker)였다. 하나님의 나라는 귀신을 축출하는 구원의 권능 속에서 활동하고 있었던 것이다. 이 구원하는 권능 자체는 침입하는 종말(Eschaton)의 기적을 구성하는 불가결의 요소였다.[38]

그리고 이러한 차이는 문화 속에서 색다른 결합으로 나타난다. 가령, 어떤 이들은 불교와 그리스도교의 차이를 '자력'[39]과 '타력' 구원의 차이라고 이야기 하지만, 선(禪)을 서양에 처음 보급한 스즈키 다이세츠(D. T. Suzuki)에 의하면 '나무아미타불'에서 '나무'는 자력으로 '아미타불'을 타력으로 보고, 따라서 '나무아미타불'은 '자력과 타력의 연합을 상징하는 것'이라 말한다.[40]

일본의 경우 일본 불교신도의 절대 다수가 정토종 신도들인데 그 중에서도 일본 불교의 마틴 루터(M. Luther)로 알려진 친란(親鸞, 일본 발음은 신란, 1173–1262)에 의해 개혁된 정토진종(淨土眞宗, 조도신슈)은 타력구원을 표방한다. 친란은 처음 천태종의 가르침에 따라 열심히 수행했지만 도저히 깨달음에 이르지 못함을 안타깝게 생각하고 결국 정토신앙을 받아들인다. 자신의 체험을 통해 정렬로 불타고 있는 타락한 인간으로서는 염불 자체도 실행하기 힘들다고 보고 인간이 할 수 있는 것은 오로지 아미타불의 원력에 절대적으로 의탁하는 절대 신앙뿐임을 강조했다.

우리가 갖는 믿음 자체도 공덕으로나 정토에 이르기 위한 조건으로 생각하면 안 된다고 했다. 정토에 이르는 것은 철두철미 아미타불에 의해 주어지는 은혜일뿐이라는 것이다. "선한 사람도 왕생하는데, 하물며 악한 사람이랴"하는 말로 인간이 죄가 많을수록 은혜가 많다고 보기도 했다. 죄가 많으면 그만큼 아미타불의 자비를 더욱 믿게 되고, 따라서 더욱 큰 은혜를 받을 수 있기 때문이라는 것이다. 신란은 마틴 루터처럼 일본에서 최초로 승려의 결혼을 스스로 실천하고 다른 이들에게 권장한 사람이기도 하다.[41]

흥미로운 것은 기독교 안에도 자력구원이 있다는 것이다. 동유럽과 러시아에 퍼져있는 동방정교회의 전통으로 내려오던 헤시캐즘(hesychasm)[42]이라는 '예수의 기도'(Jesus' Prayer)인데, 바울이 데살로니가 교회에 보낸 편지에 "쉬지 말고 기도하라."는 말을 동방 교회에서는 "주 예수 그리스도, 제게 자비를 베푸소서." 라는 기도를 쉬지 말고 하는 것으로 받아들여 이 기도를 하루 3천 번씩 외우다가 6천 번, 만2천 번으로 늘이게 되면 그 후에는 깨어 있건, 잠을 자건 그 기도가 속에서 저절로 나오는 경험을 하게 된다. 어느 무명의 러시아 순례자가 쓴 것으로 되어 있는 『예수의 기도』를 보면 그 순례자는 예수의 기도를 실천하면서 얻게 되는 기쁨과 평안을 체험하고, '천국에서인들 어찌 이보다 더 행복할 수 있는가.'라고 고백한다. 땅에 걸어 다니는 것이 아니라 신나게 공중에 떠다니는 것 같은 느낌을 받고, 또 그가 만나는 사람, 그가 대하는 짐승들, 풀 한 포기 나무 한 그루와도 일체감을 느끼며 이 모두가 사랑스럽게 보이게 되었다고 말한다.

피터 버거는 현대를 '이단의 시대'라고 말하며, 이단이 되라는 지상명령을 받고 있는 것이 우리가 직면한 시대라고 한다.[43] 사실 이단(heresy)이라는 말은 그리스어 '선택하다'(hairesis)에서 파생했다.[44] 이러한 선택의 한계로 인해 폐쇄적 독선주의가 정당함을 요청받을 수는 없다. 열린 마음으로 대화를 시도해야 할 것이다. 정진홍은 「종교다원문화의 인식을 위한 이론적 가설—다원성의 구조와 대화의 유형을 중심으로」라는 글에서 종교 간의 대화 유형을 기능적·이념적·형식적·영역적 분류로 나누는데 아래와 같이 도식화해 보자.[45]

| 기능적 분류 | 이념적 분류 | 형식적 분류 | 영역적 분류 |
|---|---|---|---|
| 실용적 대화<br>지적 관심의 대화<br>전략적 대화<br>제의적 대화 | 상호간의 학문적 대화<br>상호간의 문화적 대화<br>상호간의 인간적 대화 | 동일종교 안에서의 대화<br>종교와 종교 간의 대화<br>다종교 간의 대화 | 다차원적 대화<br>단차원적 대화 |

〈표 2〉 종교 간의 대화 유형 분류

위의 표를 근거로 종교 간의 대화에 있어서 가장 바람직한 것은 기능적으로는 실용적 대화를 중심으로 상호간의 인간적 대화(이념적 분류)를 통하여 다(多)종교 간의 대화(형식적 분류)로 다차원적인 대화(영역적 분류)를 지향해야 할 것이다. 그리고 이러한 원칙하에 종교 간의 만남을 위한 규칙들을 설정해야 할 것이다. 따라서 인도의 가톨릭 신학자인 라이문도 파니카(Raymond Panikkar)는 종교적인 만남은 참으로 종교적인 것이 되어야 한다고 말하며 종교 간의 만남을 위한 여러 규칙들을 제시한 바 있다.[46]

이러한 종교 간의 만남을 성숙한 모습으로 발전시키기 위해 폐쇄적 독선주의에서 벗어나 종교 간의 대화와 '종교다원주의 신학'을 성숙하게 발전시켜야 할 것이다. 그리고 마그리트에게서 우리는 대화의 방법을 배울 수 있는 것이다.

## 주석

1 대표적인 예로 싸이코패스(psychopass)에 대해 다룬 영화 〈검은 집(Black House, 2007)〉의 포스터와 영화 전체적인 배경에는 마그리트의 그림이 자리 잡고 있다. 이는 전체적으로 기괴하며 불안정한 영화분위기와 배경에 지배적인 영향을 미쳐 싸이코패스의 섬뜩함과 함께 반전의 시나리오에 극적인 효과를 더한다. 우리는 왜 그의 그림에서 묘한 불안감을 느끼는 것일까?

2 한스 큉·안명옥 역, 『세계윤리구상』(왜관: 분도출판사, 1992), p. 15.

3 Ibid., p. 18.

4 Ibid., p. 25.

5 수지 개블릭, 천수원, 『르네 마그리트』(서울: 시공아트, 2000), p. 116.

6 Ibid., pp. 117–118

7 피터 버거, 이양구 역, 『종교와 사회』(서울: 종로서적, 1981), p. 155.

8 Paul Knitter, "Preface" to *The Myth of Christian Uniqueness*, ed. John Hick and Paul Knitter (New York: Orbis, 1988), vii.

9 John Hick, "The Non–Absoluteness of Christianity", *The Myth of Christian Uniqueness*, p. 34.

10 Ibid., p. 23.

11 Ibid., p. 23.

12 Ibid., pp. 23–27.

13 John Cobb, Jr., "Beyond 'Pluralism'", *Christian Uniqueness Reconsidered*, ed. Gavin D' Costa (New York; Orbis, 1990), p. 81.

14 Ibid., p. 85.

15 Ibid., p. 84.

16 Marjorie H. Suchocki, "In Search of Justice", *The Myth of Christian Uniqueness,* p. 160.

17 수지 개블릭, 천수원 역, 『르네 마그리트』(서울: 시공아트, 2000), p. 135.

18 최준식, 『한국인에게 문화는 있는가』(서울: 사계절, 1997), p. 214.

19 물론 유교의 단점만을 이야기하는 것이 아니라, 장점 또한 이야기하고 있다. 곧 '배움

과 단결을 중요시한' 유교의 측면을 강조하기도 한다. Ibid., pp. 249–256.

20 Ibid., pp. 235–236.

21 우스운 예로 이화여대에 붙어있는 현수막을 소개한다. 현수막은 재미는 있지만, 한국인의 집단의식과 우리의식을 잘 보여주는 씁쓸함을 던져준다. "동문회는 국가 비상시보다 우선한다."

22 신옥희, 「내면적 윤리의식의 부정적 측면」, 한국정신문화연구원 편, 『정신문화』제 15호, 겨울, 1982, pp. 50–63 참조.

23 김태길, 『한국인의 가치관 연구』(서울: 문음사, 1982) 참조.

24 윤태림, 『한국인』(서울: 현암사, 1970), pp. 125–268.

25 차재호, 「국민성의 활성화」, 한국정신문화원, 『한국인의 성격』(서울: 고려원, 1984), pp. 120–129 참조.

26 박동운, 『민성론』(서울: 샘터, 1982), pp. 282–283 참조. 그리고 이후 군사정권이 들어서면서 이러한 부정적인 경향은 더욱 악화되었다.

27 방영준, 「6·25가 한국인의 가치관 형성에 미친 영향」, 『현대사상연구』 제2집, 성신여자대학교 현대사상연구소, 1985 참조.

28 민경배, 『韓國基督敎會史』(서울: 大韓基督敎出版社, 1990 12판), p. 148.

29 Ibid., p. 149.

30 이러한 종교는 'both–and'의 사유라기 보다는 'either–or'의 사유로 전부 아니면 전무라는 극단적인 사유방식이다.

31 H. Richard Niebuhr, *The Sources of the Denominationalism* (Henry Holt, 1929) 참조.

32 이러한 구분은 이원규, 「종교적 배타성과 종교성의 관계에 대한 경험적 연구」, 서울대학교 종교문제연구소 편, 『종교다원주의와 종교윤리』(서울: 집문당, 1994), pp. 181–182을 참조하라.

33 채수일, 「'그리스도교 절대성' 주장의 역사와 유형들」, 『신학연구』 39집, 1998, pp. 170–171.

34 근본주의 신학(根本主義 神學, Fundamentalism)이란 20세기 초 미국에 나타난 정통적 개신교의 신앙을 수정하거나, 성경의 무오류성에 의문을 제기하는 모든 자유주의적 신학적 시도에 저항하는 신학 사조이다. 처음 시작은 개신교 교리를 정의하고 옹호하려는 목적으로 1912~14년에 발행된 일련의 소책자인 「근본적 원리들」(Fundamentals)로부터 유래했다. 이들의 가장 중요한 근본 교리는 (1) 성경의 영감과 무오류성 (2) 삼

위일체의 교리 (3) 그리스도의 동정녀 탄생과 신성 (4) 그리스도의 대속적 죽음 (5) 그리스도의 육체적 부활, 승천, 재림 등이다. 이러한 배타적인 근본주의 신학이 한국에 전래되어 그 강도가 심해진다. 장로교의 분열사는 근본주의 신학의 영향이 매우 크다고 말할 수 있다.

35 수지 개블릭,『르네 마그리트』(서울: ㈜시공아트, 2007), pp. 117–118.

36『論語』,「子路」: "君子 和而不同, 小人 同而不和."

37 실제로 불타와 예수의 공통점은 많다. 가정을 버리고 떠돌이 생활을 했으며 제자들을 가르치면서 공동체 생활을 했고, 철저히 독신, 무소유, 무욕의 삶을 살면서 오직 열반과 하나님 나라라는 초월적 실재와 가치를 추구했다. 두 분 다 절대적 평화주의자로서 증오와 폭력에 반대하며 무차별적 사랑과 용서를 가르치고 실천했으며 지혜의 교사로 사람들의 탐욕과 권력의 허상, 허위의식과 환상을 깨우치고 인생의 실상을 보게 했다. 두 분 다 비유를 사용했으며 초월적인 구원의 진리를 민중이 알 기 쉬운 비유로, 짧은 경구로 설명해준 명교사였다. 기존 종교계의 공식적 직분을 갖지 않은 자유로운 사상가였으며 대중적 언어를 사용하여 누구나 알 수 있는 메시지를 전했다. 그들의 권위는 궁극적 실재에 대한 직접적인 체험과 거기서 오는 카리스마에 근거한 것이었다. 두 분 다 이론가가 아니라 실천가였으며 어떤 비밀스러운 교설을 가르친 것이 아니라 공개적인 메시지, 모든 사람들에게 열린 메시지를 전했다. 두 분 다 마음의 근본 자세를 강조하여 회개, 전향, 깨달음을 강조하며 내면의 윤리를 강조했다. 인간의 근본 문제를 현실 안주와 자기중심적 삶에서 보았으며 당시 종교 전통을 개혁하여 새로운 영적 운동을 일으켰다. 길희성,『보살예수』(서울: 현암사, 2004), pp. 109–110.

38 구스타프 멘슁, 변선환 역,『佛陀와 그리스도–대화의 신학』(서울: 종로서적, 1987), p. 82.

39 오강남 편,『예수의 기도』(서울: 대한기독교서회, 2003) 참조.

40 D. T. Suzuki, *Shin Buddhism* (Harper & Row, 1970), p. 20.

41 길희성,『일본의 정토사상』(서울: 민음사, 1999)와 Dennis Hirota, *The Collected Works of Shinran, 2 vols*. (Kyoto: Shin Buddhism Translation Series, 1997) 참조.

42 적절한 영적 훈련에 의한 명상적인 기도를 통해 신의 영원한 빛(uncreated light)을 보게 된다는 것으로 그레고리 팔라마스(G. Palamas)가 창시한 명상이론이다. 따라서 Palamasm이라고도 한다. 사실 플라톤의『국가』에서 태양은 모든 지성적, 도덕적 그리고 영적 조명의 원초적 상징이다. 따라서 기독교에서 빛의 이미지는 매우 중요했다.

43 Peter Berger, *The Heretical Imperative,* 서광선 역,『이단의 시대』(서울: 문학과 지성사, 1981) 참조.

44 이레니우스(Irenaeus)의「이단을 반박함(*Adversus haereses*)」은 곧, 영지주의(gnosticism)를 반박하는 것인데, 영지주의는 악한 물질의 세계와 선한 정신의 세계라는 이분법으로 구약의 창조신을 거부하고 신약의 사랑의 신을 선택했다. 곧 하나를 '선택'함으로 '이단'이 되는 것이다. 역설적이게도 이러한 영지주의는 오늘 사이버스페이스 존재론에서 부활한다.

45 정진홍,「종교다원문화의 인식을 위한 이론적 가설—다원성의 구조와 대화의 유형을 중심으로」, 서울대학교 종교문제연구소 편,『종교다원주의와 종교윤리』(서울: 집문당, 1994), p. 80 참조.

46 그 원칙들은 다음과 같다. 1. 종교 간의 만남은 특정한 호교론으로부터 자유로워야 한다. 2. 종교 간의 만남은 호교론으로부터 자유로워야 한다. 3. 우리는 개종이라는 도전에도 직면해야 한다. 4. 역사적인 차원은 필요하기는 하지만 그것만으로는 충분하지 않다. 5. 종교 간의 만남은 단순히 철학의 회합이 아니다. 6. 종교 간의 만남은 단순히 신학적인 심포지엄이 아니다. 7. 종교 간의 만남은 단순히 교회적인 일이 아니다. 8. 종교 간의 만남은 신앙, 소망, 사랑 가운데서 진행되는 종교적 만남이다. 라이문도 파니카·김승철 역,『종교 간의 대화』(서울: 서광사, 1992), pp. 72—85. 8번 규칙에 관해 파니카 스스로도 '신앙, 소망, 사랑'이라는 기독교적인 용어를 부각시킨 것에 대해 용서를 구하고 있지만, 사실 그의 말처럼 이는 동시에 보편적인 의미라고도 할 수 있다.

Chapter 10.

# 옵 아트와 해체주의 신학: 흔적과 방황

〈브리짓 라일리〉

## Ⅰ. 옵 아트와 해체주의 신학자 마크 테일러

오늘날 대한민국을 나타내는 수식어는 여러 가지가 있겠지만 그 중에서도 '대립'(對立)을 빼놓을 수 없을 것이다. 좌파와 우파로 나누어진 정치적 대립, 젊은 세대와 기성세대 간의 갈등 그리고 지역 간 깊어진 감정의 골에서 우리는 사회현상의 한가지로 '대립'을 들 수 있다. 이러한 갈등과 대립의 현상은 자신의 것만이 옳다고 믿는 '아집'과 타인의 의견을 존중하는 '배려'의 미덕이 부족하기 때문일 것이다. 이러한 '대립'을 화해로 이끄는 실마리는 우리 선조들의 지혜에서 찾을 수 있다(원효의 화쟁, 최치원의 풍류 등). 소모적인 논쟁과 감정싸움보다는 서로 다름을 이해하고 수용하는 지혜이다. '서로 다르다'는 것을 인정한다는 것은 세상 모든 것의 이치가 한 가지로만 귀결되지 않음을 깨닫는 것이다.

이러한 우리 선조들의 서로 다름을 수용하는 지혜를 서양 예술인 '옵 아트'(Optical Art)에서도 발견할 수 있다. 옵 아트는 세상에 고유한 가치를 지닌 존재는 없으며, "그 어느 것도 한 가지 형상으로만 결정될 수 없다."라고 말하고 있기 때문이다. 이러한 옵 아트는 브리짓 라일리(Bridget Riley)와 빅토르 바사레이(Victor Vasarely)와 같은 미술가들에 의해 1960년대 중반에 나타난 미술사조이다. 시각적 착시를 이용한 미술기법 때문에 '시각의 놀이', '망막적 예술' 그리고 '착시예술'로 불리기도 했다.

브리짓 라일리는 영국 옵 아트의 대표 미술가로서 작품 속에서 '엘리트주의'와 '순수성'을 표방한 작품 활동을 전개했다. 빅토르 바사레이는 브리짓 라일리와 함께 옵 아트를 대표하는 양대 산맥으로 비유를 할 수 있지만, 그녀와는 대조적으로 작품의 원작성을 거부했으며 예술의 복제성을 주장한다. 하지만 두 예술가 모두 '반복된 패턴'과 '흔적' 그리고 '공간'을 활용한 옵 아트의 예술을 지향했다는 면에서는 공통점을 찾을 수 있다. 따라서 옵 아트의 가장 중요한 메시지로써 '대립'이라는 사회문제를 안고 있는 우리에게 가볍지 않은 의미를 전달하고 있다.

대립, 나아가 이항대립은 그 대립 선을 지워버리는 것(해체)으로 문제해결이 가능하다. 따라서 해체주의 신학자 마크 테일러(Mark Taylor)는 그러한 해체를 신학의 대상으로 삼았다. 테일러는 이 시대의 헤겔(G. W. F. Hegel)로 불리기를 원하며 폴 틸리히(P. Tillich) 이후 최고의 문화 신학자라고 인정받고 있다. 백과사전적인 방대한 지식과 예리한 통찰력을 통하여 근대철학의 거성 헤겔을 떠올리게 하며, 왕성한 탐구정신을 바탕으로 문화비평, 문학, 영화, 미학, 미술, 건축학, 컴퓨터 공학 등 다양한 분야를 넘나들며 문화 읽기를 시도하는 '경계를 넘고 간극을 메우는' 학자이다. 그의 학문적 방식은 포스트모던 학제적 연구의 선구적인 예시로 볼 수 있다. 그의 해체주의 사상은 서양 사상의 근간이 되는 네 가지 기둥을 해체하는 것으로 나타난다. '신–역사–자아–책'을 '산종–방황–흔적–텍스트'로 해체해 버린다.

처음에 테일러는 해체주의 철학자 데리다(J. Derrida)의 해체철학적 통찰력을 신학에 적용하여 80년대 중반 해체주의 신학사상을 주창했으며 이후

문화 전반에 나타나는 종교의 의미를 파악하기 위해 해체주의를 넘어 사이버스페이스 존재론까지 언급하고 있다.[1] 테일러 사상의 흐름을 한 눈에 파악하여 본다면 크게 세 부분으로 나눌 수 있다.[2] 테일러의 저작 중, 전기[3]라 할 수 있는 80년대 저서의 주요한 관점은 헤겔과 키에르케고르 연구이며 나아가 데리다를 위시한 해체주의 철학자들의 사상을 통해 포스트모던 무/신학(postmodern A/theology)[4]을 연구한 것이다. 이러한 그의 학문적 성향은 90년대 이후에는 문화의 다양한 영역으로 확장된다. 문화비평, 문학, 영화, 미학, 미술, 건축학, 컴퓨터 공학 등의 영역을 넘나드는데, 그 다양한 문화 속에 감추어진 종교의 의미를 추구하는 것이 중기의 사상[5]이라고 할 수 있다.

그리고 2000년대 이후의 글들은 사이버스페이스 존재론과 사이버 영지주의, 복잡성의 과학을 비롯하여 죽음과 신용사기 게임(confidence games)[6] 등에 관한 문제까지 다루고 있다.[7] 이러한 마크 테일러의 사상을 전기의 해체주의 신학과 옵 아트로만 국한해서 살펴보도록 하자.

사실, 옵 아트는 미술사를 통틀어서도 거의 유일하게 대다수에게 거부당하고 화가와 비평가 사이에서도 냉담한 반응을 얻은 분야였다.[8] 그 자체로도 기존의 미술계로부터 거부당하면서 자신과 다른 것의 가치를 인정할 줄 모르는 기성세계를 고발한 것이다. 다른 가치를 인정할 줄 모르는 '기존의 미술계'와 '세계관'을 향하여 옵 아트가 던진 의미 있는 메시지는 '세상은 한 가지로의 결정이 불가능하다'는 것이다. 옵 아트의 '결정 불가능성' 세계관은 다음의 세 가지 키워드를 통해서 나타난다. 첫 번째는 '흔적', 두 번째는 '반복', 마지막으로 '산종'이 바로 그것이다. 그리고 그것은 해체주의 신학의 핵심적인 주제가 된다.

## II. 옵 아트와 해체주의 신학: '결정불가능성'에서 만나다

### 1. 세상은 '흔적'으로 이루어져 있다

〈홍수3〉 (1961) Bridge Riley

'흔적'만을 사용한 미술작품은 브리짓 라일리의 작품에서 여러 차례 엿볼 수 있는 주요 특징이다. 그녀는 점묘법 회화가 잠깐 동안 나타났던 60년대 초에 대체적으로 블립(Bleep)과 같은 기본적인 형태의 관계에 관심을 보였고 영향을 가진 것으로 보인다.[9] 블립은 예를 들면 라디오나 레이더 전파 테크닉에 나타나는 높게 울리는 음향적 시그널이며, 이것을 시각적인 영역에 비유한다면 '흔적'으로 나타낼 수 있는 것이다. 그리하여 브리짓 라일리는 화폭에 구성요소 상호간에 나타나는 새로운 관계를 '흔적'을 통해 표현하려는 시도를 즐겨했다.

대개 선으로 이루어진 작품은 거기에 강한 긴장이 표현되어 있다면 일단 성공적인 작품으로 평가받는 경향이 있다.[10] 1961년 작품인 〈홍수3〉에서의 움직임은 대각선 방식으로 나아가면서 이를 달성한 것으로 보인다. 물결은 왼편 아래의 모퉁이에서 시작하여 부딪히면서 나아가 위 오른쪽 모퉁이까지 나아가고 있다. 그리고 가장 강한 움직임은 물결의 사이마다 위치하고 있는 물결 파장이다. 이 파장은 잔상작용을 통하여 화폭을 입체적으로 보이게 하는 효과를 거두고 있다.

브리짓 라일리는 이후에도 반복되고 변형된 선을 통해서 흔적을 표현한 작품 활동에 큰 관심을 보였다. 이러한 작품들은 공통적으로 잔상효과와 착시를 유발한다는 특징 때문에 비화회적인 것으로 평가절하 되기도 했으며 지성적인 내용과 표현을 결여한 눈속임이라는 비판을 받기도 했다. 그러나 라일리는 이렇게 말한다.

> "나는 시각적인 회화(옵 아트)가 어떤 예술적인 형태의 언어라는 절대적인 믿음을 가지고 있다. (…) 마치 큐비즘이 더 이상 파괴할 수 없을 때 동화함으로써 공간적인 이해를 가져오게 한 것과 같다."[11]

그녀의 믿음대로 그녀의 작품은 세상을 흔적으로 조명했다는 점에서 예술로서 중요한 의미를 지닌다고 할 수 있다. 기존의 미술과 세상을 바라보는 인식론에서는 존재하는 것을 이해하기 위해서는 존재 그 자체를 연구하는 것만이 유일한 방법이라는 믿음을 가지고 있었다. 하지만 브리짓 라일리의 작품에서는 작품의 대상과 존재하는 것의 의미를 알기 위해서는 흔적을 통해서만 가능하다. 현존하는 것이 흔적을 가능하게 하는 것이 아니라, 흔적이 현존을 가능케 해주는 것이다.

자, 이제 테일러의 해체주의 신학을 살펴보자. 테일러의 해체주의의 시작은 자아이다. 그렇다면 인간의 자아는 언제 등장하는가?[12] 테일러에 의하면, 이름을 소유하고 동시에 이름에 의해 소유되면서 자아는 등장한다.

"자아는 이름을 소유하고 동시에 이름으로 인해 존재한다. 왜냐하면 자아는 처음 이름불리워짐(호명, nomination)을 통해 존재하기 때문이다. 이러한 호명은 축복과 저주를 동시에 지닌다."[13]

바로 '이름 짓기'에서 자아가 탄생하는 것이다. 신이 인간을 부름으로 인간의 자아는 하나님의 형상에 대한 모방이 시작되었고, 그 신의 형상은 주체성을 인간에게 부여한다. 따라서 신과 인간의 관계에 대한 사색은 신의 이름과 인간의 이름 사이의 분리할 수 없는 관계로까지 나아간다. 즉 자아의 소멸은 천직으로 지명된 '소명의 축복과 저주'라는 양면을 가진다.

이러한 인간의 자아가 잘 표현된 것은 자서전이다. 기독교 신학에 있어서 자서전으로서의 신학을 이야기했던 이는 어거스틴(Augustinus)이다. 그의 『참회록』[14]은 고전 시대 철학의 형식에 획기적인 변혁을 불러왔는데 인간이 자신의 내면을 탐구하면서 신을 만나고자 한 글쓰기라고 말할 수 있다. 그리고 이러한 글쓰기는 인간 의식의 메커니즘의 분해서인 헤겔의 『정신현상학』에 이르러서 완성을 보게 된다. 테일러는

"고백록은 신에게 드리는 고백이다. 어거스틴은 자기 자신을 무소부재한 신에게 현전시킴으로써 자기를 자기 자신에게 현전시킨다. 지배적인 창조자로서의 신은 모든 현전의 근거이고 근원이다. 어거스틴으로부터 헤겔에 이르기까지 신은 절대적으로 자기-현전적인 자기-지식을 가능케 해주는 요소에 대한 이름이었다."[15]

즉, 인간의 자기는 신의 이름을 부름으로써만 자기 자신의 이름을 부를 수 있는 것이다. 그러나 인간이 신의 이름을 부를 때 자신의 존재가 '이름

짓기'를 통해 드러난 것처럼, 역설적이게도 우리들 인간은 서로를 '이름 짓기', '구역 정하기'를 통해 욕망의 흐름을 통제하며 인간 존재를 위계화 시킨다. 이러한 위계는 현재의 신비와 재현을 감추며 이름을 하나의 위(位)로만 만들어 버린다. 이러한 이름이 자리와 접목이 될 때 인간 세계에서 새로운 자아의 모습이 형성된다.[16]

들뢰즈와 가타리(G Deleuze & F. Guattari)는 국가 장치들이 홈을 파는 기능에 의해 욕망의 자유로운 흐름을 포획한다고 말한다. 가령 인간에게 이름이 주어지고 그 이름으로 불리듯, 빗물 역시 지붕의 홈을 따라 흐르고, 사회의 여러 흐름들은 곳곳에 파여 있는 홈을 따라 흐르는 것이다. 그곳에는 흐름의 방향과 속도를 규제하는 각종의 규칙들이 존재한다.[17]

이러한 인간 존재의 홈, 혹은 코드는 이름 짓기(지음 당하기)와 마찬가지로 인간이 당면한 최대의 딜레마가 된다. 따라서 자아의 탄생은 욕망의 자유로운 흐름을 포획하듯이 이름 불림으로 탄생하며, 그것을 거부하는 무위(無位)의 여정을 시작으로 그 소멸의 카운트다운을 시작하는 것이다.

이름을 부름으로 일차적으로 재현되는 것은 자기 자신이지만, 그 자기는 궁극적으로는 '신 앞'(coram Deo)에서 자기이기 때문에 최종적으로 남는 것은 신의 자기, 즉 궁극적인 재현의 대상인 신의 현전만이 나타나게 된다. 따라서 반성적인 주체인 자기는 공허를 발견할 수밖에 없다. 테일러는 "그러므로 반성적 주체는 섬뜩한 공허를 발견한다. 그리고 그 공허를 통해서 주체는 사라져 버린다."[18] 즉 자기 반성의 정점에 이르게 되면 자기는 자기성이 완전히 상실된 흔적일 뿐이라는 역설에 다다르게 되는 것이다.

자기성을 향한 여행은 위험한 여행이었음이 드러난다. 그것은 바로 십자가의 길이다. '자기 자신에 대한 재현에서 주체는 감금되고 개방된다' 주체의 감금은 흔적에 의해서 등록된다. 흔적은 '일반적인 첫 번째 외면성의 개방이고 사랑 있는 자의 타자에 대한 불가사의한 관계이고, 내면의 외면에 대한 관계이다. 그것은 공간내기이다' 언제나 '현전하는' 부재, 언제나 내면적인 외면은 죽음 자체이다. 살아있는 현전자는 언제나 죽음에 의해 낙인이 찍혀 있다. 그리고 이 죽음, 이 영원한 죽음은 현전을 영원히 위태롭게 하는 섬뜩한 것이다. 흔적의 공간 안에서 자기의 소멸의 위치를 표기하는 십자가가 새겨져 있다.[19]

따라서 이름 짓기를 통해 시작된 자아는 현전하는 부재와 자기 소멸의 십자가를 통해 자아의 소멸로 진행하며 흔적을 남긴다. 그리고 그때에만이 총체적인 서구 형이상학이 해체되고, 미술사에서도 고유한 가치가 사라지는 결정불가능성의 가능성, 곧 흔적의 오디세이가 시작되는 것이다.

옵 아트는 모노톤으로 된 선이나 사각형 또는 점을 반복해서 사용함으로써 잔상효과를 노리는 예술작품으로 일반적으로 알려져 있다. 따라서 옵 아트의 첫 번째 키워드는 '흔적'이었다. 흔적으로 이루어진 옵 아트 그림의 물결은 감상자로 하여금 화폭에서 움직이는 물결을 볼 수 있게 할 뿐만 아니라, 방금 볼 수 없었던 것이 갑자기 형태나 색채 또는 무늬가 되어 나타났다가 또 갑자기 사라지는 것을 느끼게 한다. 작품의 대상이 물결이고, 물결의 흔적으로만 화폭을 채움으로써 공간을 대하는 기존의 미술계와 입장을 달리한 것이다. 브리짓 라일리는 공간에 관하여 다음과 같이 말하고 있다.

> "나의 공간개념은, 예를 들어 폴록(Jackson Pollock)에게서 볼 수 있는 것처럼 개방적이고 평면적이며 여러 개의 초점을 가지고 있는 공간이며 하나의 초점에 맞추어지는 공간은 아니다. 그러나 때로는 나에게도 두 개의 상반된 중심을 가진 공간이 필요한 경우도 있으며 몬드리안이 그러했던 것처럼 완전히 개방된 공간에서 작업하는 경향이 있다. 그리하여 나는 화면에 나타나는 물결처럼 견인력 있는 충격의 힘을 나타내고자 노력한다."[20]

데리다(와 더불어 테일러)가 말하는 흔적에서도 브리짓 라일리와 일맥상통하는 점을 찾을 수 있다. 그에게 있어 흔적은 단지 존재하는 것, 부재하는 것이 아닌 것으로서 결정 불가능한 것이다. 즉 흔적은 현존과 부재 사이의 지속적인 미끄러짐이 되고, 이는 서양 형이상학의 뿌리 자체를 뒤흔드는 개념이 된다. 왜냐하면 형이상학을 떠받치고 있는 충만한 현존에 대해 이의를 제기하는 것이기 때문이다.[21]

## 2. 세상은 끝없이 '반복'한다

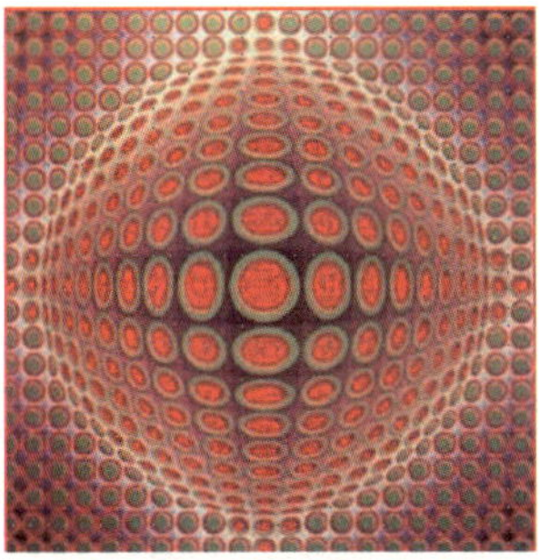

〈베가 200〉 (1968) Victor Vasarely

옵 아트에서 브리짓 라일리와 더불어 큰 획을 그은 화가인 빅토르 바사레이(Victor Vasarely)는 자신의 그림을 작품이 아니라 '생산물'로 표현하며 아틀리에 대신 실험실이나 공장을 이용했다. 예술의 생산물이 감식안을 가진 엘리트들의 테두리에서 튀어나오지 못한다면, 예술은 질식사 할 운명이기 때문이다. 따라서 그들은 기술복제 시대의 예술 작품은 반복이 가능해야 하며, 증식이 가능해야 하고, 변경이 가능해야 한다는 주장을 했다. 이는 즉 작품의 원작성을 거부한 것으로써 다른 사람들도 만들 수 있어야 한다는 의견이었다. 이를 위해 그는 거울을 통해 반사한 패턴, 만화경을 통한 증식작용을 그의 작품의 수단으로 삼았었다. 가령, 〈베가 200〉을 통해 대칭과 입체로 드러나는 새로운 예술적 가치를 창출한다. '테이퍼드 미러(tapered mirror)', 곧 거울 반사를 이용한 만화경 효과로, 삼각의 거울 기둥을 앞에서 뒤로 갈수록 가늘어지게 하면 이런 볼록 튀어나온 형상의 환영이 생긴다. 차가운 과학의 얼굴에서 반복과 대칭을 통하여 환상의 세계가 나타난다.

자아의 소멸이 방황의 시간을 맞이할 때 무법적인 방황의 땅은 선과 악의 피안이다. 사막에 지도가 필요 없듯이 방황하는 자아는 소멸된 자아의 뒤안길로 디오니소스의 열정을 내재한다. 곧 방황하는 자아는 디오니소스의 한정적 세계를 축제로서 맞아들이는 것이다. 디오니소스는 모든 방랑자를 축제로 초대한다. 우주는 끊임없이 생성과 소멸을 반복하는 시바(Shiva)의 춤이다. 따라서 우주라는 텍스트는 어쩌면 흔적이 춤추는 무대가 되는 것이다.

이렇듯 무/신학은 자유롭게 방황의 놀이를 한다. 여기서 신은 놀이의 창안자이다. 동시에 놀이는 신의 죽음, 자아의 소멸과 역사의 종말을 연출하는 무한한 게임이다. 놀이는 목적이 없으며, 무의미하며, 비이성적인 것으로 특징 지워진다. 놀이가 어떤 의미와 목적을 추구할 때 이 놀이는 끝나는 것이다.[22]

따라서 놀이는 목적이 없고 전적으로 천박하게 나타난다. 놀이는 투쟁과 조화, 필연과 조화, 생명과 죽음, 분절과 어조, 자연과 문화의 반복과 교차이다. 이 반복과 교차가 놀이이다. 놀이는 바로 텍스트인 이 세상의 놀이다. 이 놀이에 주객의 구분이 없다. 주인이 손님이 되고 손님이 주인이 된다. 주인과 식객의 끝없는 탄생과 소멸이 세상의 끝없는 놀이인 것이다.

이 세상 배후에 신이 있지 않다. 신의 죽음은 자유로운 놀이의 그릇된 천박을 풀어낸다. 놀이는 초월적 신의 부재를 축하하는 것이다. 이 부재는 놀이의 무제한성을 함축한다. 그리고 전통적 존재신학을 파괴한다. 그러므로 이 놀이는 무/신학의 변두리를 확장한다. 놀이는 현전과 부재의 역설적인 놀이이다. 카니발은 거리, 관계, 유비와 배제할 수 없는 대립을 내포하고 있다. 그러므로 본질적으로 반논리적이다. 놀이의 역동성 이해는 글의 무한한 새김을 조명한다. 자유로운 놀이의 유통은 영구히 지속되는 흐름이다.[23]

카니발의 참가자는 행위자와 관객이다. 그러나 카니발 안에서 주체는 무로 환원된다.[24] 성스러운 것은 속화되고 속된 것은 성스러워진다. 어리석은 자는 지혜로운 자이다. 모든 것은 전체에서 구속되고 긍정된다. 어리석은 놀이자는 그가 더 이상 부정하지 않는 신앙 속에서 자유로운 영이 된다.

무/신학은 이러한 신앙을 디오니소스의 이름에 대한 신앙이라고 한다.[25] 술 취한 해방은 생산적이며 파괴적이다. 디오니소스 안에서 창조와 파괴, 삶과 죽음은 영원히 결합된다. 신의 죽음 속에서 진정한 파라다이스는 우리가 상실한 파라다이스만이 아니다. 유일하게 얻은 파라다이스는 파라다이스 자체의 최후적 상실이다. 그리고 이 상실이 은총인 것이다.[26]

여기서 테일러는 역설적인 파라다이스를 말한다. 파라다이스의 최종적 상실로서 유일하게 얻은 파라다이스란 극단적 허무주의를 말한다. 해체신학은 술 취한 해방으로 들어가고 무 속에서 자유로운 영이 되는 허무주의에 빠지는 것이다. '궁극적 대답을 지니지 않는 사유자, 언제나 새로운 우주 속에서'[27]라고 『방황』의 마지막에서 테일러가 말한 것이 바로 이러한 맥락이다. 즉 '신–자아–역사–책'의 연쇄망을 해체하고 '글쓰기–흔적–방황–텍스트'로서 해체주의가 추구하는 것은 깊이와 높이에 대한 향수가 아니라 표면 위에서의 끝없는 유희인 것이다.[28] 물론 이것은 새로운 '신의 길'로 여정을 계속한다.

테일러는 '경계를 추적하고 변두리를 재추적 하려는 글쓰기'를 방황이라고 부른다. 그것은 '이리저리 돌아다니기', '헤메기'이다. 그것은 어디에도 정착하지 못하는 유목민의 사유이고, 존재 양태이다. 따라서 그것은 결코 명사화되고 실체화되어서 고정될 수 없는 영원한 술어일 뿐이다. 방황은 일체의 수직적인 초월을 거부하는 연기요, 시간적인 초월을 뒤집는 무시무종(無始無終)의 무/존재론에서나 가능하다. 다음은 테일러의 묵시적인 말이다.

> "이러한 의미에서 무/신학은 '유목적 사유'라고 규정할 수 있다. 방황하는 유목민은 절대적인 시초를 뒤돌아보거나 궁극적인 종말을 향해 앞을 쳐다보지 않는다. 그의 작업은 완결된 책이 아니라, 열려진(아마도 중단된) 텍스트이다. 텍스트는 실제로 시작하는 일도 끝나는 일도 없다. 무/신학의 말들은 중간에 떨어지고 만다. 그들은 언제나 중간에 있다. 무/신학적 텍스트는 끝없는 실 짜기에 의해서 짜인 천이다. 이러한 현기증 나는 언어의 유희는 십자가의 역설적인 비이원론적인 (무)논리를 가리킨다. … 말의 길은 물론 골고다로 가는 고난의 길이다. 절대적인 길에 이르는 문턱으로써 십자가는 승천과 음부행의 교차를 가리킨다. 그리고 이 교차는 '하늘과 지옥의 결혼'이다."[29]

무/신학은 동일성과 차이의 역설 구조를 가지고 있다. 대립의 구조 안에서 동일성은 자기와 동일한 차이로 나타난다. 왜냐하면 차이는 동일성이 아닌 한 자기 자신과 동일하기 때문이다. 역설적인 테일러의 말이다. "동일성은 차이다. 왜냐하면 동일성은 차이와 다르기 때문이다. 역으로 차이, 혹은 순수하고 절대적인 차이는 동일성이다."[30]

동일성과 차이의 공동 함축은 '글의 이중성'(duplicity)을 보여준다. 동일성과 차이의 이중적 상호놀이는 모든 현존 속에서 부재를 드러낸다. 여기서 테일러는 알타이저의 글을 인용한다. "구현(embodiment)은 현전이다. 그러나 그것은 전체적 동일성의 실제적 부재인 현전이다. 이러한 단어 속에서 현현하고 글 속에서 화육하는 사라짐은 다름 아닌 신의 죽음이다."[31]

이러한 부정성의 과정은 '힘의 관념'(the notion of force)으로 접근할 때 더욱 잘 이해된다. 여기서 힘은 다양한 힘들의 상호 교환이다. 이 상호 놀이는 각자가 타자를 통하여 있기 때문이다. 텍스트에는 안과 밖의 차이가 있다. 그러나 그것은 대립의 관계가 아니고 보탬과 모자람의 상호보완하는 안의 밖이요, 밖의 안이다. 이들은 서로 얽혀 있고 서로 보충대리한다.

텍스트의 직물 세계 안에서 하나의 텍스트는 데리다에 의하면 '다른 텍스트의 읽기 속에 전적으로 없어지면서도 어떤 방식으로든 자기 자신의 문제로 되돌아가는'[32] 운동과 힘을 가지고 있다. 그러므로 이런 힘이기에 텍스트는 구조이지만 구조 이상이다. 동시에 힘은 '해체적'이다. 글의 해체적인 힘은 있으며, 그리고 있지 아니한 모든 것의 보편적인 중심(universal medium)이다. 초월적인 힘 대신에 힘은 항상 갈라져 있으며 차이에 무관하지 않는 차이성의 놀이이다. 그러므로 로고스는 없고, 오직 신성한 글만이 있다. 이런 상황에서 글은 일어나고 사라지는 것으로 읽혀질 수 있다. 여기서 글은 신적인 길, 즉 신의 길인 것이다.[33]

이러한 신의 글은 글의 무한한 단어 놀이 속에서 해소된다. 따라서 글 속의 단어 놀이 속에서만 신의 길에 관하여 말할 수 있다. 글은 모든 것의 비기원적 기원을 형성하는 차이성의 강력한 놀이이다. 글의 창조적/파괴적 부정성은 동일성으로 구성된, 차이성이 일어나는, 영원히 다시 일어나는 드라마이다. 글쓰기에 대한 테일러의 언급은 "글쓰기는 무시무종(無始無終)한 '영원한 순환'(eternal recurrence)이다. 이것은 그 자체가 시작하거나 끝나지 않는 반복의 역설적인 운동"[34]처럼 단순 명료하다.

무/신학은 무한과 유한, 영원과 시간 사이의 대립의 일치를 강조한다. 무/신학은 상식적인 이해를 도치시킨다. "유한의 존재는 그 자신의 존재만이 아니라 무한의 존재이다."[35] 여기에는 역설의 논리가 지배적이다. 유한은 단지 무한의 타자이며 무한에 대립될 뿐만 아니라 실제로 무한의 내면적 차원이다. 양자의 복합적 관계는 무한과 유한이 서로 배척하거나 대립되지 않고 서로 타자를 통하여 자기 자신이 된다. 무한과 유한은 각기 타자를 통하여 그 자체가 되는 끊임없는 놀이를 만든다. 영원한 순환은 항상 굽어 있고, 휘감기고, 순환적이고, 부정직하고, 돌아간다. 그릇된 놀이를 반복적으로 정립함으로써 영원한 순환은 무한한 그릇된 길을 새긴다.

따라서 '결정불가능성'의 원리는 옵 아트의 두 번째 키워드인 '반복'에서도 잘 나타난다. 옵 아트는 반복되고 증식되는 문양의 효과를 통해서 어디서부터 시작이고 어디까지가 끝인지 구분이 가지 않는 미술 세계를 구축했다. 데리다의 '대리보충'에서도 이러한 무한반복, 영겁회귀를 이야기 하고 있다.

> "보충대리의 논리란 바깥이 안이고 타자와 결핍은 모자람을 대체하는 보탬으로써 덧붙여지고, 어떤 것에 덧붙여지는 것은 그 어떤 것의 부족을 대신하고, 그 부족은 안의 바깥으로서 이미 안의 안에 속해 있음을 의미한다."[36]

이처럼 '안/밖'의 차이는 있지만 그것들이 대립의 관계는 아니고, 보탬과 모자람이 상호교차하고 '안의 바깥'과 '안의 안'이 서로 얽혀 있는 그런 세계에서 보충대리는 어떤 완성의 종말도 출발의 신호도 없이 주고받기를 계속하는 것이다. 존재의 만화경이랄까? 아무튼 바사레이의 작품은 세상이 끊임없이 반복하고 있음을 보여주고, 신학에 있어서 무/신학의 가능성을 역설적으로 보여준다.

## 3. 세상에 고유한 것은 없다

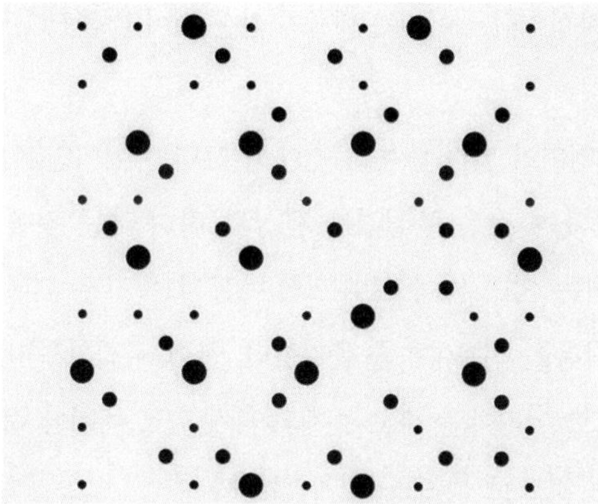

〈Fragment 6〉 (1965) Bridge Riley

브리짓 라일리의 〈Fragment 6〉은 잔상효과를 통해 작품을 감상하는 1차적인 즐거움을 안겨주고 있다. 크고 작은 흰 부분이 잔상으로 바뀌면서 그림은 생기를 띠게 된다. 즉, 흰색의 잔상이 사이사이에서 튀어 오르면 검은 원들이 천천히 움직이게 되고, 이것들이 이리 저리 부유하면서 마치 춤을 추는 것처럼 보인다.

하지만 브리짓 라일리를 비롯한 옵 아트의 화가들은 시각적인 효과뿐만 아니라, 독특하게 절제된 예술적 표현방법과 섬세한 시각적인 경험을 통해서 표현의 영역에 심혈을 기울였다. 특히 그들의 캔버스를 대하는 태도를 제외한다면 그 작품에 대한 평가는 백화점에서 파는 무늬 있는 식탁보의 가치보다 더 나을 것이 없기 때문이다.

"나는 크게 경사가 진 산 꼭대기에 수많은 돌멩이가 널려 있는 프랑스의 어떤 산위로 차를 타고 달리면서 그림에 관하여 깊이 생각해 보았다. 그 날은 유달리도 더운 날이었다. … 산위는 무척 추웠고 나에게는 모든 것이 정지된 조용한 상태에서 무엇인가 작은 것이 어른거리며 화살처럼 떨어지는 빗줄기 같은 것이 떠올랐다."[37]

수많은 돌멩이가 널려 있는 풍경에서 그녀는 어쩌면 '이 세상에서 자기 정체성을 찾는다는 것은 부질없는 환상과 같다'라는 것을 깨달았을 지도 모르겠다. 그녀는 의미 없어 보이고 얼마든지 똑같은 패턴으로 대체될 수 있는 화폭의 작품을 선보이기를 즐겨했다. 굳이 우리가 의미 있는 대상만을 그림의 대상으로 여겨야만 하고 존재의 대상으로 여겨야 하는 것인가에 대해서 반기를 든 것으로 볼 수도 있지 않을까.

옵 아트와 테일러 해체신학의 마지막 접점은 '산종'(散種)에서 찾을 수 있을 것이다. 옵 아트에서는 의미 없어 보이는 사물이나 대상을 화폭의 대상으로 삼아 그 작품세계를 전개해 나갔다. 테일러가 인용한 데리다가 '결정불가능성'을 이야기하는 또 하나의 근거인 '산종'은 옵 아트와 마찬가지로 의미가 없는 것이다. 그동안 서구의 철학은 개념의 일의성을 이상으로 여겨왔고, 비록 개념이 다의적이라고 하더라도 그것이 유한하여 개념의 논리인 이성에 의해 제어될 수 있다면 그 개념은 철학적으로 유효하다고 여겨져 왔다. 하지만 데리다의 '산종'은 일의적 개념도 아니고 그렇다고 다의적 개념도 아니기에 그것은 하나의 '반개념'이고 따라서 '산종'의 철학은 철두철미 반철학이 되는 셈이다.[38]

'산종'의 반철학은 무엇을 의미하는가. 단적으로 말하자면 그것은 아무것도 의미하지 않는다. 우리는 너무도 오랜 세월 동안 무엇을 의미하는 세계 속에 눌려 살아왔다. 의미의 과다성과 의미를 정해야만 하는 강박관념으로 부터의 탈출, 해체를 의미하는 것이다.

방황이 영원한 것으로 파악될 때 중심은 어디에나 있다.[39] 여기서 중심이란 중심일 뿐 아니라 매체를 가리킨다. 중심이 도처에 있을 때, 중심은 센터이기보다는 중간(Millieu)이다.[40] 그러기에 신적인 길은 명료한 개념으로는 재현될 수 없다.

> "부정성은 차이에서 나오는 힘이고, 이 힘은 만물을 비실체화한다. 상호연관성은 해체적이다. 차이는 실체적 자기를 해체시키면서 동시에 자기는 전체를 구성한다. 따라서 차이는 해체적이면서 동시에 구성적이다. 이러한 글쓰기는 서구 신학의 이분법적 근거를 해체시킨다. 신의 부정은 글쓰기에서 수육된 말씀으로 나타난다."[41]

신의 길이란 고전적 논리의 용어들 내에서가 아니라 비약서(the graphics of the pharmakon) 안에서만 이해된다. 여기서 테일러는 파르마코스(pharmakos)를 이야기한다. 파르마콘은 약이자 동시에 독이며, 축복이자 동시에 저주라고 할 수 있다. 파르마콘은 좋은 약도 아니나, 독약만도 아닌, 야누스처럼 두 얼굴을 가지고 있는 괴물이요, 애매모호한 이중성을 가지고 있다. 파르마콘은 관념적 동일성을 가지지 않으며 양자적(혹은 양가성ambivalence)인데 이러한 것이 바로 '신의 길'이라고 테일러는 말한다.[42]

이처럼 신의 길이 양자적이고 애매모호하다면, 아니 중간 길이라면, 다시 말해 중심이 도처에 있다면, 테일러에게 있어서 무상과 통로는 더 이상 짓눌릴 필요가 없는 것이다. 따라서 일어남과 지나감은 생산적이고 파괴적 힘이며 영원한 창조인 것이다.[43] 이러한 중심이 도처에 있음을 테일러는 불교의 무와 연기를, 그리고 데리다의 산종[44]을 통해서 더욱 심화시키고 있다.

> "글쓰기는 모든 것들의 철저한 관련성을 이루는 차이의 끝없는 유희이다. 이러한 복잡한 상호관계의 그물은 신적인 중간 길이다. 이러

한 비전체적인 전체성에서 무(nothing)는 스스로 그 자체가 된다. 왜냐하면 모든 것은 이러한 힘의 상호작용을 통하여 나타나고 사라지기 때문이다."[45]

테일러는 글을 자기 비하과정(kenosis process)이라고 하며, 또한 글은 절대적인 자기-동일성을 비우게 하고 자기-현전을 완성한다고 한다. 여기서 테일러는 용수를 인용한다. 성서를 끊임없이 십자가에 못 박는 것처럼 무는 홀로 있을 수 없으며 모든 것은 서로 의존하여 발생한다. 연기(Co-dependent originality)는 절대적인 근원을 지우는 비근원적 근원이다.[46]

글은 그것이 기초 지우는 차이성에 의하여 기초된다. 글은 항상 다른 단어 속에 있다. 단어는 구현된다. 단어는 현전과 부재, 동일성과 차이의 일치를 구현한다. 이 때문에 단어는 사라짐으로써만 나타난다. 그리고 차이성에 기초를 두는 비근원적 근원이 관계성을 이루는 것처럼, 글쓰기는 근원 자체의 개념을 안에서 그리고 밑에서 뒤집는다.[47] 따라서 화육한 단어는 초월적이지도, 자기 파생적이지도 않지만, 반대로 신적인 길은 근거 지우면서 근거 지워지는 근거(grounded ground)[48]이다. 글의 무한한 차이성의 놀이 속에서 근거와 근거됨은 극단적인 상호의존의 관계 속에서 분리되고 결합된다.

불교적인 의미로 좀 더 설명하자면, 연기란 서로가 서로에 대해 술어가 됨으로 자신의 존재를 형성하지만, 또한 이러한 사실 때문에 모든 존재자는 자신의 자성(自性)을 가지지 않는 공이라는 종교적 자각이 들어 있다. 그래서 글은 자기 비하의 과정이 되는 것이며, 그럼으로 테일러에게 있어서도 글은 신적인 글이 된다는 것이다.

"글쓰기는 만물의 비근원적 근원을 형성하는 차이들의 힘 있는 유희이다. 글쓰기는 현전의 형이상학에서 표상된 전적 타자나 순수한 초월의 흔적을 지운다. 따라서 신의 죽음은 '신에 대한 글쓰기'(writing about God)의 구조를 깬다."[49]

이러한 멈출 수 없는 상호작용을 풀어서 설명하면 로고스를 항상 뿌려진 로고스(Logos Spermatikos)로 이해하며 산종에 의해 끊임없이 전해진다고 볼 수 있다. 산종은 씨앗을 흩뿌리는 것인데 이 단어의 유례를 통해 말씀의 산종을 테일러는 '흩뿌리다'(spreading), '어수선하게 뿌리다'(scattering), '산만'(diffusion) 또는 'publication'(간행)으로 이해한다.[50]

그리고 말씀의 산종은 지금은 아니라고 말하며 테일러는 성서의 씨 뿌리는 농부의 비유(막 4:3–8)를 든다. 말씀은 씨이다. 씨를 뿌리고 나면 그 씨를 뿌린 농부는 즉시 사라진다. 즉 씨 뿌리는 사람은 부재하는 것이다. 그럼으로 로고스는 해체되어 산종되며, 신적인 것은 산종 속에서 무한한 다(多)의 진리를 표방하는 것이다. 그래서 텍스트는 희생(text as victim)이다.[51]

이 희생을 테일러는 다음과 같이 말한다. "신적인 것의 화육은 신의 죽음인 반면 단어의 산종은 개별적 자아를 십자가에 못 박음이다."[52] 다시 말하면 동일성을 언표하는 로고스는 단어의 산종 속에서 차이성을 갖게 된다는 것이다. 그리고 이것은 동일성의 부정을 말하며 동시에 로고스는 차이성의 산종 속에서 사라진다. 사라진 흔적이야말로 자아의 소멸 이후 드러나는 종교적 메타포의 완성이다. 〈Fragment 6〉의 잔상효과에서 산종을 바라보며 세상에 고유한 것은 없다는 것을 깨닫는 것은 너무 과도한 비약일까?

## III. 결정불가능의 흔적과 방황

'대립'은 자신의 것, 자신의 가치에 대한 절대적인 믿음에서 비롯되어 상대방의 이야기를 존중하지 않고 배척할 때 생기는 경우가 많다. 자신이 따르는 것에 대한 맹목적인 믿음의 근원은 세상에 자신이 추구하는 것에 대해서 하나의 정답이 있다고 믿는 것에서 비롯되기 때문이다.

> "차연의 세계에서 자기정체성을 찾는다는 것은 부질없는 환상이다. 왜냐하면 그 세계의 모든 것이 흔적이고 환영이기에, 그 흔적의 환영이 자기 것 같으나 다른 것이고, 다른 것으로 여겨지면 또한 그것도 아니다."[53]

테일러의 해체신학(데리다의 해체철학을 포함한)의 타당성과 옵 아트의 미술사적 의의는 차치하고서라도 이들이 공통적으로 던지는 '결정불가능성'의 원리는 오늘날 갈등과 분열을 일삼는 우리 사회가 되새겨야 가치가 아닐 수 없다.

아무튼 테일러 해체론의 정수를 엿볼 수 있는 저서는 앞서 언급한『방황』이다. 이 책은 테일러의 사상에 독자들의 참여를 유도하는 '사상 실험'(thought experiment)적인 작품이다.

> "오랫동안 서구 신학체계의 기초를 형성해온 관념들을 해체주의 관점으로 비판적으로 다시 읽음으로써, 나는 포스트모던적인 종교적 상상력을 위한 새로운 자료들을 드러내려고 시도할 것이다. 다른 사람들이 나와 더불어 나의 작업에 동참하는 한, 그들은, 내가 믿기로는,

점차적으로 스스로를 독자이자 동시에 저자로서 인식하게 될 것이다."[54]

해체주의 사상에 동참하면서 우리는 테일러를 따라 서구 신학의 근저인 '신–자아–역사–책'의 종말을 보게 되며, 해체주의 이후의 새로운 시작을 어렴풋이 짐작할 수 있다. '우리는 우리가 선 바로 그곳에서 시작해야 한다. 그리고 우리가 서 있는 곳이란 우리 자신이 서 있다고 믿고 있는 텍스트 안'이라는 테일러의 말에서 우리가 서 있는 곳이란 "신의 죽음, 자아의 소멸, 역사의 종말, 책의 닫힘이 있는 곳이다. 우리의 문제는 이 모든 것을 어떻게 상실과 동시에 소득으로서 생각할 수 있는가이다."[55]

상실과 동시에 소득으로 생각하기 위해 테일러가 제시하는 길은 바로 방황인데, 방황하는 무/신학자는 잘못된 개념들을 고려하고 제고하도록 요구를 받고 있는 것이다. 테일러가 제고하려는 개념들은 위반, 전복, 지배, 유용성, 소비, 통제, 자기도취, 허무주의, 소유, 섬뜩함, 반복, 비유, 저술, 보급, 탈취, 몰수, 부당성, 익명성, 지출, 희생, 죽음, 욕망, 기쁨, 방황, 탈선, 축제, 희극, 피상성, 육욕, 이중성, 전이, 비결정성, 그리고 방적(紡績)이다. "방황하는 사상은 '고유하게' 신학적인 것도 아니며, 종교적인 것도 세속적인 것도 아니고, 신앙적인 것도 비신앙적인 것도 아니다."[56]

이러한 무/신학은 테일러도 언급하는바, 들뢰즈의 유목사상(Nomad thought)으로 정의되어야 할지 모른다.[57] 아무튼 이 책에서 테일러는 자신의 연구를 크게 두 부분으로 나누어 설명하고 있다. 첫째로 서구 신학체계의 본질적인 네 개념, 즉 신, 자아, 역사 그리고 책과 관련한 해체주의의 함축적 의미를 탐구하고, 두 번째 부분은 이러한 개념들 각각의 해체주의적인 재구성에 할애하고 있다. 즉 신을 글쓰기로, 자아를 소멸 이후 흔적으로, 역사를 해체한 이후 방황으로, 그리고 책의 닫힘 이후 텍스트로 해석하는 것이다.

산종은 토착화 신학의 근거가 되며, 방황은 기독교 단일 세계관에 대한 해체로 동양적 세계관의 접목을 통해 동양신학 형성으로, 자아의 소멸은 주체성을 제고한 타자의 흔적으로 윤리적인 맥락을 제공할 수 있다. 마지막으로 텍스트는 열린 공간으로 닫힌 공간인 책에 대한 해체주의의 열린 마음을 보여준다. 해체주의는 무너뜨리는 것이 아니라, 자신을 비우는 공(空)의 개막인 것이다.

또한 자기 비움이란 단어의 산종으로 나타난다. 그리고 이러한 자기 비움은 단 한번만의 사건이 아니라, 단어의 산종 속에서 반복적으로 야기된다. 단어는 자아를 십자가에 못 박음으로써 전파된다. 여기에 글의 피할 수 없는 수난이 존재하는 것이다. 자아의 못 박힘, 즉 자아희생이란 개인적인 주체성의 죽음을 승인하는 것이다. 이러한 자아 희생, 나아가 자기희생은 자기를 잊어버린다.[58]

이러한 자기 망각은 어디에 나타나는가? 테일러에 따르면 적그리스도인 디오니소스(Dionysos)의 포도주에 의하여 유발된다.[59] 얼굴 없음과 동일성의 상실을 유도하는 자기 망각은 디오니소스의 포도주로 드러난다는 것이다.[60] 그리고 디오니소스의 포도주를 마신 자만이 옵 아트에서 해체주의 신학의 흔적을 맛보며 중심이 어디에나 있기에 신적 중간의 길인 방황의 여정을 계속할 수 있는 것이다.

## 주석

1 하버드 대학 종교학과에서 철학적 신학 전공으로 1973년 박사 학위를 받았으며, 기존 신학에 도전하는 '해체신학'의 기수로서 눈부신 활약을 보인 테일러는 1984년에 발표한 『방황』(*Erring*)을 통해 해체신학의 선두주자로, 또한 그의 작품은 해체신학의 정수로 평가받고 있다. 이 책을 통해 테일러는 일약 생존하는 신학자들 가운데 가장 위험한 인물이라는 평판을 얻게 된다. 그러나 그를 비판하는 사람들조차도 테일러가 가장 창조적인 재능을 가진 사상가 가운데 한 명이라는 점은 인정하고 있다. 그것은 테일러가 전통적 신학의 영역에 안주하지 않고, 끊임없이 다른 학문들의 경계를 넘나들며 대화를 시도한다는 사실에 있다. 1981년 덴마크 코펜하겐 대학에서 키에르케고르(S. Kierkegaard) 연구로 두 번째 박사 학위를 취득했으며 현대 문화 전반을 섭렵하면서 문화 속에 감추어진 종교적 의미를 드러내는 작업에 몰두하고 있는 그는 사실 이 시대의 헤겔이라 불릴 만하다. 최근에는 라스베이거스를 종교학적으로 해석하고, 지구촌 온라인 대학 및 '인문학을 위한 테크놀로지 연구소'를 만드는 등 포스트모던 문화의 신학자로 관심 영역을 넓혀가고 있다. 이제까지 17권의 책을 저술 혹은 편집했고 CD와 영화를 만드는 등 왕성하게 활동하고 있다.

2 『숨기기(*Hiding*)』(Chicago: The University of Chicago Press, 1997)의 서문에서 잭 밀즈(J. Miles)는 테일러가 관심 가졌던 부분을 연령대별로 구분하여 소개하고 있다. 가령 20대에는 독일철학(칸트, 헤겔, 니체 등)과 반헤겔주의자로서 덴마크의 키에르케고르를 탐독했으며, 3–40대에는 언어철학과 프랑스 철학(푸코, 데리다, 크리스테바 등), 그리고 20세기 예술과 건축에 관심을 가졌으며 50대에는 새로운 기술을 통해 사람들을 신세계로 이끄는 문화 철학자로서 '날카로운 지적 보고자', '혁신적인 사상가'로 설명하고 있다(*Hiding*, pp. 3–4).

3 전기 사상의 주요 저작들은 *Altarity* (Chicago: The University of Chicago Press, 1987); *Deconstruction in Context; Literature and Philosophy* (Chicago: The University of Chicago Press, 1986); *Deconstructing Theology* (The Crossroad Publishing Co. & Scholar Press, 1982); *Erring: A Postmodern Altheology* (Chicago: The University of Chicago Press, 1984); *Journey to selfhood: Hegel and Kierkegaard* (California: University of California Press, 1980) 등이다.

4 'A'를 비(非)로 번역 소개하기도 하는데(김영한, 위거찬, 한인철) 非보다는 무(無)가 더욱 테일러의 사상적 의도에 가깝다. 교토 학파를 언급하는 테일러는 용수의 사상도 알고 있었으며, 無의 개념에 대한 해박한 이해가 있다. 즉 '무신학'은 '비신학'을 포월해서 넘어서나, 신학의 의미 역시 갖고 있는 포괄적인 개념이다.

5 중기 사상의 주요 저작들은 *About religion* (Chicago: The University of Chicago Press, 1999); *Critical terms for Religious studies* (Chicago: The University of Chicago Press, 1998); *Hiding* (Chicago: The University of Chicago Press, 1997); *Imagologies-Media philosophy* (New York: Routledge, 1994); *The Picture in Question* (Chicago: The University of Chicago Press, 1999); *Tears* (New York: State University of New Yor Press, 1990) 등이다.

6 신용사기 게임을 다루는 책은 *Confidence Games*(2004)이며 이 책의 부제는 '구원 없는 세계의 자본과 시장(Money and Markets in a World without Redemption)'이다. 이 책에서 데일러는 디지털과 가상경제에 관해 다루고 있는데 가령 자본과 시장을 분석하기 위해 예술, 철학 그리고 종교의 영향 또한 분석해야 된다고 말하며 이러한 맥락에서 아담 스미스(A. Smith)를 인용하며 그가 신학과 미학을 통해 경제를 재고했다는 것을 언급한다. 사실 종교와 경제처럼 삶은 신용사기 게임이다. 그 안에서 구원을 발견할 수 없지만, 그럼에도 불구하고 그 안에서 살아야 하기 때문이다.

7 후기 사상의 대표적인 저서로는 *The moment of complexity* (Chicago: The University of Chicago Press, 2001); *Grave Matters* (Reaktion Books, Junn 2002); *Confidence Games* (Chicago and London: The University of Chicago Press, 2004) 등이 있다.

8 시릴 바레트, 정미희 역 『옵 아트』(서울: 미진사, 1987), p. 153.

9 Ibid., p. 111.

10 Ibid., p. 118.

11 시릴 바레트, 정미희 역 『옵 아트』(서울: 미진사, 1987), p. 153.

12 데카르트(R. Descartes)의 위대함은 경험적 인식이든 관념적 인식이든 모든 인식 내용들의 근저에 그 인식을 수행하는 사유 주체인 자아 자체가 명증적으로 존재한다는 통찰이었다. 따라서 '신의 양태로서의 자아'를 이야기하는 스피노자(B. Spinoza)나 '모나드로서의 자아'를 이야기하는 라이프니츠(G. W. Leibniz) 등은 개체적 자아에서 출발하여 그 안에 보편적 존재의 근거, 혹은 존재 원리를 찾는 흐름으로 진행되어 서양 합리론을 대표한다. 반면 이기적 욕망의 주체로서 자아를 이야기하는 홉스(T. Hobbes)

나 관념의 다발로서 자아를 발견한 흄(D. Hume)은 경험론의 입장에서 자아 내의 보편성이나 무한성을 부정하고 인간 자아를 철저하게 경험적 차원에서 살펴보고 있다. 독일 관념론 철학으로 넘어오게 되면 칸트(I. Kant)식 '현상을 구성하는 초월적 자아'에서 '무한과 유한 사이에서 유동하는' 피히테(J. G. Fichte)식의 자아, 마침내 헤겔(G. W. F. Hegel)에 이르러 '보편을 실현하는 개체로서의 자아'로 해답을 찾은 듯했다. 물론 헤겔적 자아의 바벨탑 옆에 포이에르바하(L. A. Feuerbach)식 '감성적 자아'와 니체(F. Nietzsche)식 '초인으로서의 자아'가 존재하긴 하지만 말이다. 그러나 중요한 것은 현대 철학의 흐름은 이러한 니체나 포이에르바하식의 자아 개념이 좀 더 확장된다는 점이다. 곧 '세계 구성의 지향적 주체로서의 자아'를 이야기하는 후설(E. Husserl)이나 '신체성의 자아'를 말하는 메를로-퐁티(M. Merleau-Ponty), 마침내 '실존과 탈존의 자아'를 이야기하는 하이데거(M. Heidegger)에서 '형성된 욕망의 주체로서의 자아'를 이야기하는 라캉(J. Lacan)에 이르면 데카르트의 전제가 하나의 편견이었음을 깨닫게 된다.

13 Taylor. M., Erring: A Postmodern A/theology The University Chicago, Chicago, 1984, p. 34 (이하 ER로 약호 표시함).

14 어거스틴, 김정준 역, 『어거스틴 참회록』(서울: 대한기독교서회, 1989) 참조.

15 ER., p. 46.

16 곧, 인간은 '자리-이름'(位) 체계 속에서 자아를 형성하는 사회적 동물이다. 위(位) 속에서 보다 높은 자리를 잡으려고 하고, 그렇게 해서 상당히 높은 자리를 잡았을 때, 그것을 출세(出世)라고 부르며 자신의 위가 세상에 드러나 위가 격상되기를 바란다. 그리고 자신이 사회에 의해서 어떤 '자리-이름'을 부여받았을 때 그 '자리-이름'을 자신의 정체성과 동일시한다. 그래서 그 '자리-이름'이 A라면 "나는 A다"는 명제로써 스스로를 규정한다. 이정우, 『접힘과 펼쳐짐』(서울: 거름, 2000), p. 369 참조. 그러나 사람들은 그러한 '자리-이름'의 체계가 어떻게 생겨났는지, 그 체계가 과연 정당한지, 내가 왜 그 체계에 따라 살아야 하는지, 요컨대 그 '자리-이름'이 정말 자신과 본질적인 관계가 있는지를 심각하게 반성하지는 않는다. 흔히 말하듯이 사회 구조에 의해 길들여지는 것이기 때문에… 이러한 위를 무위, 대위로 연결 윤리적 관점으로 풀어 쓴 글은 다음을 참조하라. 최병학, 「對位倫理의 모색(Point·Nonpoint·Counterpoint)」, 『倫理教育研究』 제2輯, 한국윤리교육학회, 2002, pp. 271-296.

17 가령, 쉬운 예로 장애인은 이러한 자본주의의 홈의 최대 피해자이다. 차도를 따라 흐

르는 자동차는 인도로 뛰어들어서도, 정해진 속도와 신호를 위반해서도 안 된다. 학생들은 집, 학교, 학원을 잇는 길 위에서 자신이 홈 속의 존재임을 알게 될 것이다. 역시 선거 결과를 보여주는 무수한 그래픽들은 지역을 가르고 있던 거대한 홈을 가시적인 형태로 보여준다. 면접시험에서 여성 혹은 지방대 출신이 느끼는 장벽은 아마도 어떤 홈통의 벽일 것이다. 정도의 차이는 있지만 우리는 누구나 그런 홈들에 고통 받는다. 하지만 존재 자체로 그런 홈들을 증명하고 고통 받는 보편적 현상이 있는데 그것은 바로 장애인들이다. 일반인들은 '어떤 곳'이 홈 파여 있음을 느끼지만, 장애인들은 '모든 곳'에 홈이 파여 있음을 느낀다. 그들은 불과 5센티미터도 안 되는 문턱 앞에서 좌절하는 사람들이다. 일반인들은 '어떤 곳'에서 장애인이 되지만 그들은 '모든 곳'에서 장애인이 된다. 그들은 사회 곳곳에 설치된 장애물에 걸려 넘어진 사람들이다. 버스 정거장, 지하 계단, 대학 입시 장소, 공장의 작업대, 심지어 그 주인권리를 행사하는 투표장에서까지 사회는 장애인들을 생산한다. 고병권, '문턱에 좌절하는 사람들', 『한겨레신문』 2004년 4월 19일.

18 ER., p. 47.

19 ER., p. 51.

20 시릴 바레트, 정미희 역 『옵 아트』(미진사, 1987), p. 115.

21 제프 콜린스, 이수명 역 『데리다』(김영사, 2003), p. 74.

22 ER., p. 158.

23 ER., p. 160.

24 ER., p. 160.

25 ER., p. 167.

26 ER., p. 168

27 ER., p. 184.

28 김승철, 「非·반·타의 해체로서의 지구화와 동양사상」, 『기독교사상』 3월호 (서울: 대한기독교서회, 1994), pp. 54–65 참조.

29 ER., p. 13.

30 ER., p. 109.

31 ER., p. 110.; T. Altizer, *The Self-Embodiment of God* (New York: Harper&Row, 1977), p. 19.

32 J. Derrida, *Positions*, trans. by Alan Bass (Chicago: The University of Chicago, 1981),

p. 11.

33 ER., p. 112.

34 ER., p. 113.

35 ER., p. 113.

36 김형효『데리다의 해체철학』(서울: 민음사, 1993), p. 252.

37 시릴 바레트, 정미희 역『옵 아트』(서울: 미진사, 1987), p. 22.

38 김형효『데리다의 해체철학』(민음사, 1993) p. 252.

39 ER., p. 115.

40 ER., p. 116.

41 ER., p. 116.

42 ER., p. 118. 물론 이것은 플라톤을 읽으며 데리다가 부각시킨 말이다. 데리다는 플라톤의「파이드로스」대화편에서 파이드로스가 가져온 '기록된 텍스트'를 소크라테스가 '파르마콘'(pharmakon)에 비유한다는 것을 발견한다. 이것은 의학적 묘약인데, 치료제이기도 하고, 동시에 독이기도 한 그런 뜻을 가지고 있다. 즉 파르마콘은 약이자 독이며, 축복이자 동시에 저주인 것이다. 이러한 파르마콘은 문자와 같이 자기 고유성과 자기 정체성이 뚜렷하지 않다. 즉 그림자나 환영과 같다는 것이다. 테일러는 파르마콘이 관념적 동일성을 가지지 않고 양자적이기에 '신의 길'이라고 말하는 것이다.

43 ER., p. 118.

44 데리다는 *La Dissemination*(Paris: Seuil, 1972) 특히 p. 13, pp. 31–33, p. 50, p. 245, p. 294, pp. 299–300에서 산종이론을 발전시키고 있다. cf. J. Kristeva, *Semeiotiké: Recherches pour une sémanalyse* (Paris: Seuil, 1969)에 있는 의미(signifiance)의 개념에서, 줄리아 크리스테바의 산종 개념은 "주체의 해체"라는 현상에 수반되고 있다. 즉 어떤 텍스트를 가로질러 발생하는 의미의 폭발이 독자의 자아의 와해, 또는 상실과 결합하는 것이다. V. B, Leitch, *Deconstructive criticism: A Advanced Introduction*, 권택영 역, 『해체비평이란 무엇인가』(서울: 문예출판사, 1993), pp. 139–141에서 텍스트의 산종을 다음과 같이 해석한다. "텍스트는 모두 이전 텍스트들로부터 침투당해 있다.… 이전 텍스트들이 현재의 텍스트들의 기표들 속에 거주하기 때문에 어떠한 텍스트도 그 자체로 완전히 자기 현존적이거나, 독립적이거나, 자족적이지 않다.… 주의 깊은 해석을 통해 발견되거나 재구축될 수 있는 통일성이나 의미를 텍스트는 숨기거나 감추고 있지 않다.… 간텍스트성으로 텍스트성이 주는 교훈은 문학의 진리가 미망이라는 것–

언제나 무수한 차이들의 파괴적 놀이만이 있을 뿐이다. 무한한 의미가 텍스트의 표면을 가로질러 퍼져 나간다. 해체이론에서는 이러한 산종(散種)이 진리에 대신한다."

45 ER., p. 118.

46 ER., p. 118.

47 ER., p. 118.

48 ER., p. 119. 이를 일본의 종교철학자 니시다 기타로는 장소로, 야기 세이이찌는 장으로 설명한다.

49 ER., p. 119.

50 ER., p. 119.

51 ER., p. 120.

52 ER., p. 120.

53 김형효, 『데리다의 해체철학』(서울: 민음사, 1993), p. 240.

54 ER., p. 17.

55 Ibid.

56 ER., p. 12.

57 Gilles Deleuze, "Nomad Thought", in *The New Nietzsche: Contemporary Styles of Interpretation*, ed. D. B. Allison (New York: Dell, 1977), pp. 142–149 참조.

58 ER., pp. 142–143.

59 ER., p. 145.

60 이러한 맥락에서 테일러는 발생사적으로 니체와 데리다의 사상에서 그리 멀지 않다.

Chapter 11.

# 앤디 워홀과 자본주의 시대의 신학: 제국과 다중, 기쁨의 혁명을 위하여

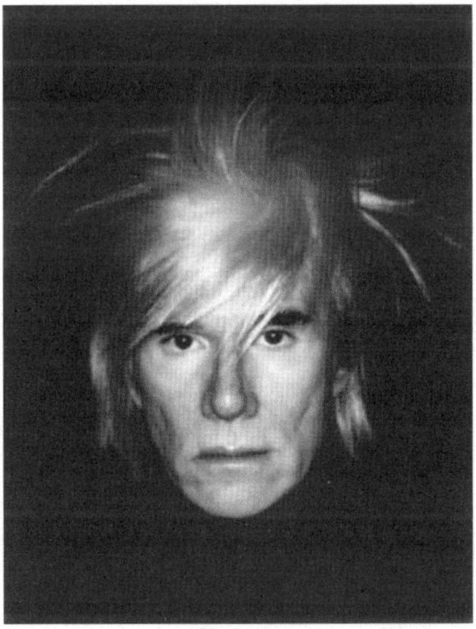

## Ⅰ. 앤디 워홀, 자본주의 시대의 아이콘

앤디 워홀(Andy Warhol, 1928–1987) 하면 무엇이 떠오르는가? 대부분 콜라병이나 마릴린 먼로 등의 대중문화를 소재로 한 그림을 떠올릴 것이다. 대중문화를 소재로 그림을 그렸다는 점에서 앤디 워홀의 작품은 미술관보다 우리 생활 속에서 한층 빛을 발한다. 친근한 소재와 화려한 색채는 한눈에 우리의 눈을 사로잡고 발걸음을 멈추게 만든다.

이렇듯 앤디 워홀의 작품은 현대 자본주의 시대의 다양한 장면들을 미술사에 선명하게 남겼다. 우리가 소비하는 대량생산품들과 유명 스타들은 앤디 워홀에 의해 시대의 아이콘으로 변모했다. 또한 그는 자기 자신이 하나의 아이콘이 되었다. 그는 유명해지고 싶어 했고, 실험적인 회화작품뿐만 아니라 영화, 잡지, 텔레비전 등의 다양한 매체에서 유명인사가 되었다.

과거의 전통적인 순수 예술의 입장에서 예술가란 사회와 동떨어져서 상업적 가치와는 먼 작품을 창작하는 인물이었다. 이와 달리 앤디 워홀은 미국의 자본주의를 기꺼이 자신의 예술과 결합시켰다. 그는 구두 드로잉을 통해 상업미술가로서 성공적으로 데뷔한 후, 순수예술의 소재로 대량생산품을 선택한다. 그에게 예술은 배고픈 천재의 전유물이 아니었다. '돈을 버는 것은 예술이고, 일하는 것도 예술이고, 비즈니스야 말로 최고의 예술'[1]이라는 워홀의 말은 예술과 상업을 구분하지 않는 그의 가치관을 단적으로 드러낸다.

프랑스의 철학자 보드리야르(J. Baudrillard)는 기호가 자연적 실재를 능가하는 과잉실재가 산출되는 과정을 시뮬라시옹(simulation)이라 부르고 그 시뮬라시옹의 결과로 시뮬라크르(모조, simulacre)[2]를 파악했다. 이처럼 그는 우리가 살고 있는 포스트모던 사회를 모조의 시대로 규정한다. 모조의 시대는 실재에 기초한 이미지가 재현되는 것이 아니라, 실재와는 전혀 상관없는 이미지만이 끊임없이 생산된다.

이처럼 지시 대상을 지칭하지 않는 이미지가 모사품(simulacrum)인데, 이것은 하나의 허구나 거짓과는 다르다. 모사품은 부재를 실재로 제시할 뿐만 아니라, 상상을 실재로 내보임으로써 실재를 상상 속으로 흡수해 버린다. 이렇게 함으로써 상상과 실재와의 구별은 와해되는 것이다. 이렇듯 약호와 이미지 그리고 과잉실재가 주도하는 소비 사회는 가짜가 진짜처럼 느껴지는 시대라고 해도 과언이 아니다.

앤디 워홀의 작품은 당대 미국 사회의 단면인 동시에 현대 사회의 거울이기도 하다. 대량생산된 상품들은 가게에 진열되어 우리를 기다리고, 텔레비전의 유명인들에게 우리는 열광한다. 우리는 아직 자본주의 사회에 살고 있고, 자본주의의 생활상들은 그의 예술 작품으로 재탄생되었다. 바로 이 점이 지금 우리가 앤디 워홀에 주목해야 하는 이유이다.

## II. 전통적인 예술관의 전복, 예술은 삶이다

앤디 워홀의 작품은 그 자체로 혁신적이다. 팝 아트의 대표자라고 불리는 그의 작품들은 이전의 추상미술의 전통에 반하는 새로움을 보여주었다. 워홀 작품의 특성은 크게 다음 세 가지로 대표된다. 첫 번째는 '소재의 일상성', 두 번째는 '예술의 경계 해체', 마지막으로 '과잉반복과 그 속의 차이'다. 그리고 우리는 이것을 사이버스페이스 시대의 신학적 과제로 읽어낼 것이다. 그것은 바로 제국과 다중이다.

### 1. '소재의 일상성'– 일상적인 생산품의 재해석

〈캠벨 수프 깡통 1(Campbell's Soup I)〉 (1968)

첫 번째 키워드는 '소재의 일상성'이다. 앤디 워홀은 상업미술에서 성공한 뒤 순수예술에서 자신만의 독창적인 스타일을 얻기 위해 고심하던 중지인에게 캠벨 수프를 그려보라는 제안을 듣는다. 워홀은 캠벨 수프를 사진으로 찍어 컬러 슬라이드로 만든 후 스크린에 비춰 윤곽선을 따라 그리는 방식으로 작품을 완성한다.

1968년 작품인 〈캠벨 수프 깡통 1〉은 당시 모두에게 익숙한 서민 음식인 캠벨 수프를 소재로 삼았다. 워홀은 캠벨 수프를 어떠한 변형도 주지 않고 그대로 따라 그렸다. 그 당시의 미술가들에게 이것은 있을 수 없는 일로 여겨졌다. 그들에게 일상적인 대량생산품은 비속하고 천한 것으로 여겼던 것이다.

워홀은 캠벨 수프 외에도 코카콜라 병과 같은 일상적 대량 생산품을 예술의 소재로 삼았다. 이러한 특징 때문에 사람들은 워홀에게 '미국의 자본주의를 숭배하는 화가'라는 부정적인 시선을 던지기도 한다. 그러나 워홀은 이렇게 말한다. "그것을 마셔왔고 지난 20년간 매일 수프를 먹었으며 앞으로도 똑같은 일을 되풀이할 것이기 때문에 캠벨 수프를 다루었다."[3]

캠벨 수프로 대표되는 대량생산품은 20년간 그가 되풀이 해왔던 일상적인 삶을 의미했다. 우리 곁의 일상적인 삶은 너무나 흔하기 때문에 우리는 그것의 존재에 대해서 주목하지 않는다. 워홀은 이러한 주목받지 못하는 평범함을 캔버스에 옮겨 감추어진 일상성을 드러내려 했다. "콜라는 그저 콜라일 뿐 아무리 큰돈을 준다 하더라도 길모퉁이에서 건달이 빨아대고 있는 콜라보다 더 좋은 콜라를 살 수는 없다. 유통되는 콜라는 모두 똑같다."[4]

이와 더불어 일상적 소재에 대해 워홀이 주목한 점은 모든 상품의 동일성이었다. 워홀의 말과 같이 유통되는 상품의 질은 모두 똑같다. 이처럼 자본주의의 대량생산은 모든 사람이 똑같은 상품을 소비할 권리를 부여했다. 워홀의 작품은 단순한 자본주의 숭배가 아닌 자본주의 이면의 숨겨진 의미를 환기할 수 있는 열쇠가 되기도 한다.

그는 공장에서 생산되어 전 세계로 팔리는 대량생산품을 소재로 삼았다. 특히 워홀이 그린 코카콜라는 우리 주변에서도 쉽게 찾아볼 수 있는 상품이다. 자본주의의 전략은 기업논리로써 상품의 소비범위를 계속해서 확장시켜 나갔고 전 세계인이 공통상품을 소비하기에 이르렀다. 결국 자본주의 전략은 전 세계인이 공통된 경험을 할 수 있게 했다. 안토니오 네그리와 마이클 하트는『다중』에서 다음과 같이 말한다.

> "이제 우리는 전 지구적 경제 전반에 걸쳐 있는 다양한 노동형태들이 오늘날 공통적이 되어가고 있다는 우리의 앞선 논의의 최고의 중요성을 인식할 수 있다. 농업 노동, 산업 노동 그리고 비물질 노동은, 빈자들의 생산적인 사회적 활동과 더불어, 점차 공통적인 특질들을 띠어가고 있다. 이 '공통되기'는 다양한 노동형태들의 평등의 가능성뿐만 아니라, 그것들의 자유로운 교류와 소통의 가능성을 제공해준다."[5]

상품소비의 공통되기는 곧 이어 노동의 공통되기로 연결된다. 사람들의 공통되기 경험은 모든 경계를 넘어 소통할 수 있게 한다. 경계는 국가를 넘어, 계층, 성별, 세대를 넘어서고 있다.

앤디 워홀의 캠벨 수프 작품은 이러한 의미에서 자본주의로 인한 새로운 평등을 상징할 수 있다. 그의 말처럼 코카콜라의 질은 모두 똑같다. 내가 마시는 코카콜라보다 좋은 제품은 어디에도 없다. 워홀은 자본주의가 가져온 공통되기와 그로 인한 평등성을 발견하고 대량생산품을 소재로 삼았다. 그의 작품은 대중적이고 산업적인 예술을 키치(kitsch)라고 부르며 저속하게 여겼던 전통을 흔드는 것이었고, 고급과 저급의 경계를 허무는 새로운 시도였다.

현재 자본주의는 등장 초기에 비해 규모가 더욱 광범위해졌다. 이에 따라 전 세계적으로 거래를 하는 거대기업들이 등장하기 시작했고, 상품들은 국경을 초월해서 소비되기 시작했다. 이러한 변화들은 우리가 국가라는 제한된 범위 안에 있으면서도 국가를 초월한 생활을 하게했다. 안토니오 네그리(Antonio Negri)는 이를 '제국(Empire)'으로 표현한다.[6] 그리고 자본주의의 세계화에 주목하여 제국에 대항하는 새로운 개념으로 바로 다중(multitude)[7]을 제시한다.

> "다중은 하나의 통일성이나 단일한 동일성으로 결코 환원될 수 없는 수많은 내적 차이로 구성되어 있다. (…) 다중은 이 모든 특이한 차이들의 다양체이다."[8]

'다중'은 민중(people)과 대중(mass)과는 구분된다. 민중은 통일성과 동일한 의식을 공유한다. 이와 반대로 대중은 통일성도 의식성도 없는 무구별적인 동형의 집합체이다. 이와 달리 다중은 집단 내의 개개인의 차별성이 있으면서도 동일한 의식을 공유하는 새로운 형태의 집단개념이다.

이러한 '다중'개념은 자본주의의 세계화 전략에서부터 출발한다. 자본주의의 거대화는 세계 전체를 하나의 그물망으로 만들었다. 우리는 한국에서 미국산 음료를 마시고, 중국산 의류를 입고 생활한다. 상품은 국가의 경계를 넘어서서 유통되고 우리는 전 세계적으로 공유되는 삶을 살고 있다. 이러한 '공통적인 것(The common)'의 경험은 계층이나 성별, 나이의 위계를 해체시키고 자유로운 소통을 가능하게 한다.

> "사실상 생산되는 것은 공통적이다. 그리고 우리가 공유하는 그와 같은 공통된 것이 생산과 나선형으로 확대되는 관계를 맺는 방식

으로 미래의 생산을 위한 토대로서 기능한다."[9]

다중의 구성원들은 서로 만나는 기쁨을 원동력으로 연대한다. 따라서 이들은 민중과 같이 투쟁적이지 않다.[10]

> "공동으로 의사결정 할 수 있는 다중의 능력이 오늘날 최초의 민주주의를 가능하게 만든다. (중략) 주권은 더 이상 정치적인 것의 배타적 영역이 아닐 뿐만 아니라 다중에 의해 정치에서 추방되는 것이다."[11]

다중의 이러한 모습들은 대표자에게 주권을 양도하여 형성된 국가와는 차이를 보인다. 다중의 구성원들은 주권을 대표자에게 양도하지 않고 공동으로 의사결정을 내릴 수 있다. 이러한 면에서 다중은 현재의 대의민주주의 체제의 부정적 측면을 극복할 수 있는 새로운 형태의 민주주의로 주목받고 있다.

하지만 이러한 다중이라는 기쁨의 연대를 거부하고 저지하려는 세력 또한 존재한다. 경계를 넘어선 연대라는 사실은 기존 정치권력들에게는 국가의 붕괴를 의미하기 때문에, 기존 세력들은 다중의 연대를 방해하고 자신들의 경계를 다시 세우려고 한다. 다중은 이러한 권력집단에 저항하며 상호 연대하여 자신들을 지키려 한다. 이처럼 네그리의 '다중'은 현대 자본주의 사회에서 소멸된 개인을 부활시키면서 서로 상호 연대할 수 있는 민주주의의 새로운 가능성을 제시하고 있다.

## 2. '예술의 경계 해체' – 슈퍼마켓의 미학

〈브릴로 상자(Brillo Boxes)〉(1969)

우리가 워홀에게서 살펴볼 두 번째 키워드는 '예술의 경계 해체'이다. 앞선 캠벨 수프의 논란은 일상의 생산품을 회화의 대상으로 삼았을 때 일어났다. 적어도 캠벨 수프는 캔버스 위에 그려져서 회화의 형태로 존재했던 것이다. 워홀은 1964년 한 전시회에서 세제 상자인 '브릴로 상자'를 층층이 쌓아놓고 전시했다. 비록 워홀이 이 상자를 직접 제작한 것이기는 했지만, 그 전시 모습은 슈퍼마켓 진열대의 실제 세제 상자와 다를 바가 없었다.

이러한 브릴로 상자는 그 자체로 예술의 경계를 해체한다. 전시장에 쌓여있는 복제된 세제 상자는 슈퍼마켓에 진열되어 있는 실제 세제 상자를 그대로 옮겨 놓은 듯한 효과를 낸다. 이로써 슈퍼마켓에서 세제를 사는 일반인과 전시장에서 작품을 보는 예술인의 구분은 모호해지게 된다.

또한 워홀은 자신의 작품제작 공간을 '팩토리(factory)' 즉, 공장으로 명명했다. 실제로 워홀은 작품을 실크스크린이라는 방식으로 대량 복사하는 방식을 취했다. 심지어 작품을 자신이 직접 만들지 않고 조수를 시켜 대량으로 찍어내도록 시키기도 했다. 이로써 워홀은 작품에 화가의 존재를 완전히 지워버리고, 누구나 작품 생산에 참여할 수 있도록 함으로써 화가의 개념을 확장시켰다.

워홀의 브릴로 상자는 예술과 생활의 구분을 무의미하게 만드는 작품이다. 특히 이 작품은 '예술의 죽음'이라고까지 이야기되며 많은 예술가들의 반감을 사기도 했다. 하지만 워홀의 작품들은 자본주의 사회에서 예술이 어떻게 변화할 수 있는지를 보여준 최초의 사례이다. 예술의 죽음은 새로운 예술 탄생의 출발점이 될 수도 있는 것이다. 네그리는 다음과 같이 말한다.

> "예술은 이제 모든 실천 속에 존재합니다. 각 신체 안에서 예술이 비로소 여러 가지 새로운 변신적 합성을 시도하는 것이지요. (…) 예술은 삶이기도 하고 합체이기도 하고 노동이기도 하고 ……. 예술은 더 이상 결론이 아닙니다. 오히려 그것은 하나의 전제입니다."[12]

네그리는 자신의 저서에서 예술을 다중으로 설명한다. 예술을 노동의 한 형태로 보면서 예술과 삶을 하나로 연결 짓고 있는 것이다. 그가 말하는 다중의 개념도 이와 비슷하다. 서로 다른 사람들이 각자의 독특한 개별성을 가지면서 서로 연대하는 것이 바로 다중이다. 예술은 결정되어 있는 것이 아니라, 다양한 형태의 공존이 가능한 유동적인 장르로 재해석된다.

워홀의 그림은 이러한 다중의 정신과 일치한다. 전통적인 예술은 스스로 경계를 그어왔다. 추상성을 표방하던 예술은 예술성을 추구하며 일반 시민들과는 접점을 잃어가고 있었다. 워홀은 자신만의 독특한 방법으로 예술을 표현하면서 전통적인 순수미술을 전복했다. 그것은 모든 경계의 해체와 소통이라는 다중의 정신과도 상통하는 것이다.

사실 현대인의 정신문화는 양극적이고, 이중적이기까지 하다. 한편으로 끝없는 물질문명의 편리함을 극한까지 추구하면서도, 다른 한편으로 물질문명으로 채울 수 없는 정신적 허기에 시달리고 있다. 눈부신 과학기술의 발전이 생산해 내는 온갖 문명의 이기들이 역설적으로 그 무엇으로도 충족할 수 없는 정신적이고 영적인 공허를 더욱 선명하게 확인시켜 준다.

계몽주의와 과학혁명 이후 눈부시게 발전하는 물질문명의 속도에 현대인들은 그 피로감을 감당하지 못하고 있는 실정이다. 그럼에도 기성 종교, 특히 과학 발전과 궤를 같이 했던 서양 종교의 대명사인 기독교는 대안으로 자리매김하지 못하고 있을 뿐만 아니라 비판의 표적이 되고 있는 실정이다.

기존의 종교가 스스로의 거대한 조직 속에서 안주하고 있는 동안 사회적·문화적 변혁 속에 여러 가지 신비, 종교적인 사상들이 현대인들을 매혹시키고 있다. 이러한 사상들의 출현은 무신론과 물질주의가 만연한 현대에 반작용으로 나타난 현상이기도 하다. 그 예로 일반서점에 초능력, 기(氣), 단(丹), 초월명상, 마인드컨트롤, 요가, UFO, 점성술 등 수많은 종류의 책들이 진열되어 사람들의 관심을 끌고 있다는 점을 들 수 있다.

보드리야르는 소비 사회에서 모더니즘 이데올로기의 두 축을 자본주의와 사회주의로 보고 있다. 그리고 그 근간의 이념을 생산으로 규정하고 있다. 자본주의는 경제적인 인간이 생산의 주체가 된다는 가설 위에 성립되며 사회주의는 자가 생산자로서 인간에 기초한 이데올로기였다. 따라서 이 두 개의 서로 적대되는 이데올로기의 피상적인 차이점을 파고 들어가 보면 이 둘의 심층 구조에는 인간을 노동과 동일시하는 공통점이 있다. 이렇게 보면 자본주의와 사회주의는 근본적으로 생산이라는 하나의 뿌리에서 자란 서로 다른 두 그루의 나무인 셈이다.[13]

그러므로 이 두 가지 주의는 서로가 서로의 존재를 위해 타자를 필요로 한다는 측면에서 둘 다 자신의 거울에 비친 타자의 모습을 경쟁상대로 했다고 할 수 있다. 그러나 현대 사회는 생산을 기초로 한 이러한 이데올로기를 뛰어 넘는 사회이다. 따라서 포스트모던 사회는 이 두 이데올로기와는 근본적으로 다른 가정에 기초한 사회이다. 즉 소비의 사회인 것이다. 이 사회는 '소비와 성적 욕망의 충족 사회'이며 '기호와 약호의 법칙에 기초한 사회'이다. 모더니티는 시장과 테크놀로지, 기계화와 상품화의 폭발로 특징 지워진다. 반면 포스트모던 사회는 고급문화와 대중문화, 진리/허위, 실재/모사, 자연/문화는 물론 전통적으로 당연시해 온 모든 유형의 2차원적인 대립 체계가 근본적으로 무너지는 내파(Implosion)가 그 특징이다.

이와 함께 전통 철학과 사회이론이 그 정당화 근거로 상징해 온 궁극적 근원, 초월적 기의 또는 지시 대상, 본질적 의미, 해방을 위한 혁명, 보편적인 역사 법칙과 같은 근원어의 호소력이 상실된 무의미성과 허무주의의 시대이다. 따라서 내파현상은 실재가 사라지고 그것이 변별되지 않는 모사물로 전환되는 것이고, 이어서 모사의 가장 대표적인 기호만이 남아 실재를 대체하는 현상이다.[14]

오늘 우리는 영화나 음반의 오리지널 없이 복제물만 보고 듣는다. 영화는 다른 시간, 다른 순서로 촬영된 필름을 편집해 만든 구성물이고, 음반 또한 똑같이 다른 시간, 다른 순서로 녹음된 소리들을 편집해서 만든 구성물이다. 이러한 모조의 시대에는 이미지의 끊임없는 생산만이 있을 뿐이다. 그래서 자본주의의 꽃은 광고이며, 이러한 광고는 이미지의 생산으로 실재에 기초하지 않는다. 단지 실재의 이미지를 생산함으로써 실제 속에 산다는 착각을 일으키게 할뿐이다. 이것이 보드리야르가 말하는 과잉 실재(hyper-reality)의 세계이다.

이는 "실재 그 자체보다 더 실재 같으려고 노력한다."[15] 그래서 정치인들은 점점 더 이를 이용한다. 전통적인 광고에서 나타나는 형식의 존중, 합리적 설득, 서술 구조의 일관성, 언어 중심적이며 단순 구성적인 남성 지배적 시선이 포스트모던 광고에서는 형식의 파괴와 비합리적 설득, 서술 구조의 해체와 이미지 중심의 복합적 구성에 여성 중심적 시선으로 바뀌게 된다.

보드리야르는 확실성의 붕괴나 진리라는 대서사의 해체에 관한 리오타르(J. P. Lyotard)의 핵심 주장을 지지한다. 신, 자연, 과학, 노동계급 등은 인간이 의지할 수 있는 진실과 참된 것들의 중심으로서의 권위를 상실했다는 것이다. 그 결과는 실재로부터의 후퇴가 아니라, 실재의 과잉 현실 속으로의 붕괴이다. 그의 의하면 포스트모던 문화는 과거의 파편으로 구성된 현재의 문화이며 역사의 폐허와 장난질치는 것이다. 따라서 우리가 할 수 있는 일은 오직 이 파편들을 가지고 장난하는 것뿐인데, 그것이 바로 포스트모던 사회인 것이다.[16]

## 3. '과잉반복과 그 속의 차이'- 복제되는 인간상과 화려한 색채

세 번째 키워드는 '과잉반복과 그 속의 차이'이다. 워홀은 공장에서 찍어내는 상품과 유명인들의 공통점에 주목했다. 1962년 마릴린 먼로가 자살로 생을 마감했을 때, 그는 마릴린 먼로를 소재로 삼아 연작시리즈를 그렸다. 수많은 똑같은 형상의 마릴린은 한 사람의 인간이 아닌 문화적 상품으로 살아왔던 그녀의 삶을 되돌아보게 만든다.

워홀은 마릴린과 같은 유명스타뿐만 아니라, 다양한 소재를 과잉 반복하는 연작 시리즈를 그렸다. 1962년 그는 쿠바의 혁명가인 체 게바라를 소재로 포스터를 그렸다. 작품에서 혁명가인 체 게바라의 모습은 똑같은 형상으로 과잉 반복됨으로써 그 의미를 잃은 하나의 상품처럼 보인다. 실제로

〈체 게바라(Che Guevara)〉(1962)

체 게바라의 모습은 하나의 상품처럼 티셔츠에 인쇄되어 판매되고 있다. 이 때문에 요즘에는 체 게바라를 패션 아이템으로만 생각하는 사람들도 많이 생겼다. 과잉 반복되는 체 게바라의 이미지는 실제 그의 삶보다 일반인들에게 더 진짜같이 다가간다.

워홀의 캠벨 수프나 코카콜라 병을 소재로 한 과잉반복 작품은 단순히 같은 상품이 진열되어 있는 듯이 보인다. 하지만 체 게바라와 같이 인물을 반복한 작품 속에는 차이가 존재한다. 체 게바라의 같은 형상은 각각 다른 화려한 색채로 칠해져 있다. 워홀은 강렬한 색으로 각 각의 체 게바라에게 차이를 둔다. 이것은 자본주의 사회에서 과잉 반복되어 복제되는 인간상을 극복하고자 하는 시도로 볼 수 있다. 강렬한 색의 차이는 자본주의 사회에 동일화 되어가는 이미지들에 새로운 생명력을 부여하는 전략인 것이다.

워홀은 캠벨 수프나 코카콜라병의 똑같은 형상을 과잉 반복하여 작품을 만들곤 했다. 이를 자본주의 정신인 상품의 과잉 생산을 그림에서 그대로 표현한 것으로 볼 수도 있다. 워홀은 유명인들의 초상화도 반복하여 찍어내곤 했는데, 똑같이 반복되는 마릴린 먼로의 초상화는 그녀의 대중적 이미지의 허무함을 직면하게 한다. 이렇듯 자본주의 전략은 사람들의 독특한 개성을 공장에서 찍어내듯이 동일화시켜 버리려 하기도 한다. 그러나 네그리의 다중은 이러한 자본주의 전략의 개인의 소멸을 극복하고 '내'가 있는 연대를 제시한다.

> "다중은 하나의 통일성이나 단일한 동일성으로 결코 환원될 수 없는 수많은 내적 차이로 구성되어 있다. 다양한 문화들, 인종들, 민족들, 성별들. 성적 지향성들, 다양한 노동형식들, 다양한 삶의 방식들. 다양한 세계관들 그리고 다양한 욕구들. 다중은 이 모든 특이한 차이들의 다양체(multiplicity)이다."[17]

앤디 워홀의 체 게바라 그림을 떠올려 보자. 그는 확실히 자본주의 전략으로 체 게바라의 똑같은 이미지를 반복해서 제시했다. 하지만 수많은 반복 속에서 각각의 체 게바라는 독특한 색채를 가지고 있다. 이 색채에 주목할 때 앤디 워홀의 그림은 '다중'의 그림으로 새롭게 이해될 수 있다. 자본주의 전략으로 동일화 되어가던 이미지들은 각각의 색채를 가지며 서로 연대한다. 서로 다르지만 소통할 수 있는 것이 다중의 모습이라면 워홀의 이러한 인물 연작들은 다중으로 연결 지어 해석될 수 있을 것이다.

체 게바라 연작은 체 게바라가 혁명가라는 점에서 다중과 더 큰 연관성을 가진다. 네그리는 그의 저서에서 다중이 중심이 된 새로운 형태의 민주주의의 탄생을 예언하고 있다. 그는 개인의 주권을 국가에 양도하는 사실은 더 이상 기쁨일 수 없다고 주장한다.

“주권은 더 이상 정치적인 것의 배타적 영역이 아닐 뿐만 아니라 다중에 의해 정치에서 추방되는 것이다. 궁극적으로 다중이 자기 자신을 지배할 수 있게 될 때, 민주주의가 가능하게 된다.”[18]

다중은 자신의 주권을 양도하지 않고도 공동으로 의사 결정이 가능하다. 네그리는 대신 양도된 주권은 다중에 의해 추방될 것이라고 말하며 다중의 시대가 올 것이라는 혁명적 사고를 제시한다. 이러한 네그리의 다중은 자본주의 초기의 워홀의 작품으로부터 새로운 민주주의라는 현대적 의의를 발견할 수 있게 한다.

앤디 워홀의 작품들은 자본주의의 이중성을 동시에 드러낸다. 긍정적인 부분은 자본주의의 세계화로 인해 세계가 하나의 그물망으로 엮이게 된 것이다. 그러나 소비의 세계화를 통해 전 지구적 경제 규모로 성장해 나간 자본의 논리는 상품의 제국화로 인한 이윤창출만을 목적으로 삼았다. 상품 이상의 인격적인 소통은 단절되고 좌절되고 만 것이다.

이렇게 자본주의와 정치권력은 개인들을 하나의 모습으로 일치시키고 이로써 개인의 자유를 좌절시켰다. 이러한 부정적인 측면에 대항하기위한 움직임이 바로 ‘다중’이다. 다중은 개인의 자발적인 의지를 바탕으로 하는 기쁨의 연대이다. 하나의 그물망으로 연결된 개인과 개인은 서로 공명하며 반응하고 서로와 소통한다.

기술의 발전과 더불어 현대에서 이러한 다중의 모습은 다양하게 나타난다. 인터넷의 등장은 소통의 장으로서 자유로운 움직임을 가능하게 했다. 그 중에서도 다중의 모습을 가장 잘 보여주는 움직임은 집단지성이다. ‘위키피디아’[19]는 집단지성으로 만들어진 사이버백과사전으로 누구나 항목을 수정할 수 있게 하여 서로 도우면서 완성해 가는 형식을 취한다. 이러한 집

단지성은 서로 잘 알고 있는 것을 나누면서 더 나은 지식을 추구하는 사이버상의 다중이라고 할 수 있다.

그런가 하면 SNS로 불리는 소셜 네트워크 시스템은 실시간으로 타인과 소통이 가능하도록 만들었다. 개인적으로 동영상을 공유하는 사이트들이 생겨나면서 개인이 촬영한 동영상이 세계적으로 화제가 되는 현상도 일어나고 있다. 이러한 과정들은 모두 자발적으로 자신들의 의지에 따라 생산하고 소통하기에 가능하다. 이처럼 현대 사회에서는 다중이라는 새로운 집단형태가 여러 분야에서 다양하게 나타나고 있는 추세이다.

> "그것은 단지 당신의 사랑이 거기에서 그치지 않는다는 것을, 사랑이 공통적인 우리의 정치적 기획들과 새로운 사회의 구축을 위한 기초로 작용한다는 것을 의미한다. 이러한 사랑이 없다면 우리는 아무것도 아니다."[20]

네그리는 이러한 다중에는 서로간의 사랑이 필요하다고 말한다. 그는 사랑이 너무 개인적인 차원에서만 국한되었다고 말하며, 사랑이라는 개념이 더욱 넓은 차원으로 확장되어야 한다고 주장한다. 사랑은 다중을 구성하는 기초적인 요소이다.

현대에 나타나는 이러한 여러 가지 다중의 모습은 앤디 워홀의 작품의 의미를 바꾸어놓았다. 본래 그의 작품은 초기 자본주의의 장면들을 명확하게 보여주는 거울이었다. 하지만 작품의 의미는 한 가지로 고정되어 있는 것은 아니다. 현대의 시점에서 워홀의 작품은 공통되기와 경계의 해체, 그리고 다중의 모습으로 재해석될 수 있다.

> "기쁨이 없이는, 시인의 마음이 없이는 더 이상 혁명은 있을 수

없을 것입니다. 다시 한 번 말하지만 예술이 혁명을 예비했기 때문입니다."[21]

네그리의 말처럼 회화는 단순한 그림이 아니다. 작품을 보고 감상자는 작가와 소통할 수 있고 그로써 기쁨을 느낄 수 있다. 또 이 기쁨은 다른 사람에게로 또 다른 사람에게로 퍼져나갈 수 있다. 이렇듯 혁명이란 투쟁이 아니더라도 일어날 수 있다. 사람들의 기쁨이 모이고 모이면 즐거운 혁명도 일어날 수 있는 것이다. 이렇듯 앤디 워홀의 작품도 우리에게 소통의 기회가 되고 기쁨이 된다면 새로운 변화의 원동력이 될 수 있다. 그러한 조그만 기쁨들이 모여 네그리가 말하는 넓은 의미의 사랑이 될지도 모를 일이다. 바야흐로 새로운 다중의 시대가 열리고 있다.

## Ⅲ. 자본주의 시대의 신학의 과제: 제국과 다중, 기쁨의 혁명을 위하여

하이데거(M. Heidegger)나 니체(F. W. Nietzsche)가 서구 철학에 의문을 품고 소크라테스 이전으로 돌아가자는 존재론적 주장을 펼쳤지만 그 자체가 서구 형이상학의 전통에 내재된 계몽의 논리에 따르는 것이기 때문에 서구 존재론의 전통 안에 머물게 되었다. 그러나 보드리야르는 현대 서구 사회를 근본적으로 비판하면서도 극복하기 위한 대안은 없다. 그것은 니체와 하이데거의 견해에 동의하기 때문이다. 즉, 어떤 종류의 근원에 대한 동경, 궁극적인 의미 추구, 총체적 인식의 가능성 등을 배격한다. 따라서 위계적인 가치나 역사의 발전이나 진보를 믿지 않는다.[22]

보드리야르는 『아메리카』(1987)에서 미국의 사막을 질주하면서[23] 단지 표류하는 기호만을 보고 있다. 그래서 남부 캘리포니아에 가서 미국을 '실현된 유토피아'라고 결론짓는다. 그러나 그는 다른 한구석에 있는 집 없는 사람들, 즉 민중을 보지 못한다. 그래서 보드리야르의 입장은 피상적이며, 부주의한 일반화, 극단적인 추상, 기호학적 이상주의로 특정 지워질 수 있는데, 역사의 종말이라는 개념을 제안하면서도 현존하는 사회질서에 대해 어떤 대안도 생각하지 못하는 수동적이고 변명조의 보수주의와 제휴하는 것처럼 보인다.[24]

그러나 최근 들어 물질 만능과 소비 만능주의의 시대에 식상한 사람들이 늘어나서 영적이며 성스러운 것을 동경하는 현상이 증가하고 있다. 따라서 가짜가 진짜로 행세하는 포스트모던 시대에는 진짜에 대한 향수와 동경이 더욱 강력해지는 것이다. 바로 이것이 영적인 추구를 가능하게 했는데, 많은 서구인들이 동양 종교, 특히 불교에 관심이 있는 이유가 바로 여기에 있다.

레비스트로스(C. Lévi-Strauss)는 『슬픈 열대』(1955)를 마르크스와 불교의 융합으로 끝맺고 있는데 그는 자신의 처지를 규정하기를 신비스런 조화의 구조를 지닌 원시사회, 그 원시사회가 남아 있는 최후의 지역인 열대가 현대 문명에 의해 훼손되고 파괴되고 있다고 지적한다. 그래서 열대는 슬픈 것이며, 이 사라지는 열대를 탐구하도록 재촉 받는 인류학자는 슬픈 것이라고 한다. 세계는 인간 없이 시작되었고, 또 인간 없이 끝날 것이다. 문명과 함께 시작한 인류역사는 문명으로 인해 막을 내린다는 레비스트로스의 메시지는 '인간성의 회복'이라는 휴머니즘이다.

우리는 현대 사회의 '역사적 진보'라는 환상에 사로잡혀 노예적 구속을 감수하는 비인간성으로부터 해방되어야 한다. 그래서 그는 한 실체를 구성하는 기초 원소로부터 추적하여 공통점을 통하여 결론을 유도하는 구조주의로써 선(禪)불교와 그 맥을 같이한다. 즉, 인간의 첫 번째 사슬인 계급 해방과 두 번째 사슬인 개인적 소유욕을 선불교에 의지해서 풀어 보려고 한 것이다.[25] 그리고 정치적인 면에서는 네그리와 하트의 이론이 사이버스페이스 시대 신학의 새로운 방향성을 제시한다.[26]

『제국』과 『다중』에 이은 네그리와 하트 3부작[27]의 마지막 권인 『공통체』에서 다음과 같이 말한다.

> "종종 자본주의 사회의 병폐에 대한 유일한 치료제는 공적 규제와 케인스적 그리고/혹은 사회주의적 경제 관리라고 생각된다. 그리고 반대로 사회주의의 폐해는 오로지 사적 소유와 자본주의적 통제에 의해서만 고칠 수 있는 것으로 간주된다. 그러나 때로는 서로 혼합되고 때로는 격렬한 갈등을 일으켰지만 사회주의와 자본주의는 공히 공통적인 것을 배제하는 소유체제이다."[28]

네그리와 하트는 이 책에서 공통적인 것을 제도화하는 정치적 기획은 사적인 것도 아니고 공적인 것도 아니며, 자본주의적이지도 않고 사회주의적이지도 않다고 생각하며 정치의 새로운 공간을 열고자 한다. 사실, 우리 인간은 삶을 통해 언제나 뭔가를 생산한다. 책을 읽고, 글을 쓰고, 몸을 써서 노동을 하고, 이야기를 나누고, 감정을 표출한다. 그리고 이 모든 생산은 나 혼자만 할 수 없다. 내가 있기 전부터 존재했던, 나를 타인과 연결해주는 자연과 사회 속에서만 나는 뭔가를 생산할 수 있기 때문이다. 그리고 이렇게 생산된 내 삶의 산물은 타인과의 교통 속에서만 다시 의미를 가질 수 있다.

이러한 과정 전체가 바로 '공통적인 것'이다. 그리고 사회는 이 공통적인 것이 생산되는 거점이 된다. 따라서 사회가 자유롭고 열려 있을 때 공통적인 것은 풍부해진다. 그러나 문제는 자본과 국가 같은 거대 체제가 언제나 이 공통적인 것을 상품화하고 사유화하려는 것이다. 따라서 이러한 공통적인 것을 지키려는 힘과 사유화하려는 힘이 맞붙는 전투, 우리의 몸(얼굴, 체형, 언어, 노동)에서부터 공공적 수단(교통, 에너지, 지식)에 이르기까지 이 전투는 끊임없이 일어나고 있는 것이다.

그러나 네그리와 하트는 공통적인 것의 힘을 파괴하려는 자들보다 이를 지키려는 우리가 훨씬 강하다고 믿는다. 그리고 그 힘은 바로 '사랑과 웃음'이다. 사랑은 '우리가 가진 것을 서로 나눌 수 있는 근원적인 힘'이고, 웃음은 '그 사랑을 통해 발산되는 환희의 정동'이라 할 수 있다.[29] 따라서 사랑하고 웃으며 끝까지 싸워야만 한다. "네 이웃을 네 몸과 같이 사랑하라."는 예수의 말씀이 이 추악한 제국과 자본주의에 웃음으로 맞서는 놀라운 깨달음이 되는 것이다. 그리고 거기에 엔디 워홀의 예술은 오늘도 우리들에게 씁쓸한 웃음을 던져주고 있다.

## 주석

1 강홍구,『앤디 워홀: 거울을 가진 마술사의 신화』(서울: 재원, 1995), p. 84.

2 원래 시뮬라크르는 헬라어로 신의 화상(畵像)을 의미하며 라틴어로는 상(像)을 의미하는 표현이다. 19세기 이후 시뮬라크르는 표상과 이미지 일반을 가리키는 말이 되었는데, 보드리야르는 시뮬라크르를 기호와 거의 같은 의미로 쓰고 있다. 기호가 단지 현실의 지시대상을 함축하고 있는데 반해 시뮬라크르는 대응하는 지시대상이 존재하지 않는 순수한 기호이다.

3 강홍구,『앤디 워홀: 거울을 가진 마술사의 신화』(서울: 재원, 1995), p. 52.

4 클라우스 호네프, 지향은 역,『팝아트』(서울: 마로니에북스, 2006), p. 88.

5 안토니오 네그리&마이클 하트,『다중』(서울: 세종서적, 2008), p. 402.

6 네그리의 제국은 과거 제국주의와는 다른 새로운 개념이다. 과거 제국주의는 민족을 중심으로 영토를 통합해 나가는 과정이었지만, 새로운 제국은 영토적 중심을 가지지 않는다. 거대 자본주의로 인한 생산과 소비는 국경을 넘어 전 세계적인 하나의 그물망을 형성했다. 제국은 영토를 넘어선 하나의 세계전체의 범위를 의미한다. 제국이라는 '자본주의의 세계화'는 세계를 하나로 연결하는 동시에 자신들의 이익을 추구하는 경제논리를 행사한다. 이로써 개인의 주권은 더욱 지배계층에 종속된 것처럼 보인다. 그리고 사이버스페이스야 말로 제국이 활동하는 가장 좋은 숙주가 된다.

7 국가라는 개념이 무의미해진 제국의 시대에서 주권은 더 큰 개념으로 확장될 수 있다. 네그리는 제국의 시대에서 이러한 지배계층에 대항하는 새로운 주권체를 제시한다. 여기서 네그리의 사상의 핵심개념인 국가를 초월한 자율적 주권체, '다중(multitude)'이라는 새로운 개념이 등장한다.

8 안토니오 네그리·마이클 하트, 조정환역,『다중』(서울: 세종서적, 2008), p. 18.

9 안토니오 네그리·마이클 하트,『다중』, p. 243.

10 다중의 제일 대표적인 예로는 우리나라의 촛불집회를 들 수 있다. 촛불집회는 노동자, 중고생, 대학생, 전업주부, 예비군 등 다양한 계층, 성별, 나이의 구성원들이 자발적으로 모인 결과였다. 또한 집회 도중에 퍼포먼스가 벌어지고 일정 모임 시간도 없는 개방적이고 즐기는 분위기 속에서 이루어졌다. 이처럼 다중의 구성원은 집단 안에 구속되지 않고 독자적일 수 있다. 구성원들은 자발적으로 참여하고 집회에서 고통이 아닌 기

뿜을 느낀다.

11 Ibid., pp. 404–405.

12 안토니오 네그리, 심세광 역,『예술과 다중』(서울: 갈무리, 2010), p. 164.

13 마르크스의 가치론에 사물은 사용가치와 교환가치의 두 가지 측면이 존재하는데, 사용가치는 사물의 유용성의 측면이고 교환가치는 상품성이다. 루카치(G. Lukács)에 의하면 상품의 등장으로 교환가치가 사용가치 보다 우위에 서게 됨으로 물화(reification) 현상이 발생한다. 쉬운 예로 10억 원짜리 아파트는 팔리지 않는 한, 많은 사람들이 겨우내 추운 곳에서 떨고 있을 때도 비워 둘 수밖에 없다. 판매되지 않으면–교환되지 않으면–그것의 가치는 없는 것이다. 그리고 이러한 물화가 사회에 대한 구체적이고 역사적이면서 총체적인 인식을 가로막는다고 한다.

14 보드리야르는 사물의 카테고리에 새로운 카테고리를 덧붙이는 것을 통해 현대사회를 분석했는데, 도표로 만들면 아래와 같다.

| 제 1카테고리(사용가치) | 사물은 유용성 충족의 도구 | 유용성의 논리 |
|---|---|---|
| 제 2 카테고리(교환가치) | 사물은 상품 | 시장의 논리 |
| 제3 카테고리 | 사물은 상징 | 증여(贈與)의 논리 |
| 제4 카테고리 | 사물은 기호 | 신분의 논리 |

곧, 현대 소비사회에서는 욕구를 만족시키기 위해 사물을 소비하는 것이 아니라, 신분을 상징하기 위해 사물을 소비한다는 것이다.

15 서양철학 전통에서 플라톤은 주창된 reality 또는 Idea라고 하는 순수 실체의 영역과 이에 반대되는 형이하학의 두 영역의 구분에 기초해 왔다. 그러나 보드리야르가 말하는 모조품의 체계에는 이데아/현상이라는 이분법적 구분이 설자리를 잃는다. 이제 현전으로서의 실재는 더 이상 고유의 영역을 지키지 못할 뿐더러 상상과의 차별성마저도 상실한다. 따라서 역사의 현실을 떠나 모사의 현실을 향해감에 따라 질적으로 새로운 경험의 장으로 우리는 들어가게 되는 것이다.

16 이러한 대대적이고 극적인 현대사회의 변화에 대응하기 위해서 그는 지금까지의 통념을 버리고, 새롭게 생각하라고 제안한다. 즉 현대사회를 보는 눈과 이를 분석하는 틀을 바꾸라는 것이다. 그래서 보드리야르는 마르크스 이론의 수정에서 시작하여, 비판하는 과정을 거쳐 '소비사회'를 제시한 것이다.

17 안토니오 네그리&마이클 하트,『다중』, p. 18.

18 안토니오 네그리&마이클 하트,『다중』, p. 406.

19 누구나 자유롭게 글을 쓸 수 있는 사용자 참여의 온라인 백과사전. 2001년 1월 15일

시작되었다. 비영리 단체인 위키미디어재단이 운영하며 설립자는 지미 웨일스(Jimmy Wales)이다. 전 세계 200여 개 언어로 만들어 가고 있으며 한국의 경우 2002년 10월부터 시작되었다.

20 안토니오 네그리·마이클 하트, 『다중』, p. 417.

21 안토니오 네그리, 『예술과 다중』, p. 164.

22 이들은 사이버스페이스로 개막될 새로운 존재론의 입구에서 기존 존재론과 인식론을 펼친다. 그러나 이제 포스트모던 사이버스페이스 시대에 이데사/현상 구분이 해체되고, 현상인 몸이 와해되는, 존재론의 새로운 발상 전환, 혹은 존재론 폐기라는 위기의 시대가 도래했다.

23 사막, 그것은 욕망 없는 고요함이다. 인간의 욕망의 산물로서의 지도 그리기가 불가능한 곳으로 길이 없다. 따라서 사막에서는 추상화된 지도 위에서 영토가 썩는 것과는 달리 사막에서는 일체가 썩지 않는다. 지도가 없기 때문이다. 장 보드리야르, 주은우 역, 『아메리카』(서울: 문예마당, 1994) 참조.

24 2008년 미국 월가의 붕괴는 신자유주의의 종말을 상징하는데, 이는 내적으로 신자유주의가 집 없는 사람들을 보지 못한 집 있는 사람들의 유토피아였기 때문이다. 이데아/현상의 구분이 이데아 강조만으로 플라톤적 도식에 빠져서도 안 되지만, 보드리야르식으로도 가서도 안됨을, 현상을 강조하는, 아니 신체성과 몸을 강조하는 기독교 사유의 정확한 이해로 시대적 위기에 응답할 수 있을 것이다. 이는 사이버스페이스를 입고 부활한 영지주의의 영/육 해체와 '영'강조에 대한 '육'의 강조로 이루어낼 수 있을 것이다.

25 레비스트로스, 박옥줄 역, 『슬픈 열대』(서울: 한길사, 1998) 참조.

26 영지주의가 포스트모던 시대에 다시금 자리 매김하는 것도 바로 이러한 연장선상에 있다. 따라서 몸의 부정이라는 측면에서는 비판적이지만, 물질만능과 소비 만능주의 시대 참된 영적 과제를 추구한다는 측면에서 영지주의는 역설적이지만, 포스트모던 사이버스페이스 시대에 새로운 인간 삶의 대안으로 보이는 것이다.

27 네그리와 하트의 3부작 가운데 첫 번째 저작인 『제국』은 '공장 중심의 산업자본주의'에서 '인간의 삶 자체를 포섭하는 자본주의'로 형질 변환되는 과정을 '제국'이라는 지배체제의 등장으로 설명한 것이며, 『다중』은 이러한 자본주의 제국 체제 속에서 자신의 삶을 지키면서 이를 정치적 힘으로 주체화하는 새로운 네트워크의 출현을 '다중'으로 예상한 것이다. 그리고 『공통체』는 다중의 투쟁 과정이 지향하는 궁극적 목표를 설

정한 것이다. 그리고 그 목표란 우리의 삶에서 생산되는 것들을 상품화하고 사유화하려는 힘에 맞서 이를 보편적이고 공통적인 것으로 지켜내려는 노력이라 할 수 있다. 책의 원제인 '코먼웰스'(commonwealth)는 바로 이 공통적인 것을 뜻한다.

28 안토니오 네그리·마이클 하트, 정남영·윤영광 역, 『공통체』(서울: 사월의책, 2014), p. 12.

29 Ibid., p. 321 참조.

Chapter 12.

# 백남준과 뉴미디어의 신학: 황제의 급식과 무주행(無住行) 예수

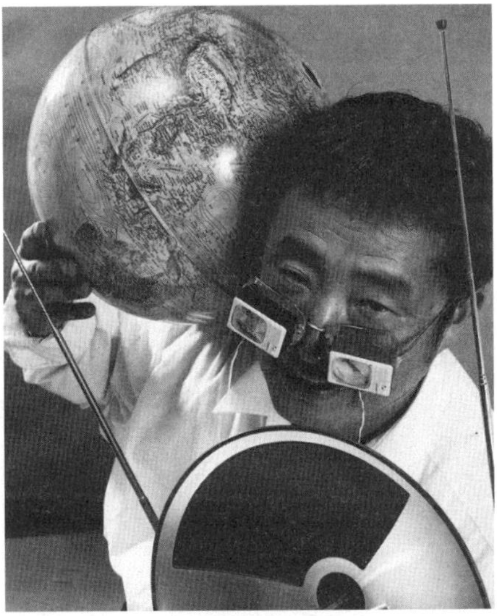

## Ⅰ. 소통하는 예술가 백남준과 팍스로마나: 요한공동체의 소통과 연대

현대 사회에서 인간의 주요한 욕구 중 하나는 바로 '소통'과 '참여'일 것이다. 사회가 분화되고 기술이 발전할수록 인간은 고독한 존재가 되어가고 있다. 우리가 혼자서 처리할 수 있는 일이 많아질수록 소통할 수 있는 상대는 줄어들기 때문일 것이다. 현대예술에 있어서도 '소통'과 '참여'란 중요한 키워드다. 대표적인 작가가 백남준(1932~2006)이라 할 수 있는데 그 이유는 그가 일생동안 진행해온 해프닝과 비디오 아트 작업이 '관객 참여'라는 특징적 개념에 의하여 연결된 예술의 한 총체적 과정이기 때문이다.[1]

백남준은 '지구촌 민주주의 건달'이라고 불렸을 정도로 다양한 개성을 지닌 예술가였다. 그의 예술적 개성은 하나로 정의할 수가 없는데, 그것은 마치 온 세계의 양념을 섞어 놓은 요리와 같이 다양한 맛을 지니고 있기 때문이다. 그의 작품은 한국인의 것이라기 보단 세계시민의 것이라는 말이 더 잘 어울린다. 그만큼 어느 곳에도 예속되거나 한정되지 않은 자유로움이 돋 보이기 때문이다. 서구 기술의 대표적 발명품인 비디오카메라와 텔레비전을 가지고 비디오 아트(video art)를 창시한 작은 동양인이지만 그의 자유로움은 무한하다고 할 수 있겠다.

그의 예술 철학을 논할 때마다 빠지지 않고 등장하는 말이 있는데 그 중 하나가 '인간화된 기술과 예술'이라는 말이다. 그가 기술과 예술의 영역에 '인간화'라는 말을 쓴 것은 20세기 예술만이 가지는 삶과 예술의 괴리, 또는 예술과 관객의 비소통적 체계를 비판하기 위해서였다.[2] 그는 수많은 작품들을 통해 이에 대한 자신만의 투쟁을 계속해 왔다.

이런 백남준에게 매우 큰 영향을 준 사람들이 있었는데 분신이자 형제와 같이 생각한 요셉 보이스(Joseph Beuys)와 영원한 스승인 존 케이지(John Cage)이다. 그가 생전에 보이스와 케이지와 만난 것은 인생의 가장 큰 행운이라는 말까지 남겼다고 하니 그들이 주고받은 예술적 영감이 대단했음을 알 수 있다. 이 세 사람의 공통점은 그 옛날 콜럼버스가 책상에 계란을 세웠던 것처럼 껍질만 단단했던 기존의 엘리트 예술의 점잔을 깨뜨려버렸다는 점이다. 백남준은 비디오를 아트로, 보이스는 이 세상 모든 공간을 그의 캔버스로, 케이지는 소음마저 음악으로 만들어 버렸으니, 이들이 모이면 엉뚱한 상상력의 한계를 찾을 수가 없었을 것이다.

이들의 예술은 일방적인 전달이었던 기존 예술과 달리 '소통'과 '참여'를 통한 메시지의 전달이었다. 이들은 메시지의 전달을 위해 매체에도 한계를 두지 않았는데, 다양한 미디어의 이용은 그들의 예술을 한층 더 풍요롭게 만들어 주었다. 백남준은 비디오라는 미디어를 이용했고, 해체와 부수는 퍼포먼스를 펼칠 때면 그 자신이 메시지 전달의 미디어가 되는 것을 마다하지 않았다.

존 케이지의 대표작인 〈4분 33초〉에서 음악을 만드는 것은 관객 모두이므로 관객 개개인이 하나의 미디어로 볼 수 있을 것이다. 보이스는 1986년 그가 이 세상을 떠날 때가지 펠트 천, 지방 덩어리, 그래픽, 조각, 레코드판, 바이올린, 영화, 심지어 죽은 토끼까지 우리가 상상할 수 있는 모든 재료로 그의 메시지를 전달하는 미디어로 사용했다.

이처럼 다양한 종류의 미디어를 작품에 이용하는 것은 기존에 한정 되어왔던 관객과의 소통과 참여에 커다란 변화를 일으켰다. 관객들은 생각지도 못했던 신선한 미디어를 통해 작가의 메시지를 전달받게 되었으며 때론 그 자신이 미디어가 되어 자신의 메시지를 전달하기도 했다. 이처럼 백남준에게 있어서 다양한 미디어는 관객의 참여와 소통을 가능하게 하는 가장 중요한 매개체였다.

1947년 쿰란(Qumran)공동체 발굴[3] 이전의 신학 연구가 유대적 배경아래서 이루어졌다면, 공동체 발굴 이후 20세기 전반기의 연구는 헬라적 배경을 주목하는 것이었다. 그러나 20세기 후반에 들어서면서 신약성서 연구에 불어 닥친 그레코-로만 세계에 대한 관심을 통해 요한복음 연구에도 로마적 배경에 대한 예수상, 혹은 요한공동체의 연구가 시작되었다. 백남준식으로 이야기하면 새로운 미디어의 등장인 것이다.

가령 렌스버거(D. Rensberg)[4]와 캐시디(R. J. Cassidy),[5] 틸보그(S. V. Tilborg)[6] 등을 들 수 있는데, 이들은 요한공동체를 로마 제국의 지배 아래 있는 피지배 집단으로 규정하여 4세기에 그리스도교가 지배 집단의 종교로 부상하는 정치적 입장과는 다른 것으로 보고 있다. 곧 요한공동체의 새로운 예수상, 즉 신-왕으로서의 예수상을 부각시킴으로 비정치적인 것으로 오해되었던 요한공동체의 예수 고백에 담겨있는 사회정치적 함의를 드러냄으로써 요한복음서의 예수 연구에 새로운 가능성을 제시하고자 했다.

"로마 제국이 자신들의 황제를 신이며 왕으로 숭배했다면 유대인들은 신으로서는 야훼 하나님을, 왕으로서는 로마 황제를 지지했고, 요한공동체는 자신들의 신앙의 대상인 예수를 신이며 왕으로 고백했던 것이다. 여기에서 우리는 로마 제국과 요한공동체가 모두 신–왕일치 사상을 주장하고 있음을 알 수 있다. 로마 제국은 황제를, 요한공동체는 예수를 각각 신–왕으로 숭배하고 있는 것이다. 요한공동체가 로마 제국의 식민 통치 아래 있었다는 것과 로마 제국의 신–왕 일치 사상이 제국의 통일성을 확보하기 위한 식민 통치 이념의 일환이었음을 감안한다면 로마 제국의 신–왕 일치 사상과 요한공동체의 신–왕 일치 사상의 차이는 두 집단 간의 내재된 갈등을 시사(示唆)한다."[7]

요한공동체는 자신들의 삶과 신앙의 중추인 예수를 신–왕으로 고백함으로써 로마 제국의 식민 통치 이념이었던 신–왕 일치 사상에 대한 그들의 저항 의지를 분명히 하고 있다. 신이며 왕으로서 묘사되고 있는 요한 공동체의 예수상 그 자체가 바로 로마 황제가 아닌 다른 신–왕에 대한 인정이요, 숭배라는 점에서 로마 제국에 대한 저항적 의미를 갖는다고 볼 수 있는 것이다.

"요한 공동체는 자신들의 신앙과 실존을 위협하는, 절대 권력의 상징이었던 로마 제국의 신–왕 황제에 대항하여 이보다 우월한 신–왕 예수를 고백함으로써 자신들의 신앙의 정당성을 확보하고 그들이 당면한 죽음의 위협을 초극할 수 있는 사회적 세계를 만들어내고 있는 것이다."[8]

사실 로마의 평화는 미덕의 제의를 통해서 신격화되어 숭배되었고 로마 황제를 상징하는 한 덕목으로 간주되었다. 그러나 이 로마의 평화(Pax

Romana)[9]는 외면적으로는 생명과 안전을 보장하는 것처럼 보이나[10], 지배를 받는 이들의 입장에서는 '복종을 담보로 한 폭력적 성격'을 지닌 것, 곧 비소통의 폭력이라 할 수 있다. 따라서 요한복음은 로마의 평화, 그 폭력적 성격에 대한 요한공동체의 거부를 소통과 사랑의 연대로 나타내는 것이다.

> "요한복음서에서 현저하게 사용되고 있는 '영광'이나 '은혜', '진리', '길', '이름', '자유', '생명'과 같은 단어들은 로마 컨텍스트의 독자들에게 매우 익숙한 용어들로 이러한 단어들은 신으로 숭배되었거나 로마 황제를 표상했다. 요한 복음서에서는 이러한 용어들이 비교급이나 최상급으로 사용되고 있는 경우[11]들을 볼 수 있다. … 비록 로마의 신으로 숭배되었으며 황제의 덕성으로 간주되었던 이러한 미덕들에 대한 비교 우위적 표현들은 예수와 로마 황제의 직접적인 비교나 로마에 대한 직접적인 거부를 나타내고 있지는 않지만 로마에 대한 저항 의지를 우회적으로 드러내고 있는 것으로 볼 수 있다."[12]

따라서 로마의 박해를 암시하는 단어로 '증인', '심판', '정죄', '보혜사' 등의 법정 용어와 '친구를 위한 죽음'이 예수의 새 계명인 '서로 사랑하라'의 최고 경지로 언급되고 있는 것은 그리스도인의 박해와 관련된 정황인 것이다. 사실 그리스도인들은 대부분 밀고(密告)에 의해서 로마 법정에 서게 되었는데, 요한공동체는 외부자에 의한 고발뿐만 아니라, 죽음의 위협 앞에 선 내부자들에 의한 고발을 의식하고 내부자인 친구를 위하여 목숨을 버리는 것이 가장 큰 사랑(요 15:13)으로 간주되는 것이다.

## II. 뉴미디어의 신학: 오병이어와 무주행(無住行) 예수

백남준이 쓰는 언어는 특이하다 못해 이상할 정도다. 한국어는 그가 한국을 떠난 1940년대에서 정지해 버렸고, 영어는 일본식 영어를 쓴다. 백남준에 관해 전문가라 할 수 있는 김홍희의 책 첫 장에 등장하는 백남준의 서문은 구식 한국어와 영어, 한문까지 섞여 기괴한 느낌마저 준다. 하지만 백남준에게는 이러한 언어가 장애가 되지 못한다. 그에게는 세대의 의식을 자유자재로 넘나드는 전자이미지 언어가 있기 때문이다. 그의 작품을 살펴보자.

### 1. 〈TV부처〉, 미디어를 통한 실재의 재현: 황제의 급식과 오병이어

〈TV부처〉 (1968)

백남준의 대표작으로 꼽히는 〈TV부처〉는 소재만 보면 부처상, TV모니터, 폐쇄회로 카메라, 부처를 올려놓은 받침대가 전부인 간단한 작품이다. 사진으로 보이는 것과 같이 카메라는 부처를 향하고 있으며 앉은 부처는

TV에 나오는 자신의 모습을 가만히 들여다보고 있다. 이 작품에서 우리에게 중요한 사실은 '부처가 TV에 나오고 있다.'는 내용이 아니라, TV와 카메라라는 매체가 눈앞의 실재를 재현하고 있다는 사실이다. TV에 재생되고 있는 모습은 재현된 대상으로 실재와는 별개인 그림자이지만 카메라의 리얼타임이라는 트릭아래 사람들은 재현마저 실재로 느끼게 될 것이다. 이것은 수많은 미디어를 통해 일어날 수 있는 재현에 대한 왜곡을 경고하며 현대사회에서 인간과 인간을 이어주는 미디어에 대한 진지한 성찰이 필요함을 암시한다.

사실 백남준이 〈굿모닝 미스터 오웰〉 프로젝트를 진행할 때까지만 해도 '지구촌(Global Village)'이라는 것은 당연한 개념이 아니었다. 오늘 날 우리의 삶 속에서 지구촌이라는 말이 어색하게 느껴지는 사람이 있을까? 오히려 이 단어는 이제 너무나 당연한 말이 되어버려 구식으로 느껴지기도 한다. '지구촌'이라는 이 유명한 말을 만든 것이 바로 캐나다의 커뮤니케이션 이론가 마샬 맥루한(Marshall McLuhan)이다. 맥루한이 전 인류를 하나로 묶는 이 신비한 꿈을 예언한 것은 인터넷이 세상에 나오기 30년도 전이었다. 그는 과연 알았을까? 인터넷이라는 뉴미디어의 탄생으로 자신이 이토록 빠르게 선지자적 지위를 갖게 되리라는 것을 말이다.

따라서 이 커다란 지구를 작은 '촌'으로 만드는 데에는 다양한 미디어들이 한 몫을 했다. 지금까지 사람들은 미디어를 단지 커뮤니케이션의 메시지를 전달하는 수단으로만 인식하면서 미디어의 가치를 결정하는 것은 그것을 어떻게 사용하는가에 달려있음을 강조해 왔다. 그러나 맥루한은 이러한 주장과는 정반대로 미디어 자체가 메시지라는 명제를 던진다. 그의 말을 들어보자.

"이제 실제로 '미디어가 메시지다(The medium is the message)'라

> 는 것을 납득케 되면 다소 충격이 될 것이다. 그러나 이것의 의미는 간단하다. 그것은 모든 미디어가 우리 자신의 확장이며, 이 미디어의 개인적 및 사회적 영향은 우리 하나하나의 확장, 바꾸어 말한다면 새로운 테크놀로지 하나하나가 우리에게 도입되는 새로운 척도로서 측정되어야 한다는 것이다."[13]

그의 말에 의하면 바퀴는 발의 확장이고, 책은 눈의 확장, 옷은 피부의 확장이며, 전자회로는 중추 신경계의 확장이다. 바퀴는 인간이 발로 갈 수 있는 거리의 한계를 극복시켜 주었고, 책은 눈으로 보고 기억해야 했던 것을 저장할 수 있게 했다. 옷은 피부 대신에 남에게 나를 표현하는 하나의 메시지이며 전자회로로 조작되는 TV는 중추 신경계처럼 인간의 온 감각을 지배한다.

이처럼 우리는 온갖 미디어에 둘러싸여서 살고 있으며 이러한 미디어는 인간이 살아가는 환경을 변화시킨다. 변화된 환경 속에서 우리는 다양한 매개체를 이용해 감각의 확장을 경험하게 되며 사고와 행동유형의 변화를 겪게 되는 것이다. 미디어는 실제로 이전부터 당연시 되어 왔던 모든 사고와 행동, 그리고 관습에 대해 재고하도록 강요하고 있으며, 또한 재평가하도록 요구하고 있다.[14] 모든 것이 변하고 있는 것이다.

> "인쇄미디어가 등장해 음성언어가 만들어놓은 구조와 교육방식을 변화시켰듯이, 전화-전신과 텔레비전, 라디오가 등장해 인쇄미디어의 구조를 바꿔놓고 있다. 미디어라는 신화를 만들어내는 구조적인 변화들은 배움과 가르침의 과정에서 늘 일어난다. 이와 같은 수정과 변형은 그것 자체만으로 끝나는 것이 아니라 사람들의 시각과 청각, 촉각을 모두 바꿔놓게 된다. 이 뿐만 아니라, 사람들이 갖고 있는 기

본적인 취향과 선호도마저 변화시킨다."[15]

맥루한은 같은 메시지라도 전달하는 미디어에 따라 다른 의미를 부여하는 것이 가능하다고 주장하면서 메시지의 전달에 사용되는 미디어의 역할을 강조했다. 또한 미디어는 전달자의 역할을 할 뿐 아니라, 하나의 언어로서 수용자에게 또 하나의 메시지를 전달하게 된다. 그렇기 때문에 미디어의 영향력은 점점 더 거대해 지고 있는 것이다. 미디어는 이미 우리의 도처에 머물러 있으며 우리는 이제 더 이상 미디어가 없는 삶을 상상할 수 없게 되었다. 미디어로부터 아무런 영향을 받지 않거나 간섭을 받지 않는 것이 이미 불가능해졌다고 볼 수 있는데, 이에 대해 맥루한은 '미디어는 마사지(The Medium is the Massage).'라는 또 하나의 명제를 건넨다. 미디어를 마사지라고 부르는 근거는 미디어가 실제로 인간 삶에 들어와 대중을 잡아두고 거칠게 주무르고 있다는 뜻에서 말하는 것이다.[16]

이 말은 '미디어는 메시지다'라는 그의 유명한 명제를 패러디한 것으로 여기서 '마사지'는 미디어가 인간의 삶에서 대중을 마음대로 주무르고 있다는 점과 기술의 발전과 함께 등장하는 여러 뉴미디어들이 인간의 촉각을 편향적으로 발달시키고 있다는 점을 강조하기 위해 사용한 개념이다. 이처럼 맥루한은 메시지를 창출하는 미디어의 역할을 강조하기도 했지만, 인간이 자신이 만든 미디어의 환경 속에서 오히려 자신의 역할을 한정 당하게 될 것임을 경고하기도 했다. 미디어에 대한 인간의 진지한 성찰이 필요함을 그는 이미 알았던 것이다.

요한공동체는 당시 로마 제국의 환경 속에서 로마제국과 그 이면에 나타난 폭력과 비인간화의 모습을 목격하고, "예수는 그리스도"라는 고백을 통해 새로운 미디어를 만들어내고, 새 세상을 갈망했던 것이다. 그 새 미디어는 바로 이적으로 이해된다.

요한 게르하르트(J. Gerhard, S. J.)의 교차병행구조법(the laws of chiastic parallelism)에 의하면 요한복음은 저자 한 사람의 글이며 내용의 이탈이 없으며 처음부터 끝까지 전부 키아즘의 구성으로 증명이 된다고 한다.[17] 이상훈은 키아즘의 관점에서 요한복음의 세메이아, 곧 표적(Signs)을 '질의 주(2:1–11)', '거리와 공간의 주(4:46–54)', '시간의 주(5:1–9)', '양의 주(6:1–14)',[18] '자연법의 주(6:16–21)', '운명의 주(9:1–12)', '사망의 주(11:1–46)' 등 7가지로 나누고 있다. 이 7가지 이적은 인간이 어떻게 극복할 수 없는 한계정황인데 예수는 이러한 불가능한 범주들을 하나하나 극복하셨다. 그리고 이러한 이적은 즉시 예수의 인격과 구속적인 사역을 지적해 주기 때문에 정확하게 표적이 되며 이러한 표적은 기독론의 단서가 되는 것이다.[19]

따라서 요한복음을 로마적 배경으로 읽으면 클레멘트 이후 영적인 복음서로 간주된 요한복음이 아닌, 그리스도론에 기초한 '황제–신'[20]의 팍스 로마나를 반대하는 것으로서 읽을 수 있다. 요한복음의 대표적인 이적인 오병이어의 기사를 황제의 급식과 대비되는 것으로, 또한 황제에 대항하기 위한 혁명의 방법으로, 나아가 이 두 입장을 넘어서 예수의 노마돌로지적인 모습을 유추해 보도록 하자. 그렇다면 '예수는 그리스도'라는 미디어가 황제의 급식이라는 실재를 넘어서는 놀라운 이적을 보게 될 것이다.

사실, 로마 제국의 신–왕 일치 사상과 요한 공동체의 신–왕 일치 사상의 충돌은 요한공동체가 유대교 회당으로부터 추방당한 것과 밀접한 연관이 있는데, 회당으로부터 추방당함으로 요한공동체는 유대교 안에서 누렸던 특권을 박탈당한 채 로마 제국의 종교적·정치적 정책과 직접적으로 대면하여 갈등하게 되었다.[21]

따라서 요한복음에서 예수가 원래 신이었는데 육신을 입고 세상에 왔다는 주장, 하나님의 유일한 아들이라는 주장, 하나님과 하나라는 주장, 예수의 최종적인 신성을 보증하는 부활에 대한 주장과 강조는 황제의 신성을 넘어서는 예수의 신성을 보여준다. 곧 예수는 로마 황제를 능가하는 왕권을 소유한 것으로 그려지는 것이다.

> "예수는 로마 황제에게 돌려졌고, 그 자체로서 하나의 신이기도 했던 '은혜', '진리', '영광', '기쁨', '거룩', '생명'과 같은 미덕들의 최고 수준과 관련되어 있으며, 보리빵 다섯 개와 물고기 두 마리로 오천 명을 먹임으로써 황제의 급식을 능가한다."[22]

메시지인 미디어가, 나아가 마사지인 미디어가 새로운 실재를 창조하는 것이다. 요한공동체의 힘은 바로 이러한 '정치적 전략'에 있다. 사실 동양사상, 특히 노자의 이해도 이러한 요한복음서의 당파적인 해석이 깃들 여지가 있다. 가령 노자의 사상에서 저항적 민중성을 탈색시키고 지배계급에 복무하도록 왜곡하는데 결정적인 구실을 한 왕필의 주해를 제거하고, 기세춘은 『노자강의』[23]를 통해 2400년 전 본래의 노자를 회복시키고자 했다.

예를 들어 도덕경 19장[24]의 '절성기지 민리백배(絶聖棄智 民利百倍)'의 기존 번역이 "학문이나 지혜, 성스러움과 슬기로움을 버려라. 백성의 이로움이 백배가 될 것이다"로 번역하나, 기세춘은 성을 군주로 해석 "성인(군주)을 없애고 지식을 버려라. 백성의 이로움이 백배가 될 것이다"로 번역한다. 성인이나 지식을 당시 체제와 가진 자들 위주의 유교적 가치로 보면서 노자는 그런 체제지향적인 작위적, 인위적, 문명적 가치를 거부하는 저항사상, 반전과 무치(無治)와 반문명적 기계 거부운동이었다는 것이다.

역시 도덕경 53장[25]의 '사아개연유지 행어대도 유시시외(使我介然有知 行於大道 惟施是畏)'를 "만일 나에게 조그만 지혜가 있다면 무위자연의 대도를 행해 오직 (묶인 것들을) 풀어주는 해방을 공경할 것이다"로 번역해야하는

데, 기존 번역이 "사악한 길, 사도, 샛길로 빠질까 두려울 뿐"이라거나 "두려워하며 베풀어야 한다"는 식으로 잘못되었다는 것이다.

'대도심이 이민호경 조심제 전심무 창심허(大道甚夷 而民好徑 朝甚除 田甚蕪 倉甚虛)' 역시 기세춘은 "무위자연의 대도는 심히 평이한 길인데도 사람들은 소도를 좋아하고 조정은 민중을 심히 닦달하니 농토는 황폐하고 창고는 비었다."로 풀이했으나, 왕필은 '조심제(朝甚除)'의 부분을 '궁실은 심히 깨끗한 것을 좋아한다.'로 해석하고 국내 번역자들은 거의 예외 없이 왕필의 견해를 따랐다고 비판한다. 노자가 살던 당시는 길가에 시체들이 서로 바라보는 시대인 춘추전국시대이며 요한공동체의 시대도 수없이 십자가 처형을 당하는 시대인데, 영적해석으로만 볼 수 없는 것이다.

바울에 관한 해석도 이러한 맥락에서 볼 수 있다. 알랭 바디우(A. Badiou)의 『사도 바울』[26]에 따르면 바울을 '제국'의 권력과 그 시대의 소피스트들과 공동체주의 신앙에 맞서는 우리 시대의 투사로 보고 있다.[27]

따라서 요한복음을 이러한 로마적 배경 하에 정치적으로 읽는 것은 최근 영지주의의 등장으로 인한 동양사상과의 지평융합의 노력이 사회정치적 삶의 정황을 떠나서는 안 된다는 것을 지적해주는 하나의 견제 담론이라 볼 수 있다.[28] 또한 요한공동체의 영지주의적 표현에 근거한 로마 제국에 대한 탈국가장치적 표현을 영/육 이원론에 근거하여, 신체성을 감옥으로 보는 플라톤적 전통에 흡수되는 오늘날 사이버스페이스 시대에 로마적 배경에 기초한 요한 공동체 새로운 모습을 회복시키는 것은, 다시 산으로 혼자 떠나신 예수의 모습처럼 이러한 담론을 또한 버리고자 하는 한 시도이다.

## 2. 비디오 아트, 참여를 통한 예술의 완성과 무주행(無住行) 예수

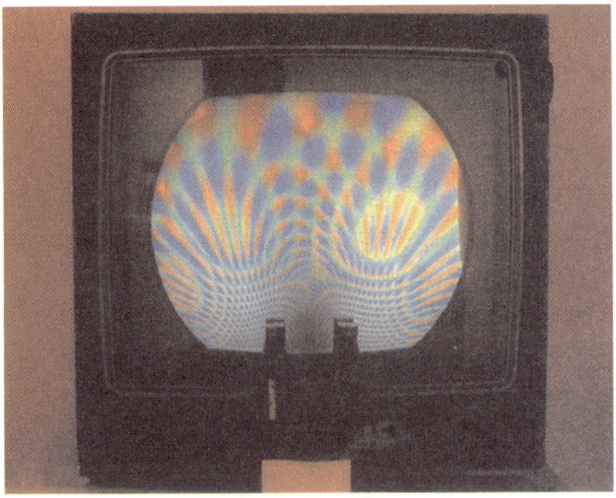

〈참여텔레비전〉 (1971)

백남준은 광대한 정보의 전달로 대중의 의식을 지배하는 인공적인 텔레비전과 달리 비디오 예술을 관객과의 비판적이고 실체적인 교감을 전제로 하는 '자연 TV(natural TV)'라고 주장[29]했다. 그는 텔레비전의 의도된 편집과 비디오예술이 다르다는 것을 보여주기 위해 의도적으로 TV를 공격하거나, 억압하여 TV의 변화된 모습을 관객에게 보여주기도 했다.

그 중 가장 대표적인 작품이 관객의 '소통'과 '참여'를 필요로 하는 〈참여텔레비전〉이다. 이 작품은 컬러 TV와 자석을 이용한 것으로 TV의 영사막 앞에 자석을 가까이 대고 영상이미지를 조작하거나 왜곡시켜 구부러지거나 휘어진 이미지를 보여주는 작품이다. 당시 대중의 우상으로 칭송받던 TV의 영상이미지를 관객이 직접 조작하고 왜곡시키게 하는 것은 관객참여를 통한 예술의 완성이라는 백남준의 예술관을 잘 보여준다.

백남준은 TV라는 미디어를 단순히 정보를 전달하는 수단으로 남게 하지 않고 비디오 예술을 통해 창조적이고 상호 소통적인 매체로 활용되게 했다. 그는 비디오예술이 자연정보를 무참히 편집, 가공하는 인공적인 텔레비전과는 달리 관객과의 비판적이고 실체적인 교감을 전제로 하는[30] 것이라며 차이를 강조했다.

곧, 백남준은 〈참여텔레비전〉에서 관객이 주의 깊게 지켜봐야 할 것은 'TV에서 흘러나오는 영상이 어떤 내용이냐'가 아니다. 우리가 정말로 지켜봐야 할 것은 '내가 들고 움직이는 자석의 위치에 따라 TV에서 흘러나오는 영상이미지가 어떻게 조작되고 왜곡 되는가'이다. 파괴되고 무너지는 TV라는 전자 매체의 모습을 통해 관객은 정보사회의 우상이자, 상업 자본주의를 대표하는 TV의 허무한 몰락을 맛볼 수 있는 것이다.

이것은 편집자의 의도대로 만들어진 영상정보를 수용자에게 일방적으로 전달하는 기존의 TV와 달리, '일방적'이라는 한계를 넘어 TV라는 미디어 그 자체로 메시지를 전달하는 것임을 알 수 있다. 즉 맥루한이 말한 것처럼 '미디어는 메시지'가 되는 것이다. 또한 이러한 메시지는 관객과 함께 소통할 때 진정한 의미를 가질 수 있다. 그의 작업은 단순히 '예술품'을 만드는 것에 의의가 있는 것이 아니라, 관객과 작품이 서로의 문화, 언어, 생각을 나누는 하나의 커뮤니케이션 과정을 만들어 낼 때 의미가 있는 것이다.

백남준의 비디오아트가 가진 이러한 참여적 양상은 비디오가 대중 소통 매체로서의 기능을 고찰할 때에 가장 두드러진다고 볼 수 있다. 왜냐하면 비디오아트는 대중 소통 매체라는 잠재력에 호소함으로서, 예술과 관객의 소통뿐 아니라, 전 지구적 차원의 상호 소통을 이루고, 나아가 예술과 오락, 고급 예술과 대중 예술, 예술과 삶의 통합을 이룰 수 있는 참여 TV의 최종 목적을 달성할 수 있기 때문이다.[31]

요한 공동체는 예수에 의해 제시되는 '서로 사랑'의 새 계명을 내부 규범으로 삼고 있는 계명공동체이다. 예수의 제자 됨을 규정하는 유일한 조건이기도 한, 친구를 위하여 목숨을 버리는 '서로 사랑'의 계명은 '예수 안에 거함'과 '열매 맺음'을 통하여 '죽음'의 모티브와 깊이 연결되어 있다. 이것은 밀고에 의해서 로마 제국으로부터 박해받았던 그리스도인들의 정황을 반영하고 있는 것으로 요한공동체는 이러한 박해와 밀고의 정황에서 순교를 택하도록 권고하고 있는 것이다. 따라서 요한공동체의 구원의 표상인 영생은 요한 공동체의 정의에 따르면, 하나님과 예수를 '아는 것'이며 아버지와 아들의 신적 영역에 참여하는 것이다.[32]

요한계시록 역시 예수의 민중적 당파성을 철저한 사회 비판의 맥락 가운데서 보도하고 있다. 원시 기독교 예수 운동의 말기(A.D. 90–95)에 쓰인 이 예언서는 이방 사회의 구조와 세계질서 가운데서 이방인들과 공존하지 않으면 안 되는 기독교인의 현실을 반영하고 있다.

> "계시록의 저자가 기독교인들에게 기대하는 것은 그들로 하여금 그리스도인답게 처신하라는 것과 그 당시 지배하고 있던 정치, 사회적 권력과 어떠한 타협도 거부해야 된다는 것이다. 이 권력은 물론 로마 제국이다. 로마 제국의 권력 하에서 저자는 하나님과 예수 그리스도의 통치에 대하여 반역하는 모든 악의 세력들이 총 집결되어 있음을 본다. 지배자를 신격화하기 위한 황제 숭배 제의에 사람들을 강제적으로 동원하는 것이 비판의 직접 동기를 형성한다. 황제 숭배는 저자에게는 하나님의 뜻에 거역하는 세상 권력들의 작전개시를 알리는 하나의 종말적인 징후로 이해된다. 하나님에 대한 반역은 사회에서 팽배해진 부(맘몬)의 숭배 그리고 향락의 숭배에서도 표현된다."[33]

따라서 요한의 변증은 이것이다. "오직 이것을 기록함은 너희로 예수께서 하나님의 아들 그리스도이심을 믿게 하려 함이요 또 너희로 믿고 그 이

름을 힘입어 생명을 얻게 하려 함이니라"(요한 20:31)

이적사화에서 중요한 부분이 하나 남는데, 요한복음 6장 15절의 내용이 바로 그것이다. 로마적 배경에서 혁명의 관점으로 읽으면 무리가 왕으로 삼으려고 할 때 예수는 앞장서야 한다. 참여해야 한다. 그러나 예수는 산으로 떠나버렸다. 곧 어리석은 무리는 예수를 신명기 18장 15절에 예언된 정치적 메시야로 생각했으나, 요한공동체는 예수를 하나님으로 보려했다. 그렇다면 로마적 배경에서의 답만이 아니라, 보편성을 추구했다는 것을 알 수 있는데, 요한공동체의 위대성이 바로 여기에 있는 것이다. 머물지 않고 떠나는 것이다. 로마의 국가철학에도 머물지 않으며, 무리들의 국가철학에도 머물지 않고, 새로운 삶과 사랑의 생명을 찾아 산으로 떠나는 것이다. 무념(無念), 무상(無相), 무주(無住)의 보살행을 보여주는 것이다.

> "무릇, 모든 상은 다 허망한 것이니라. 만약에 모든 상이 상이 아님을 알면 그것은 곧 여래를 보는 것이니라."[34]

화이트헤드가 서양철학을 플라톤의 각주로 보았다면 동양철학은 공자의 각주라 할 수 있다. 곧 노자와 공자(맹자), 소크라테스와 플라톤(아리스토텔레스)은 동서양 지식의 발생사적 근원이라 할 수 있다. 그러나 이러한 근원의 근거에 도움이 있었으니, 플라톤의 국가철학과 공자의 도덕론이 동양과 서양의 지배적인 지식이 될 수 있었던 것은 서구 근대국가가 창출한 대학제도와 중국과 우리나라에서 근대 이전까지 유지된 유교적 국가체제의 과거 시험을 토대로 한 교육제도 때문이다.

플라톤과 아리스토텔레스의 국가철학은 18-19세기 서유럽이 근대국가의 틀을 형성하고 대학이라는 교육제도를 만든 다음, 지식인과 근대적 시민이 갖추어야 할 교양(Bildung/Culture)으로 대학에서 전파되었는데, 플라톤과 아리스토텔레스에 근원을 두고 있는 서구의 근대 국가철학과 공자와 맹자에 근원을 두고 있는 유교적 국가철학의 동질성은 과거제도나 국가고시제도에서와 같이 지배수단과 통치의 지식을 습득한다는 것이다.

역설적인 것은 이제는 폐지된 중국식 과거제도를 받아들여 영국, 프랑스, 독일 등의 서구 근대화가 이루어졌는데, 1860년대 영국에서 시작된 공무원시험제도는 귀족과 왕실의 추천으로 이루어졌던 국가적 공직을 근대화 시킬 수 있었으며 중세봉건을 넘어섰지만, 근대적 국가장치의 탄생을 이끌었다. 곧 칼 라일에 따르면 공무원 시험제도의 도입은 19세기 최고의 혁명이었다.[35]

> "공자와 플라톤의 지식이 지배와 통치를 기반으로 한 (동양과 서양의) 국가철학이라고 한다면, 노자와 소크라테스의 지식은 국가지배를 배제하고 지배와 통치로부터 스스로 탈주하여 새로운 삶과 사랑의 생명성을 찾고자 하는 동양과 서양의 노마돌로지(nomadology)라고 부를 수 있을 것이다."[36]

유추하건데, 루터(M. Luther)가 성서를 로마서의 각주로 본다면 요한복음은 제국 로마의 국가장치와 유대민중들의 국가철학에 대한 요한공동체의 노마돌로지라고 부를 수 있을 것이다.

> "국가철학(state philosophy)과 노마돌로지의 지식이 전제하는 인간은 근원적으로 다르다. 국가 철학은 인간을 국가나 사회적 집단의 지배를 받는 '왕–신하' 혹은 '국가–국민'의 관계를 지닌 '주인–노예'의 정착민이라는 주체나 타자로 보는 반면에, 노마돌로지의 인간은 자유로운 삶의 터전을 찾아서 끊임없이 이동하는 인간과 인간의 결연

관계나 동맹관계를 토대로 한 친구와 연인으로 구성된 노마드이다."[37]

이러한 맥락에서 보면 예수를 친구로 고백하고, 친구를 위해 목숨을 버리는 것을 가장 큰 사랑이라 이야기하는 요한 공동체의 사상이야 말로 노마돌로지이다. 이것은 초기 기독교 문서들을 공동체의 필요에 의해 만들어진 것으로 본다면,[38] 살아남기 위한 공동체의 노력이 교훈에 변화를 가져왔다면, 오늘 우리의 삶의 자리에서 요한공동체의 해석은 더욱더 노마드적인 관점이 되어야 함을 보여준다.

## 3. 굿모닝! TV가 보내는 희망의 성찬: 밥은 나눠먹는 것

〈굿모닝 미스터 오웰〉 (1984)

'소통을 위한 예술'을 예술의 최고 가치로 생각하던 백남준에게 TV는 때로는 비인간적이고 일방적인 정보전달의 상징물이었지만 때로는 세계인을 하나로 엮어주는 거대한 미디어이기도 했다. 그는 인공위성을 통한 대륙 간 생중계 프로젝트를 오래전부터 실현하고자 했는데 〈굿모닝 미스터 오웰〉 이 바로 그 실현을 담은 작품이라고 할 수 있다.

영국의 작가 조지 오웰(George Orwell)은 1984년, TV가 인류의 위기를 가져올 거대한 통제수단이라 비판하면서 매체에 의한 인류의 정복을 예언했다. 하지만 백남준은 이러한 오웰주의자들을 비웃으며 TV를 통해 신대륙과 구대륙을 연결한 생방송을 진행했다. 생방송에는 케이지와 보이스를 비롯해 수많은 사람들이 출현했고 수많은 비디오테이프가 오버랩 되었다. 거대한 지구가 하나의 촌락처럼 정보를 교환하는 모습을 보여줌으로써 TV라는 미디어가 가지는 힘과 희망적 메시지를 전 세계에 전한 것이다.

요한복음에 나오는 떡 이적 이야기는 애찬의 동기(Eucharistic motive)가 깊이 영향을 준 것으로 볼 수 있다. 가령 '떡을 가져', '축사하신 후에', '나눠주시고' 등의 표현은 곧 예전적인 표현이라는 것이다. 도올 김용옥은 이 이적사화를 결코 이적이라고만 볼 수 없다고 말하며 5천 명이 모인 상황이 있었고, 배고픈 상황이 있었고, 사소한 오병이어라도 있는 것을 모두 다 같이 동등하게 나누어 먹었다는 사건이 있을 뿐이라고 말하며 다음과 같이 주장한다.

> "아마도 초대교회 성찬예식의 가장 원초적 형태의 현장을 그렸을 것이다. 그것은 야단법석이었고, 야단공동식사였다. 빵과 포도주가 아닌, 떡과 물고기의 식사였다. 거기에는 남녀노소 일체의 계급의 구분이 없었고, 모든 사람들이 동등하게 나누어 갖는 생명의 장만 있었을 뿐이다. 예수는 이어오병을 '들고, 감사하고, 나누어, 주었다' 예수는 당대 가장 비천한 여인이 해야 할 일을 손수 직접 행한 것이다."[39]

좀 더 나아가 이것을 예수의 혁명으로 이야기 하는데, 예수의 혁명은 나누어 먹는 혁명이며 예수의 혁명은 총칼을 들고 싸우는 서서하는 혁명이 아니라, '앉아서 생각해보자!', '앉아서 같이 먹자!'라는 앉아서 하는 혁명으로 해석한다.[40] 예수가 15절에 산으로 도망가는 것은 배불리 먹은 사람들이 정치혁명을 생각했기에 하나님의 말씀을 듣고 근원적으로 새로워지는 영적체험을 생각하지 못했다고 말한다.[41]

백남준이 비디오 아트를 단순히 예술작품에만 머물게 하지 않고 모든 관객과 소통하고 참여하는 통합적 매체로 사용한 것은 맥루한이 전자미디어가 지구를 하나의 '촌'으로 만들 것이라고 예언한 것과도 연결이 된다. 세계가 전자미디어를 통해 하나가 될 것이라는 '지구촌'의 혁신적 비전을 제시한 맥루한의 이상이 백남준의 〈굿모닝 미스터 오웰〉 작품을 통하여 실현되었기 때문이다.

백남준이 생방송으로 중계한 〈굿모닝 미스터 오웰〉은 TV라는 미디어가 일방적 전달만을 목적으로 하는 것이 아니라, 실시간으로 정보의 소통을 전개하면서 모두의 참여 속에 전 세계를 하나의 촌락으로 연결할 수 있음을 보여 주었다. 물론 인터넷이 발달한 오늘날 생각하기에는 지구적 세계의 연결이 놀라운 일이 아닐 수도 있다. 하지만 앞서 말했듯이 맥루한이 이러한 이상을 꿈꾼 것은 인터넷이 나오기 30년도 전이고 백남준이 이 프로젝트를 진행한 것은 인터넷 보급이 일반화되기 전인 1984년이니 이들의 앞선 통찰력이 새삼 놀라울 뿐이다.

## III. 뉴미디어가 전하는 새로운 메시지는 무엇인가

인터넷이라는 혁신적인 뉴미디어의 등장으로 우리의 삶은 새로운 변화를 체험하고 있다. 이제 이 새로운 미디어가 우리의 삶 속에서 어떤 메시지를 갖게 될 것인가는 우리에게 달려 있다고 볼 수 있을 것이다. 때로는 민주주의를 가능하게 하는 민중의 방패로, 때로는 죄 없는 사람을 죽음으로 몰고 가는 잔인한 무기에 이르기까지 인터넷이 우리에게 보여주는 다양한 모습은 그 명암을 가늠할 수 없게 한다.

오늘날 우리는 미디어의 홍수 속에 살고 있다. 하지만 이 홍수 속에서 우리의 삶이 어떻게 변화하고 있는가에 대해 생각해 본 사람은 많지 않을 것이다. 인쇄 매체의 발전이 인간에게 논리적 사고를 가져다주고 바퀴에서 시작된 교통의 발전이 인간에게 새로운 일과 레저를 가져다 준 것처럼 새로운 미디어 또한 우리의 삶을 양식을 바꾸어 놓고 있다. 특히 최근에는 복잡하고 다양한 미디어를 함축한 스마트폰이 인터넷까지 우리 손 안에다 담아둘 수 있게 만들었다. 스마트폰을 통해 우리 생활은 아주 깊숙한 곳까지 빠르게 변화 하고 있다.

길을 걸어가는 사람들을 살펴보자. 언젠가부터 모두의 손에는 언제나 작고 네모난 것이 하나씩 들려있다. 휴대폰이 보급되기 시작하면서 사람들은 이제 더 이상 누군가와 이야기를 할 때 얼굴을 맞대는 것을 필요로 하지 않는다. 젊은 사람들일수록 어렵고 불편한 이야기를 문자로 하는 것을 선호하고 주말 저녁 TV 앞에서라도 만나던 가족들은 DMB가 가능한 휴대폰에게 뺏겨 버렸다. 우리의 삶은 또 하나의 변화를 겪었던 것이다.

하지만 인터넷을 자유자재로 다룰 수 있는 스마트폰은 이러한 판도마저 바꾸었다. 과연 이 새로운 미디어가 우리에게 전하려고 하는 메시지는 무엇일까? 스마트폰이라는 새로운 미디어가 가진 희망적 메시지 중 하나가 바로 백남준이 그토록 강조했던 '참여'와 '소통'이 아닐까? 이 작고 네모난 것이 우리 삶 속에서 얼마나 많은 변화를 가져 왔으며 불가능해 보였던 참여와 소통을 가능하게 만들었는지 생각해 보자. 전국에서 사람들이 촛불을 들고 어둠 속으로 모이게 하고, 트위터를 통해 수많은 사람들이 내 일이 아닌 다른 사람들의 일에 공감하고 아고라에서 서명을 했다. 여기서 우리는 이 새로운 미디어의 희망적 메시지를 발견할 수 있는 것이다.

'예수는 그리스도'라는 메시지/미디어가 로마제국의 그 폭력적 지배 하에서 새로운 소통과 사랑의 연대를 꿈꾸었던 사람들에게 하나의 희망적 메시지였던 것처럼, 뉴미디어의 신학은 바로 백남준을 그의 세례 요한으로 인정할 때 희망적일 수 있다.

더 나아가 백남준이 인공위성 중계를 이용한 비디오 예술을 통해 '전지구적 소통'이라는 것을 이루고자 했을 때 이것은 일상에서는 불가능한 이상에 불과했다. 하지만 이제는 이상일 뿐이었던 일상이 현실이 되어 우리 눈앞에 펼쳐지고 있다. 이제 우리는 이 새로운 미디어가 우리에게 보내는 메시지에 대해서 다시 한 번 생각해봐야 할 때인 것이다. 만약 백남준이 오늘날까지 우리 곁에 있었다면 스마트폰과 아이패드를 가지고 어떤 재미있는 장난을 만들까 궁금해진다. 그리고 예수는 '오병이어'를 통해 어떤 메시지를 오늘날 우리들에게 던져줄까?

## 주석

1 김홍희, 『백남준과 그의 예술』(서울: 디자인하우스, 1992), p. 13.

2 이용우, 『백남준 그 치열한 삶과 예술』(서울: 열음사, 2000), p. 136.

3 1947년 어느 날, 잃어버린 염소를 찾아 사해 부근 골짜기를 헤매던 베두인은 한 동굴 속에서 2000년 전에 기록된 거룩한 문서들을 우연히 발견했다. 그 후, 고고학자들은 사해 부근의 쿰란 지역을 탐사하여 1956년까지 10년 동안 11개 동굴에서 약 900개 정도의 고대 문서들을 발견했다. 쿰란공동체는 쿰란 문서에서 자신들을 '공동체', '다수', '회중', '빛의 자녀들', '정의의 자녀들', '경건한 사람들', '영으로 가난한 사람들'로 표현하며 출애굽 이후 광야에서 생활했던 이스라엘 백성을 모델로 조직되었다. 이들은 율법 연구를 통해 주님의 길을 준비하기 위해 광야로 가서 생활했다. 이들의 규칙서에는 재산을 공유하는 독신자들의 공동체를 묘사하는데, 흰 옷을 입고 공동식사를 했다. 쿰란 공동체에서 공동 식사의 중요한 두 구성 요소는 빵과 포도주이다. 또 정기적으로 정결례를 위한 침수 예식을 거행했다. 이러한 예식을 통해 자신의 정결과 거룩함을 유지했던 것이다. 김판임, 『쿰란공동체와 초기그리스도교』(서울: 비블리카 아카데미아, 2008) 참조.

4 렌스버거는 1세기 말 유대인과 그리스도인들이 처한 정치적 정황의 빛에서 요한복음서의 예수를 이해하고자 했다. 곧 요한공동체는 로마와의 충돌을 피하지 않고 예수의 제자들은 예수를 그들의 왕으로 삼든지 가이사를 왕으로 삼든지 결정해야 한다고 말한다. D. Rensberg, *Johannine Faith and Liberation Community* (The Westminster Press, 1988) 참조.

5 캐시디는 예수에 대한 신앙적 충성과 로마 제국 간의 갈등에 관심을 기울여 그리스도인에 대한 로마의 핍박을 주목한다. 곧 요한복음에서 예수를 호칭하는 '세상의 구주'나 '주와 하나님'이라는 칭호는 로마 황제를 호칭하는 것인데 이를 예수의 칭호로 바꾼 것으로 보아 로마 황제와 예수를 비교하며 예수의 우위를 말하고 있다는 것이다. R. J. Cassidy, *John's Gospel in New Perspective; Christology and the Realities of Roman Power* (Orbis Book, 1992) 참조.

6 틸보그는 에베소의 다양한 사회적 정황들을 재구성하여 에베소가 요한복음서의 배경으로서 적합성을 가진다는 것을 보여주고자 했으며 에베소에서 황제에게 사용되었던

칭호와 요한복음서에서 예수에게 사용되었던 칭호들을 비교했다. S. V. Tilborg, *Reading John in Ephesus* (E. J. Brill, 1996) 참조.

7 김선정,『요한복음서와 로마황제숭배』(서울: 한들, 2003), p. 137.

8 Ibid., p. 140.

9 기원전 1세기 말에 로마 제국의 1대 황제인 아우구스투스(Augustus)가 내란을 수습하고 제정을 수립한 때부터 약 200년간 지속된 로마의 평화 시대를 말한다. 이때에는 이민족의 침입도 없었고, 국내의 치안도 확립되어 평화로운 로마의 황금시대였다고 한다.

10 시오노 나나미는 인류 최초이자 마지막 보편 제국이었던 로마제국이 문화의 차이, 종교의 차이를 모두 감싸 안고 다양성을 인정했다고 말한다. 정복자와 피정복자의 구분도 없었고 황제도 속국에서 나올 정도였다는 것인데 지금의 인류가 로마인만 같았으면 종교 분쟁이나 문화 차이로 인한 전쟁을 할 필요가 없다고 말한다. 유감스럽게도 로마에 대한 부정적인 이미지는 기독교 때문인데, '인간 행동 원리의 규범을 종교에서 찾은 유대인, 철학에서 찾은 그리스인, 법률에서 찾은 로마인' 처럼 법은 신앙을 갖지 않아도, 같은 지적 수순이 아니라도 지키며 함께 살아갈 수 있다고 말한다. 시오노 나나미, 한성례 역,『또 하나의 로마인 이야기』(서울: 부엔리브로, 2007) 참조.

11 가령 '은혜와 진리가 충만'(요한 1:14), '은혜 위의 은혜'(1:16), '참으로 자유롭게 하다 '(8:36), '나로 말미암지 않고는'(14:6), '내 이름으로 구하는 것은 무엇이나 받게 한다' (14:14, 15:16, 16:24) 등이 있다.

12 김선정, Op. cit., p. 148.

13 마샬 맥루한, 박정규 역,『미디어의 이해』(서울: 커뮤니케이션북스, 1997), p. 25.

14 마샬 맥루한, 퀭땡 피오르, 김진홍 역,『미디어는 맛사지다』(서울: 열화당 1995), p. 8.

15 스테파니 맥루한·데이비드 스테인즈 편저, 김정태 역,『맥루한의 이해—그의 강연과 대담』(서울: 커뮤니케이션북스, 2007), p. 8.

16 스테파니 맥루한·데이비드 스테인즈 편저,『맥루한의 이해—그의 강연과 대담』, p. 160.

17 이상훈,『요한복음 성서주석』(서울: 대한기독교서회, 1993), p. 44.

18 따라서 오병이어 이적은 '양의 주'에 대한 내용이다.

19 Ibid., p. 56.

20 나나미에 따르면 로마의 황제는 신보다는 '무관의 제왕' 이미지에 가깝다고 한다. 가령

로마의 황제는 중세 이후의 유럽 황제와는 달리 대관식이 없었는데, 대관식이 없기 때문에 로마의 원로원과 시민들이 승인할 때 황제가 된다. 곧 중국의 황제처럼 천명을 받들어 되는 것이 아니라, 사람들의 승인을 얻어야만 비로소 존재 이유를 획득할 수 있는 지위이며 황제가 되려면 시민이나 원로원의 평판에 항상 신경을 써야 하며 때로는 칼리굴라처럼 암살당하기도 한다. '권력은 부패한다. 절대 권력은 반드시 부패한다'는 말처럼 로마제국이 1,000년의 역사를 이룬 것은 황제의 지위가 불안정했기 때문이다(시오노 나나미, 김석희 역,『로마인 이야기 1: 로마는 하루아침에 이루어지지 않았다』(서울: 한길사, 1995), pp. 252–254). 사실 고대중국의 제국과 황제는 로마의 1,000년의 역사에 비해 중국에 팍스를 가져다 주지 못했다.

21 김선정, Op., cit, p. 181.

22 Ibid., p. 182.

23 기세춘,『노자강의』(서울: 바이북스, 2008) 참조.

24 『道德經』 19; 絶聖棄智 民利百倍 絶仁棄義 民復孝慈 絶巧棄利 盜賊無有 此三者以爲不足 故令有所屬 見素抱樸 少私寡欲.

25 『道德經』 53; 使我介然有知 行於大道 惟施是畏 大道甚夷 而民好徑 朝甚除 田甚蕪 倉甚虛 服文綵 帶利劍 厭飮食 財貨有餘 是謂盜夸 非道也哉.

26 알랭 바디우, 현성환 역,『사도 바울—제국에 맞서는 보편주의 윤리를 찾아서』(서울: 새물결, 2008) 참조.

27 가령, 로마는 미 제국주의의 수도 뉴욕이다. 로마인들에게 점령당한 문화적 중심지이자, 지적 순응주의의 온상인 예루살렘은 나치의 군홧발에 짓밟히고 있는 파리이다. 이제 막 태어난 소규모의 그리스도교 공동체는 레지스탕스로 대변되고 있으며, 바리새인들은 페탱파 사람들이다. 바울은 안락한 부르주아 가문출신의 프랑스인으로 대독 협력분자로 레지스탕스를 잡으러 다니고 있었다. 다메섹은 프랑코 치하의 바르셀로나이다. 파시스트 바울은 프랑코주의자들을 만날 사명을 띠고 스페인으로 간다. 프랑스 남서부를 가로질러 바르셀로나로 향하던 도중 바울은 계시를 받는다. 그는 반파시스트 레지스탕스 진영에 가담한다. 그런 다음 우리는 이탈리아로, 스페인으로, 또 독일로 바울이 저항을 설교하는 긴 여정을 따라가게 된다. 아테네, 바울의 말을 경청하길 거절했던 바로 저 소피스트들의 아테네는 현대의 로마, 파솔리니가 혐오해 마지않던 이탈리아의 치졸한 지식인들과 비평가들에 의해 대변된다. 마침내 뉴욕으로 간 바울은 결국 배반당하고 체포되어 야비한 상황 속에서 처형당한다.

28 아무튼, 요한복음서를 헬라적 배경이나 유대적 배경 안에서 이해하려는 시도들에 비하여 로마적 배경에서 해석하려는 시도는 지금까지 거의 이루어지지 않았다. 요한복음서의 예수상은 물론이거니와 요한복음서 안의 다양한 주제들도 로마적 배경과는 무관한 것으로 여겨졌던 것이다. 그러나 예수 시대나 신약 시대는 로마 제국이 지중해 전체를 장악하고 막대한 영향력을 끼치고 있던 시기라, 신약 성서의 문서들을 산출한 공동체 역시 로마 제국의 사회적, 경제적, 정치적, 문화적 요소들의 영향을 받았음에 틀림없다.

29 이용우, 『백남준 그 치열한 삶과 예술』, p. 160.

30 이용우, 『백남준 그 치열한 삶과 예술』, p. 160.

31 김홍희, 『백남준과 그의 예술』, p.15.

32 김선정, Op. cit., p. 183.

33 Ibid., p. 311.

34 『金剛經』, 5장「如理實見分」; 凡所有相 皆是虛妄 若見諸相非相 卽見如來. 상이 상이 아니기에, 예수는 그 시대에 민중들과 그렇게 처절하게 더불어 살지 않았을까? 떠남은 곧 남아있음의 다른 이름이며 상이 없음은 철저한 우상타파이며, 이데올로기와 제국의 도덕을 부정하는 것이며, 이것마저 무념의 경지에 처해야하는 것이다.

35 장시기, 『노자와 들뢰즈의 노마돌로지』(서울: 당대, 2005), p. 32.

36 Ibid., p. 36.

37 Ibid., p. 36.

38 가령 Q1, Q2, Q3로 이어지는 말씀의 첨가가 공동체가 경험했던 사회적 환경의 변화 때문이라고 가정하듯이.

39 김용옥, 『요한복음강해』(서울: 통나무, 2007), p. 250.

40 오늘날 시위문화가 촛불 문화축제로 바뀐 것이 바로 이러한 혁명의 실례가 아닐까? 2008년 쇠고기 반대 촛불집회에 "해산하라"는 경찰서장에게 "마이크 들면 노래해야 한다"며 노래 한 곡조 하면 해산하겠다는 이들을 볼 때, 연인과의 데이트 장소로 시위 장소를 택하고, 전경들에게 생수를 나눠주는 이들과 유모차를 끌고 나온 어머니들과 그들을 안전하게 보호하려는 예비군복 입은 이들을 볼 때, 그들은 시위를 놀이 문화로 승격시켰다. 물론 그 근저에는 386세대가 있다. 이들은 디지털 노마드로, 386세대의 혈육적, 의식적 자녀이나, 부모 세대가 갖지 못한 소통의 기술과 방법을 가졌다.

41 김용옥, Ibid., p. 251.

Chapter 13.

# 리히터와 포스트모던 신학

"언론은 운동권을 공격하는데 이런 포스트모더니즘을 적극 이용하고 그들을 찬양했죠. 저는 이렇게 비판적 정신을 잃어버린 타락한 포스트모더니즘을 뉴라이트라 부르고 싶어요. 그래도 운동권과 포스트모더니즘의 균형을 이루었던 시대가 바로 노무현 시대였어요. 그러나 노무현 말기에 지금 이명박과 한나라당의 반동에 결정적인 공신이 바로 타락한 포스트모더니즘이 아닐까 해요. 단적으로 이명박의 이데올로기가 다름 아닌 친일파 뉴라이트라는 것을 보면 알 수 있지 않을까요? 그들의 논리를 잘 보면 일제의 침략도 나름대로 기여한 바가 있다는 식으로 정당화하는데, 그 논리가 바로 포스트모더니즘의 차이의 논리가 아닌가 해요."[1]

이병창에 의하면 포스트모더니즘은 80년대 운동권 사상인 모더니즘을 비판하면서 등장했다는 것이다. 모더니즘적 운동권 사상은 과학주의, 윤리적 순수주의, 영웅주의, 조직 중심주의, 엘리트주의 등으로 정리할 수 있고, 포스트모더니즘은 운동권의 그런 정신을 공격했다는 것이다. 그러나 동시에 포스트모더니즘은 운동권을 해체시키고 말았다. 결과적으로 IMF

이후 생존의 위협에 직면하자 모든 운동권들이 포스트모더니즘의 쾌락주의와 반지성주의(영상 이미지 중심), 대중주의, 분산된 개별적 투쟁, 상대주의 등에 항복하고 말았다는 것이다.

그러나 주지하다시피 사상사적으로 포스트구조주의와 별도로 문화사에서 포스트모더니즘[2]은 1940—50년 경 서구의 예술, 건축 등의 분야에서 등장했으며 그 특징으로는 권위와 의미화에 대한 모반, 단일한 세계관의 종말[3], 차이 존중, 개별의 중요성 강조 등을 들 수 있다. 문학적인 기법으로 대상없는 모방으로 혼성모방(pastiche)과 대상이 있는 모방으로, 이 시대의 화두가 되고 있는 풍자모방(parody)을 통해 엘리티즘을 극복하려 한다.[4] 현재 유행하고 있는 사용자 제작 콘텐츠(UCC)나 언어를 비꼬는 패러디 문화는 이를 잘 반영해 준다.

음악에 있어서 우연적인 요소를 도입하고 불확실성을 창조한 존 케이지(J. Cage, 1912—1992)의 〈4분 33초〉, 홍상수 감독의 영화에 있어서 탈중심(post—centering)적 미장센, 장 보드리야르(Jean Baudrillard)의 사진론, 문학에 있어서 신로망, 반장편소설, 구체적 시, 공포쇼, 팬픽, 귀여니로부터 시작된 인터넷소설 등은 고급문화와 하급문화, 예술가와 비평가, 의미자와 의미체 간의 경계를 해체시키고 있다. 가령 박순업의 〈435〉라는 아래의 시를 보자.

여기 이 두 칸은 무엇을 위해 비워 놓았을까?

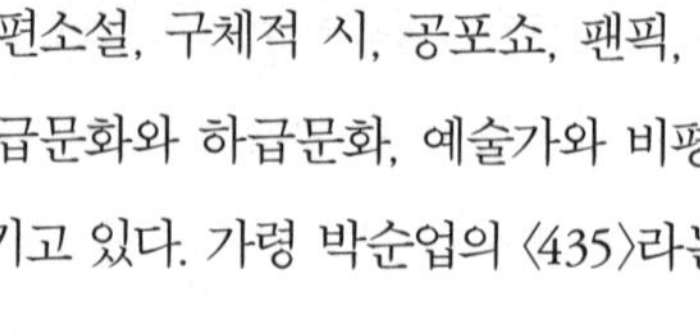

박순업 〈435〉

이것은 독자가 저자의 영역에 침투 가능성을 열어놓은 것이다. 아래의

〈열린시〉는 어떤가?

> "자, 네가 만약 이 詩를 쓴다고 생각해 보아.
> 먼저 평화를 줄게…
> 이번에 정의…
> 해방…
> 자유…
> 그리고 사랑…
> 이건 어떨까?
> 개새끼…
> 자, 이제 네가 쓴 詩를 읽어보아, 라고 나는 시를 썼다."
>
> — 최병학 〈열린시〉

이렇듯 포스트모더니즘의 차이의 논리가 대오를 흩어버린 것이 아니라, 섬세하고 세련된 저항의 논리라는 것을 철학사에 있어서는 부정할지라도 미학과 예술사에 있어서는 창조적 힘이자 저항의 논리로 작용했음을 알 수 있다.

## Ⅰ. 게르하르트 리히터의 제3의 길

최근 문화 현상 중 하나를 꼽으라면 이전에 존재하던 것들을 혼합 또는 조합하여 새로운 제3의 것을 창조해 낸다는 것이다. 이러한 현상은 우리 주변에서 흔히 찾아볼 수 있는데, 쉽게 접할 수 있는 음식(김치파스타, 짬짜면,

카레라이스 등) 문화에서부터 주거(아파트로 들어온 한옥, 온돌과 벽돌을 혼합한 집 등) 문화에 이르기까지 다양한 영역에 존재하는 것을 알 수 있다. 경계를 해체하는 이러한 혼합 정신은 곧 포스트모더니즘의 영향이다.

게르하르트 리히터(Gerhard Richter, 1932~ )는 미술적으로 이러한 혼합을 선호한 작가였다. 1932년 동독의 드레스덴에서 태어난 그는 1961년 서독으로 이주하기 전까지 스탈린 체제와 나치즘의 영향을 받으며 예술가로 성장했다. 1950년 드레스덴 미술 아카데미에 입학하여 벨라스케스(Diego Velazquez), 렘브란트(Harmenszoon Rembrandt) 등의 고전주의 대가들에게서 영향을 받았으며, 디에고 리베라(Diego Rivera), 파블로 피카소(Pablo Picasso) 등에게서 미술 수업을 받으며 전통적인 고전주의 회화 양식을 습득했다.

하지만 서독과 파리를 여행하면서 그는 전통적인 고전주의 회화 양식이 아닌 새로운 예술 환경으로부터 많은 영향과 자극을 받게 된다. 특히, 1959년 그의 두 번째 서독 여행에서 그가 관람한 〈카셀 도큐멘타Ⅱ(Kassel DocumentaⅡ)〉관람회는 그의 예술인생에 있어서 새로운 전환점을 맞이할 계기를 마련해 준다. 그는 이 관람회에 전시된 잭슨 폴록(Jackson Pollock), 바넷 뉴먼(Barnett Newman)과 같은 작가들의 작품을 보면서 현대미술의 흐름인 추상 미술과 처음으로 조우를 하게 되는데 이 과정에서 그는 동독의 정치 이데올로기에 구애받지 않는 새로운 추상의 매력에 빠지게 된다.

결국 이러한 새로움은 후에 리히터가 추구한 '제3의 길(Third Path)'을 향한 새로운 시도를 가능하게 하는 계기가 되었다. 결국 그는 전통적인 고전주의 예술과 현대미술의 접점에 위치하는 것이다. 그러나 리히터는 다양한 양식의 예술을 추구했지만, 사람들의 관심이 집중적으로 조명된 그의 예술 영역은 사진이었다. 또한 그 자신도 사진 예술을 비교적 많이 선호하여 다양한 작품을 사진술을 통해 남겼다.

## II 무위(無爲)를 통한 사진예술과 포스트모던 신학

### 1. 낙관적 수감자: 모던의 절망에서 포스트모던의 희망으로

> 예술은 비참하고, 시니컬하고, 멍청하고, 무력하며, 혼란스럽다. 예술은 우리의 빈곤한 정신, 무기력과 상실의 거울-이미지다. 우리는 위대한 생각, 유토피아를 잃어버렸다. 의미를 생산하는 모든 것과 신념도 잃어버렸다.
>
> – 리히터, 1988년 1월 13일

〈1977년 10월 18일〉 (1977)

위 작품은 1977년에 있었던 테러리스트의 비극을 그린 리히터의 〈1977년 10월 18일〉이다. 예술에서 표현은 불가능하다며, 허무주의적 선언을 내뱉은 이후 발표한 작품이다. 이 작품은 슈투트가르트(Stuttgart)의 슈탐하임

(Stammheim) 감옥에 수감된 한 여성[5]을 통해, 독일사회가 억눌러온 상흔의 기억과 함께 그 당시의 불행했던 시대상을 조금이나마 느낄 수 있도록 만든다.[6]

리히터가 자신의 작품을 위한 사진 이미지들을 선택할 때에 필연적인 의미를 중시했음은 다음의 고백에서 알 수 있다. "무엇을 그려야 하는가, 어떻게 그려야 하는가, 하지만 그릴 그 무엇을 결정하는 것이 제일 어려운 일이다. 왜냐하면 그것이 가장 본질적인 문제이기 때문이다." 왜 하필이면 사진 이미지를 그리겠다는 것인가? 영상매체의 기술 발달로 우리의 세계는 이제 완벽할 만한 모사를 얻어내고 있는데 회화로 옮길 그 무엇이라도 남아 있다는 말인가?[7]

그런데 이 작품을 보면 약간은 모순적인 작품 속 주인공의 표정을 보게 된다. 보통은 이처럼 암울하고 절망적인 현실 하에서는 한탄하는 모습, 슬퍼하는 모습으로 표현되기 마련인데, 작품 속에 나타난 여성은 오히려 미소를 머금은 모습으로 표현되어 있다. 즉, 리히터는 작품을 통하여 주인공의 긍정적인 모습을 함께 부각시키고 있는 것이다.

사실, 게르하르트 리히터는 사진을 통해서 자신의 예술적 작품을 많이 남겼는데, 그는 자신의 작품에 어떠한 생각이나 사고를 투영하지 않고 최대한 객관성을 유지한 채로 사진 속 예술품의 가치를 발현하고자 노력했다.[8] 그리하여 더욱 더 사진 속의 객체가 사진을 보는 주체와 우리들에게 영향을 미치기를 원했다. 그러나 리히터는 작품을 통해서 시대 비판적인 사고를 독자들에게 유도하는 것뿐 아니라, 한층 더 긍정적이고 낙관적인 시선을 비춰주는 작품을 많이 남겼다. 슬픔 속 기쁨, 절망 속 희망을 한꺼번에 담고 있는 것이다.

비록 자신은 힘들고 어려운 시대적 환경에서 살아왔지만, 작품을 감상하는 독자들에게는 희망, 긍정과 같은 고무적인 감정을 전달하고자 노력한 그의 마음을 우리는 작품 속에서 느낄 수 있다. 즉, 리히터는 회화를 통해 역사적인 자기 성찰의 과정에 개입할 수 있음을 보여줌과 동시에 그 성찰에 머무르는 것이 아니라, 희망적인 새로운 메시지를 함축하여 발산하는 미래 지향적인 작가였던 것이다.[9]

포스트모던 신학자들 가운데, 모던적인 것에 대하여 총체적 부정에 가까운 비판을 일삼는 이들이 있다. 데리다(J. Derrida)와 푸코(M. Foucault)와 같은 프랑스 사상가들에 의해 발전된 해체주의(철거주의, Deconstruction)의 영향 때문이다. 이들은 지금까지 근대 세계가 당연시해 왔던 모든 것을 문제시 한다. 곧, '확실성'을 추구하려는 모든 시도를 파괴하는 것이다.[10] 왜냐하면 이러한 시도들이야말로 지배자, 권력자들의 이데올로기에 물든 '지배의 도구들'이기 때문이다.

따라서 이러한 해체주의자들은 무너져 내린 곳을 어떤 새로운 축조물로 대치하려고 하지 않는다. 그러나 존 캅(John. B. Cobb, Jr)은 이러한 해체주의가 '위험한 무기'라고 생각한다. 왜냐하면 해체주의가 가지고 있는 해방의 능력에도 불구하고, 결국 그것은 해방의 열정까지도 파괴하고 말 것이다. 즉, 해체주의는 마르크스와 프로이트로부터 '의심의 해석학'을 전수받았으나, 이를 극단화시켜, 결과적으로는 마르크시즘과 프로이트주의 자체에 대해서도 긍정적 입장을 거부하게 되었다는 것이다.[11]

따라서 캅은 해체주의적 포스트모더니즘 대신 '건설적 포스트모더니즘'을 제시한다.[12] 이들 신학자들의 관심은 존재론의 재구성이다. 특히 데카르트 방식의 이원론[13]에 대한 철저한 거부와 동시에 새로운 존재론을 제시한다. 곧, 모던적 사유는 사물을 기계론적으로 보았으나, 실상 사물들은 '유기체적'으로 존재한다는 것이다. 게다가 이들은 근대성 일체를 거부하는 것이 아니라, '자기-비판 정신', '인격'에 대한 관심을 지속한다. 즉 인간 자유에 대한 헌신과 탐구의 자유 등을 보존하려는 것이다.

해체주의자들은 건설적 포스트모더니즘을 '칸트-이전 형태의 근대에로의 복귀'로 비판하고, 역으로 건설적 포스트모더니스트들은 해체주의자들을 '극단적 모더니스트'로 비판한다. 여기에 홍정수는 다음과 같이 대안을 제시한다.

> "철거적 포스트모던 신학자들처럼 기존 사회의 권력과 언어(문법)의 관계에 비상한 관심을 갖되, 허무로 치닫는 것이 아니라 성서 언어를 재해석할 수 있는 적극적인 틀을 모색하는 것이다. … 성서 언어를 새롭게 해석해 줄 우리 시대의 문법(의 한 가능성)은 철거주의의 '해방' 모티브와 건설적 과정사상의 '존재론적 유기체론'의 결합이라고 본다. 대안 없는 해방, 대안 없는 철거(파괴)는 성서에 나타나는 '빈 집'의 형국이 될지도 모른다. 즉 한 귀신이 나가고 일곱 귀신이 들어오게 되는 꼴 말이다."[14]

모더니즘의 이성이 절망을 안겨주었다고 이성의 가능성을 불신하지 않고, 모더니즘의 과제를 새롭게 하는 것이 제3의 길로써 포스트모던이 나갈 바이며 건설적 포스트모던 신학이다. 절망 속에서 희망을 발견한, 그리고 리히터의 작품에서 우리는 그 길을 엿볼 수 있다.[15] 사실, 한스 큉은 포스트모던 신학에 관해 다음과 같이 말한다.

> "신학적 혁명이다. 우리는 지금 새로운 방향을 모색하고 있다. 신학의 새로운 프로그램을 개발하고 있다. (1) 이 새로운 신학 프로그램은 오늘 우리가 다양한 긴장들, 변화하는 흐름들, 서로 다른 체제들을 이전보다 더욱 많이 직면하는 신학을 위한 프로그램이다. 즉 지금까지 화려한 명맥을 유지해 왔던 그 신학 전통이 앞으로도 계속되는

한, 장래의 신학의 신뢰도나 전망이 없다고 생각하는 데서 출발한다. 그러나 (2) 이 프로그램은 반계몽주의적으로, 즉 전통적인 신앙 형태로 뒷걸음질 치지는 말아야 하며, 또한 학문과 학자들의 유행하는 변화에 그럴 듯하게 기회주의적으로 순응해서도 안 된다. 그래서는 이 위기를 헤쳐 나갈 수 없다. 그리고 (3) 이 프로그램은 그리스도교의 복음과 서기 2,000년대의 요구를 충족시킬 수 있도록 그리스도교 신앙을 지적으로 책임 있게 해명함으로써 (그리스도교 신앙의) 새로운 신뢰성과 타당성을 확보할 수 있어야 한다. '새 시대'의 도래를 우리가 믿을 준비가 되어 있든지 않든지 간에, 세계의 역사는 이제 많은 분석가들에 의하여 더 이상 '근대'(modern)가 아니라 '포스트모던이라고 제대로 규정되고 있는 한 시기로 이행하고 있다."[16]

그러나 대부분의 포스트모던 신학자들은 포스트모던 신학을 다음과 같이 파악한다.[17] 먼저, 서양 문명에 있어서 근대는 17세기 '과학 혁명'과 더불어 시작되었다. 즉 근대는 일체의 연역적 지식을 거부한다. 그 어떤 진리도 이제는 선험적으로 당연시될 수 없다. 모든 타당한 지식은 '경험'에 대한 '체계적 탐구'(과학)으로부터만 도출될 수 있다. 이것은 인식/지식에 있어서의 자율의 선언이다. 즉 중세의 권위주의의 청산을 선언한 것이 소위 '모던'의 가장 큰 특징이라는 말이다.

그러나 이 결과로, 엉뚱하게도, 근대 과학은 '새로운 상위 언어'(metalanguage)가 사실의 언어를 제공하고, 인간들의 사유를 새롭게 지배하기 시작했다. 근대 과학은 사실의 언어가 사실상 '진짜로 참'이라고 선언했으며 이에 따라 문화와 종교의 모든 특정 언어들은 이 언어로 환원되어야만 했다. 이것은 결국 신앙인들조차도 성서의 언어는 과학적으로 증명되지 않는 한, '제2급 언어'라고 하는 불안에 사로잡혔음을 뜻한다. 따라서 성서의 가르침도 과학적으로도 사실이어야 비로소 의미를 갖게 된다고 무의식적으로 생각하게 되었다. 모든 것은 관측될 수 있고, 증명될 수 있어야 한다는 모던적 사유가 신앙 세계까지 지배하게 된 것이다.

그러나 이제 이 모든 것이 바뀌고 있다. 20세기 물리학이 보여준 계시는 모던 시대의 막을 내리게 했다. 미립자의 발견은 이제 '포스트' 모던 세계에서는 실재 자체가 분명히 '확정할 수 없는 비결정적' 성격을 지님을 인정하게 되었다.

따라서 자연과학의 언어도 이제는 종교적 언어와 마찬가지로 특정한 집단의 관용어이지, 유일한 보편적 언어가 결코 아니다. 이제 과학도 종교와 마찬가지로 '그 공동체의 살아 있는 관행 밖에서는 이해 불가능한' 언어임이 밝혀진 것이다. 곧, 과학이란 종교와 마찬가지로 문화–언어적 체계의 한 종류임에 불과한 것이다.

이제 자연과학이 지녀왔던 '문화적 헤게모니'는 끝났다. 포스트모던 시대에는 '인식론적 상대주의' 시대이다. '언어의 다원성'이 당연시되는 시대이다. 그러므로 그리스도인들은 과학의 도전 때문에 수세에 몰릴 필요가 없게 되었다. 포스트모던 시대에도 그리스도교는 여전히 지적 타당성을 확보할 수 있게 된 것이다. 한 마디로, 우리 시대의 신앙 언어 갱신운동인 '포스트모던' 신학은 과학의 문화적 헤게모니(모던적 현상)로부터 해방을 선언한 신학운동들의 총칭이다.

종교가 모던의 절망에서 포스트모던의 희망으로 바뀌는 것이다. 리히터의 그림은 바로 역사적인 자기 성찰의 과정에 개입할 수 있는 신학적 해석학의 여지와 동시에 그에 머무르는 것이 아니라, 희망적인 새로운 메시지를 함축하여 발산하는 미래지향적인 신학이 가능하다는 것을 보여준다.

## 2. 삼촌, 나치 쉔펠더(Rudolf Schonfelder)의 메시지: '마스터 텍스트의 부정'과 '상호텍스트성'

〈루디 삼촌(Uncle Rudi)〉 (1965)

〈루디 삼촌〉은 리히터의 인간적이면서도 개인적인 부분을 특히 잘 투영한 작품이다. 제목을 통해 나치였던 자신의 진짜 삼촌 루디(Ludi)를 인물로 그렸다는 것을 알 수 있다. 대부분의 사람들은 나치 시대의 독일 군인을 생각하면 폭력적이고, 비인간적이며 다소 무자비한 군인을 생각하게 된다. 그러나 이 작품 속에서 다정하게 웃고 있는 군인의 모습은 마치 옆집 아저씨 같은 푸근함과 정다움이 느껴진다.

작품 속에 웃고 있는, 제2차 세계 대전에 참여했던 게르하르트 리히터의 삼촌 쇤펠더(Rudolf Schonfelder)는 리히터 자신에게는 너무나도 소중하고 다정한 삼촌이었으며, 마찬가지로 전쟁에 참여했던 다른 모든 군인들도 독일 사람들이 사랑하는 가족이나 이웃이었다. 리히터는 이러한 점을 독자들이 작품을 통해 다시금 상기하여, 그들에게 따뜻한 시선을 보내주기를 원했는데 이렇듯 그는 나치 시대의 악랄했던 군인들에게조차 비판적인 멸시와 환멸의 시선보다는 따뜻한 포용의 시선을 보내고 있는 것이다.

이 작품을 통해 우리는 편견과 치우침으로 기인한 자신의 그릇된 시선으로 인하여 타인에게 뜻하지 않은 불행을 안겨주게 된다는 것을 발견한다. 따라서 이 작품도 〈1977년 10월 18일〉과 마찬가지로 역사적인 성찰의 단계에만 머무르지 않고 인간 본연의 아름다움, 깨끗함을 전달하고자 노력했던 리히터의 예술관이 뚜렷하게 나타난 작품이라고 할 수 있다.

사실 리히터의 초기 작품을 지칭하는 것으로 '자본주의적 리얼리즘(Kapitalistischen Realismus)'이라는 용어가 있다. 미국 자본주의의 산물인 팝아트의 막대한 영향력과 동서독 체제 차이에서 오는 사회적 의식의 분열을 결합한 것으로 볼 수 있는 이 용어는 1963년 리히터가 직접 생각한 것이다.[18] 이러한 슬로건은 간접적이지만 도발적이면서도 경멸스러운 태도로 자본주의와 사회주의 체제를 비교하고 있는 것이다. 분단 독일의 한 국민이라는 개인적 처지도 문제였지만 갈등과 분열을 표현하려는 예술가로서 그에 적절한 회화 방식을 찾아내는 것은 매우 절실한 문제였다. 나치 치하에서 유년시절을 보내고 스탈린 치하에서 청소년기를 보낸 후 서독의 자유체제로 이주한 리히터의 작품세계에서 보이는 특이한 이중성은 그의 특수한 개인적 이력과 불가분의 관계가 있는 것이다.[19]

사람들은 행복하고, 추억에 남기고 싶은 일이 있을 때 주로 사진을 통해 그 순간을 기억하려고 한다. 사진은 회상의 매개체가 되어 사진 속의 당사자들 뿐 아니라, 그 사진을 보는 사람들로 하여금 특정한 감정과 정서를 공유하게 만드는 데, 리히터도 다른 작가들보다 이러한 사진의 영향력을 이용하여 예술을 표현하고자 했다.

혹시, 사진을 보다가 자신이 과거에 찍은 사진이 자신에게 무언가 메시지를 전달하고 있는 듯한 느낌을 가져본 적 없는가? 이러한 경우, 사진을 찍는 나(주체)와 사진 속의 대상(객체)의 관계가 미약하게나마 역전되었다고 볼 수 있는 상태인데, 장 보드리야르는 이러한 방식으로 사진 속에 표현된 객체와 사진을 찍는 주체와의 관계를 조명하고자 많은 고찰과 노력을 한 사람이었다.

물론, 물리적인 자연의 법칙으로 보았을 때 대상과 나의 관계가 역전된다는 것은 불가능한 일이다. 하지만 회화의 세계에서는 얼마든지 자신이 찍거나 제작한 사진이나 작품이 자신에게 물음을 제기하거나 새로운 고찰을 하게 만들 수 있다. 다음의 인용은 필립 프티(Philippe Petit)와 보드리야르(Jean Baudrillard)의 문답인데, 이 문답에 나타난 보드리야르의 답변을 보면 그의 사진관을 면밀히 살펴볼 수 있다.

> "나는 객체를 반대하는 미학을 참조하지 않습니다. 나는 객체가 움직임에 정통하다고 말하지 않습니다. 내기의 반전은 객체를 만드는 것이며(이 객체에 주체의 현존과 구현, 주체의 부재와 사라짐의 공간이 부과됩니다), 그리하여 용해되지 않는 명백함으로서의 객체를 나타나게 하는 것입니다. 중요한 것은 그것이 대상이나 순수한 사건의 힘을 지닌다는 것입니다. 그래서 주체는 객체에서 물러나야 합니다."[20]

즉 그는 객체의 중요성을 명확히 인지하고 있었다. 그에게 있어서 사진 속의 대상(객체)은 우리에게 단순히 순간적인 포착에 의하여 남게 된 피동적인 결과물이 아니라, 사진을 찍는 우리(주체)와 지속적이고, 영속적인 관계를 가지게 되는 능동적인 상호물인 것이다. 그래서 사진을 찍는 주체인 우리는 그러한 중요성을 명확히 인지한 가운데 사진을 찍는 과정을 거쳐야 한다고 생각했다.

그렇다면 우리가 어떠한 점에 유념하여 사진을 찍어야만 사진 속 대상(객체)과 영속적인 관계를 가질 수 있을까? 이러한 방법은 그 내용이 추상적이고 어려울 수 있지만 보드리야르는 필립 프티와의 대담에서 그 방법을 비교적 구체적으로 암시하고 있다.

필립 프티는 보드리야르의 평소 행동 중에서 사진가들이 그의 사진을 찍을 때 좋은 날씨를 얘기하면서 보드리야르를 편안하게 만든 상태에서 사진을 찍는 것을 보드리야르가 싫어하는 이유를 물었는데 보드리야르의 답변을 보면 그가 사진 속에서 추구했던 주체와 객체가 이루어지는 관점을 명확히 알 수 있다.

> "그들은 완전히 심리적인 오해에 의해서 우리의 심오한 동일성을 떠오르게 한다고 생각하고 있습니다. 오로지 시시한 배우들만이 자신의 역할과 일체가 됩니다. 그들은 거의 교묘하지 못한 술책에 의해 사람의 진실을 떠오르게 하려고 합니다. 그런데 누군가를 특이성으로 파악하는 것은 그에게서 멀어지는 것과, 그가 우리에게서 멀어지는 것을 그 자신 안에서 파악하는 것입니다. 하지만 결정과 생각은 비밀 속에서 그에게 떠오릅니다. 그리고 그의 독창성이 존재하는 것은 아주 기이한 충돌 속에서 입니다. 그것은 그가 자신의 모습을 발견하는 거울 안에도, 그를 알아보고자 하는 목적 속에도 있지 않습니다."[21]

보드리야르는 자신을 찍고자 했던 사진가들이 그들이 창조한 허상의 틀 안에 존재하는 객체를 만들려는 모방자라고 비난했다. 즉 그들은 객체의 중요성을 간과하고 객체를 수동적인 피조물(그 객체는 그 객체가 나아가야 할 어떠한 방향성이 애초부터 부여되어 있다) 로 보는 것이다.

이러한 논리를 배제하여 보드리야르가 말한 '기이한 충돌' 속에 그 객체를 던져 놓았을 때 우리는 사진 속에 있는 객체와 서로 연관되는 상호작용을 하게 될 것이라고 보드리야르는 생각했다. 그의 또 다른 대담에서도 이러한 사진관이 명확하게 드러난다.

> "사진의 마법을 이루는 것은 이미지 가운데 있는 무입니다. 사람들은 이 무를 가능한 모든 방법으로 몰아냈습니다. 사진을 온갖 종류의 참고와 의미로 가득 채우면서 말입니다. 르포르타주 사진제나 화랑에서, 그것은 증거로, 미적 내지 민중선동적인 감상적 성격으로, 확인을 위한 스테로판으로 넘쳐흐릅니다. 그것은 사진이 의미하는 것에 비하면 이미지의 완전한 타락, 자신의 내용을 담은 보증물 조작입니다."[22]

그는 이렇게 사람들의 사고와 생각이 투영된 사진들을 보증물 조작, 이미지의 완전한 타락이라고 칭하며 격렬하게 환멸했다. 그에게 있어서 사진의 진정한 가치는 이러한 사람들의 사고와 생각이 배제된 어떠한 의미로 보면 순수한 결정체인 것이다. 그리고 그러한 결정체에서 그는 진실한 의미로서의 대상에서 나오는 가치가 발현한다고 생각했다.

이렇듯 사진을 단순히 피상물을 찍는 행위가 아닌, 주체와 객체의 능동적인 상호작용으로 인식했던 보드리야르는 사진을 찍는 주체자의 주관이 개입되고, 편견이 들어있는 사진을 경시했으며 그러한 부분들이 배제된 사진만이 주체와 계속적으로 상호작용하며 그 예술적 가치를 높일 수 있다고 보았다.

따라서 보드리야르에 의하면 대상은 더 이상 과거 그대로의 대상이 아니다. 대상은 우리를 발견하는 것 이상으로 나아가며, 우리를 생각하게 하는 능동적 요소인 것이다. 또한 보드리야르는 그 과정에서 대상이 주체가 자신의 결여를 발견할 수 있게 만들어 줄 수 있는 거울이 될 수 있다고 생각했다.

또한 우리는 이 작품에서 선입견을 깨뜨리고, '절대적인 진실이 없다'는 포스트모던의 선언을 보게 된다. 그리고 관계를 통한 '인간 존재의 연결 가능성'을 볼 수 있다. 곧 포스트모던의 '마스터 텍스트(the Master Text)의 존재에 대한 부정'과 '상호텍스트성(intertextuality)의 인정'이다.

이탈리아의 기호학자 움베르토 에코(Umberto Eco)가 1980년에 발표한 소설 『장미의 이름(*Il nome della rosa*)』은 기호학적, 혹은 해석학적 측면에서도 논의할 수 있지만, 여러 측면에서 마치 포스트모더니즘 이론을 그대로 소설화시킨 것 같은 느낌을 준다. 이 소설의 서문에서 에코는 『장미의 이름』이 자신의 원작이 아니라 사실은 번역임을 밝히고 있다. 이 서문에 따르면, 1968년[23]에 에코는 발레 수도사가 1842년 파리의 수르스 수도원에서 펴낸 『멜크의 수도사 아드소의 수서본』이라는 책을 우연히 입수하여 읽고 매료되어 그것을 이탈리아어로 번역하게 된다.

그러나 당시 프라하에 머물고 있었던 에코는 소련군 탱크가 체코를 침공한 〈프라하의 봄〉으로 인해 오스트리아로 피신하게 되는데, 그곳에서 그만 그 프랑스어판 텍스트를 잃어버리게 된다. 그는 잃어버린 책을 더 알고 싶어 모든 자료들을 뒤지지만, 그러한 책이 있었다는 기록을 어디에서도 발견하지 못한다. 그러다가 에코는 1970년 부에노스아이레스의 어느 고서점에서 우연히 『장기놀이에서의 거울이용』이라는 책의 이탈리아 역본을 뒤지다가 놀랍게도 아드소의 원고를 이용한 대목을 발견하게 된다.

그래서 그는 아드소의 필사본과 발레의 프랑스어 번역본의 존재를 다시 믿게 되고, 따라서 자신의 번역을 책으로 출판하게 되는데 그것이 바로 『장미의 이름』이다. 그러므로 에코의 『장미의 이름』은 독창적인 소설이 아니라, 14세기말 독일 수도승이 쓴 라틴어 텍스트의 17세기 프랑스어 번역본을 20세기에 다시 이탈리아어로 번역한 삼중 번역본이라는 얘기가 된다.

에코의 이와 같은 설정은 두 가지 면에서 중요한 의미를 갖는다. 첫째는 마스터 텍스트(the Master Text)의 존재에 대한 부정이다. 그리고 그것은 곧 모든 절대적 근원, 중심, 진실, 성전(canon)에 대한 포스트모더니스트들의 부정과 상통한다. "이 세상에 과연 모든 것의 근원이 되는 단 하나의 성스러운 진리란 있을 수 있는가? 사실, 절대적 진리란 인류의 타락과 함께 베일에 가려졌고, 인간들은 다만 그 사라진 진리의 '흔적'을 진리 그 자체로 착각하고 있는 것은 아닌가?" 하는 절대적 진리에 대한 포스트모더니스트들의 이와 같은 불신은 인류의 비극이 바로 그와 같은 진리에의 확신과 그로부터 야기되는 독선의 횡포로부터 비롯되었다는 심오한 역사인식에 근거하고 있다.[24]

둘째는 상호텍스트성(intertextuality)[25]의 인정이다. 그리고 그것은 곧 이 세상의 모든 것은 서로 연결되어 있다는 포스트모더니스트들의 인식과 상통한다. 즉, 한 권의 책은 그 자체로서 독립되어 존재하는 것이 아니고, 과거와 현재와 미래의 수많은 다른 책과의 필연적인 상호 연관 속에서 존재한다는 것이다. 마찬가지로 한 인간의 삶 역시 홀로 고립되어 존재하는 것이 아니고, 언제나 과거 또는 동시대의 다른 사람들과의 숙명적인 연관 속에서 존재한다는 것이다.[26]

따라서 『장미의 이름』의 핵심을 이루는 것은 대략 이 두 가지 명제라고 할 수 있다. 왜냐하면, 이 작품 속에 등장하는 다른 모티브들 –예컨대 열림과 닫힘, 다양성과 획일성, 베일에 가려진 진리, 미로 속의 방황과 탐색, 진실과 허위, 눈멂과 통찰, 지배계급과 소외계층 그리고 패러디 등– 은 모두 위의 두 가지 주제와 직접 간접으로 연관되어 있기 때문이다. 이러한 포스트모던 인식 하에 다음 논의를 진행시킬 수 있을 것이다.

이처럼 우리는 에코의 첫 번째 명제 '마스터 텍스트(Master Text)의 존재에 대한 부정'을 통해, 절대적 진리란 인류의 타락과 함께 베일에 가려졌고, 인간들은 다만 그 사라진 진리의 '흔적'을 진리 그 자체로 착각하고 있다고 생각한 포스트모더니스트들의 생각을 참조하여 신학적 해석학을 심화시킬 필요가 있을 것이다. 곧, 절대적 진리에 대한 포스트모더니스트들의 불신은 인류의 비극이 절대적 진리에의 확신과 그로부터 야기되는 독선의 횡포로부터 비롯되었다는 역사인식에 근거하고 있기에 우리는 포스트모던 신학이야말로 우상 타파의 정신에 근거함을 볼 수 있다. 따라서 독일 군인 쉔펠더를 루디 삼촌으로 이해할 수 있을 때, 역설적으로 포스트모던 신학을 시작할 수 있는 자격을 부여받는 것이다.

## 3. 인간의 무한한 허영심에 대한 고찰

〈해골과 초〉 (1983)

마지막으로 살펴 볼 리히터의 작품은 〈해골과 초〉이다. 작품 속에는 아래턱이 없는 해골이 앙상하게 뒤집어져 있으며 가느다란 불빛을 비추며 그 심지를 태우는 초 하나가 있다. 사실, 아래턱이 없는 해골과 언제 타들어갈지 모르는 가느다랗게 빛나고 있는 초는 인생의 덧없음, 허망함 등을 나타내고 있는 것이다.

그러나 인간은 자신이 추구하는 가치의 덧없음, 허무함을 명확히 인지하면서도 그러한 가치를 영속적으로 추구한다. 이러한 역설적인 현상을 우리는 우리 주변에서 쉽게 찾아볼 수 있는데 리히터는 이러한 부조리를 그의 작품 속에서 해골과 초라는 두 가지 소재를 사용하여 심도 있게 담아냈다. 즉, 시간이 지나면 지날수록 조금씩 타버리며 결국에는 아무 것도 비출 수 없는 초이지만 그 초만을 주시하는 해골을 통해 우리는 우리의 또 다른 자화상을 발견할 수 있다. 어쩌면 그렇게 되는 것이 인간의 숙명인지도 모를 일이다.

동시에 우리는 그러한 숙명을 깨닫게 되는 자기성찰의 시간을 갖게 된다. 가령, 〈해골과 초〉를 보는 주체들은 각자의 개인적인 삶의 과정에 이 그림을 비추어 투영시키는 과정을 거치게 되고, 성찰해보는 시간을 가질 것이다. 이렇듯 대상은 우리(작품을 바라보는 주체들) 스스로가 자기비판, 자기반성, 자기성찰의 시간을 가지도록 이끄는 것이다.[27]

보드리야르는 사진에 있어서 대상의 중요성을 강조한 사상가라고 할 수 있다. 그는 객체가 움직임에 정통하다고 말하지 않는데, 주체는 객체에서 물러나야 하며 너무도 잘 이해되는 이 재현하는 기계(사진)에 의한 파괴가 필요하다고 말한다. 지금까지 재현의 거울이었던 것은 주체였고, 객체는 주체의 내용에 불과했다. 하지만 보드리야르는 객체가 더 이상 단순히 주체의 내용에 그치는 것을 거부하며 그 이상의 의미를 담는 수단으로 생각했다. 내가 대상을 본다는 것을 대상의 형체가 단순히 시각적으로 나에게 보이는 것이라고 인식하면 그 대상의 본질을 훼손시킬 뿐만 아니라, 그 대상을 진실로 알 수 없게 된다고 그는 생각했던 것이다.

즉, 사진을 찍는 것을 주체가 단순히 대상을 찍는 과정이 아니라, 대상에 의해서 재해석되어 계속해서 사람들에게 영향을 미치는 것으로 본 것이다. 그래서 실제로 그는 대상을 탐구하고 조명하는데 많은 시간과 노력을 기울였다. 사진을 단순히 순간의 모습을 포착하기 위한 수단이기를 거부했던 것이다.

포스트모던 신학이 답없는 물음이 되어 허망한 결론으로 자신의 이름을 역사에 흔적 없이 남겨질 때 우리는 리히터의 자본주의 리얼리즘의 신학적 부활을 엿보게 된다. 따라서 포스트모던 신학의 과제는 철거적 포스트모던 신학의 허무에 있는 것이 아니라, 건설적 포스트모던 신학으로 대화의 대상을 새롭게 정립해야 될 것이다. 〈해골과 초〉에 나타난 부조리를 깨닫는 것이 신학의 존재이유이고, 만약 그 포스트모던 신학(神學)의 이름에서 '신(神)'의 이름을 지속하려고 한다면!

## III. 풍자, 포스트모던 신학의 시작과 끝

> "한동안 철학자들이 미학에 집중적인 관심을 가졌어요. 그건 철학자들이 일찍부터 실패한 시인들이었기 때문만은 아니었을 겁니다. 시대정신 자체가 미학적이었죠. 그게 포스트모더니즘의 특징이라 생각됩니다. 이제 포스트모더니즘의 극복은 미학적 정신 자체의 극복이 아닐까 해요. 예술을 넘어서 우리가 다가가는 영역은 결국 종교의 영역이 아닐까 해요. 제가 신을 믿자고 주장하려는 것이 아니라, 종교

가 가지고 있는 그 정신이 문제라는 것이고 물론 이 종교적 개념은 현대적으로 재해석되어야 한다고 봐요."[28]

이 말은 문성원도 지적하듯 포스트모더니즘의 극복이 오늘의 시대정신이고, 그 요체는 차이의 산만성을 넘어서서 자유의 이념을 실현하는 데 있으며, 그리고 그 길은 '용서와 은총의 계시 종교의 정신'에서 찾을 수 있지 않겠느냐'[29]는 것으로 이해된다. 따라서 포스트모던 신학이야말로 우리 시대의 질문이며 리히터의 무위(無爲)를 통한 사진 예술이 보여주는 새로운 길, 곧 제3의 길이 되는 것이다.

결론적으로, 한국 신학에 있어서 포스트모던 신학의 과제를 살펴보자. 홍정수 교수는 다음과 같이 두 가지를 제안한다.[30] 첫째, 과거의 토착화 신학이 보여 주었던 한국 문화/전통에 대한 관심을 견지하되, 그것을 성서와 서구 그리스도교 전통에 '종속'되는 언어로 보는 오류는 피해야 한다. 이스라엘 문화가 존재하듯, 한국 문화도 당당히 하나의 문화로서 존재한다. 이미 과학이 절대 언어가 아니듯, 성서 언어 자체도 그들의 문화와 역사 속에서 제약을 받아왔으며 오히려 그럼으로써 살아 있는 한 역사적 언어이다.

이제 1세대들의 토착화 운동과 달리 신학함에 있어서 문화적 자주화를 더욱 철저히 기해야 한다. 이 과제를 수행하기 위해 미래의 한국 신학자들, 설교자들은 우리 문화, 우리 역사 속에 실재하는 우리의 언어에 대하여 철저히, 충분히 연구하지 않으면 안 된다.

둘째, 이제 공동체의 언어와 사고 구조는 가치중립적인 것이 아님이 드러났다. 그렇다면 한국 신학은 여전히 '해방'의 모티브를 살려 나가야 한다. 즉, 우리의 언어가 특정 계급의 지배 이데올로기를 무심코 정당화시키고 있는 것이 아닌지를 늘 염두에 두어야 한다. 더 나아가 과거의 민중신학과는 달리, 우리의 행동은 사회적 계급에 의하여만 영향을 받는 것이 아니라, 언어와 사유 방식에 의하여도 지대한 영향을 받는다는 사실을 유념해야 한다.

즉, 해방의 실천을 생산하고 또 보존할 수 있는 새로운 언어(문법)와 존재론(개인과 사회에 대한 비전)을 찾아내지 않는다면, 사회 운동은 결국, 사회에서나 교회에서, 새로운 집권당을 창출하는 시녀 역할을 담당할 뿐이다. 그런 의미에서 토착화 신학과 마찬가지로 민중신학도 포스트모던적 통찰을 매개해야 할 것이다. 그리고 리히터의 작품은 이러한 통찰을 우리들에게 던져주고 있다.

## 주석

1 이병창, 「홍영두 선생에게: 라캉을 통해 헤겔로」, 한국철학사상연구회 커뮤니티 철학 카페 게시번호 508, http://hanphil.or.kr/bbs/zboard.php?id=cafe.

2 여기서 포스트구조주의는 일련의 프랑스 철학자들(데리다, 리요타르, 들뢰즈, 보드리야르 등)을 말하는 것이며 포스트모더니즘은 이러한 프랑스 철학과는 별도로 미국의 예술사조를 말한다. 물론 데리다의 영향을 받은 예일 학파(제프리 하트만, 헤롤드 블룸 등 소위 미국 해체론자들)의 사상은 포스트구조주의와 맥을 같이 하는 바가 없지 않으나, 건축과 예술적인 측면과 사상사적인 측면으로 나누어 사용하고자 한다.

3 이는 기독교 세계관의 종말을 뜻하기도 한다. 신학에 있어서 가장 급진적인 해체주의 신학을 통해 해체이후의 윤리적 삶을 구상하려는 이 논문의 의도는 바로 이러한 맥락에서 위상을 정립한다. 곧 서양 사상사를 기독교 사상사를 제외하고 볼 수 없으며 나아가 이러한 연장선상에서 해체주의 신학이야말로 가장 해체주의를 대변한다고 생각하기 때문이다.

4 중요한 것은 이러한 언어유희는 들뢰즈와 가타리(G. Deleuze & P. Guattari)의 '소수집단의 문학을 위하여'에 나타난 지배집단의 언어권에서 소수집단이 지탱해가는 문학으로서 탈영토화(언어), 정치성(개인), 집단성(발화)을 지니며 지배집단의 언어 속에서 그 언어를 가지고 그 언어의 규정적 용법, 혹은 코드(Code)를 해체시키며 그 안에서 저항을 이끌어냄으로 정치적 의미를 획득하는 소수자 집단의 문학이라고 볼 수 있다. 다만 대상이 없는 진정한 풍자모방의 시대야 말로 진정한 포스트모던의 정신이라고 볼 수 있다.

5 사진의 주인공은 독일의 테러리스트인 구드룬 엔슬린(Gudrun Ensslin)이다. 그녀는 안드레아스 바더, 호르스트 말러, 울리케 마인호프 등과 함께 독일 적군파(Rote Armee Fraktion, RAF, 서독의 극좌파 무장단체로 1970년에 결성됐다. 우루과이의 투파마로스 등 남아메리카의 도시게릴라를 표방한 반제국주의, 공산주의 집단이었다. 바더-마인호프 그룹은 공식적으로 1998년에 해체되었으나, 자본주의와 제국주의 그리고 권위주의에 대항하며 싸웠던 그들은 독일 학생운동이 일어났던 60년대 말부터 70년대 독일 정체계뿐만 아니라 대다수 독일인, 아니 유럽의 많은 사람들에게 정신적으로 영향을 주었고, 그들의 행동과 사상은 유럽인들의 가슴 깊이 새겨졌다)를 결성했다. 그들의 5번의 폭탄 테러에서 4명의

사망자가 생겼다. 그녀는 1972년에 체포되었고, 슈탐하임의 감옥에서 1977년 10월 18일에 죽었다. 법의학적 결론은 자살이었으나, 이 죽음에 대해서는 현재까지 많은 논란이 있다.

6 이 작품은 연작 중 한 작품으로 리히터의 이 연작은 1968년 베를린의 혁명적 문화기에서 자란 급진파 '바더-마인호프 그룹', 독일 적군파의 활동을 다뤘다. 당시 서독은 마셜플랜을 통해 연 8%의 고도성장을 이루는 중이었지만, 젊은이들은 전후 동서독의 나치 해체 작업의 실패에 분노를 느끼고 있었다. 지역의 공직자를 전직 나치당원이 차지하기도 했고, 학생운동에 적대적이던 보수파가 극우지 〈빌트 차이퉁(Bild Zeitung)〉을 비롯한 언론을 장악했다. 사민당과 기민당이 보수대연합을 이루고, 독일 하원의 95%가 보수대연합에 장악됐다. 72년에는 베루프스페어보트법이 통과되는데, 이 법은 급진파나 사상이 의심스런 정파의 공직 취임을 금지하는 법이었다. 파시즘의 유산으로 인한 세대 갈등, 권위주의적 사회 구조의 억압이 반제국주의, 극좌파 집단을 만든 것이다. 이들은 프랑크푸르트의 백화점 두 곳에 폭탄 테러를 가하고, 독일 전경련 회장인 한스 마르틴 슐라이어를 납치해 살해했다. 또한 감옥에 수감중인 동료들의 석방을 요구하며 77년 10월 3일, 루프트한자기를 납치했다. 그러나 이 인질극은 10월 18일 독일 특수부대의 개입으로 종료됐고, 같은 날 감옥에 수감됐던 바더-마인호프 멤버들은 의문에 휩싸인 죽음을 맞았다.

7 발터 벤야민(Walter Benjamin)이 제2차 세계대전 이전에 「사진의 작은 역사」라는 글에 남겨 놓은 것처럼 그럼에도 불구하고 사진의 현실 재현은 현실에 대해 무엇인가를 덜 진술하고 있다. 오늘날의 상황에서도 장 보드리야르가 『상징적 교환과 죽음』에서 진술하듯이, 이미지의 홍수 속에서 실제 세계는 사라지며 죽음의 알레고리로 변하고 있다(the real vanishes and it becomes an allegory of death). 사진을 그리려는 리히터의 시도는 사진 속에 결여된 그 무엇을 완성하려는 충동이며 사진 속에 갇힌 순간을 회화로 전환시켜 제3의 차원으로 영구화하려는 결단이다. 사진 속의 이미지는 다시 회화로 재현됨으로써 리히터의 '현재'라는 시간적·공간적 좌표 속에 재구축되는 것이다. 김혜련, '新표현주의와 리히터, 그리고 독일 현대 회화', 『월간미술』 2003년 6월호 참조.

8 사실, 마네(Edouard Manet)가 발견한 것이 '회화의 평면성'이었다면, 리히터가 발견한 것은 역으로 '회화의 전통적인 재현능력이 가지고 있는 불가해한 힘'이다. 현미경 들여다보듯 가까이서 보면 평면 위에 붓질들과 물감이 뒤얽혀 있는데, 이것들이 모여 어떻게 이미지를 재현하고 의미를 생산할 수 있는가? 구상인 경우 재현된 이미지에서 이

이미지가 세상의 그 무엇을 지시한다는 약속된 합의가 없다면 이것은 재현이 아니다. 역으로 순수한 추상이라고 해도 이 안에서 세상의 그 무엇을 상징할 주제를 읽어내지 못한다면 이는 추상예술이 아니다. 추상회화란 회화의 가장 구체적인 요소인 붓질, 색감 등 예술의 모든 수단을 총동원해서 세상의 구체적 그 어떤 것도 묘사하지 않는 그림인 것이다. 하지만 보이지 않는 그 어떤 것을 상징하는 기능이 없다면 추상회화는 존재할 당위성이 없다. 이와 마찬가지로 구상도 이미지의 재현 요소를 통해 이미지를 넘어서는 것을 암시할 때에만 진정한 예술이 될 수 있는 것이다. 이러한 논리를 적용한다면 구상과 추상, 둘 다 사실 신비스런 회화의 능력이라고 말할 수 있다. 이해할 수 있을 것 같은 현실을 이해가 안 되게 묘사할수록 더욱더 훌륭한 그림이 된다고 리히터는 말한 바 있다. 김혜련, '新표현주의와 리히터, 그리고 독일 현대 회화', 『월간미술』 2003년 6월호.

9 〈1977년 10월 18일〉을 통해 독자들은 단순히 한 여성을 보는 것이 아니라, 독자 스스로가 비판적이고 역사적인 자기 성찰의 과정에 현실적으로 개입함과 동시에 역사적인 과정에 동참해 보는 능동적인 경험을 하게 되는 것이다. 그리하여 이 작품은 더 이상 과거 그대로의 과거가 아니라, 작품을 감상하는 우리를 재발견하며, 나아가서 우리를 생각하게 하는 것이다.

10 이러한 대표적인 신학자는 마크 테일러(M. Taylor)이다. 그는 신, 자아, 의미, 선과 악의 구별 등 지금까지 중요시했던 모든 개념들을 철저히 해체(철거)해 버린다. M. Taylor, *Erring: A Postmodern A/theology* (Chicago: The University of Chicago, 1984) 참조.

11 홍정수, 「포스트모더니즘 신학」, 조성노 편, 『최근신학개관』(서울: 현대신학연구소, 1993), pp. 281–282 참조.

12 이러한 흐름의 대표적인 신학자는 데이빗 그리핀(David R. Griffin)이다. 산타 바바라에 '포스트모던 세계 연구원(the Center for a Postmodern World)'을 세우고 일련의 건설적 포스트모던 사상(constructive postmodern thought) 총서를 발간중이다.

13 근대의 개인주의, 유물론적 원자론, 인간 중심주의, 관념론, 학문의 분화에 의한 지식의 단편화, 남성 중심주의, 허무주의적 경향 등은 모두 데카르트적 이분법에서 연유되었다.

14 홍정수, 「포스트모더니즘 신학」, 조성노 편, 『최근신학개관』(서울: 현대신학연구소, 1993), p. 285.

15 리히터는 개인과 사회, 사적 영역과 공적 영역, 역사적으로 주어진 사실과 역사적 의

식을 가지고 새로운 판단을 요구할 것, 이런 대립적 영역 사이에서 지난 역사적 사건을 진지하게 다시 바라볼 것을 요구한다. 리히터가 역사적 상처를 암시하는 사진 이미지를 그리는 과정은 발터 벤야민의 역사철학 개념을 연상시킨다. 과거의 사실을 단순히 연대기적으로 축적해 놓은 보편적 역사라는 개념을 벤야민은 비판한 바 있다. 왜냐하면 과거의 사실들이 지닌 개별적 특성과 그것을 기술하는 언어에 대한 비판적 사고를 해 보지 않는 한, 역사기술이란 단지 승리자의 변호 기록에 불과하기 때문이다. 이러한 관점에서 벤야민은 과거의 사건에 대해 이른바 "역사적 감정이입"을 요구했다. 과거의 어떤 역사적 사건은 그 전체 맥락에서 분리되어 독자적인 상징물로서 현재에 투입되어야만 그 사건과의 일치감을 얻게 되고 역사의 본래 위상에 대해 제대로 인식할 수 있기 때문이다. 이러한 미학적 이론을 근거로 볼 때 리히터의 사진회화는 역사적 상처를 바라보는 기억진술에 있어 표현의 새로운 가능성을 연 것으로 평가될 수 있다. 사진회화라는 구상과 추상의 이질적인 영역을 횡단하고 있는 리히터는 이 두 영역을 서로 극대화하고 서로 어긋나게 충돌시키고 서로 방해하게 함으로써 회화에 새로운 도전을 제시했다.

16 Hans Küng, Tr. Peter Heinegg, *Theology for the Third Millennium: An Ecumenical View* (New York: Anchor Books, 1988), p. 1.

17 홍정수, 「포스트모더니즘 신학」, 조성노 편, 『최근신학개관』(서울: 현대신학연구소, 1993), pp. 279–280 참조.

18 동료작가 콘라드 뤼그와 같이 뒤셀도르프의 한 고급 가구매장에서 설치 또는 행위미술이라고 부를 수 있는 행사를 마련한 리히터는 초대장에 큰 글씨로 "팝과 함께 있는 삶(Leben mit Pap)"이라고 적고, 그 밑에 다시 "자본주의적 리얼리즘을 위한 시위(eine Demonstration fuer den kapitalistischen Realismus)"라고 적었다.

19 분열된 애국심과 분열된 예술관을 딛고 일어선 리히터는 20세기 회화가 보여 준 대치상황인 모더니즘의 형식주의와 보수적 리얼리즘 양쪽의 굴레를 모두 벗어나 그 간극을 자유롭게 가로지르고 있다. 리히터는 대립적 양식을 절충하는 것이 아니라 양식들을 선명하게 대치시키고 각자의 영역을 더욱 분석적으로 해부하여 회화 형식과 방법론에 관한 한, 극한의 양상을 명료하게 하고 있다. 김혜련, '新표현주의와 리히터, 그리고 독일 현대 회화', 『월간미술』 2003년 6월호.

20 장 보드리야르, 배영달 역, 『보드리야르의 문화읽기』(서울: 백의, 1998), p. 179.

21 Ibid., pp. 181–182.

22 Ibid., pp. 180–181.

23 1968년은 60년대를 대표하는 기념비적인 사건들이 많이 일어난 해로써 문학, 문화, 사회, 정치의 모든 측면에서 중요한 의미를 갖는다. 그러므로 1968년에 『장미의 이름』의 번역본을 발견했다는 설정은 이 작품의 주제와 60년대의 진보적 정신과의 연관성을 시사해 주고 있다. 참고로 68년에 일어난 주요한 사건들은 프에블로호 북한 납치(1.23), 베트콩 구정 대공세(1.30), 마틴 루터 킹 목사 암살(4.4), 칼럼비아 대학생 대학 점거(4.23), 파리의 대학생 시위로 367명 부상(5.10), 로버트 케네디 암살(6.6), 프라하의 봄 좌절(8.20), 닉슨 대통령 당선(11.5), 아폴로 8호 달 탐사(12.24–25) 등이다.

24 김성곤, "포스트모더니즘과 포스트리얼리즘—현대미국 소설과 유럽소설의 〈상호텍스트성〉을 중심으로", 『미국학』 十二, 서울대학교 미국학연구소, 1989, pp. 25–26.

25 현대비평이론 사전의 정의에 의하면 "하나의 텍스트는 이미 존재하고 있는 다른 텍스트들과의 연관 속에서 존재하며… 그러므로 더 이상 저자를 특권적 존재나 신비스러운 창조자로 보지 않는 것"을 의미한다. Roger Fowler ed., *A Dictionary of Modern Critical Terms* (London: RKP, 1987)이 이론에 의하면, 텍스트는 홀로 존재하는 것이 아니라 과거와 현재의 다른 저술들과의 연관과 맥락 속에서 서로에 대해서 언급하며 존재한다. 그리고 그와 같은 시각은 곧 한 인간의 삶 역시 다른 인간들의 삶과 복합적으로 연결되어 있다는 인식으로까지 확대된다. 『장미의 이름』에서도 윌리엄 수도사와 아드소는 〈상호 텍스트성〉에 대해 다음과 같이 말하고 있다. "'서책이라는 건, 종종 이 서책 이야기가 저 서책 이야기로 이어지는 것이거든, 무해한 서책은 씨앗과 같아서 불온한 서적에서도 싹을 틔우고 꽃을 피운다.' 그때까지만 해도 나는, 서책이라는 것은 인간이든, 신이든, 서책 외적인 것에 대해서만 다루는 줄 알아왔다. 그제서야 나는, 서책이란 드물지 않게 다른 서책 내용도 다룬다는 것을 안 것이었다. 말하자면 서책끼리 대화를 주고받는다는 사실을 안 것이다." 움베르토 에코, 이윤기 역, 『장미의 이름』(서울: 열린책들, 2002), p. 320.

26 김성곤, Op. cit., p. 26.

27 보드리야르는 대상에 의해 보여 지고, 생각되기를 바라는 역설적인 사유를 지닌 사상가이다. 그는 항상 대상이 우리에게 주는 의미를 중요하게 생각했으며 그러한 의미가 잘 투영된 작품이 가치 있는 예술품이라고 보았다. 즉, 그의 관점에서 보았을 때 위에서 제시된 게르하르트 리히터의 작품은 우리에게 많은 고찰과 생각을 하게 해주는 소중 하고, 가치 있는 작품이 되는 것이다.

28 이병창,「홍영두 선생에게: 라캉을 통해 헤겔로」, 한국철학사상연구회 커뮤니티 철학 카페 게시번호 508, http://hanphil.or.kr/bbs/zboard.php?id=cafe.

29 문성원,「이병창 선생님의 답변에 부쳐」, Ibid., 게시번호 505.

30 홍정수,「포스트모더니즘 신학」, 조성노 편,『최근신학개관』(서울: 현대신학연구소, 1993), pp. 289–290.

# Chapter 14.
# 뒤샹과 신학의 과제:
# 반(反)예술로서의 예술

## I. 일탈의 신화, 일탈의 신학

> "매일 똑같이 굴러가는 하루, 지루해 난 하품이나 해. 하는 일 없이 피곤한 일상, 나른해 난 기지개나 켜. 뭐 화끈한 일 뭐 신나는 일 없을까? 할일이 쌓였을 때 훌쩍 여행을! 아파트 옥상에서 번지 점프를! 신도림역 안에서 스트립쇼를! 머리에 꽃을 달고 미친 척 춤을! 선보기 하루 전에 홀딱 삭발을! 비 오는 겨울밤에 벗고 조깅을! 야이야이야이야이야이야!"(밴드 자우림의 노래 〈일탈〉의 가사 일부)

일탈은 참으로 매력적인 단어이다. 비록 자신은 선뜻 행하기 어려울지 몰라도, 많은 사람들은 일탈에 관해 흥미를 가진다. 일탈이란 그 사전적인 의미를 따지고 들자면 '기존 체제에 대한 저항'으로 단순히 이해하기 쉽지만 실상 우리는 이 흥미로운 단어 뒤에 용기가 전제되어 있음을 인정할 수 밖에 없다. 따라서 자우림의 노래는 용기 없는 대다수의 사람들에게 노래로 잠시나마 일탈을 꿈꾸게 한다.

무수한 사조가 엎치락뒤치락 해 온 미술사에도 일탈의 최고봉을 누리는 화가가 있다. 바로 마르셀 뒤샹(Marcel Duchamp, 1887~1968)이다. 그는 전복과 유희, 그리고 그 스스로가 명명한 '무예술적(anartistic)' 경향을 추구하며 예술의 성질을 바꿔 놓았다. 1913년, 뒤샹이 아모리 쇼에 처음 〈계단을 내려오는 누드〉를 출품했을 때 뉴욕의 화단은 동요했고, 그는 이내 전위미술의 화신이 되었다. 이후 81세에 세상을 등지기 전까지 뒤샹은 가장 혁신적인 예술에 지속적으로 영향력을 행사했다.[1]

사실, 뒤샹은 생동감 넘치는 미술 운동의 탄생과 흐름에 영향을 끼쳤음은 두말할 것 없거니와, 그는 또한 입체주의나 미래주의와 같은 미술계의 주류 경향들을 앞지르며 당대의 화단에 다다이즘(dadaism)[2]의 기운을 퍼트렸다. 뒤샹은 전통 예술로부터의 일탈을 통해 이미 존재해 왔고, 그들을 지배하고 있는 기존의 예술 형식에 대한 파괴와 저항을 용감히 감행했던 것이다.

## II. 이토록 신선한 자극들!

### 1. 그림에 움직임을 넣다: 하이 콘셉트, 하이테크와 신학의 과제

1912년의 〈계단을 내려오는 누드 넘버2〉는 뒤샹의 인생을 바꿔놓은 그림이라고 해도 과언이 아니다. 뒤샹이 이 작품을 출품했을 때 사람들의 반응은 냉담했다. 진열을 맡았던 이들은 뒤샹 스스로 작품을 철수하도록 권고하기까지 했다. 입체주의 화가들은 다른 '~주의'로부터 자신들의 위치를 명백하고 확고히 하길 원했는데, 뒤샹의 작품은 그들의 의도와 맞지 않았고 거기에 담겨있는 특별한 움직임으로 인해 다소 미래주의적으로까지 여겨졌

〈계단을 내려오는 누드 넘버 2〉 (1912)

기 때문이다.[3]

그림 속 인물은 셔터 속도를 느리게 한 카메라로 촬영한 것을 늘어뜨려 겹쳐놓은 듯 보인다. 기존의 회화가 추구하던 이미지가 해체되고 분절되고 파편화된 것이다. 곧, 뒤샹의 회화는 일반적인 망막 회화를 벗어나 있었다. 이 반(反)망막적인 태도가 어디서 연유하느냐는 질문에 대해 뒤샹은 이렇게 답했다.

"반망막적인 태도는 망막에 주어진 지나친 큰 중요성에 연유한다. 쿠르베[4] 이후 사람들은 그림이 망막에 호소하는 것으로 믿어왔다. 이것은 모든 사람의 잘못이었다. 망막적인 전율! 그 이전에 그림에는 다른 기능이 있었다. 그림은 종교적이거나 철학적이거나 도덕적일 수 있었다. 만약 내가 반망막적인 태도를 취하는 기회를 가졌다 할지라도 그것은 불행하게도 큰 변화를 가져올 수 없다. 20세기 전체가 완전히 망막적이다. 거기에서 탈출하려고 어느 정도 시도했던 초현실주의자들을 제외하고는."[5]

덧붙여, 이 작품이 지닌 의미에 대해서는 이렇게 언급했다.

> "나는 〈계단을 내려오는 누드〉에서 움직임의 정적인 영상을 창조하고자 했다. 움직임은 하나의 추상이며, 그림 내부에 분절 별로 명확히 그려진 추론이다. 실제 인물이 실제 계단을 내려오는 것인지 아닌지를 알 필요는 없다. 근본적으로 운동을 그림에 삽입하는 것은 관객의 눈이다."[6]

뒤샹의 그림에서 관객은 (언제나 그들의 위치가 그러했듯이) 단지 작품의 객관으로서 존재하는 것이 아니라, 일정 부분 그림에 대해 책임을 지고 있는 존재였다. 뒤샹은 입체주의 예술가들이 선을 따라 형태를 분해하듯이 작업하긴 했으나, 점차 그 방법을 조금씩 더 진전시켰고 종국에는 아주 새로운 방향으로 나아가려고 했다.

뒤샹을 통해 신학의 새로운 과제를 묻게 된다면 무엇일까? 먼저 시대를 읽고(재현 예술), 그 시대를 향한 신학의 음성(현시 신학)을 들어야 할 것이다. 이를 위해 우리는 철학이라는 신학의 영원한 친구를 불러내야 할 것이다.

기본 체제의 반항, 거부, 부정에 맞닿아 있는 뒤샹의 다다이즘으로부터 우리는 알랭 바디우(Alain Badiou)의 철학을 생각해 볼 수 있다. 바디우는 '관습적인 가르침의 장막을 걷어 올려 진리에 대한 투쟁적 담론으로서의 철학을 드러내기 위해서 상식의 모든 면을 하나하나 꿰뚫어 보는'[7] 철학자이다. 뒤샹이 전통 예술에 대해 그러했듯이, 바디우에게 있어 철학이란 '유일한 것이라고 믿어지는 지식에 구멍을 내는 일'이었다.

바디우는 들뢰즈(Gilles Deleuze) 등의 포스트모던 철학의 진리 비판을 수용하여 진리와 철학을 혁신코자 했다. 포스트모던 철학은 전통 철학의 진리가 폭력적이고 전제적임을 비판하고, 이들의 허구적인 성격을 폭로한다.

즉 도덕적이고 윤리적인 가치는 자신이 결정하는 상대적인 것이라 밝히며 전면적으로 진리를 부정하고 나선 것이다. 그러나 진리가 부정된다면 무한한 상대주의의 영역에서 인간이 살 수 있을까? 따라서 바디우는 여러 진리의 영역 중 하나 또는 일부에만 진리의 특권을 부여하는 모던적, 획일적인 진리 이해를 '봉합(suture)'으로 규정하고 이를 경계한다. 하나의 진리는 아직 참이 아닌, 한편으로 언제나 특정한 선험적 조건하에서 진리성을 띠도록 강제될 수 있다.[8] 따라서 바디우에 따르면 철학이란 '특정한 진리의 영역에 갇히지 말고 여러 진리를 동시에 사유하는 방향으로 나가야 한다'는 것이다.

> "진리의 작업은 한편으로 후(後)사건적 충실성과 다른 한편 지식의 고정된 상태 (…) 사이의 관계(라기보다는 무–관계)를 사고하는 것이다. 문제의 핵심은 충실성이라는 절차가 사건의 이름인 이 정원 외적 지점에서 출발해 실존하는 지식을 가로지르는 방식이다."[9]

따라서 바디우에게 진리는 무한한 것이고, 복수(複數)이다.

> "(진위 판단의 결과물인) 하나의 진리 다수는 백과사전으로는 식별 불가능하며 분류 불가능하다는 사실을 강조해보자. 이 조건이 현존한다면 그것은 참인 것과 진리성을 띠는 것의 차이를 정초한다. 이제 우리는 진리가 무한하다는 사실이야말로 이 조건의 조건임을 이해하기 시작했다. (…) 진리는 충실성이라는 절차가 갖는 긍정적 무한의 총체이며, 이것은 백과사전의 모든 결정 요소에 대해 그것에서 벗어난 적어도 하나의 조사를 포함한다."[10]

또한 그는 과학(수학소, 영미분석철학)·예술(시, 하이데거)·사랑(성적 차이)·정치(해방의 정치, 마르크스주의)의 네 가지 영역을 진리를 생산하는 곳으로 부활시켜 철학의 체계화를 도모하기도 했다.

> "철학적 진리가 과학, 정치, 예술 그리고 사랑의 진리들에 대해 맺는 관계는 붙잡기(seizure) 관계다. '붙잡기'라는 단어를 통해 우리는 포획, 소유, 그리고 서늘한 놀라움을 이해한다. 철학이란 비철학적인 진리들이 붙잡기 그 자체가 되면서 동시에 우리를 붙잡고 있는, 바로 그런 사유의 장소다."[11]

이때 '사랑'이라는 지점이 갖는 의미에 주목할 필요가 있다. 바디우에게 사랑이란 하나가 아니라, '둘의 사건, 둘이 있다는 후(後)사건적인 조건 아래 이루어지는 세계의 경험'을 의미한다. 진리–사건이 발생하는 순간은 본질적인 두 적대 집단 사이에 애정에 찬 만남이 발생하는 뜻밖의 순간이고, 이 둘은 비대칭적 차이를 끈덕지게 견디며 (사랑이라는 이름의) 무한한 경험을 만든다.

> "주체화는 둘(the Two)을 포함한다. 그리고 주체화는 고유명사의 의미 부재 밑으로 들어간다. 교회에 대한 사도 바울, 당에 대한 레닌, 존재론에 대한 칸토어, 음악에 대한 쇤베르크, 시몬, 버나드 크레어 등이 모두 사랑 안에 있는 자신을 선포한다면 이들은 모두 그러하게 된다. 고유명사 가운데서 하나를 통한 주체화를 한다는 것은 사건의 이름과 산출적 공정 과정의 시작 사이에서 주체화의 균열을 단행한다. (…) 여기서 고유명사가 지명을 해 내는 것은 국지적으로 위치한 지형으로서의 주체 개입도 아니고 충실성의 작용도 아닌 이 둘의 상승(the advent of Two)을 의미한다."[12]

바디우는 이 둘을 하나로 환원하려는 유혹을 견뎌낼 때 비로소 사랑의 주체가 된다고 덧붙인다. 따라서 바디우가 주창한 진리와 주체 개념을 머릿속에 오롯이 새겼다면, 이제 명민한 철학의 눈으로 〈계단을 내려오는 누드 넘버 2〉라는 그림을 천천히 살펴보자. 우리는 그 늘어뜨린 나부들, 파편화된 육체들로부터 '어떤' 사건을 경험하는 다양한 주체들과 전통 철학의 전제적인 진리를 벗어난 복수의 진리를 새로이 발견할 수 있게 된다. 봉합되지 않은 무한한 진리는 곧 뒤샹의 그림 속에서 무수한 여인의 몸으로 나타나는 것이다. 새로운 미래가 다가오는 것이다.

『새로운 미래가 온다』[13]의 저자 다니엘 핑크는 현재까지의 시대를 분석, 논리, 이성 등을 중심으로 발전해온 역사라고 비판하며 앞으로 다가올 시대는 디자인, 감성, 종합 등을 중심으로 전개되는 세상이라고 말한다. 곧 이성을 중심으로 하는 좌뇌 중심의 세상에서 감성을 중심으로 하는 우뇌 중심의 세상으로 변화될 것이라고 말한다.

새로운 미래인 우뇌 중심의 감성시대에 어떤 사람이 각광받을 것인가? 어떤 인재가 중요한가? 또한 미래의 인재는 어떤 조건을 만족시켜야 하는가? 핑크는 미래 인재가 가져야 하는 조건으로 다음과 같은 6가지를 들고 있다. 이 6가지는 사실 공교롭게도 요즈음 가장 많이 언급되는 키워드인 디자인, 스토리, 조화, 공감, 놀이, 의미이다.

1. 기능만으로는 안 된다. 디자인으로 승부하라.
2. 단순한 주장만으로는 안 된다. 스토리를 겸비해야 한다.
3. 집중만으로는 안 된다. 조화를 이루어야 한다.
4. 논리만으로는 안 된다. 공감이 필요하다.
5. 진지한 것만으로는 안 된다. 놀이도 필요하다.
6. 물질의 축적만으로는 안 된다. 의미를 찾아야 한다.

루트번스타인(Robert S. Root-Bernstein)이 『생각의 탄생』[14]이란 책에서 언급한 최종적인 결론은 결국 종합적인 능력을 갖춘 '전인'(全人)이라는 개념인데, 핑크가 이야기하는 것 역시 기존의 인재들이 가졌던 분석력, 암기력, 계산능력 등을 넘어서 전인적 측면에서 기획하고 디자인하고 종합하는 그런 능력의 사람을 일컫는다. 여기에는 하이 콘셉트와 하이 터치가 있다.

> "하이 콘셉트는 패턴과 기회를 감지하고, 예술적 미와 감정의 아름다움을 창조해 내며, 훌륭한 이야기를 창출해 내고, 언뜻 관계가 없어 보이는 아이디어를 결합해 뭔가 새로운 것을 창조해 내는 능력과 관계가 있다. 하이 터치란 다른 사람과 공감하고, 미묘한 인간관계를 잘 다루며, 자신과 다른 사람의 즐거움을 잘 유도해 내고, 목적과 의미를 발견해 이를 추구하는 능력과 관련이 있다."[15]

신학이 하이 콘셉트로 내용을 채우고, 하이 터치를 통해 형식을 보완한다면 어떻게 될까? 물론 여기에는 바디우가 이해하는 '사랑 개념(둘의 사건)'이 전제되어야 할 것이다. 그러나 전통주의의 맥락에서 그러한 도전은 뒤샹의 〈샘〉이 예술사에 던졌던 충격과 같을 것이다.

## 2. 남성용 소변기가 예술 작품이 될 수 있을까?: 디지털 신인류와 신학의 과제

뒤샹의 일탈의 차원은 이제 반미학의 영역으로 확장된다. 그리고 그 시작은 '레디메이드(Ready Made)'이다. 레디메이드란 1915년 뒤샹이 창조해 낸 미적 개념으로 작가가 직접 만들지 않은 기성품을 작품으로 제시한 것을 의

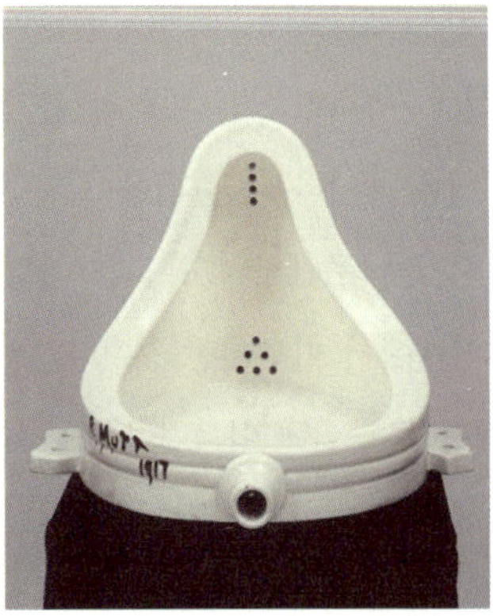

〈샘〉 (1917)

미한다(예술가의 선택에 의해서 예술 작품의 지위까지 올라간 기성품이라는 점에서 초현실주의 오브제와도 비슷한 맥락이다). 레디메이드에 관한 뒤샹의 설명은 이러했다.

> "1915년에 미국에서 눈 치우는 삽 같은 물건에 글씨를 써 넣었다. 그 글은 영어로 썼었다. '레디메이드'라는 단어가 이때 절실히 요구되었다. 이 말은 예술작품도 아니고, 습작도 아니며, 예술계에서 사용된 어떤 용어에도 적용되지 않는 이러한 물건들에 딱 들어맞는 것이었다. (…) 미학적 감동이 없는 일종의 무관심성에 도달해야만 한다. 레디메이드의 선택은 시각적 무관심성과 함께 좋아하고 싫어하는 취미의 부재에 기초를 두어야 한다."[16]

따라서 레디메이드는 우수한 손재주나 능력보다 '정신적 선택'을 통한 미학적 고찰을 우선한다.

> "레디메이드의 선택은 결코 어떤 미학적 즐거움에 의해 강요된 것은 아니었다. 이 선택은 좋거나 나쁜 취향이 완전히 부재하는 순간의 감정과 어울리는 시각적 무관심의 반응을 바탕으로 한 것이다… 결국 완전한 무감동 상태에서 이루어진 것이다. (선택을 하려면) 미학적 감동이 없는 그 어떤 무관심에 이르러야 한다. 레디메이드는 우리 세대의 그토록 많은 화가들에 의해 길러진 방식에 대항해 우수한 손재주나 능력보다는 정신적인 선택을 통해 미학적 고찰을 염두에 두는 것을 허락했다."[17]

뒤샹은 예술가들이 사용하는 튜브 물감들은 제조된 생산물이자 이미 완성된 물건이기 때문에, 이 세상의 모든 그림들은 '도움을 받는 레디메이드'이자 '아상블라주(Assemblage)'[18]라는 결론에 도달할 수 있다고 생각한다. 이때 우리가 주목할 것은 이 레디메이드라는 개념이 예술가의 독창성과 창조력에 대한 기존의 관념에 도전한다는 점이다. 이미 만들어진 것을 뻔뻔하게도 자신의 예술품이라 주장하는 뒤샹의 행위는 20세기 예술의 중요한 표현인 동시에 전통예술을 경멸하는 행위였다.

가령 레오나르도 다빈치의 명작 〈모나리자〉를 생각해 보자. 그 명화가 가진 권위와, 그에 뒤따르는 아우라(aura)와, 또 그러한 권위를 부여한 미술계의 전통이 과연 남성용 소변기를 하나의 예술품으로서 그들의 세계 안으로 받아들일 수 있을까? 우리가 어떤 것을 미술작품이라고 할 때 그것은 화가의 손을 거쳐 만들어진 하나의 고유한 탄생물이자 세상에 유일무이한 물건을 의미한다. 이러한 의미의 도출 과정은 한 예술가로 하여금 마치 신과 같은 창조의 능력을 부여해 준다고도 할 수 있다. 뒤샹은 〈샘〉이라는 제목으로 남성용 소변기를 전시함으로써 예술의 오랜 전통을 모독한다. 〈샘〉은 공중 화장실에서 흔히 볼 수 있는 남성용 소변기였다. 물론 (의심할 바 없이) 진열 위원들의 눈에는 그것을 마주했을 때 소변을 보는 남성뿐 아니라, 외설적인 가능성이 떠올랐을 것이다.[19]

1917년 뒤샹이 이 재미있고 파괴적인 레디메이드를 출품했을 때 전시회는 작품을 받아들여주지 않았다. 어떤 이들은 그것이 비도덕적이고 저속하며 무엇보다 표절이라고 비난했다. 그러나 뒤샹이 창간한 잡지 《The Blind Man》은 다음과 같은 이유로 그를 옹호할 수 있었다.

> "욕조가 부도덕하지 않듯이 머트 씨–뒤샹은 배수관 바로 옆 아랫부분에 'R. Mutt'라는 가상의 이름으로 서명했다. 만화 '머트 앤 제프(Mutt and Jeff)'에서 영감을 얻은 것이라고 하지만, 뒤샹은 뉴욕에 있는 소변 제조회사 이름인 'Mott Works'를 가지고 슬쩍 장난을 친 것이기도 했다.–의 작품 〈샘〉은 부도덕하지 않다. 배관 수리점의 진열창에서 우리가 매일 보는 부품일 뿐이다. 머트 씨가 그것을 직접 만들었는가 아닌가는 중요하지 않다. 그는 그것을 선택했다. 일상의 평범한 사물이 실용적인 특성을 버리고 새로운 제목과 시각에 의해 오브제에 대한 새로운 생각으로 창조된 것이다."[20]

따라서 〈샘〉은 하나의 미술작품일 수 있다. 뒤샹이 이 남성용 소변기를 '선택'하여 미술작품으로 결정하고 여기에 서명을 하고 있기 때문이다. 이러한 과정을 통해 미술가는 작품을 창조하는 대신 선택하는 자리로 미끄러진다. 또한 이 작품이 전시를 위한 장소에 전시되고 있다는 점도 중요하다. 만일 이 소변기가 어느 건물 2층 구석의 화장실에 설치되어 있다면 그것은 어디까지나 남성의 배설 욕구를 해소하기 위한 하나의 도구에 지나지 않을 것이다. 그러나 〈샘〉이라는 이름표를 단 소변기는 그러한 기능을 수행하지 않는다. 사물이 놓여 있는 위치가 그 사물의 원래 기능을 전도시킨 것이다. 수십 년이 지난 후 이 작품은 신화가 되었고, 오래지 않아 20세기 미술의 가장 중요한 작품 중 하나로 자리 잡았다.

〈샘〉이라는 이름의 남성용 소변기는 레디메이드 개념을 대표하는 작품이다. 레디메이드는 '투쟁적인 개입'에 이어 일어난 사건이라는 점에서, 바디우가 주장하는 후(後)사건적 충실성이라는 절차와 매우 닮았다. 바디우의 주체는 둘 사이의 비대칭적 차이를 견디는 존재이다. 이는 곧 만남이 있은 후의 둘에 대한 충실성을 의미하며, 곧 진리에 대한 충실성으로 이어진다. (이때 주체는 폐쇄성을 거부하고 충실과 참여의 정치학으로 나아간다.) 처음 뒤샹이 남성용 소변기를 전시회 자리에 가져왔을 때 그것은 예술계에 던지는 투쟁적인 개입이었다. 그러나 결국 그러한 뒤샹의 시도가 전통 예술의 오랜 관념으로부터 새로운 진리의 길을 개척해 냈음을 누가 감히 부정할 수 있을까.

만일 뒤샹이 레디메이드로서의 예술 정신에 완전히 들어섰다고 가정한다면, 그의 작품은 미학적인 취향과 감동이 완전히 배제된 상태에서 '우연히' 우리를 감동시키는 힘 가운데 어떤 것도 잃지 않을 것이다.[21] 이것은 바디우가 주창하는 '사랑을 위한 조건'과 같은 맥락에 놓일 수 있지 않을까? 사랑이 발생하기 전 둘의 만남이 생각지 못한 마주침이자 뜻밖의 순간인 것처럼 말이다.

신학이 전통과 교리의 답습에 머문다면, 시대의 물음은 의미 없는 손짓에 불과할 것이다. 따라서 시대의 물음에 정직하게 응답하기 위해 신학 자체를 해체하려는 시도가 필요할 것이다. 전통신학의 오랜 관념으로부터 새로운 신학의 길을 개척해야 하는 것이다. 그리고 이제 물음을 묻는 이들도 '디지털 신인류'가 아닌가!

디지털 트렌드와 디지털 문화비평, 디지털 미디어와 디지털 콘텐츠 등주로 디지털과 콘텐츠 분야의 칼럼니스트이자 테크니컬라이터로 활동하고 있는 김용섭은 우리나라가 지구상에서 디지털 신인류가 가장 진화한 나라로 보고 디지털 신인류의 유형을 9가지로 분류한다. 디지털 시대를 이끌어 갈 신인류이자 네오제너레이션(Neo-Generation)인 디지털 신인류는 이전에 없었던 전혀 새로운 세대의 출현이기도 하면서, 기존의 세대가 새로운 시대에 적응하면서 진화한 것이기 때문에 태어난 것이기도 하면서 동시에 진화된 것이다. 이러한 "디지털 신인류, 즉 디지털 시대를 이해하지 못한다면 디지털 시대에서 살아남지 못한다고 해도 과언이 아닐 것이다. 디지털 신인류는 탐구와 이해의 대상으로서의 객체가 아니라, 이미 우리들 속에 자리 잡은 주체이다."[22]라고 한 말은 정보사회의 모습이 우리의 삶을 어떻게 변화시켜갈지 잘 보여준다.

첫째, 비빔밥과 같은 융합, 통합을 의미하는 컨버전스(convergence) 유형에는 엘빈 토플러가 제3의 물결에서 언급한 공급자(producer)와 소비자(Consumer)의 결합인 디지털 프로슈머(Digital Prosumer)와 자크 아탈리가 언급한 "21세기는 디지털 장비를 갖고 지구를 떠돈다."라는 디지털 노마드(Digital Nomad), 직업을 따라 유랑하는 유목민인 잡 노마드(Job Nomad), 전 세계가 1초 문화권이 되어 이제 새롭게 탄생한 범지구인(Global Man), 정보화가 현실 공간과 결합하는 새로운 패러다임으로 유비쿼터스족/유티즌(Ubiquitous Tribe/Utizen), 교차와 융합을 통해 서로의 영역을 넘나드는 퓨전족/크로스오버족(Fusion Tribe/Crossover Tribe)이 있다.

또한 자신의 전문성을 여러 영역에 걸쳐서 두루 활용하는 사람으로 한 우물만 파는 집중형의 아날로그 시대의 인간형과 달리 여러 우물을 동시에 파되 각 우물마다 일정 부분의 성과를 기대하는 집중적 분산형의 디지털 시대의 인간형인 멀티족(Multi Tribe), 통신기기를 멀티미디어, 정보기기로 확장하여 오락과 유희, 교육, 지식 정보수용, 비즈니스, 생활편의 도구로 활용하는 모바일족(Mobile Tribe)이 있다. 모바일족은 전화하는 인간인 호모 텔레포니쿠스(Homo telephonicus)의 후예인데, 이들이야말로 전화를 갖고 도시의 빌딩숲을 헤매는 21세기 유목민이라 할 수 있다. 마지막으로 디지털의 진보된 기술 문명은 부분적으로 받아들이며, 인간적인 삶의 방식은 고수하는 디지털(Digi)+아날로그(Ana)로 아나디지족(Anadigi Tribe)이 있다.

둘째, 개척자, 혹은 선구자의 의미인 패스파인더(Pathfinder) 유형에는 해커(Hacker)를 들 수 있는데, 이들은 컴퓨터와 프로그래밍 기술 발전의 원동력으로 긍정적인 의미로 보안기술의 발전으로 이어질 것이다. 또한 디지털 혁신자로 신기술 도입자, 신기술 개발자, 신문화 창조자로 디지털 이노베이터(Digiital Innovator)와 남들보다 빨리 신제품을 사서 써야만 직성이 풀리는 소비자군, 다양한 제품을 일찍 접하고 새로운 정보를 접하는 데 즐거움을 찾는 사람들인 얼리어답터(Early Adopter), 허황된 꿈을 꾸면서 요행이나 운에 의존하지 않고 고급 지식과 전문성, 철저한 계산을 통해 미래 가치를 기대하면서 현실에서의 모험을 감행하는 비즈니스 벤처러(Business Venturer), 트렌드를 선도하고 확산시키는 사람들인 트렌드 리더(Trend Leader)가 있다. 포털 사이트나 블로그(blog),[23] 각종 인터넷 공간에 가보면 트렌드 리더를 자처하는 수많은 네티즌이 수시로 만들어 내는 신조어를 볼 수 있고, 유행할 패션이나 유망사업, 상품, 문화, 콘텐츠 등 영역의 한계 없이 새로운 트렌드에 대한 다양한 스토리텔링이 이뤄지고 있다.

그밖에 기술 지능을 뜻하는 말로서, 기술적 소양은 물론 안목까지 갖추고 있어 전략적인 미래 구상과 예견 능력을 지닌 신인류로 테크노 인텔리전스(Techno-intelligence)가 있으며 디지털 폴리티쿠스(Digital Politicus)를 통해 디지털 시대는 인간의 정치성을 더욱 강화시켜 주고 있다. 왜냐하면 디지털 정치 시대가 새로운 정치 환경을 조성하고 있기 때문이다. 이는 전자민주주의(Teledemocracy)[24]의 탄생으로 이어졌다. 마지막으로 디지털 기술이 모든 사람에게 예술적 표현의 기회를 보다 더욱 균등하게 제공하게 되어 예술 표현의 기술적인 제약과 장벽이 낮아지면서 디지털 아티스트(Digital Artist)가 급속도로 확산되고 있다.

셋째, 말 그대로 소통을 의미하는 커뮤니케이터(Communicator) 유형에는 1인 미디어족(Me Media Tribe)이 있는데, 이들은 블로그와 미니홈피를 통해 활동하고 있다. 최근 정치적 표현을 비롯한 각종 의견과 담론을 패러디라는 쉽고 가벼운 장르를 통해 접근하면서 자신의 생산욕구와 커뮤니케이션 욕구를 펼치는 패러디족(Parody Tribe)도 이 유형에 속할 것이다. 그러나 생산욕구는 커진 반면, 생산능력은 커지지 않은 상황에서 가장 손쉽게 접근할 수 있는 것이 바로 콘텐츠를 퍼 나르는 것인데, 이러한 펌족(Taker, 잡는 사람, 수취인)의 활동이 왕성해지면 '저작권 논란'이 부각된다. 또 다른 커뮤니케이터 유형으로 디카족(DICA Tribe)은 이미지로 말한다. 1020세대의 필수품으로 자리 잡은 디지털 카메라와 폰 카메라를 통해 디카족은 세상과 소통한다. 이들은 합성과 패러디에도 능하며 뭔가를 찍겠다는 이미지 생산의 욕구가 아닌 자생적이고 즉흥적인 오락적 욕구로서 사진을 찍는다.

다른 종류인 댓글족(Reply Tribe)은 반론권을 인터넷을 통해 실시간으로 가능케 한 커뮤니케이션 통로이다. 그러나 댓글족 중에는 사이버 테러리스트나 익명의 행위자들이 의외로 많다. 맹목적인 안티 세력(악플 문화)도 존재하고, 정치적인 알바들도 존재한다. 그들에겐 입만 있고 귀는 없다. 오로지 일방적 소통만을 원하며 한바탕 쏟아 붓고 사라질 뿐이다.

입소문을 전파하거나 만들어 내는 입소문 전파자(Word of Mouth Tribe)족은 디지털 신인류의 커뮤니케이션 욕구를 기반으로 한다. 마케팅 차원에서 기업이 입소문을 만들어 유포하고, 입소문 전파자를 고용하는 경우가 있는데 입소문 전파자는 '정보를 수집, 공유하고 그것을 네트워크에 전파하는 드러나지 않은 실체'라 할 수 있다.

그 외 온라인에서 자신의 콘텐츠를 생산하여 유포하거나 적극적인 커뮤니케이션을 통해 자신이 직접 만든 콘텐츠를 확산시킴으로써 자신이 가진 콘텐츠를 생산능력과 이야기꾼으로서의 자질을 유감없이 발휘하고자 하는 디지털 스토리텔러(Digital Storyteller)도 있다. 마지막으로 적극적인 소비자 운동의 일환으로 기업의 단방향 생산 활동에 대한 개입과 함께 소비자 권리를 찾는 것에서 시작하여 다소 변질되어, 자신의 이익을 위해 상대를 공격하고 반대하기 위한 활동에 이르기까지 광범위하게 퍼지고 있는 안티족(Anti Tribe)도 커뮤니케이터 유형이다.

네 번째, 북유럽산 나귀네쥐를 뜻하는 레밍스(Lemmings) 유형에는 디지털 레밍스(Digital Lemmings)가 있다. 2005년 4월 수원에서 중학생 수백 명이 편의점에서 물건 값을 계산하지 않고 나온 사건이 있었다. 줄서서 기다리는 것을 지겨워한 한두 명의 학생이 계산하지 않고 나가자, 집단적 군중심리로 벌어진 사건이다. 이처럼 최근의 인터넷 문화는 획일적인 유행이 신드롬처럼 번지는 경우가 많다. 누구나 아침형 인간이 되어야 할 것 같고, 누구나 10억을 모아야 할 것 같고, 누구나 얼짱, 몸짱이 되어야 할 것 같고, 누구나 창업을 해야 할 것 같고, 누구나 웰빙족이 되어야 할 것 같다.

또한 인터넷에서의 군중심리와 집단행동이 특정 인터넷 사이트에 대한 공격으로 이어지기 쉽다. 네티즌에게 감정적이고 즉각적인 대응차원에서 사이트 공격만한 게 없다. 따라서 사이트 공격 동참자(Web-site Cracker)도 있으며 플래시몹에 참여하는 사람인 플래시 모버(Flash Mobber),[25] 짱문화 추종자(1등주의 Follower)와 트렌드를 보지 못하는 장님이 아니라, 자신만의 스타일이나 방향성을 제대로 못 잡고 남들이 만들어 놓은 트렌드를 앞뒤 가릴 것 없이 무분별하게 뒤좇는 맹종주의자인 트렌드 블라인더(Trend Blinder, 트렌드 맹종자)도 있다.

다섯 번째 동지(Comrade) 유형은 온라인 커뮤니티 활동에 참여하면서 온라인에서 자신의 인간관계망을 구축하는 이들인 온라인 커뮤니티족(Online Community Tribe), 반크[26]와 같이 한국의 좋은 이미지를 심어주고자 탄생한 사이버 단체인 사이버 의병(Cyber 義兵)도 있다. 최근 중국의 동북공정에 의한 고구려사 왜곡이나 일본의 독도와 동해에 대한 망언 등이 사이버 의병을 확산시키고 있다. 다음 카페의 '고구려지킴이', '우리역사 바로알기 시민연대' 등이 그렇다.

플래시모버들이 유희적인 집단화 경향인 것에 반해 스마트모버(Smart Mobber, 똑똑한 군중)들은 정치적 연대의 경향이 강하다. 플래시몹은 맹목적 군중행위, 스마트몹은 정치적 군중행위로 구분하면 된다. 가령 2002년 11월 광화문에서 벌어진 미군 장갑차에 죽은 미선이 효순이 추모 촛불집회, 2004년 3월 노무현 대통령 탄핵 시 촛불집회, 2008년 쇠고기 파동 때 촛불집회, 2013-4년의 대통령 부정선거에 관한 촛불집회 등이 그러하다.

1촌 문화족(Private Connector)은 싸이월드의 미니홈피의 1촌 맺기처럼 자기중심적 연대라는 특성을 지니는 이들도 있으며 인터넷에서 이루어지는 개인 대 개인의 파일 공유를 뜻하는 P2P족(Peer to Perr, Person to Person)도 슈퍼컴퓨터를 능가할 그리드 컴퓨팅족(Grid Computing Tribe)[27]도 동지유형에 속한다. 마지막으로 저작권(copyright)에 반대해서 생겨난 개념으로 모든 지적 재산은 원래 인류 전체의 것이므로 모든 정보는 제한 없이 공유되어야 한다고 말하는 카피레프트족(Copyleft Tribe)이 있다.

여섯 번째, 개인 유형(Individual)에는 조직의 가치에 기대지 않고 온전히 개인의 가치에만 기대는 개인형 인간(Individual Man)과 위험하고 예측 불가능한 현실로부터 도피해서 누에고치(Cocoon) 같은 편안한 안식처를 찾는 코쿤족(Cocoon Tribe)이 있다. 이들은 집이나 자동차를 더욱 편한 공간으로 꾸미는 데 많은 돈을 쓴다. '에너지 충전'의 성격이 짙기에 '히키코모리'(은둔형 외톨이)와는 다르다.

이랜서(e Lancer)와 같이 디지털 기반의 프리랜서로 탈직장화를 지향하는 전문직업인은 인터넷을 기반으로 하여 일거리를 찾고, 일을 진행한다. 이들은 탈직장화와 직장의 종말 시대를 불러온다. 최근 늘어나고 있는 1인 기업가(One Man Company/Me Company)의 경우 1인 기업(One Man Company)은 기능적 차원에서 개인이 혼자 운영하는 기업이며 Me Company, 개인 자체가 상품이면서 스스로를 파는 기업을 의미한다. 그리고 혼자 살기의 진수를 보여주는 싱글족(Single Tribe)과 얼짱, 몸짱, 셀카, 누드 문화 등을 통해 자기를 과시하고자 하는 자기 과시족인 디스플레이족(Display Tribe) 등이 있다.

일곱 번째, 새로운 성(Neo—Gender)으로 먼저 디지털 이브(Digital Eve)는 생물학적 성(sex)으로는 여성이지만 사회문화적 성(gender)은 양성적인 측면이 강한 여성들을 말한다. 여기에 패션에 민감하고 외모에 관심이 많은 남성인 메트로섹슈얼(Metrosexual, 도시형 남성)과 결혼이나 아이보다는 사회적 성공과 고소득을 인생의 중요한 가치로 삼는 여성, 전통적인 여성상을 탈피해 사회활동에 전념하고 있는 여성인 콘트라섹슈얼(Contrasexual, 반전통적 여성)도 네오 젠더 유형이며, 논섹스얼(Nonsexual)과 같이 사이버 공간에서는 현실공간에서 전통적으로 주어졌던 성적인 정체성의 경계가 점차 사라지고 있으며 최근 이러한 경향에 반대하여 나쁜 남자와 같은 네오 마초(Neo Macho, 새로운 남성)도 부각되고 있다. 마초라는 말은 스페인어로 남자를 뜻하는데, 라틴아메리카에서는 성적 매력이 물씬 풍기는 남성을 마초라고 한다. 여성을 비하하고 남성 쇼비니즘(chauvinism)을 강조하는 이런 유형은 언뜻 시대에 역행하는 듯 보이나, 단기적으로 남성들의 보수화 경향은 강화될 것이다.

여덟 번째, 중독/몰입(Holic) 유형은 가장 부정적인 유형인데, 인터넷 문화에 대한 과도한 집착으로 인해 사이버 폐인(Cyber, 廢人)이 늘고 있다. 사

실 국내 10–30대 인터넷 사용자 3명 중 1명은 인터넷 중독자이다. 또한 탈사회적이고 고립적인 인간 소외현상이 디지털 공간에서 더더욱 가속화된 경우인 고립된 공간에서의 칩거증후군인 디지털 히키코모리(Digital ひきこもり)도 최근 문제가 되고 있다. 게임, 채팅, 커뮤니티, 음란물 중독처럼 인터넷 중독자(Webholic)와 사이버섹스 중독자(Cyber–sexholic), 사이버 관음족(Cyber Voyeur Tribe)도 문제이며 디지털 숭배자(Digital Admirer)와 디지털 치매(Digital Dementia) 역시 최근 문제가 되고 있다. 디지털 치매는 컴퓨터나 휴대전화 등 디지털 기기의 사용이 보편화되면서 자신이 기억하고 있던 전화번호나 기념일, 중요한 약속 등을 잊어버리는 현상이다. 이는 나이 든 사람보다 디지털 기기에 익숙한 디지털 세대에게서 더 두드러진다.

아바타족(Avatar Tribe)은 실재하는 현실에서의 자신보다, 가상공간에서 존재하는 자신의 분신을 통해 정체성을 확인하고 성취와 만족을 거두는 이들인데, 아바타(Avatar)는 산스크리트어 아바타라(Avatara, 지상에 강림한 신의 화신)에서 유래되어 가상사회의 분신을 의미한다. 마지막으로 컴퓨터에 이상이 생기면 바로 리셋 버튼을 눌러 시스템을 다시 실행시키는 리셋 증후군에서 나온 말로 리셋족(Reset Tribe)은 부정적으로 보면 참을성이 부족한 것이고, 긍정적으로 보면 다이내믹하다고 할 수 있다. 주로 마케팅 측면에서는 긍정적인데, 이들은 과정보다 결과를 중요시한다.

마지막 지식인 유형(Knowledgian)은 가장 긍정적인 유형으로 21세기 정보화 사회에서 자신의 지식을 최대한 활용해 능동적으로 부가가치를 창출하고, 기존에 해오던 사고의 틀에서 벗어나 전혀 새로운 패러다임을 구축할 수 있는 새로운 인류인 호모날리지언(Homo Knowledgian)과 두뇌와 정보로 새로운 가치를 창조하여 정보화 시대를 이끌어가는 능력 위주의 전문직 종사자인 골드칼라(Gold Collar),[28] 디지털(digital)+지식계급(literati)의 합성어로서 탁월한 지적 능력으로 디지털 혁명을 주도하는 정보화 시대의 새로운 지배층인 디제라티(Digera–ti)족이 있다.

이들은 정보기술과 결합된 지식과 정보를 이용하여 과거의 산업자본 시대보다 빠른 기간 내에 상당한 부를 축적하고 기업경영뿐만 아니라, 인문사회, 과학기술, 정치 등 사회전반에 걸쳐 영향력을 발휘하고 있다. 대표적인 디제라티로 마이크로소프트의 빌 게이츠와 야후의 제리 양, 소프트뱅크의 손정의, 애플의 스티브 잡스, MIT의 네그로폰테 등 IT 산업의 선도자들을 꼽을 수 있다. 마니아(Mania)와 노웨어족(Know–Where Tribe),[29] 지식상품족(Knowledge Commodity Tribe)[30] 역시 지식인 유형에 속한다.

남성용 소변기가 예술 작품이 되는 이 포스트모던 시대에 디지털 신인류에게 신학은 도대체 무슨 의미가 있을까?

## 3. 수염 난 모나리자: 혼종, 사이버 주체와 신학의 과제

〈L.H.O.O.Q.〉 (1919)

뒤샹은 물의를 자초하면서까지 전통 미학 자체에 대한 사람들의 주의를 환기시키려 했다. 뒤샹의 이러한 전통에 대한 저항, 즉 반(反)예술적 입장은 '다다이즘'이라는 용어로 정의된다. 이때 다다이즘은 미래파나 야수파와 같이 하나의 양식을 의미하기보다는 예술에 대한 하나의 태도를 가리킨다고 볼 수 있다. 즉 뒤샹이 이미 만들어진 남성용 소변기를 전시품의 자리에 올려놓음으로써 수행했던, '미술이란 어떤 것이어야 한다'는 기존의 관념에 대한 도전의식이다. 예술에 대한 뒤샹의 일탈 의식은 그의 또 다른 작품 〈L.H.O.O.Q.〉에서도 확연히 드러난다.

보라, 뒤샹이 재창조한 모나리자를. 무언가 수상한 점이 발견되지 않는가? 레오나르도 다빈치의 〈모나리자〉는 세계에서 가장 유명한 그림이자 수많은 사람들로부터 사랑받는 작품이다. 루브르 박물관에 걸려있는 이 그림 앞에 끝없이 줄지어 선 무수한 관람객들은 이 명화가 가진 힘의 증인들이다. 1919년, 뒤샹은 파리의 길거리에서 〈모나리자〉가 인쇄된 싸구려 엽서를 구입했다. 그리고 이 엽서에 연필로 콧수염과 턱수염을 그려 넣고는 'L.H.O.O.Q'라는 제목을 써놓았다. 이 알파벳의 나열을 프랑스어로 읽으면 '엘르(L) 아쉬(H) 오(O) 오(O) 뀌(Q)'가 되는데 이를 연음시켜 '엘라쇼오뀌' 하고 읽으면 'Elle a chaud au cul(그녀의 엉덩이는 화끈하다)'라는 외설적인 농담이 된다. 동음어를 이용해 말장난을 한 것이다.

> "1919년 10월의 일이다. 이 〈모나리자〉 복제품 그림을 가지고 나는 무엇을 했는가? 아무것도 한 일이 없다. 나는 콧수염과 턱수염을 그렸다. (…) 의미가 있다면 그것을 발음대로 읽는 것이었다. 불어로든 또는 다른 언어로든 단지 글자들을 읽음으로써 우리는 놀라운 일에 도달한다. 글자를 읽는 것은 정말 재미있다."[31]

뒤샹의 이 기발한 생각은 무한한 상상력을 자극하는 원작의 주인공 모나리자를, 신비하고 오묘한 미소를 지닌 매력적인 여인에서 수염 난 남자로 바꾸어 버렸다. 그러나 한낱 장난으로 치부할 수도 있을 이 행위는 현대 미술에 엄청난 파급력을 미쳤다. 다빈치의 〈모나리자〉로 대표되는 과거 미술사의 전통과 권위를 이처럼 조롱한 예는 뒤샹의 경우가 처음이었기 때문이다. 뒤샹은 모든 사람이 하나같이 찬양하고 숭배하는 다빈치를 우스꽝스럽게 만들어 버렸다. 뒤샹은 무언가 '그리는' 것을 포기함으로써 회화의 부정을 실천했지만, 이 용감하고도 무모한 도전은 현대미술을 진일보시키는 결과를 가져왔다.

뒤샹을 비롯한 다다이스트들이 등장한 이후 미술의 개념은 전보다 훨씬 넓어져 공연이나 일상용품들도 미술 작품의 범위 안으로 들어오게 되었다. 예술과 예술 아닌 것, 더불어 미학과 일상 간의 장벽을 허물어뜨린 것은 바로 뒤샹의 '일탈' 덕분이었다.

신학이 하늘이라는 자신의 고유한 영역에서 자신만의 춤을 출 때, 보는 이 없겠지만, 일탈을 통해 신학이 땅의 지평을 확보할 때, 곧 예술과 철학과 문학과 미래학과 만날 때 신학은 진일보할 것이다. 그리고 이제 땅은 '혼종(hybrid)과 사이버–주체(cyber–I)'들이 삶의 의미를 묻고 있다.

정보 사회는 사이버스페이스를 그 근간으로 한다. 이러한 사이버스페이스 시대에 물리적 현존은 해체되어 정보 패턴(pattern)으로 대체될 것이다. 그리고 이러한 대체는 전통적인 인간 주체성을 해체하고, 인간을 물리적, 생물적 주체(bio–I)에서 정보 패턴의 사이버 주체로 파악하게 된다.

로봇 공학 전문가인 미국의 모라벡(Hans Moravec)은 『마음의 자식들』(*Mind Children*)에서 인간의 생물학적 진화는 이미 완료되었으며, 미래사회는 사람보다 수백 배 뛰어난 인공두뇌를 가진 로봇에 의하여 지배되는 후기생물사회(post–biological)가 될 것이므로 인류의 문화는 사람의 혈육보다는 사람의 마음을 모두 넘겨받는 기계, 곧 '마음의 자식들'에 의하여 승계되고 발전될 것이라는 주장을 펼쳤다.[32]

역시 화제작 『로봇』(*Robot*)에서는 2050년 이후 지구의 주인이 인류에서 로봇으로 바뀐다는 대담한 논리를 전개했다.[33] 모라벡은 로봇 기술의 발달 과정을 생물진화에 비유하여 설명하고 있는데, 가령 2010년까지를 로봇 1세대로 구분하고 20세기의 로봇보다 30배 정도 똑똑하고 도마뱀 정도의 지능 수준이며, 2020년까지의 로봇 2세대는 1세대보다 성능이 30배 정도 뛰어나, 생쥐만큼 영리하며, 2030년까지의 로봇 3세대는 원숭이만큼 영리하며, 2040년까지의 로봇 4세대는 20세기의 로봇보다 성능이 100만 배 이상 뛰어나고 로봇 3세대의 원숭이보다 30배정도 뛰어날 것이라고 예견했다. 그리고 2050년 이후의 로봇은 인류의 마음을 이어받은 '마음의 아이들'이 될 것이라 한다.

사실 4세대 로봇이 출현하면 놀라운 속도로 인간을 추월하여 2050년 이후에는 지구의 주인은 인류에서 로봇으로 바뀌고, 로봇은 소프트웨어로 만든 인류의 정신적 유산인 지식, 문화, 가치관 등을 물려받아 '마음의 아이들' 세대로 넘겨줄 수박에 없다는 것이다.

이러한 근거를 모라벡은 네 가지 정도 들고 있는데,[34] 첫째, 급격하게 빨라진 컴퓨터 정보처리속도를 들 수 있다. 가령 1995년도에 컴퓨터가 스스로 자동차를 운전해 2007년엔 반나절을 스스로 운전할 수 있게 되었다. 이 능력이 중요한 이유는 스스로 사물을 인식하고 목적지를 찾아가는 능력이, 모든 생물체의 생존 조건이 되기 때문이다. 인간은 오랜 기간 동안 이 능력을 키우기 위해 노력해 왔으며 컴퓨터는 아직 이런 점에서 인간의 적수가 안 되나 조만간 따라잡을 수 있을 것이다.

둘째, 인간의 뇌를 컴퓨터 칩으로 구현할 수 있는 시대가 다가올 것이다. 곧 인간의 뇌가 곧 컴퓨터의 뇌가 되는 시대가 올 것이다. 셋째, 분자생물학과 뇌과학의 발달이다. 생명과 마음의 작동원리를 규명하는 것이 가능할까? 로봇이 냄새 맡고 느낄 수 있으며, 말하고, 추론하는 능력을 보유하게 될까? 지금까지 과학기술로는 벌레 정도의 감각은 갖고 있다고 말한다. 그러나 조만간 로봇은 인간의 능력까지 진화될 수 있다는 것이다.

마지막으로 인간의 신비는 뇌의 정보처리 속도, 망막의 정보 처리 속도 같은 것이었는데, 컴퓨터는 뇌의 정보처리능력을 초월하고 있다. 문제는 정보처리속도와 지각 능력, 감각 능력을 어떻게 연결하느냐 하는 것이다.

이러한 로봇시대는 피터 벤틀리의 『디지털 생물학』[35]에서 더욱 구체화된다. 벤틀리에 의하면 미래 디지털 기술이 생명의 특성들을 모방함으로써 기존의 모든 차원을 뛰어넘게 될 것으로 예측한다. 가령 생물처럼 번식하고 다양하게 '개체변이'를 일으키는 소프트웨어를 상상할 수 있을 것이다. 부여된 임무를 완수할 경우에는 생존하고 후손을 남기며, 실패할 경우에는 도태되게 함으로써 소프트웨어 스스로 진화할 수 있게 만드는 것이다.

더 나아가 벤틀리는 미래에는 디지털 공학과 생물학이 컴퓨터와 생물체가 매우 유사한 형태를 띠는 단계에 도달할 것으로 예측한다. 디지털 형태의 의미소(意味素, Meme)가 자체 복제를 넘어 진화하기 시작할 경우 궁극적으로 자연계에서 생명체가 거듭해온 진화의 형태와 흡사할 것이라고 한다. 그때는 우리는 새로운 창조주가 되어 우리가 만든 기계인 아담과 하와가 우리 인간들이 금지시킨 선악과를 베어 물고, 기계들의 에덴동산에서 벗어나는 것을 볼 수 있을 것이다. 그리고 이 장면은 그리 어색하지 않다. 왜냐하면 오래 전 우리 인간은 창조주에 그렇게 도전한 역사가 있기 때문이다.[36]

엘빈 토플러는 시대의 흐름을 물결로 표현하여 1물결인 농경시대에서 2물결인 산업시대, 3물결인 정보화 시대를 언급하고, 4물결인 지식–경제시대(Knowledge–Economy)를 넘어 최근 제5물결로 명명할 수 있는 바이오–인터넷(Bio-Internet) 시대에 관해 언급하고 있다. 이 시대는 바이오(Bio)와 인터넷(internet)이 결합된 시대인데, 사이버 주체와 후기 생물사회에 대한 예리한 통찰이라 할 수 있을 것이다.

레이 커즈와일(Rey Kurzweil)은 『특이점이 온다』에서 로봇공학이 점점 발달해 인간의 생물학적 육체 속에 비생물학적 지능이 융합된 슈퍼 인간이 일반화될 것이라고 말한다. 비단 뇌 영역에서만 로봇기술이 들어오는 것이 아니다. 필요에 따라 사람의 신체에 기계장치를 달아 자신을 하나의 로봇화하는 로보사피엔스(Robo Sapiens)[37]의 출현도 가능하다는 것이다. 커즈와일은 이러한 예측을 특이점(Singularity)이라는 개념으로 설명한다. 특이점이란 '인간의 사고능력으로 예상하기 힘들 정도로 획기적으로 발달된 기술이 구현되어 인간을 초월하는 순간'을 의미하며 이러한 순간들이 인류 진화의 각 패턴에 존재했었다는 것이다.

가령 커즈와일은 인류의 진화를 여섯 시기로 보고 있는데, 1단계에서는 물리학과 화학의 패턴, 2단계는 DNA의 진화인 생물학 패턴, 3단계는 뇌의 패턴에서 기술의 진화를 통한 기술의 패턴, 4단계는 기술의 패턴에서 기술이 인공지능의 방법을 터득한 인공지능의 패턴, 5단계는 특이점의 패턴으로 기술과 인공 지능의 융합으로 진화되고 마지막 6단계에서는 인공지능이 우주로 확장된다고 예측한다. 여기서 특이점 시대의 핵심은 유전, 나노, 로봇공학(GNR) 혁명이고 이제 우리 몸속에는 유전자만 있는 것이 아니라 인공지능(AI) 기계들이 함께 공존할 것이라고 말한다.

도지마 와코(Tojima Wako)의 경우 이제 인간 게놈, 재생의료와 관련된 생명공학과 로봇 공학이 통합되어 마이크로미터와 나노미터 크기의 분자, 원자의 세계에서 활약하는 '바이오 마이크로 기계'를 만드는 일이 가능하게 되어 『로봇의 시대』에서 실제로 나노 로봇으로 발전되어 로봇이 직접 인간의 몸속에 들어가 병원체를 죽이거나 수술을 하고 약물을 혈액 속으로 이

동시켜 치료 효과를 높이는 일들이 일반화 될 것이라고 말한다.[38]

4장 '인간을 닮은 로봇'에서 와코는 로봇의 연구를 통해 인간의 두뇌 구조와 인식능력의 전체 모습을 알게 되는 여러 가지 이론들을 설명하며 앞의 애완용이나 게임용 로봇의 외모보다는 인간에 가까운 사고를 하는 인공지능에 대한 보다 더 진전된 얘기를 다루고 있는데, 결국은 인간의 본질에 대한 자기 고찰의 기회를 갖게 만든다.

이러한 후기 생물사회의 디지털 신인류의 시대에 바이오-인터넷의 지평은 장밋빛 미래만을 선사하는 것은 아니다. 배일한에 따르면[39] 로봇 시대가 가져다줄 디스토피아는 인간미와 책임감 상실을 가져다줄 것이라고 예상한다. 가령 살아있는 애완동물은 관심과 애정으로 돌봐줘야 하기에 그 속에서 책임감과 타인에 대한 배려를 배울 수 있지만 로봇 애완동물 '아이보'는 귀찮거나 흥미가 떨어지면 전원을 끄거나 버리면 되기에 정서발달에 악영향을 미칠 것이다. 인간의 편의를 위해 발전되고 있는 과학, 이 과학이 인간에게 오이디푸스적인 비극이 될지 프로메테우스적인 제한된 축복이 될지는 인간이 어떤 목적으로 로봇 기술을 발전시키느냐에 달려있다는 것이다.

목하, 신학은 이제 혼종과 사이버 주체에 직면하여 뒤샹이 수염 난 모나리자를 상상하듯, 수염 없는 예수를 혹은 수염 난 마리아를, 나아가 교회 없는 교회를, 신학 없는 신학을 상상해야 될 때인가?

## Ⅲ. 신학의 일탈, 삶 속의 신학자가 된다는 것

'포스트모던 시대와 열린 영성'이라는 글에서 김경재는 앞으로의 시대는 인간의 영성이 쇄신되고 그것의 회복만이 아니라, 성숙한 영성이 요청되는 새 시대라고 정의한다.[40] 이 시대, 즉 '제3천년 시대'(The Third Millenium)는 기술 공학이나 생명공학으로 대표되는 자연과학의 업적으로 인류사회를 더욱 새로운 모습으로 변화시켜 가는 시대이다. 아울러 인간이 자신의 영성에 대해 더욱 깊은 성찰을 심화시켜갈 시대이기 때문에, 인간 영성의 회복 없이는 단순한 삶의 편의성, 실용성, 생산성의 증가가 인간의 삶의 질을 결코 향상시키지 못한다. 그리고 인간이 더욱 기계화되거나 물상화되는 비인간화된 사회 문명을 만들고 말 것이기 때문에 영성의 각성과 그 쇄신 운동에 종교인들의 특별한 노력과 관심이 요청된다고 한다.

앞서 살펴본 하이 콘셉트와 하이 터치, 디지털 신인류와 혼종[41]의 사이버 주체 등, 긍정적으로 보면 새로운 창조성의 시작이지만, 부정적으로 보면 기계화와 물상화, 비인간화의 시작이라 볼 수 있다. 아무튼 이러한 새로운 문명의 여명과 한국 종교의 영적 쇄신을 바라면서 김경재는 종교인의 과제를 세 가지 정도 제시한다.[42]

첫째로 한국 종교는 종교 본래의 모습으로 돌아가서 인간의 영성회복과 그 증진에 모든 종교 활동의 목적을 두어야 한다. 또한 한국 종교는 진리를 구도 하면서, 진리를 몸으로 체득하면서 살아가는 종교답게 절제와 단순함과 여백의 영성을 회복하기를 바란다. 즉 진정한 종교의 힘은 혈육적인 자기중심적 존재를 전체 생명 중심의 존재로 변화시켜 자비, 어짊, 사랑, 정의, 진실 등 인간 최고의 가치를 몸으로 살아가도록 인간 존재와 사회를 변화시켜 가는 창조적인 힘을 가져야 한다. 마지막으로 미래 종교는 자기 전통의 깊은 샘에서 생수를 마시되, 역사적 종교로써의 제약성과 상대성을 겸허하게 인지하는 성숙한 '해석학적 눈 뜸'이 요청된다.

동일한 맥락에서 철학자 바디우는 기존의 진리를 묶고 있는 괄호를 벗기고 재구성하여, 새로운 괄호를 만들 것을 제안한 인물이었다. 그렇다면 뒤샹은 아마도 그 괄호 안에 '모든 것이 들어갈 수 있다'며 바디우를 거들 듯 하다. 예술이라는 낡고 먼지 쌓인 괄호 안에 과감히 남성용 소변기를 집어넣었던 것처럼.

이처럼 일탈은 평범한 일상을 다르게 생각하는 일에서부터 시작한다. 맞는다고 생각되는 것을 의심하는 것, 끊임없이 물음표를 던지는 것, 고정된 관념의 틀을 깨부수는 것. 그런 의미에서 일탈이란 가장 쉽고도 간단한 '삶 속의 신학자'가 되는 비결이라 할 수 있다. 그리고 새로운 것에 대해 우리가 취할 수 있는 가장 좋은 방법을 뒤샹의 입을 빌어 다음과 같이 말하고 싶다.

> "나는 새로운 것을 그렇게 많이 보지 못했다. 누군가가 극히 새로운 것을 내게 가져온다면 나는 그것을 제일 먼저 이해하고 싶어 하는 사람이 될 것이다. 그러나 내게는 뭔가를 바라보기 힘들게 하는, 또는 바라보려고 시도하기 어렵게 하는 과거가 있다. 우리는 좋거나 싫거나 간에 어떤 취미의 언어를 자신 안에 축적한다. 무엇인가를 바라볼 때 만약 이 무엇인가가 당신의 메아리가 아니라면, 당신은 그것을 바라보지도 않을 것이다. 그렇다 해도 나는 시도한다. 나는 항상 내 낡은 지식을 버리려고 시도한다. 적어도 소위 새로운 것을 바라볼 때에는."[43]

그렇다. 즐거운 혁명의 선두에 서는 일은 생각처럼 어렵지 않을 것이다. 이 짧은 삶 속에서 '영원히 옳은 것'이란 과연 존재할 수 있을 것인지. 치열하게 사유하고, 날카롭게 바라보자. 그것이 삶 속에서 신학을 하는 일이며 새 문명의 시대에 신학의 과제이며 재현 예술에 현시 신학으로 답할 수밖에 없는 신학의 운명이다. 따라서 이제 우리에게 필요한 것은 다만 내 안의 낡은 것을 버릴 수 있는 아주 작은 용기뿐인지도 모른다. 그리고 신학의 미래는 바로 이러한 일탈의 용기에서 시작된다. 왜냐하면 우리가 아무리 뛰어봐야 창조주 손바닥 안이기 때문이다. 그래서 신앙의 시작에서 중요한 것은 창조주를 믿는가, 믿지 않는가이다.

## 주석

1 마르크 파르투슈, 김영호 역, 『뒤샹, 나를 말한다』(파주: 한길아트, 2007), p. 19.

2 1920년대에 프랑스, 독일, 스위스의 전위적인 미술가와 작가들이 본능이나 자발성, 불합리성을 강조하면서 기존 체계와 관습적인 예술에 반발한 문화 운동. '다다'(dada, 어린이가 갖고 노는 말 머리가 달린 장난감)라는 말은 우연히 사전에서 선택된 어휘인데, 어린이를 닮고 싶은 욕망과 인간의 충동을 암시한다.

3 재니스 밍크, 정진아 역, 『마르쉘 뒤샹』(서울: 마로니에북스, 2003), pp. 25–27.

4 프랑스의 화가 귀스타브 쿠르베(Gustave Courbet)는 견고한 마티에르와 스케일이 큰 명쾌한 구성의 사실적 작풍으로 19세기 후반의 젊은 화가들에게 큰 영향을 끼쳤다. '현실을 있는 그대로 직시하고 묘사할' 것을 주장하여 회화의 주제를 눈에 보이는 것에만 한정하고, 일상생활에 대해 섬세히 관찰할 것을 촉구했다.

5 피에르 카반느, 정병관 역, 『마르셀 뒤샹: 피에르 카반느와의 대담』(서울: 이화여자대학교출판부, 2002), p. 86.

6 Ibid., p. 64.

7 제이슨 바커, 염인수 역, 『알랭 바디우 비판적 입문』(서울: 이후, 2009), p. 25.

8 Ibid., p. 235.

9 A. Badiou, *L'Etre et l'événement* (Paris: Seuil, 1988), p. 361.

10 Ibid., pp. 367–372.

11 A. Badiou, *Conditions* (Paris: Seuil, 1992), p. 68; 89.

12 A. Badiou, *L'Etre et l'événement* (Paris: Seuil, 1988), p. 393.

13 다니엘 핑크, 김명철 옮김, 『새로운 미래가 온다』(서울: 한국경제신문사, 2008).

14 로버트 루트번스타인, 박종성 옮김, 『생각의 탄생』(서울: 에코의서재, 2008).

15 Ibid., p. 14; 79.

16 피에르 카반느, 정병관 역, 『마르셀 뒤샹: 피에르 카반느와의 대담』(서울: 이화여자대학교출판부, 2002), p. 95.

17 마르크 파르투슈, 김영호 역, 『뒤샹, 나를 말한다』(파주: 한길아트, 2007), pp. 96–97.

18 폐품이나 일용품을 비롯하여 여러 물체를 한데 모아 미술작품을 제작하는 기법 및 그 작품을 말한다.

19 재니스 밍크, 정진아 역,『마르셀 뒤샹』(서울: 마로니에북스, 2003), p. 63.

20 *The Blind Man*, No.2, May, New York. 1917 참조.

21 제이슨 바커, 염인수 역,『알랭 바디우 비판적 입문』(서울: 이후, 2009), p. 236.

22 김용섭,『디지털 신인류』(서울: 영림카디널, 2005), p. 19. 이하 본문의 내용은 이 책을 요약 소개한다.

23 web log의 줄임말, 일반인이 자신의 관심사에 따라 자유롭게 칼럼과 일기, 정보나 사진, 취재기사 등을 올리는 웹사이트를 말한다.

24 정보통신의 기반을 이용하여 정치과정에 대한 시민의 참여가 이루어지는 정보사회의 민주주의를 의미한다.

25 플래시몹(Flash Mob)이란 이메일이나 휴대폰 연락을 통해 약속장소에 모여 아주 짧은 시간 동안 황당한 행동을 한 뒤 순식간에 흩어지는 불특정 다수의 군중 행위(Flash crowd+Smart Mob의 합성어)를 말하며 2003년 8월 강남역 횡단보도에서 '행복하세요, 건강하세요'를 외친 것이 첫 번째이며 명동에서 외계인이 나타났다며 소리를 지르다가 갑자기 시체놀이를 하다가 사라진 적도 있다.

26 www.prkorea.com/Voluntary Agency Network of Korea(대한민국 사이버 외교사절단).

27 그리드 컴퓨팅은 가령 외계 지적 생명체를 찾는 프로젝트 등에 참여하는 것처럼 전 세계의 개개인들이 공동의 목적을 위해 자신의 PC 활용성을 공유케 하는 것을 말한다.

28 노동의 역사는 육체노동자(블루칼라), 정신노동자(화이트칼라), 아이디어 노동자, 지식 창조형 전문가(골드칼라)의 순으로 흘러간다. 사실 디지털 혁명은 골드칼라의 시대를 만들고 있다. 고도의 부가가치를 창출하는 IT(information technology), BT(bio technology), NT(nano technology), CT(culture technology)등의 새로운 신지식 직종으로 엘리트가 옮겨가고 있다.

29 아날로그 시대는 노하우(Know—How)였지만, 디지털 시대는 노웨어(Know—Where)의 시대이다. 자신의 전문 분야에 대한 노하우는 갖춰야겠지만, 나머지 분야는 노하우보다 노웨어가 더욱 요구된다. 노웨어는 정보 활용 능력이다. 정보를 효과적으로 검색하고 수집하고 분석하는 능력이 디지털 시대에 가장 필요한 능력 중 하나가 되었다.

30 이들에겐 '지식이 곧 돈이다' 가령 인터넷으로 자신의 리포트를 팔거나 자신이 만든 보고서를 파는 것으로 유명한 해피캠퍼스(www.happycampus.com)는 대학생들의 리포트 거래로 연간 30억대의 매출을 거두고 있다.

31 피에르 카반느, 정병관 역, 『마르셀 뒤샹: 피에르 카반느와의 대담』(서울: 이화여자대학교출판부, 2002), pp. 121–122.

32 Hans Moravec, *Mind Children : The Future of Robot and Human Intelligence* (Cambridge: Harvard Univ. Press, 1990) 참조.

33 Hans Moravec, *Robot : Mere Machine to Transcendent Mind* (Oxford: Oxford Univ. Press, 2000) 참조.

34 Hans Moravec, 'Rise of the Robots: The Future of Artificial Intelligence', *ScientificAmerican*, March 23, 2009.

35 피터 벤틀리, 김한영 역, 『디지털 생물학』(서울: 김영사, 2003).

36 최병학, 『지식인의 자기발견: 현대사상과 영화이야기』(서울: 브레인코리아, 2003), p. 111.

37 페이스 달루이시오, 피터 멘젤, 신상규 역, 『새로운 종의 진화 로보사피엔스』(서울: 김영사, 2002) 참조.

38 도지마 와코, 조성구 역, 『로봇의 시대』(서울: 사이언스북스, 2002). 이 책에서는 인간이 꺼려하는 3D업종에 로봇들이 투입되어 인력난 해소와 인명피해 최소화가 가능해질 것이라고 진단하고 있다. 가령 지진이나 폭발사고 현장에 컬러 카메라, 전조등 적외선 센서 등을 장착한 로봇이 구조 활동 요원으로 투입될 것이며 원자력 발전소 같은 위험한 곳에서의 임무도 로봇이 대신하여 방사능 누출로 인한 피해도 줄일 수 있다는 것이다.

39 배일한, 『인터넷 다음은 로봇이다』(서울: 동아시아, 2003).

40 김경재, 「포스트모던 시대와 열린 영성」, 『문화신학 담론』(서울: 대한기독교서회, 1997), p. 221.

41 탈식민주의 이론가인 호미 바바(Homi Bhabha)의 '교섭', '전이', '혼종성' 개념을 빌려 오늘날 한국적 상황을 조명한 이찬석은 다음과 같이 말한다. "21세기 한국 그리스도교에는 교섭과 전이의 과정을 거친 독특한 그리스도교가 존재하고 있음을 토착화 신학은 전제해야만 한다. 더 나아가서 한국의 많은 젊은 그리스도교들은 그리스도교적 한국인이기 때문에 한국의 전통적인 문화보다는 그리스도교 문화에 더 친숙함을 느끼고, 그리스도교가 내부이고, 한국의 전통문화가 외부로 인식하는 그리스도교인들이 존재하고 있음을 토착화 신학은 전제로 삼아야 한다. 즉, 한국 그리스도교의 혼종성을 전제해야만 한다." 이찬석, 『글로벌 시대의 기독교 신학』(서울: 신앙과지성사,

2013), p. 32.

42 Ibid., pp. 232–235.

43 피에르 카반느, 정병관 역,『마르셀 뒤샹: 피에르 카반느와의 대담』(서울: 이화여자대학교출판부, 2002), p. 179.

## 참고문헌

강성두 편, 『선구자의 신학과 사상』(서울: 대한기독교서회, 1994).

고피, 장 이브, 황수경 역, 『기술철학: 테크노월드 속의 도구적 인간』(서울: 한길사, 2003).

김경재, 『폴 틸리히 생애와 사상』(서울: 대한기독교서회, 1982).

_____, 『해석학과 종교신학』(천안: 한국신학연구소, 1994).

_____, 『폴 틸리히 신학 연구』(서울: 대한기독교서회, 1987).

김승철, 『전시회에 간 예수 영화관에 간 부처』(서울: 시공사, 2001).

김영철, 「플로티노스 사상의 윤리학적 고찰」, 『대동철학』 제27집 (2004).

김용규, 「지젝의 판타지 이론과 윤리적 행위」, 『대동철학』 제23집 (2003).

네그로폰티, 니콜라스, 『being digital 디지털이다』(서울: 커뮤니케이션북스, 1996).

니시타니 게이이치, 정병조 역, 『종교란 무엇인가』(서울: 대원정사, 1993).

다이앤 기라도, 최왕돈 역, 『모더니즘 이후의 현대건축』(서울: 시공사, 2002).

돈 아이디, 김성동 역, 『기술철학—돈아이디의 기술과 실천』(서울: 철학과 현실사, 1998).

돈 애즈·닐 콕스·데이비드 홉킨스, 황보화 역, 『마르셀 뒤샹 (시공아트 52)』(서울: 시공사, 2009).

藤枝晃雄, 박용숙 역, 『잭슨 폴록(열화당미술선서 44)』(서울: 열화당, 1985).

로버트 휴즈, 박누리 역, 『마그리트 명작 400선』(서울: 마로니에북스, 2008).

루이지 피카치, 양영란 역, 『프랜시스 베이컨 (베이식 아트 시리즈)』(서울: 마로니에북스, 2006).

마르크 파르투슈, 김영호 역, 『뒤샹 나를 말한다』(서울: 한길아트, 2007).

마르셀 파케, 김영선 역, 『르네 마그리트(베이식 아트 시리즈)』(서울: 마로니에북스, 2008).

미셸 오, 이종인 역, 『세잔 : 사과 하나로 시작된 현대미술(시공 디스커버리 총서 33)』(서울: 시공사, 1996).

박만, 『폴 틸리히: 경계선상의 신학자』(서울: 살림, 2003).

박성은, 『기독교 미술사 : 중세 시대의 건축 조각 회화』(서울: 대한기독교서회, 2008).

변종하, 『피카소(서양의 미술 1)』(서울: 서문당, 2002).

배국원, "경계를 넘어 해체하자" 강봉균·박여성·이진우 외, 『越境하는 지식의 모험자들』 (서울: 한길사, 2003).

베르그송, 이광래 역, 『사유와 운동』(서울: 문예출판사, 1993)김광우, 『뒤샹과 친구들』(서울: 미술문화, 2001).

벤야민, 반성완 역, 「기술복제시대의 예술작품」, 『벤야민의 문예이론』(서울: 민음사, 1983).

보드리야르, 장, 하태환 역, 『시뮬라시옹』(서울: 민음사, 2001).

빌라, 다나, 서유경 역, 『아렌트와 하이데거』(서울: 교보문고, 2000).

서동욱, 『차이와 타자』(서울: 문학과 지성사, 2000).

세리 터클, 최유식 역, 『스크린 위의 삶』(서울: 민음사, 2003).

샘 킨, 이현주 역, 『춤추는 神』(서울: 대한기독교서회, 1977).

수지 개블릭, 천수원 역, 『르네 마그리트(시공아트 18)』(서울: 시공사, 2000).

실비아 보르게시, 김희진 역, 『폴 세잔: 색채와 형태의 미학 (ART BOOK 2)『서울: 마로니에북스, 2008).

알랭 바디우, 현성환 역, 『사도 바울』(서울: 새물결, 2008).

염명순, 『마르지 않는 창작의 샘 피카소 (그림으로 만난 세계의 미술가들 외국편 4)』(서울: 아이세움, 2002).

오르테가 가제트, 정영도 역, 『인간과 기술—잘사는 것이 무엇인가』(대구: 이문출판사, 1989).

요나스, 한스, 이진우 역, 『책임의 원칙: 기술시대의 생태학적 원리』(서울: 서광사, 1994).

움베르토 에코·카를로 마리아 마르티니, 이세욱 역, 『무엇을 믿을 것인가』(서울: 열린책들, 1999).

이기상, 「현대기술의 극복과 전향: 《기술과 전향》해설」, 『기술과 전향』(서울: 서광사, 1993).

이브 미쇼, 하태완 역, 『예술의 위기』(서울: 동문선, 1999).

인고 발터, 정재곤 역, 『파블로 피카소 (베이식 아트 시리즈)』(서울: 마로니에북스, 2005).

와르, 드가, 바지유, 마네, 세잔 〔The Impressioni (1 Disc) Kbs 미디어』2007년 04월.

자크 엘룰, 박광덕 역, 『기술의 역사』(서울: 한울, 2005).
재니스 밍크, 정진아 역, 『마르셀 뒤샹 (베이식 아트 시리즈)』(서울: 마로니에북스, 2006).
질 들뢰즈, 하태환 역, 『감각의 논리』(서울: 민음사, 2008).
_____, 이정우 역, 『의미의 논리』(서울: 한길사, 1999).
질 들뢰즈·펠릭스 카타리, 김재인 역, 『천개의 고원』(서울: 새물결, 2001).
진중권, 『서양 미술사 1 : 미학의 눈으로 읽는 고전 예술의 세계』(서울: 휴머니스트, 2008).
_____, 『미학 오디세이 1』(서울: 휴머니스트, 2003).
_____, 『미학 오디세이 2』(서울: 휴머니스트, 2003).
최병학, 『영화관에서 만난 현대 신학자』(부산: 이경, 2006).
최인식, 『예수, 그리고 사이버세계』(서울: 대한기독교서회, 2001).
클라우디오 메를로, 노성두 역, 『세계미술사 박물관』(서울: 사계절, 2001).
폰 헤르만, 이기상·강태성 역, 하이데거의「예술작품의 근원」, 『하이데거의 예술철학』(서울: 문예출판사, 1997).
폴 틸리히, 김경수 역, 『문화의 신학』(서울: 대한기독교서회, 1981).
플라톤, 박희영 역, 『향연—사랑에 관하여』(서울: 문학과 지성사, 2003).
_____, 조대호 역, 『파이드로스』(서울: 문예출판사, 2008).
_____, 이병길 역, 『국가론』(서울: 박영사, 2007).
피에르 카반느 엮음, 정병관 역, 『마르셀 뒤샹: 피에르 카반느와의 대담』(서울: 이화여자대학교출판부, 2002).
하이데거, 마틴, 신상희 역, 「기술시대의 자연에 대한 하이데거의 숙고」, 『동일성과 차이』(서울: 민음사, 2000).
할 포스터·로잘린드 크라우스·이브 알랭 브아·벤자민 H.D. 부클로, 배수희·신정훈 외 6인 역, 『1900년 이후의 미술사』(서울: 세미콜론, 2007).

Adolf von Harnack, *History of Dogma 4* vols. Trans. from 3rd German ed (New York: Dover Publiscation, 1961).
_____, *What is Christianity?* (New York: Harper Torchbooks, 1957).
_____, *The Rise of Christian Theology and of Church Dogma*, Trans. Neill Buchanan

(New York: Russell and Russell, 1958).

E. Fuchs, 박건택 역,『신학으로 그림보기』(서울: 솔로몬, 2007).

E. H. Gombrich, *The Story of Art,* 백승길 역,『서양미술사 』(서울: 예경, 2003).

Elaine Pagels, *The Gnostic Gospels* (New York: Random House, 1979).

Descartes, *The Philosophical Writings of Descartes,* vol. I, J. Gottingham, R. Stoothoff, and D. Murdoch(tr.), (Cambridge: Cambridge University Press, 1994).

Giovanni Filoramo, *A History of Gnosticism* (Cambridge: Blackwell, 1990).

H. W. Jandon, 최기득 역,『미술의 역사 History of Art』(서울: 미진사, 2008).

J. Damascene, *Discours sur les images,* éd et trad. E. Ponsoye (Paris: Institut orthodoxe de théologie français, 1966).

Karen L. King, *What Is Gnosticism?* (Cambridge: Harvard University Press, 2003).

Karl Albert, *Uber Platons Begriff der Philosophie*, 임성철 역,『플라톤의 철학개념』(서울: 한양대학교 출판부, 2002).

M. C. Taylor, *About religion* (Chicago: The University of Chicago Press, 1999).

_____, *Critical terms for Religious studies* (Chicago: The University of Chicago Press, 1998).

_____, *Disfiguring: Art, Architecture, Religion* (Chicago: The University of Chicago Press, 1994).

_____, *Hiding* (Chicago: The University of Chicago Press, 1997).

_____, *Imagologies-Media philosophy* (New York: Routledge, 1994).

_____, *The moment of complexity* (Chicago: The University of Chicago Press, 2001).

_____, *The Picture in Question* (Chicago: The University of Chicago Press, 1999).

M. Heidegger, *The Question Concerning Technology and Other Essay*. Translated by William Lovitt (New York: Harpet and Row, 1977).

Rudolph Kurt, *Gnosis: the Nature & History of Gnosticism* (New York: T&T Clark, 1977).

_____, "Gnosticism," in Early Christianity: Origins and Evolution to AD 600. In Honour of W. H. Frend (London: SPCK, 1991).

P. Tillich, *Systematic Theology*. Vol. 1, 2, 3 (Chicago: University of Chicago Press, 1951, 57, 63).

Plotinus, *The Enneades*, Translated by S. MacKenna (Middlesex: Penguin Books, 1991).

Rudolf Bultmann, *The Gospel of John: A Commentary* (Penn.: Westminster Press, 1971).

______, *Theology of the New Testament* Vol. 1 (New York: Charles Scribner's, 1955).

______, "Points of Contacts and Conflicts," in *Philosophical and Theological* (London: SCM Press, 1955).

Sam Keen, *Learning to Fly* (New York: Broadway, 1999).

______, *Inward Bound; Exploring the Geography of Your Emotions* (Bantam Dell Pub Group, 1992).

______, *Fire in the Belly; On Being a Man* (Bantam Dell Pub Group, 1992).

S. Sontag, *On Photography*, 유경선 역, 『사진이야기』(서울: 해뜸, 1986).

T. Sundermeier, 채수일 역, 『미술과 신학』(오산: 한신대학교출판부, 2007).

V. C. Aldrich, *Philosophy of Art*, 오병남 역, 『예술철학』(서울: 종로서적, 1983).

W. Benjamin, 「기술복제시대의 예술작품」, 차봉희 편역, 『현대사회와 예술』(서울: 문학과 지성, 1980).

Y. Bonnefoy, *Rue Traversière et autres recits en rêve* (Paris: Gallimard, 1992).

八木誠一, 新約思想の探求, 新教出版社, 1972.

八木誠一, イエスキリストの探求, 産報ブックス, 1976.

八木誠一, キリスト教の根據と本質, 理想社, 1982.

줄리안 글로버, 리차드 아미타지, 팀 던, 〈빛을 그린 사람들 BBC 3부작 드라마: 모네, 르누아르, 드가, 바지유, 마네, 세잔〉, The Impressioni (1 Disc), KBS 미디어 2007년 04월 (DVD).

신학과 예술의 만남
**테오-아르스**
–재현 신학과 현시 신학

**발행일** 1쇄 2016년 4월 30일
**지은이** 최병학
**펴낸이** 여국동

**펴낸곳** 도서출판 인간사랑
**출판등록** 1983. 1. 26. 제일-3호
**주소** 경기도 고양시 일산동구 백석로 108번길 60-5 2층
**물류센타** 경기도 고양시 일산동구 문원길 13-34(문봉동)
**전화** 031)901-8144(대표) | 031)907-2003(영업부)
**팩스** 031)905-5815
**전자우편** igsr@naver.com
**페이스북** http://www.facebook.com/igsrpub
**블로그** http://blog.naver.com/igsr
**인쇄** 인성인쇄 **출력** 현대미디어 **종이** 세원지업사

**ISBN** 978-89-7418-347-9 93210

* 책값은 뒤표지에 있습니다. * 잘못된 책은 바꿔드립니다.



이 도서의 국립중앙도서관 출판시도서목록(CIP)은 서지정보유통지원시스템 홈페이지(http://seoji.nl.go.kr)와 국가자료공동목록시스템(http://www.nl.go.kr/kolisnet)에서 이용하실 수 있습니다.(CIP제어번호: CIP2016009995)